全国高职高专护理专业规划教材

# 社区护理

供高职高专护理、助产等专业使用

主编　柳淑芳　秦　艺

河南科学技术出版社

·郑州·

**图书在版编目(CIP)数据**

社区护理/柳淑芳,秦艺主编. — 郑州:河南科学技术出版社,2016.8(2018.7 重印)

ISBN 978-7-5349-8273-6

Ⅰ.①社… Ⅱ.①柳… ②秦… Ⅲ.①社区-护理学-高等职业教育-教材 Ⅳ.①R473.2

中国版本图书馆 CIP 数据核字(2016)第 183019 号

---

**出版发行**:河南科学技术出版社

地址:郑州市经五路 66 号 邮编:450002

电话:(0371)65788613 65788870

网址:www.hnstp.cn

**责任编辑**:范广红

**责任校对**:党转宁 司丽艳

**封面设计**:张 伟

**责任印制**:朱 飞

**印 刷**:河南新华印刷集团有限公司

**经 销**:全国新华书店

**幅面尺寸**:185 mm×260 mm **印张**:17.25 **字数**:399 千字

**版 次**:2016 年 8 月第 1 版 2018 年 7 月第 2 次印刷

**定 价**:38.00 元

---

# 《社区护理》编写人员名单


**主　审**　秦自荣

**主　编**　柳淑芳　秦　艺

**副主编**　陈　钰　邱文静　汤丽萍　胡小杰
熊惠丽

**编　者**　王　晶　胡红霞　何亚洁　肖　燕
高妩枝　陈　钰　秦　艺　邱文静
张梦娇　胡小杰　柳淑芳　刘明珠
熊惠丽　汤丽萍

# 前　言

社区护理是一门应用学科，与医学、护理学、社会学、康复学、预防医学和人文学科等密切相关，是护理专业的核心课程。随着我国社会经济、生活水平的不断提高，人们对社区卫生服务和社区护理的需求也相应提高，社区护理内涵和服务对象也不断拓展。加强社区护理教材建设，培养适应社会需求的优秀社区护理人才，成为高职高专护理教育的重要任务。

本教材力求体现社区护理的新理论、新技术和新动态，以培养具有基本社区护理知识、技能和素质的社区护理人才为目标，内容编写充分体现社区护理工作理念、方法及程序，突出社区预防与保健，以案例导出社区、家庭、个人相关方面的健康问题，以设置问题来培养学生独立思考与分析的能力，结合知识链接介绍相关社区护理的新知识、新进展，注重理论联系实际，突出科学性、规范性、先进性和实用性。

本教材主要介绍社区护理的基本理论、方法、技术和模式，并分别从社区人群健康问题与护理、社区重点人群的保健指导、社区慢性病患者护理与管理、社区康复护理、社区传染病预防与管理、社区急救与灾害护理以及社区健康档案管理等方面进行介绍，体现了社区卫生服务“六位一体”的基本功能。各章节附有案例分析、重点知识、课后练习等，有利于提高学生的自学能力和评判性思维能力。

本教材参考了国内外最新的社区护理教育相关教材和文献，并结合我国目前社区护理工作实际编写而成，可作为护理专业高职高专学生的教科书，也可作为社区护理人员的工具书。

由于编者水平有限，教材中可能会出现这样或那样的错误，恳请读者在使用中多提宝贵意见，以便修订和完善。

编　者

2016 年 2 月

# 前言

# 目　录

# 第一章　社区护理概述

**教学目标**

1. 掌握社区护理和社区卫生服务的概念、社区护理的功能、社区卫生服务的特点。

2. 熟悉社区护士应具备的素质与能力、社区护理工作的常用方法和技术。

3. 了解社区与社区健康的内涵、社区护理的发展。

**案例导入**

**案例：** 刘芳是某市社区卫生服务中心的护士，她发现最近本社区存在以下健康问题：①老年独居人群较多；②儿童肥胖或超重比例升高；③王女士，孕30周，食欲减退，心理抑郁；④郭女士，老年痴呆症患者，家人缺乏对其进行照顾和护理的技能。请问社区护士刘芳应如何开展工作？

随着我国社会、经济、文化和科学技术的发展，我国医疗卫生体系的建设也逐步完善。新体系的建设从全人群多维健康着眼，组织全社会支持和参与，对人群从促进健康、合理治疗到康复实施全面保障，以达到延长人类寿命、提高和维护人类生活质量的目标。发展社区卫生服务是实现人类综合保健目标的重要措施。

## 第一节　社区和社区卫生服务

### 一、社区

#### （一）社区概念

“社区（community）”一词源于拉丁语，原意是团体和共同。对于社区的概念，不同的专家学者有各自的解释。我国著名社会学家费孝通给社区下的定义是：“若干社会群体（家庭、氏族）或社会组织（机关、团体）聚集在某一地域里所形成的一个生活上相互关联的大集体。”社区不同于行政区域划分，它更趋于一组共同生活、具有共同特征和共同需求的区域人群组成的社会群体，生活上相互关联，从事文化、经济、政治等社会实体活动。世界卫生组织（WHO）认为：社区是由共同地域、价值或利益体系所决定的社会群体。

社区是一种地域性有组织的社会实体，我国普遍倾向于根据社区结构和特点把社区分为城市社区、农村社区和集镇社区三种。前二者是最常见的分类，集镇社区是介于城乡社区之间，具有一定特点的区域；城市社区一般是以街道、居委会为基本单元；农村社区一般是以村镇为基本单元。

### （二）社区分类

社区分类的方式有很多，根据与社区卫生初衷的相关性，可分为地域性社区、共同利益性社区、健康问题解决性社区三类。

1. **地域性社区**（geographic community） 是根据地理界线和行政管理划分的区域，如一个市、区、街、县、乡镇。地域性社区在社区卫生服务实践中有着重要的作用，因为它可以作为一个明确的目标来分析当地的健康需求。例如，根据某一地区某一疾病的发病率和死亡率，扩大评估研究，获得的最终研究结果可作为该地区制订健康方案的基础和依据。此外，在地域性社区中，媒体宣传和健康教育容易接触到目标人群，人们容易聚集起来共同实施某种干预措施和解决社区的一些特殊问题。

2. **共同利益性社区**（common-interest community） 是由有着共同兴趣、利益或者目标，但地域上分散的人群所构成的社区，如中华护理学会、抗癌协会、红十字协会等。以健康问题为重点的共同利益性社区可以联合社区卫生机构，共同促进健康议程的实施。社区卫生实践中许多成功的预防和健康促进的例子，如卫生服务的改善、社区在特殊健康问题上的意识增强等都来自共同利益性社区的努力。

3. **健康问题解决性社区**（community of solution） 是由为解决健康问题的人们聚集起来而构成的社区。这类社区的大小取决于所面临的健康问题的严重程度、受影响的地域范围和解决问题需要的资源数量等。例如，水污染可以波及周边几个区、县、市，为解决这一问题，必须在受影响的区域组织相关机构、专家和工作人员共同商量如何控制水源问题、工业废弃水的排放和处理问题。

### （三）社区特点

1. **人口要素** 人是社区的核心，是构成社区最重要、最基本的要素。社区人口包括人口的数量、构成及分布。同一社区的人，有相似的风俗习惯、生活方式和行为模式，有社区归属感，可彼此分享价值观，同时个人的行为也影响社区的状态和角色。

2. **地域性** 地域是社区存在和发展的前提，也是构成社区的重要条件，地域性特点决定社区的性质和未来的发展。

3. **同质性** 同一社区的成员一般具有相似的文化背景、行为背景和价值观念，容易产生相同的社会意识、行为规范、生活方式和文化氛围等，因此具有一定的同质性。这种同质性可影响社区人群，促使社区居民之间形成凝聚力和归属感。但是，随着社会的发展和追求生活居住环境的变化，这种同质性会逐渐减弱。

4. **管理机构和制度** 管理机构和制度是社会秩序的基本保障。在我国，社区的基层机构为居委会和派出所，两者联合管理社区的户籍、治安、计划生育、环境卫生、生活福利等，规范社区人群的行为，协调人际关系，帮助解决困难或问题，满足社区居民的需要。

5. **生活服务设施** 生活服务设施是社区人群生存的基本条件，也是联系社区人群的纽带。社区设施主要包括学校、医疗机构、福利、娱乐场所、健身场所、商业、交通、通信、宗教等。

### （四）社区功能

1. **生产、消费、分配、协调与利用资源** 社区居民需要消费物质，社区本身也可能生产和分配物资，以满足社区居民的需要。

2. **社会化** 居民个体在社区生长发育成为社会化的人，在成长过程中相互影响，形成本社区特有的风土人情和价值观，这些特有的文化又反过来影响着社区居民。

3. **社会控制** 为保护社区居民而制定的各种行为规范和规章制度，如社区物业管理系统。

4. **社会参与** 社区建立各种团体，组织和举办活动，如建立社区健身活动中心等，使居民之间互动，参与社会活动，凝聚社区力量，产生归属感。

5. **相互支援** 社区居民遇到困难或生病时，社区可以给予支持和帮助。社区可根据居民需要与当地的民政部门或医疗机构联系，帮助解决困难。

## 二、社区卫生服务

### （一）社区卫生服务概念

社区卫生服务（community health service）是社区建设的重要组成部分，随着社会生产的发展、医学的进步，人们对防病治病的认识逐步深化，医疗保健从个体向群体转变，寻求群体防治疾病的措施和方法，社区卫生服务正是适应这种需要而产生的。社区卫生服务指在一定社区中，由政府领导、社区参与、上级卫生机构指导，以基层卫生机构为主体，全科医生为骨干，合理使用社区资源和适宜技术；以人的健康为中心、家庭为单位、社区为范围、需求为导向；以妇女、儿童、老年人、慢性病患者、残疾人等为重点；以解决社区主要卫生问题、满足基本卫生服务需求为目的，融预防、医疗、保健、康复、健康教育、计划生育技术服务等为一体的有效、经济、方便、综合、连续的基层卫生服务。

### （二）社区卫生服务体系

社区卫生服务体系是在城乡居民中设立社区卫生服务中心，再根据其社区覆盖面积及人口，在中心下设若干社区卫生服务站，或将原二、三级医院与新设的社区卫生中心联系，以利指导，实施条块结合，提高服务质量。当前社区行政组织一般界定为城市的街道和农村的乡（镇）。一些城市街道在完善社区功能时，亦在社区设立服务中心，与附近的基层医院共同建设，或与当地民政机构联系。社区卫生服务中心以照顾老年人、慢性病患者为主，兼而发挥预防、保健、健康教育、康复、计划生育等功能。

### （三）社区卫生服务特征

1. **实现初级卫生保健** 世界卫生组织明确指出："不分种族、宗教、政治信仰、经济和社会状况，达到尽可能的健康水平是每个人的基本权利。"要实现这一基本权利，须做到以下四个方面的工作：①政府承诺；②群众的主动参与和社会各方面力量的动员；③卫生部门和其他部门的合作；④适宜的、可提供的和可负担得起的科学技术手段。社区卫生服务是真正实现人人享有卫生保健的途径。

2. **综合性服务** 社区卫生服务对象既包括患者，也包括非患者；服务内容涉及生理、心理和社会文化各个方面；服务范围包括个人、家族和社区；服务方式是预防、治疗和康复相结合。

3. **持续性服务** 社区卫生服务人员要主动关心社区内所有成员，从健康危险因素的监测，到社区成员疾病的发生、发展、演变、康复等各个阶段，包括患者住院、出院或请专科医生会诊等不同时期，提供连续性的服务。

4. **协调性服务** 社区卫生服务人员的职责是向患者提供广泛而综合性的初级医疗保健服务，但这种服务不是包罗万象，也不可能代替各类专科医疗机构。社区卫生服务人员应当掌握各级各类医疗机构和专家的情况，并建立相对固定的联系，以便协调各专科的服务，为居民提供全面、深入的医疗服务。

5. **可及性服务** 包括价格可及和地理位置可及。医疗价格便宜，居民能在住所和工作场所附近得到社区卫生服务，有无障碍设施。

### （四）社区卫生服务任务

社区卫生服务具有公益性质，是社区发展的重要组成部分。社区卫生服务机构大多数由中央政府、地方政府、社会公共基金会、慈善组织、社区自治组织建立，少数由私人管理，通过法律的约束和社会健康保险制度的规范，形成一个有竞争的“内部市场”。因此社区卫生服务的任务是以妇女、儿童、老年人、慢性病患者、残疾人等为重点，以解决社区主要卫生问题，融预防、保健、康复、医疗、健康教育、计划生育技术指导为一体的基层卫生服务。

### （五）社区卫生服务内容

社区卫生服务以解决社区主要卫生问题，满足居民基本卫生保健需求为目的，主要开展预防、保健、健康教育、计划生育技术指导及常见病、多发病、诊断明确的慢性病的治疗和康复等综合性卫生保健服务。

1. **预防** 在社区卫生调查和社区诊断的基础上，针对社区主要慢性病、非传染性疾病，实施干预措施；负责辖区内儿童计划免疫接种，传染病的预防和控制；提供心理咨询、精神卫生、合理营养、饮食卫生、居住和环境卫生等公共卫生技术指导与咨询服务。

2. **保健** 社区保健负责社区妇女儿童保健、生殖健康保健及优生优育工作；提供眼、口腔保健服务；对老年人群提供保健和急诊自救的指导。

3. **康复** 社区康复是指患者或残疾者经过临床治疗后，为促进其身心的进一步康复，由社区继续提供的医疗保健服务。社区康复不同于医疗康复，它体现了医疗与预防保健于一体，身心全面兼顾，连续性、协调性的全科医疗服务的基本原则。社区康复的宗旨是充分利用社区资源，使患者或残疾者在社区或家中通过康复训练，促使疾病好转或痊愈。

4. **医疗** 社区医疗是指进行常见病、多发病及诊断明确的慢性病患者的诊疗及护理，做好院前急救工作，为需要的患者安排会诊和转诊，提供医疗咨询服务；根据需要开设家庭病床及临终关怀服务。社区医疗应特别强调使用适宜技术、中医中药等，以适应社区群众的需求，减轻医疗负担。

5. **健康教育**　社区健康教育是指通过有组织、有计划、有系统的社会教育活动，如建立社区健康教育网络、编制健康教育宣传材料等多种形式，广泛开展以提高群体健康知晓率和卫生习惯形成率为目的的健康教育与健康促进，促使人们自觉地采纳有益于健康的行为和生活方式，消除或减轻影响健康的危害因素，预防疾病，促进健康，提高生活质量。社区健康教育需建立组织机构，由社区领导和社区卫生服务机构共同负责，组织有关部门、人民团体和社会有关人士参加。

6. **计划生育技术指导**　计划生育技术指导是我国的一项基本国策，社区卫生服务可为晚婚晚育、优生优育、计划生育提供方便、有效的技术指导和宣传教育。

7. **其他**　根据社区居民的需求，不断拓宽社区卫生服务范围，提供适宜的基层卫生服务。

### （六）社区卫生服务实施

社区卫生服务是有别于综合性医院、专科医院及专业预防保健机构的基层卫生服务。它的特点是贴近居民、就近就医、防治结合、综合服务，充分体现积极主动的服务模式。主要服务模式有以下几种。

1. **主动上门服务**　在做好健康教育宣传的基础上，与居民订立健康保健合同；在社区卫生调查和社区诊断的基础上，对重点人群开展慢性病干预。在对合同服务对象和慢性病干预对象定期上门巡诊中，及时发现、及时处理健康问题。

2. **开展家族病床**　根据居民的需求，选择适宜的病种，开设家庭病床，进行规范的管理和服务。

3. **方便就近诊疗**　为社区居民就近提供常见病、多发病的诊治服务。向社区居民公布联系电话，提供预约和家庭出诊服务，方便、快捷。

4. **医疗与预防结合**　社区卫生服务机构除了为社区居民提供计划免疫接种、妇女保健、儿童保健等专项预防服务外，全科医生和社区护士等社区卫生服务专业人员还应当在诊治疾病中，建立并充分发挥居民健康档案的作用，向居民提供家庭保健指导；向患者讲解疾病的转归和发展趋势，如何进行预防和日常的保健措施，耐心地接受居民的健康咨询，将健康教育和卫生保健知识的传播有机地融入医疗服务之中，帮助社区居民形成良好的卫生习惯和健康的生活方式。

5. **实施双向转诊**　与综合性医院和专科医院建立合作关系，及时把重症、疑难杂症患者转到合适的医院诊治，同时接受综合性医院和专科医院转出的慢性病和康复期患者，进行进一步的治疗和康复。

社区卫生服务机构应根据社区居民的需求变化，不断探索新的服务方式，以满足居民的卫生保健需要。

### （七）社区卫生服务模式

社区卫生服务是利用社区资源对社区人群进行预防、保健、治疗、康复和必要的社会服务的基层卫生服务，在计划经济时代就形成了比较健全的三级服务网络。1997年全国卫生工作会议关于.《中共中央、国务院关于卫生改革与发展的决定》，做出改革城市卫生服务体系，积极发展社区卫生服务体系，开展社区卫生服务，逐步形成功能合理、方便群众的卫生服务网络的重要决策。不少城市积极试点探索，在实际操作中，各地区形成了不同的模式，主要有以下几种。

1. **四级网络模式** 四级网络模式是目前大城市社区卫生服务的主要模式，指在三级医疗网络健全的城市，区医院成立医疗中心或社区卫生服务临床指导中心，一级医疗机构转型成为社区卫生服务中心，根据需要在居委会下设社区卫生服务站，通过站点进入家庭，形成“区医疗中心－街道社区卫生服务中心－居民委员会社区卫生服务站－家庭”的四级网络模式。

2. **三级网络模式** 三级网络模式又称医院派出式，是目前中等城市社区卫生服务的主要模式。该模式以二、三级医院或企业医院为主体，达到标准的卫生所为补充，进行合理设置。设置规模一般是一个卫生单位在所负责的范围内设置一个社区卫生服务中心，根据需要在若干个居委会设立服务站，形成“二、三级医院社区卫生服务科－社区卫生服务站－家庭”的三级网络模式。该模式有利于居民得到更好的医疗服务（医院专家进入社区），双向转诊更易于实现。

3. **二级网络模式** 二级网络模式又称家庭病床式，是中国较早开展的卫生服务模式，该模式是由二、三级医疗机构开设家庭病床科，制定家庭病床患者准入标准和合同，由家庭医生建立家庭病床，制订治疗方案。家庭医生和护士定期看护家庭病床患者，根据需要制订医护方案。该模式也有利于患者得到更好的服务，顺利实现双向转诊，加强家庭保健。缺点是难以达到“六位一体”（预防、医疗、保健、康复、健康教育和计划生育指导）综合性服务的要求，对整个社区居民可及性差，可以作为一种补充模式。

4. **资源互补模式** 该模式主要是依托有条件的企事业单位卫生机构和地方卫生资源形成互补，共同承担区域内的社区卫生服务。市卫生局将企事业单位卫生机构纳入区域卫生规划，将企事业单位卫生资源与当地整合，成立社区卫生服务中心（站），为单位职工和当地居民提供服务。对于企事业卫生资源丰富的地区，可以实行该模式，避免重复建设。但要注意“六位一体”服务的到位，尤其是对非单位职工的居民。

5. **联合服务模式** 联合服务模式又称集团模式。在卫生资源丰富、机构种类繁多的地区成立医疗集团，以一家机构为中心、多家机构联合，组建社区卫生服务网络，共同承担区域内的社区卫生服务。集团成员可包括综合医院、专科医院、基层医院、急救中心、防保机构、护理院、保健中心等，机构之间实行双向转诊、会诊、医生推荐、业务指导，按照各自特点，全方位提供社区卫生服务。

**知识链接**

**双向转诊**

双向转诊是根据病情和人群健康的需要而进行的上下级医疗机构间、专科医院间或综合医院与专科医院间的转院诊治过程。它可分为纵向转诊和横向转诊两种形式。在社区卫生服务机构和医院实施双向转诊具有重要的意义，也是我国卫生事业改革、发展的目标和方向。

# 第二节　社区护理

## 一、社区护理概述

社区护理（community nursing）是社区卫生服务的一个重要组成部分，具有其特定的理论、概念、工作范围及方法。

社区护理是由护理学和公共卫生学的理论综合而成，用以促进和维护人群健康的应用学科，其含义包括以下几方面。①预防：防止疾病或伤害的发生；②保护：保护群众免受环境中有害物质的侵袭；③促进：安排各种活动促进社区居民健康。它的实践范畴为全科性质，不局限于某个年龄组或某种疾病，而是针对整个社区人群实施连续的、动态的健康照顾。社区护理的主要职责是将社区人群及生存环境视为一个整体，进行健康促进、健康维护和健康教育，并对社区群体的健康进行管理、协调和连续性照顾，直接对社区内的个体、家庭、群体和环境进行护理，达到全民健康。社区护理与临床护理的区别见表1-1。

**表1-1　社区护理与临床护理的区别**

| | 医院护理 | 社区护理 |
|---|---|---|
| 工作地点 | 医院、门诊、其他医疗机构 | 社区、家庭、居民家中 |
| 护理对象 | 住院患者、门诊患者 | 个人、家庭和社区 |
| 护理工作 | 环境熟悉<br>环境相对安全<br>计划时间进行工作<br>有其他医务人员支持和配合，对患者家庭了解不够深入<br>患者失去对环境的控制权，突然生活在陌生环境中<br>要求患者遵守医院相关规定 | 环境相对陌生<br>环境安全性需要判断<br>安排要考虑患者及其家属意愿<br>经常独立工作<br>了解并适应患者家庭环境<br>患者对环境熟悉，经常有家属或朋友陪伴<br>患者可按自己生活习惯生活 |

## 二、社区护理特点

1. **以促进和维护健康为中心**　社区护理的中心任务是提高社区人群的健康水平。通过运用公共卫生学及护理学的专业理论、技术和方法，通过一级预防途径如卫生防疫、传染病管制、意外事故防范、健康教育等，以维护和促进人的健康。社区护理不是单纯对患者的治疗护理，而是如何预防疾病，促进健康。

2. **以整个社区群体为服务对象**　社区护理的对象是社区全体人群，包括个人、家庭、团体及人群。其服务的重点倾向于人群，既有健康人群、亚健康人群、高危人群，也有重点保健人群以及患病的患者。

3. **具有高度的自主性和独立性**　社区护士的工作范围广，经常需要单独解决问题和做出决策，需要有较好的认识问题、分析问题、解决问题和应急处理的能力。如社区护士运用流行病学的方法去发现社区人群中的健康问题及其危险因素，同时制定干预措施和组织相关人员实施干预等，这些工作完全有别于医院护士在医嘱指导下的工作，具有高度的自主性和独立性。

4. **综合性的服务** 影响健康的因素是多方面的，社区护理以家庭为单位、社区为范围，从卫生管理、社区支持、护理技术服务、健康教育等途径为社区人群提供全面综合的服务。

5. **长期性的服务** 社区护理针对社区整个人群实施连续的、动态的健康服务，涉及人的一生，是一个长期连续性的工作。同时，社区慢性病患者、残疾人、老年人等重点人群的特定护理需求也具有长期性。

6. **多方面的协作性** 社区护理工作，除与社区一般服务对象和医务人员密切配合外，还需要与当地行政部门、福利、教育、厂矿等多方面人员联系。因此，社区护理需要主动地与各方面人员加强合作，才能做好社区卫生服务性工作。

**知识链接**

**老龄化社会与社区护理**

我国2010年第6次人口普查结果显示：60岁及以上人口为177 648 705人，占总人口13.26%，其中65岁及以上人口为118 831 709人，占8.87%。我国已成为世界上老年人口最多的国家，预测到2020年我国65岁以上人口将达1.67亿，约占全世界老龄人口6.98亿人的24%。随着我国老年人口的快速增长，老年病以及慢性病的问题日益突出，健康老龄化的实现也就使许多相应的社区护理需求增加。

## 三、社区护理工作范围

1. **社区保健护理** 本护理为社区各类人群提供不同年龄阶段的预防保健服务，以孕产妇、儿童、学生、老年人、厂矿业劳动者作为重点人群。根据领域及对象的不同，又可将此范畴的护理分为妇幼保健护理、社区儿童护理、学校卫生护理、职业护理等。

2. **社区慢性病患者、传染病患者、精神障碍患者的护理与管理** 本护理主要面向社区的所有慢性病患者、传染病患者、精神障碍患者提供他们所需要的护理及管理服务。采取的护理服务方式是家庭护理，服务内容主要包括各种基本护理操作如静脉输液、手术伤口护理以及特殊的护理操作等。

3. **社区急危重症患者的转诊服务** 本护理帮助那些在社区无法进行适当治疗的急危重症患者安全地转入适当的医疗机构，确保他们得到及时、必要的救治。

4. **社区康复服务** 为社区的伤残者和慢性病患者提供康复护理服务，帮助他们改善健康状况，恢复功能。主要服务形式包括长期护理、短期护理、日间护理、老年人福利中心的护理等。

5. **社区临终服务**　本服务向社区的临终患者及其家属提供他们所需要的各类身心服务，帮助临终患者走完人生的最后一段路程，同时尽量减少对家庭成员的影响。

6. **社区健康教育与健康促进**　是指以促进和维护居民健康为目标，为社区各类人群提供有计划、有组织、有评价的健康教育活动，从而提高居民对健康的认识，养成健康的生活方式及行为，最终提高其健康水平。

### 四、社区护理主要工作方法

社区护理工作方法是社区护士对社区中的个人、家庭和社区提供健康护理服务时采用的方法。常用的有护理程序、居家护理、家庭访视、健康教育、社区流行病学调查、健康普查、保健指导和组织社区活动等。

### 五、社区护理常用护理技术

1. **一般护理技术**　主要包括生命体征的观察、测量和记录；静脉输液、各种注射法、物理降温、皮肤护理、饮食指导、口腔护理、雾化吸入、导尿、鼻饲和灌肠等基础护理操作。

2. **专科护理技术**　社区常见病，如冠心病等心血管疾病患者的家庭护理、糖尿病等内分泌疾病患者的家庭护理、慢性阻塞性肺疾病等呼吸系统疾病患者的家庭护理、脑卒中等神经系统疾病患者的家庭护理、慢性肾炎等泌尿系统疾病患者的家庭护理、肝硬化等消化系统疾病患者的家庭护理、围生期妇女及儿科疾病患者的家庭护理，长期卧床患者的护理与功能锻炼，居家患者临终关怀等。

3. **健康教育技术**　针对不同文化、性格、年龄、民族、生活习惯的社区人群，采用不同的健康教育方式和方法。

4. **家庭护理技术**　开展家庭访视与居家护理，评估家庭结构与功能、家庭人员的关系与责任、明确服务对象、发现存在的护理问题、制订家庭护理计划、实施家庭护理措施与评价。

## 第三节　社区护士

### 一、社区护士定义与基本条件

根据2002年我国卫生部关于《社区护理管理的指导意见（试行）》精神，社区护士的定义为：在社区卫生服务机构及其他有关医疗机构从事社区护理工作的护理专业人员。

社区护士的基本条件为：①具有国家护士执业资格并经注册；②通过地（市）以上卫生行政部门规定的社区护士岗位培训；③独立从事家庭访视工作的社区护士，应具有在医疗机构从事临床护理工作5年以上的工作经历。

### 二、社区护士职责

根据2002年卫生部关于《社区护理管理的指导意见（试行）》规定，我国社区护士的职责包括以下 9 点。

（1）参与社区诊断工作，负责辖区内人群护理信息的收集、整理及统计分析。了解社区人群健康状况及分布情况，注意发现社区人群的健康问题和影响因素，参与对影响人群可能接触不利因素的监测工作。

（2）参与对社区人群的健康教育与咨询、行为干预和筛查、建立健康档案、高危人群监测和规范管理工作。

（3）参与社区传染病预防与控制工作，参与预防传染病的知识培训，提供一般消毒、隔离技术等护理技术指导与咨询。

（4）参与完成社区儿童的计划免疫服务。

（5）参与社区康复、精神卫生、慢性病防治与管理、营养指导工作。重点是对老年病患者、慢性病患者、残疾人、婴幼儿、围生期妇女提供康复和护理服务。

（6）承担诊断明确的居家患者的访视与护理工作，提高基础或专科护理服务质量；配合医生对急性病的病情观察与治疗，为患者及其家属提供尽可能的教育、护理指导与咨询服务。

（7）承担就诊患者的护理工作。

（8）为临终患者提供临终关怀护理服务。

（9）参与计划生育技术服务和宣传教育与咨询。

## 三、社区护士素质与能力

### （一）素质

从上述社区护理的特点及社区护士的职责中可见，社区护士的素质要求一般比医院护士的要求更高，因此，社区护士应具备以下基本素质：热爱社区护理工作，对社区护理事业具有浓厚的兴趣和乐于奉献的精神；具有一定的专业水平与经验；综合素质高，掌握并能灵活运用医学、心理学、社会关系学、流行病学知识，解决健康问题；具有良好的人际关系；勇于探索、创新、经得起挫折和考验，具有慎独精神；有较强的独立工作能力和领导才能；具有良好的心理素质和承受能力，情绪稳定，意志坚强。

### （二）能力

为了达到上述基本素质要求，保证社区护士在从事社区常见疾病的护理与管理、预防保健、健康促进、社区团队协助、专业学习与发展等方面的能力，这就要求社区护士不仅要具备一般护士所应具备的基本能力，而且要特别加强以下几种能力的培养。

1. **人际交往和沟通能力**　社区护理工作的开展不仅需要合作者的支持、协助，还需要其护理对象的理解与配合。社区护士的主要合作者包括社区的其他卫生服务人员、社区管理者、服务对象及其家属或照顾者。面对这些具有不同年龄、文化、家庭与社会背景的合作者，社区护士需要具有社会学、心理学及人际沟通的技巧，才能更好地开展工作。

2. **综合护理能力**　从社区护士的定义及社区护士的职责来看，社区护士就是全科护士，他们面对的对象是社区人群，其中也包括各类患者和残疾人，如手术后的患者、中风恢复期患者、精神障碍患者、临终患者等。社区护士常常需要直接提供护理服务，有了综合护理能力，才能胜任社区护理工作。综合护理能力主要包括各专科护理技能及中西医结合的护理技能。

3. **独立分析判断、解决问题能力**　社区护士在很多情况下需要独立进行各种护理操作、应用护理程序、开展健康教育、进行健康咨询或指导。此外，无论是在社区服务站还是在患者家庭，其护理条件及设备都不及医疗机构，所以解决问题或应变能力对于社区护士非常重要。

4. **健康宣教能力**　健康教育是社区护士的重要工作之一，社区护士要能够清楚、准确无误地教给人们必要的知识、改变其对健康的态度，建立科学的、符合健康要求的行为和生活方式，提高社区群众的自我保健能力。由于社区人群具有不同的年龄、家庭、文化及社会背景，在实施社区健康教育的过程中，社区护士应考虑社会学、心理学及人际沟通方面的因素，进行因材施教，才能更好地开展健康宣教。

5. **组织、管理能力**　组织、管理能力是社区护士的必备能力之一。社区护士在向社区居民提供直接护理服务的同时，还要调动社区的一切积极因素，开展各种形式的健康促进活动。社区护士有时需要负责人员、物质和各种活动的安排；有时要组织有同类兴趣或问题的人员学习，如老年福利院中服务员的培训或餐厅人员的餐具消毒指导，这都需要有一定的组织、管理能力。

6. **预见能力**　预见能力主要应用于预防性服务，而预防性服务是社区护士的主要工作之一。社区护士有责任在问题发生之前，找出其潜在因素，从而提前采取措施，避免或减少问题的发生。

7. **综合调研能力**　社区护士不仅肩负着向社区居民提供社区护理服务的职责，同时也肩负着发展社区护理事业、完善护理学科的重任，这就要求社区护士应具备一定的科研基本能力。因此，社区护士要掌握基本的统计学知识，具备收集、分析和处理信息的能力，能够独立或与他人协助进行社区健康相关问题的研究。

8. **法律观念及自我防护能力**　社区护士常常在非医疗机构场所从事有风险的医疗护理服务，如在患者家中进行静脉输液。社区护士应加强法律意识，不仅要完整客观地记录患者病情，还要在提供医疗护理服务前与患者或其家属签订有关服务协议书，以此作为法律依据。同时，社区护士在非医疗机构场所提供护理时，应避免携带贵重物品，并注意加强人身安全防护。

9. **应对社区急性事件的能力**　应对社区急性事件的能力主要是指能沉着冷静地处理、转诊和管理社区急性传染病、急危重症等患者的能力。

## 第四节　社区护理发展

### 一、国外社区护理发展

社区护理，又称社区卫生护理或社区保健护理。社区护理起源于西方国家，是由家庭护理、地段护理和公共卫生护理逐步发展、演变而成的。追溯社区护理的发展历史，可将其发展过程分为三个阶段，即地段护理阶段、公共卫生护理阶段和社区卫生护理阶段。

### （一）地段护理阶段（1859—1900）

中世纪时期，许多修道院接纳照顾患者，有些人出于宗教信仰而照顾患者，在12～13世纪十字军东征时，瘟疫流行，许多人参加疾病及自然灾害的救治工作，这些都是公共卫生护理的雏形。

英国利物浦的企业家威廉·勒斯朋（Willian Rathbone）的妻子患慢性疾病卧床在家，罗宾森夫人到其家中对其进行护理，减轻了患者的痛苦。他深感家庭护理的必要性，于是求助于罗宾森夫人在利物浦成立了第一个地段护理机构（1859），后得到南丁格尔的支持，在利物浦设立护校，专门培训地段护士，培训课程中包括个人卫生、环境卫生与家庭访视护理。

1874年，伦敦成立了全国访问贫病护士协会，各地有分会。在此期间，美国亦开展了相关服务，先在纽约附近开始家庭访问护理，后渐扩展，至1890年相关的访问护士机构已有21家。

### （二）公共卫生护理阶段（1900—1970）

美国护士丽连·沃德（Lilian Wald）（1867—1940）将南丁格尔以往使用的“卫生护理”前加上“公共”两字，使大家了解这是为人民大众服务的卫生事业。她和同事们调查贫民家庭，发现恶劣的生活环境及缺医少药、传染病给人民带来极大的灾难。1895年她在街道成立办事处，组织护士走访贫病家庭，对传染病患者进行消毒隔离，护理慢性病患者。此后她又推动妇幼卫生和学校卫生工作。

护士丽连·沃德在公共卫生护理方面做出了突出的贡献，主要表现在：主张公共护士有独特的职能，可以独立工作，最好住在执行工作的地区附近；致力于学校环境卫生的改善和防治学生的传染病，创立学校卫生；成立儿童局，从事妇幼卫生研究，促使当局关注妇幼群体的卫生问题；护理服务对象从贫病者扩展到一般群众，采取收费和聘用公共卫生护士制度。在1893年成立了公共卫生护理学会，并制定公共卫生护理服务的原则和标准，提出公共卫生护理教育的课程标准，逐步纳入大学教育中。

此后，美国经历第二次世界大战，为了促进人民的健康，促进教育及环境等的改善，政府制定了一些法令，在大学中设奖学金，促进公共卫生护理教育的发展。1950年后，公共卫生护理工作从家庭走向社区。

### （三）社区卫生护理阶段（1970年至今）

1970年，美国露丝·依瑞曼开始使用“社区护理”一词，她认为社区护理是护理人员在各种不同形式的机构内进行多项的卫生工作，工作的重点是社区。

目前发达国家（如美国、英国）的社区护理体系比较完善，有高素质的社区护理队伍、较好的社区护理教育体系和社区护理模式，在社区健康教育和健康促进工作上有较好的理论体系和实践基础，其中家庭护理已法制化、规范化，成为一个相对独立的护理医疗体系。

## 二、我国社区护理发展

1925年，北京协和医学院在医学课程中设有预防医学，为使学生能理论联系实际，该医学院与北京市卫生科联合，在北京创办“北京市第一卫生事务所”，目的是使医、护学生了解群众生活与预防疾病的关系。该所的工作范围有生命统计、环境卫生、妇幼卫生、传染病控制、结核病防治、学校卫生、工厂卫生、公共卫生护理等。学生实习内容有：对孕妇的指导、家庭接生、对产妇及新生儿的访视指导、传染病患者家访及消毒隔离、学校及工厂卫生护理等。

1930 年，晏阳初先生在河北省定县提倡农村平民教育，其中也包括卫生教育，许多公共卫生护士亦参加了农村卫生工作。

1932 年，政府设立中央卫生实验处，训练公共卫生护士。

1945 年，北京的卫生事务所增至 4 个。

新中国成立后，北京协和医学院停办，卫生事务所扩大为各城区卫生局，局内设防疫站、妇幼保健所、结核病防治所等，一部分医院开设地段保健科或家庭病床。但当时护校课程中未设公共卫生护理，虽然城市及农村都设有三级卫生保健网，但参加预防保健的护士却寥寥无几。

1983 年，我国开始恢复高等护理教育，在高等护理教育课程安排中增强了护士预防保健意识和技能的训练，但大多没有设立社区护理课程。

1996 年 5 月，中华护理学会在北京召开了“全国首届社区护理学术会议”，会议倡导要发展及完善我国的社区护理，重点是社区中的老年人护理、母婴护理、慢性病患者护理及家庭护理等。

1997 年，《中共中央、国务院关于卫生改革与发展的决定》中指出：“积极发展社区卫生服务，逐渐形成功能合理、方便群众的卫生服务网络。”较好地推动了社区卫生服务工作的进程，社区护理逐渐成为一门独立的学科。

卫生部于 2000 年及 2002 年相继印发了《社区护士岗位培训大纲（试行）》及《社区护理管理的指导意见（试行）》，明确界定了社区护士的定义和基本备件。2006 年国务院发布了《发展城市社区卫生服务的指导意见》，社区护理逐渐形成规范的人才培养模式、人力要求、服务内容和服务形式等。社区护理人员的要求有：社区护理人员要获得初级任职资格，必须通过参加全国卫生专业技术资格的护理学专业考试；全国卫生专业技术资格考试中，护理中级资格专业增设面向社区护理的专业；护理高级专业技术资格标准条件的有关政策规定中，进一步体现了社区护理的要求和特点。

**案例分析**

社区护士刘芳，针对社区人群的不同健康问题应做好如下工作。

1. 针对老年独居人群较多这一情况，应用社区健康护理程序对其建立健康档案，通过家庭访视进行健康护理。

2. 针对儿童肥胖或超重比例升高的问题，开展关于肥胖防治的社区健康教育。

3. 针对孕 30 周的王女士，通过家庭访视进行心理护理，协调、计划并指导家庭健康管理。

4. 针对老年痴呆患者郭女士及其家人，进行居家护理，并指导患者家属掌握基本的生活护理知识和技能。

## 重点知识

1. 构成社区的基本要素：地域性、人口要素、同质性、生活服务设施、管理机构和制度。

2. “六位一体”的社区基本卫生服务任务：预防、保健、医疗、康复、健康教育和计划生育指导。

3. 社区护理的特点：以促进和维护健康为中心、以整个社区人群为服务对象、社区护士具有高度的自主性和独立性、社区护士必须与其他相关人员密切合作、社区护理服务内容的综合性及长期性。

4. 社区护理的工作范围：社区预防保健护理，社区慢性病患者、传染病患者、精神障碍患者的护理与管理，社区急危重症患者的转诊服务，社区康复服务，社区患者临终服务，社区健康教育与健康促进。

5. 社区护士的能力要求：人际交往和沟通能力、综合护理能力、独立分析判断与解决问题能力、健康宣教能力、组织与管理能力、预见能力、综合协调与调研能力、法律观念及自我防护的能力和应对社区急性事件的能力等。

6. 社区护理的发展史：地段护理、公共卫生护理、社区卫生护理。

## 课后练习

### 一、思考题

1. 社区　　2. 社区卫生服务　　3. 社区护理　　4. 社区护士

### 二、简答题

1. 简述我国发展社区卫生服务的背景。

2. 简述我国社区卫生服务发展的现状与存在的主要问题和我国社区护理的发展方向。

3. 如何提高社区护士的工作能力?

4. 简述社区卫生服务的特点。

5. 提供居家护理的护士应该具备哪几方面的能力?

（秦　艺　胡小杰）

## 一、三级预防概念

三级预防（three levels of prevention）是针对健康与疾病的全过程，以全体居民为对象，以健康为目标，以预防疾病为中心的预防保健原则。目的是促进健康、预防疾病的发生和控制疾病的发展。三级预防是实施初级卫生保健的基本措施，是贯彻预防为主方针和整体健康观念的具体体现。社区卫生服务中心是将各种预防保健措施通过三个级别的预防，落实到所有服务对象，使得影响社区人群健康的危险因素得到有效干预（控制），达到社区整体的最佳健康状态。

## 二、一级预防

1. **定义**　一级预防（primary prevention），又称病因预防，主要针对发病前期。它是在疾病发生的危险因素已存在的情况下，通过避免接触危险因素和提高抵抗疾病能力来预防疾病的发生。适用于社区内的健康人群，采取的主要手段是向群众进行不间断的健康教育，对不利于健康的生活方式进行干预，开展群众性的健康促进活动。

2. **内容与具体措施**

（1）针对政策与组织措施：包括各种与卫生保健事业相关的策略、方针、法律、规章、条例及相配套的卫生组织和措施等。如“人人享有卫生保健”的世界卫生策略；“以农村为重点，预防为主、中西医并重，依靠科技与教育，动员全社会参与，为人民健康服务，为社会主义现代化建设服务”的国家卫生工作方针；颁布《环境保护条例》《食品卫生法》《突发公共卫生事件应急条例》等法规；根据“全面规划、合理布局、综合利用、化害为利、依靠群众、大家动手、保护环境、造福人民”的环境保护方针，建立环境质量卫生标准体系等。

（2）针对环境的措施：指直接消除或控制环境危险因素的措施，是预防疾病发生最积极的措施。主要是改善生活、生产环境，防止和减少环境中的生物、理化致病因素对人体的危害。包括保护空气、水、食物和土壤免受污染的措施；治理交通工具废气排放和噪声；发展高效、低毒、低残留农药等。运用卫生监督和治理措施，保障居民生活用水和食品的安全，通过健康教育提高居民环保意识、提倡绿色消费等。

（3）针对机体的预防措施：保护机体减少接触危险因素或增强机体对抗危险因素的能力，包括以下几方面。

1）开展健康教育：增强自我保健意识，提高抗病能力。流行病学调查显示，人类疾病中50%与人们不良的行为生活方式有关。因此通过健康教育，增强自我保健意识、培养良好的健康生活方式和卫生习惯，是预防疾病发生的一项极为重要的环节。

2）预防接种：提高人群对传染病的免疫水平。主要针对7岁以下儿童采取“五苗防七病”。通过预防接种，少部分传染病已经消灭（如天花），大部分得到了有效控制（如白喉、破伤风、麻疹等）。

3）做好婚前检查：婚前检查是实行优生优育的重要措施，加强优生优育和围生期保健工作，防止近亲或不恰当的婚配，以减少或避免遗传病的发生。

4）重点人群保护：老、弱、妇、残、幼及某些职业人群，根据他们所处的环境和生理特点，使他们免受危险因素的侵袭。

5）慎用医学检查和药物，以防医源性疾病的发生和滥用药物产生不良反应。

通过上述这些措施的落实，从整体上提高群众的自我防病意识和自我防病能力。简而言之，一级预防就是通过各种可能的措施，最大程度地降低各种社区疾病的发病率，防患于未然，是三级预防的主干，是最积极有效的预防，也是防止疾病发生的第一道防线，是效益最高但工作量最大的预防措施。

## 三、二级预防

**1. 定义** 二级预防（secondary prevention），也称临床前期预防。它是在疾病初期采取的预防措施，即当疾病已经发生，或是当机体生理代偿功能减弱、发生紊乱表现出症状时，早期发现疾病，及时采取治疗和防止传播的措施，预防其蔓延和严重后果。

**2. 内容及具体措施** 二级预防是对各种社区疾病早期发现、早期诊断、早期治疗，防止并发症的发生。对于传染病，“三早”预防就是加强管理，严格记录疫情报告。除了及时发现传染病患者外，还要密切注意病原携带者。对于慢性病，“三早”预防的根本办法是做好宣传和提高医务人员的诊断、治疗水平。通过普查、筛检和定期健康检查以及群众的自我监护，及早发现疾病初期（亚临床型）患者，并使之得到及时合理的治疗。由于慢性病常是经过致病因素长期作用引起的，给“三早”预防带来一定困难。如许多人正处于高血压或糖尿病的初期，而自己尚未察觉，如果不进行早期诊断、早期治疗，势必会延误病情，进而出现严重的并发症，如脑中风、冠心病、心肌梗死、糖尿病引起的各种心脑血管病、失明、糖尿病足等。

二级预防是在不能完全实现一级预防或一级预防失效后很重要的弥补措施，是三级预防中的重要环节。

## 四、三级预防

**1. 定义** 三级预防（tertiary prevention），也称康复治疗或临床期预防，是预防疾病产生的严重后果。当疾病已产生后遗症，或机体代谢功能已处于不可逆转的阶段，开展康复治疗，以尽量减轻疾病带来的残疾等负担，缓解病痛和延长寿命。

**2. 内容及具体措施** 三级预防主要是针对患者来说的，即通过积极正确的治疗护理措施，最大程度地延缓和减少慢性病及并发症的发生和发展，减少残障的发生，促进康复，恢复生活和劳动能力，改善患者的生活质量，延长其健康寿命。三级预防是健康促进的首要和有效手段，是现代医学为人们提供的健康保障。

总之，三级预防（三个级别）在疾病防治过程中是一个有机整体，其中一级预防主要以群体服务为主，二级、三级预防则以个体服务为主。不同类型疾病的干预级别主要取决于病因是否明确、病变是否可逆。

**知识链接**

有学者认为，护理模式的必要内容包括：护理行动目标，有时被描述为宗旨或具体目的；对服务对象的具体描述术语，如通过什么活动，对谁达到什么目标，行为者角色；同时明确社区护士对患者采取措施的原因或护理干预重点。在健康问题确认之后，模式就是护理活动的指南。

由于护理模式的选择为护理计划和决策提供了依据，因此，护理模式可以被认为是护理实践的基础。护理模式主要起以下几方面作用：作为护理实践的"地图"，提供评估方向，指导健康问题的分析和诊断，帮助制订护理计划，指导评价；为护理教育提供实际课程内容和指南；为护理研究提供理论框架；为发展护理学科理论提供依据和基础。

# 第二节　亚健康

亚健康（subhealth）指介于健康与疾病之间存在的一种既非健康也非疾病的中间状态。亚健康状态指机体虽无明确的疾病，却呈现生活能力降低、适应性不同程度减退的一种生理状态，是由机体各系统的生理功能和代谢过程功能低下所致，是介于健康与疾病之间的一种生理功能低下的状态，也称"第三状态""灰色状态""慢性疲劳综合征"等。亚健康状态由四大要素构成：①排除疾病原因的疲劳和虚弱状态；②介于健康与疾病之间的中间状态或疾病前状态；③在生理、心理、社会适应能力和道德上的欠完美状态；④与年龄不相称的组织结构和生理功能的衰退状态。

**知识链接**

WHO 的一项全球性调查显示：全世界总人口中真正健康的人仅占 5%，诊断有疾病的人也只占 20%，而 75% 的人处于亚健康状态。我国预防医学会的数据表明：目前我国处于亚健康状态的人口比例也上升为 75%，且女性多于男性，中年人多于青年人，城市多于农村，脑力劳动者多于体力劳动者。

## 一、亚健康分类

**1. 以 WHO 健康新概念为依据分类**

（1）躯体亚健康：主要表现为不明原因或排除疾病原因的身体疲劳、虚弱、周身不适、性功能下降和月经周期紊乱等。

（2）心理亚健康：主要表现为不明原因的脑力疲劳、情感障碍、思维紊乱、恐慌、焦虑、自卑以及神经质、冷漠、孤独，甚至产生自杀念头等。

（3）社会适应性亚健康：突出表现为对工作、生活、学习等环境难以适应，对人际关系难以协调，即角色错位和不适应是社会适应性亚健康的集中表现。

（4）道德亚健康：主要表现为世界观、人生观和价值观上存在着明显的损人害己的偏差。

**2. 按照亚健康概念构成要素分类**

（1）身心上有不适感觉，但又难以确诊的“不定陈述综合征”。

（2）某些疾病的临床前期表现（疾病前状态）。

（3）一时难以明确其病理意义的“不明原因综合征”。

（4）某些临床检查的临界状态，如血脂、血压、心率等偏高状态和血钙、血钾、铁等偏低状态。

（5）高致病危险因子状态，如超重、吸烟、过量饮酒、过度紧张等。

## 二、亚健康形成因素

过度紧张和压力、不良生活方式和习惯、环境污染的不良影响以及不良精神和心理因素刺激是影响亚健康的重要因素。

**1. 过度紧张和压力**　现代社会生活工作节奏日益加快，竞争日益激烈，再加上遭遇生活事件，个体内分泌波动时期（青春期、妊娠期、围绝经期等），身心负荷长期处于超负荷状态，人体各个系统不堪重负，从而造成了机体身心疲劳。

**2. 不良生活方式和习惯**　酗酒、吸烟、吸毒、药物依赖等；生活、饮食不规律，如饥饿、营养过剩或缺乏、暴饮暴食；滥用抗生素、缺乏体育锻炼和睡眠等因素。

**3. 环境因素**　如环境的污染，长期处于高温、高压（或低压）、寒冷、过度辐射、震动、缺氧等环境，以及接触有毒有害物质等。

**4. 其他因素**　如生物致病因素、社会因素、营养因素等。

**案例分析**

案例1中李先生的主要健康问题的相关因素分析：

中年，工作等压力大；少量吸烟、饮酒，缺乏体育锻炼，作息不规律（睡眠时间不充足）；经常在室内工作，处于缺氧环境；缺乏与人的沟通交流，缺乏兴趣爱好（没有缓解压力的有效方式）等。

## 三、亚健康评估

亚健康是一种临界、中间状态，处于亚健康状态的人，虽然没有明确的疾病，但却出现精神活力和适应能力下降，如果这种状态不能得到及时纠正，非常容易引起身心疾病。主要以主观感受为主，伴随各种行为障碍或自主神经功能紊乱等。症状可单一出现，也可同时或交替出现，体格检查无或极少有客观体征。主要从以下几方面进行亚健康的评估。

1. **精神、饮食和睡眠**　精神紧张、烦躁、易激惹、情绪不稳定，易失控或极端化，有精神崩溃的感觉；食欲减退，不思饮食；多有失眠，睡眠质量差，可伴有嗜睡，或者交替出现。

2. **神经系统方面**　常有头痛、头晕；易健忘，主要是短期记忆力下降，如开始忘记熟人的名字；注意力不集中，工作学习效率低等大脑功能受影响的表现。

3. **躯体活动、功能等方面的症状**　主要表现为不明原因或排除疾病原因的体力疲劳、虚弱、排泄问题（如腹泻、轻微腹痛、尿频、尿急），周身不适（皮肤瘙痒、麻木或疼痛、胸闷、心悸、气短）等。

4. **其他方面**　如生殖系统可有性功能下降和月经周期紊乱，免疫系统出现免疫力低下，易感冒、皮肤感染、咽喉部不适、口腔黏膜溃疡等。

**案例分析**

案例1李先生的主要健康问题有：

李先生以主观感受为主，自觉工作压力较大，较明显地出现睡眠不良、记忆力下降，常伴有头痛及关节部位的酸胀，偶感轻度头晕、乏力。无客观异常，属亚健康状态。但血压的舒张压处于临界高值，应连续监测（同时排除其他人为因素导致的血压升高）。

## 四、亚健康人群预防保健指导

21世纪人类健康保健的目标是提高生活质量和延长寿命。健康—亚健康—疾病是动态变化、可以相互转化的。处于亚健康状态的人，除了主观的症状外，不会有生命危险，但如不及时调整，可转化为心血管疾病、肿瘤、代谢性疾病。如遇到过度刺激，如熬夜、发脾气等应激状态，很容易出现猝死，就是“过劳死”。“过劳死”是一种综合性疾病，是指在非生理状态下的劳动过程中，人的正常工作规律和生活规律遭到破坏，体内疲劳积聚并向过劳状态转移，使血压升高、动脉硬化加剧，进而出现致命的状态。如能加强自我保健，建立健康生活方式，可转变成健康状态。

亚健康防治是保健、防病的关键。一是应树立正确的健康观，高度重视亚健康；二是要理解并远离影响亚健康的危险因素，养成健康的生活方式；三是要有良好的心理修养，保持良好的人际关系。

1. **树立正确的健康观，高度重视亚健康**　健康是相对的、动态的，是机体的整体状态。亚健康、疾病可以相互转化，包括生理、心理、社会状况以及道德4个层面。亚健康人群占75%，亚健康状态如不及时调整可转化为疾病，甚至死亡。

2. **理解并远离影响亚健康的危险因素，养成健康的生活方式**

（1）养成良好的生活方式：忌烟、少饮酒、规律进餐，合理膳食，不暴饮暴食；不随意服用各种药物（抗生素等）；注意劳逸结合，多参加体育锻炼，保证充足的睡眠等。

（2）远离污染的环境：避免长期处于高温、高压（或低压）、寒冷、过度辐射、震动、缺氧等环境，避免接触有毒有害物质等。

**3. 有良好的心理素质，保持良好的人际关系**

（1）提高心理素质，消除心理危机：客观地认识自己，不断提高自身的心理承受能力和自我调适能力，改善和调整心理状态，消除心理危机，保持愉快稳定情绪；学会正确对待生活、工作、学习等方面的压力，善待压力，把压力看作生活不可分割的一部分，学会适度减压，以保证健康、良好的心境。正确面对竞争，不断学习充实自己，保持竞争实力，也是减轻心理压力的有效途径之一。

（2）调节不良心态：做好自我心理状态的调整是保持健康的重要环节。要保持积极、乐观的人生态度，乐观处世；要善于发现优点，增强自信；正确处理人际关系，学会控制自己的情绪；培养广泛的兴趣爱好，修身养性，做到知足常乐、淡泊名利，使身心处于协调平衡状态中，调整亚健康状态，保持身体、心理、情感、行为的健康与和谐；同时应用各种理论和技巧，改变不正确的认知活动、情绪障碍，解决心理上的矛盾。

总之，要针对亚健康的影响因素和危害，必须强化自我防护，促进亚健康向最佳健康状态的转化。

**案例分析**

作为社区护士应如何对李先生进行健康指导？

案例1中李先生应重视亚健康；养成良好的生活习惯（戒烟限酒），多参加户外的体育锻炼，保证足够的睡眠时间，避免熬夜加班；提高心理素质，正确对待生活、工作、学习等方面的压力，培养广泛的兴趣爱好，最终促进亚健康向最佳健康状态的转化。

## 第三节　以社区为中心的护理程序

以社区为中心的护理是以社区整体为护理对象，为增进和恢复社区运用护理程序而进行的一系列有目的、有计划的护理活动，包括社区护理评估、社区护理诊断、社区护理计划、社区护理计划实施和社区护理评价5个步骤。

### 一、社区护理评估

社区护理评估（community nursing assessment）是社区护理程序的第一步，主要是收集社区健康状况的相关资料，并对资料进行整理和分析，目的是评估社区具备的能力，发现社区有关健康问题并找到导致这些问题发生的相关因素，为确定社区护理诊断和制订社区护理计划提供依据。

#### （一）社区护理评估的内容

社区护理评估的内容受很多因素的影响，社区评估的内容涉及社区各方面，主要有社区地理环境、社区人群和社会形态3个方面。

1. **社区的地理环境**　社区的地理位置、自然或人为环境及社区资源的多少都会影响社区人群的健康。在评估过程中，不仅要收集与地理环境特征相关的资料，还要收集与之相关的社区活动。社区护理人员必须了解地理环境特征对社区居民生活方式及健康状况所产生的影响，同时还需要了解社区居民是否已认识到环境中威胁健康的危险因素，是否采取相应的措施并能充分利用社区的资源。

（1）社区的基本情况：社区所处的地理位置、名称、东西南北界线、面积、与整个大环境的关系等，是社区护理人员评估一个社区时需掌握的最基本资料。

（2）自然环境：社区的自然环境可影响社区的人群健康。评估时需注意有无特殊的自然环境，如是否有河流、山川，以及这些自然环境是否会引起洪水、泥石流，对居民的健康或生命有无威胁，社区居民能否很好利用这些自然资源。

（3）气候：气候的变化会影响居民的生活和工作，进而影响居民健康，特别是恶劣的气候对社区的重点人群健康有着明显的影响。因此应评估社区的常年气候特征，特别是温度、湿度的骤然变化，社区居民有无应对气候骤变的能力，气候的变化是否影响到居民的健康。

（4）动植物分布情况：了解社区内有无有毒、有害的动植物，有无外来物种，宠物有无接种疫苗，社区绿化的情况；社区居民对动植物存在的利与弊能否正确理解，是否对不利于健康的动植物采取防范措施等。

（5）人为环境：评估社区的人为环境对社区的自然环境的影响。如工厂排放的废水、废气对水资源、空气的污染；建筑工地等是否有较大噪声影响居民的生活和休息；有无加油站、化工厂等安全隐患；生活设施及社区内医疗保健服务设施的分布和便利情况。了解居民的居住条件，如房子面积、朝向、是否通风，取暖、供水、照明设备等是否齐备，卫生清扫及垃圾处理等情况。

2. **社区人群**　社区的核心是人，不同的人群有不同的健康需求，通过了解社区不同人群的健康需求，从而为其提供所需的、合适的服务是确定社区护理诊断、护理计划的基础。

（1）人口数量及分布：社区人口的数量及分布决定了社区所需卫生保健服务的需求。人口过多、较集中将增加社区卫生保健服务的工作负荷，影响服务质量及服务的普遍性，同时也有增加生活压力及环境污染的可能性。但人口过少、较分散又会降低社区卫生资源的利用率。且要注意人口数量在一定时间范围内的变化趋势。

（2）人口构成：在收集社区的人口资料时，要了解人口的年龄、性别、婚姻、职业、文化程度、宗教及民族构成、籍贯等情况。根据人群的年龄构成可以确定社区人群的主要需求；根据婚姻构成可以了解社区的主要家庭类型及判断有无潜在影响健康的因素存在；根据职业构成可间接反映社区居民的收入水平及判断职业对健康的影响水平；根据文化程度构成可以了解社区居民接收信息的能力以及遵循卫生人员引导、养成良好行为和生活习惯的能力；根据宗教信仰及民族构成了解生活习惯与饮食习惯；根据籍贯构成了解社区中流动人口情况及制订应如何尽量满足流动人口健康需求的方案。

（3）人口健康状况：了解社区居民的主要死亡原因、死亡年龄，各种死亡率（如孕产妇死亡率、新生儿及婴幼儿死亡率等）、出生率、急慢性疾病患病率、主要疾病谱，疾病的地理分布、时间分布，高危人群数（如未婚母亲、酒精或药物依赖等）；了解社区居民的健康保健行为（如定期体检、坚持体育锻炼、改变不良的生活习惯和行为等）、预防突发公共卫生事件的预警行为及职业卫生健康等情况。

3. **社会系统** 一个完善的社区应具备卫生保健、经济、交通与安全、通信、社会服务与福利、娱乐、教育、政治及宗教信仰9个社会系统。护士对社区进行护理评估时，要注意对上述社会系统进行逐一评估，评估各系统健全与否、功能是否正常、能否满足居民的需求。

（1）卫生保健系统：卫生保健系统在9个社会系统中的评估是最重要的。社区中的保健服务机构可以帮助居民满足基本的保健护理需要。机构的地理位置、分布情形、交通便利与否等因素直接影响居民的就医及保健。卫生人力资源如医护人员在数量、素质、提供保健服务的能力、设备与人口比例、卫生经费的多寡也会影响居民的健康水平。还要判断这些保健机构能否为社区中所有居民（包括健康者、患病者、高危人群和特殊人群）提供全面连续的健康服务。同时，评估社区的转诊程序、与其他机构的配合情况等。

（2）经济系统：社区经济状况决定了可能投入社区卫生服务福利事业中经费和资源；社区居民的经济水平直接影响其利用医疗资源的行为和健康需求。社区护士评估时需要了解居民的经济状况（如收入、职业类别等）以制订适合不同人群的计划。

（3）安全与交通系统：评估居民生活中的交通便利情况，尤其是评估去医疗保健机构是否方便，有无道路标志不清、交通混乱、人车混杂或者停车不便等情况。评估社区的治安现状、居民安全感、社区内的消防设备（消防通道、灭火器等）情况。附近有无消防队、警察局、环保所等，社区是否为残障者创造了无障碍通道等。

（4）通信系统：社区内的通信功能是否完善直接影响到能否顺利向社区大部分居民提高健康相关知识。评估时，主要了解社区居民平常获取信息的途径，如电视、报纸、网络、杂志、电话、公告栏、收音机、信件等，为将来制订计划时选择合适的沟通途径提供依据。

（5）社区服务及福利系统：提供社会服务的机构包括商店、饭店、旅馆以及满足特殊需要的机构，如托儿所、家政服务公司等，是否能满足居民日常生活的需求；社区护士要了解政府所提供的福利政策及申请条件、福利政策的覆盖率及民众的接受度与满意度等。

（6）娱乐系统：社区内娱乐设施的种类、数量及可利用的程度会影响社区居民的生活质量。护士在评估时，应了解社区内是否具备公共休闲设施，如公园、街心花园、儿童游戏区、影剧院、游乐场，以及居民对社区所提供的休闲设施的满意度。

（7）教育系统：需要评估社区中居民的教育程度，包括各种学历人员占社区人口比例；社区中正式与非正式的教育机构及其类型、数量、分布、师资、教育经费投入、学校健康保健系统及利用情况，居民接受和满意度；社区附近有无图书馆、文化中心及接受教育可利用的资源。

（8）政治系统：政治系统的安定、支持与否直接关系社区的发展和卫生计划的可执行性。需要评估社区人群的健康保健相关政策、政府主要官员对大众健康的关心程度以及用于卫生服务的经费等，还需要了解社区的主要管理机构（民政局、街道办事处和居委会等）的分布情况、工作时间和社区中各相关领导人的联系方式，以便在计划实施时能够得到他们的帮助和支持。

（9）宗教信仰系统：宗教信仰对社区居民的生活方式、价值观、健康行为有密切关系，甚至影响患病率和致死率。社区护士要评估社区中有无宗教组织、宗教类型、信徒人数、组织领导者及活动场地等，以及对居民健康的影响等情况。

为提高评估的效果和效率，社区护理人员在评估前可根据实际情况和社区的具体需求把以上建议评估的内容加以取舍，制定评估简表（表2-1），评估时对照简表上列出的内容，以免遗漏重要信息。

**表2-1　社区护理评估内容简表**

| 评估项目 | 收集资料内容 | 实际资料描述 |
|---|---|---|
| 地理环境 | 社区基本情况 | 社区的名称、地理位置、界线、面积 |
| | 自然环境 | 特殊的自然环境，能否引起洪水、传染病等 |
| | 气候 | 气候特征、温湿度、对居民生活的影响等 |
| | 动植物分布 | 特殊动植物、绿化面积、有害防范等 |
| | 人为环境 | 工厂（废气、废水）、安全隐患、居住条件等 |
| 社区人群 | 人口数量及分布 | 人口数量、分布、变化趋势等 |
| | 人口构成 | 年龄、性别、婚姻、职业、文化程度的构成比 |
| | 人口健康状况 | 死亡率、疾病谱、健康相关行为 |
| 社会系统 | 卫生保健 | 数量和分布是否合理、居民满意度 |
| | 经济 | 收支情况、人均收入、职业、就业状况 |
| | 交通与安全 | 交通、治安、消防设施等情况，能否满足需求 |
| | 通信 | 主要的信息获取途径（电视、广播、宣传栏）等 |
| | 社会服务与福利 | 服务与福利机构的数量、分布、质量、接受度等 |
| | 娱乐 | 场所、实施、居民满意度等 |
| | 教育 | 儿童接受教育情况、学校分布、能否满足需求 |
| | 政治 | 卫生经费投入、相关政策、主要官员 |
| | 宗教 | 组织类型、信徒人数、组织领导者、对居民的影响 |

### （二）社区护理评估的方法

一个完整的社区护理评估内容应包括主观资料和客观资料，评估者应充分利用个人的感官，采用各种方法收集资料。评估者可以根据不同的目的、评估对象特点、优势条件等选择不同的评估方法。需要注意的是，所有的收集资料方法都有优缺点，而且没有任何一种方法可以独立收集到完全的信息，只有通过多个渠道运用多种收集方法才能收集到完整的评估信息。

1. **查阅文献资料**　包括统计报表、经常性工作记录和既往做过的调查，现简单归纳如表2-2。

表 2－2　现有统计资料来源

| 可能的资料来源 | 内容 | 注意事项 |
|---|---|---|
| 社区卫生服务中心、服务站，其他基层卫生机构 | 居民个人健康档案、家庭健康档案、社区健康档案 | 资料的连续性、完整性、准确性、时效性 |
| 疾病控制中心 | 生命统计资料、疾病监测资料 | 标准的一致性、覆盖人口面和代表性 |
| 卫生局或医院 | 疾病现患率 | 资料分布的定义与范围 |
| 企事业单位、学校 | 健康体检记录 | 诊断标准 |
| 科研院所 | 疾病现患及危险因素的调查、研究结果 | 标准的统一 |
| 政府行政部门 | 有关政策、组织、机构的文件 | |
| 出生、死亡资料 | 日期、有效期、保密与否 | |
| 死因诊断依据 | | |
| 公安局、统计局 | 人口学资料 | 标准化与可比性 |
| 交通管理局 | 交通事故登记资料 | 分类与标准 |

利用现有文献资料时应首先对其进行资料质量评价，经确认为可靠后再行数据分析，得出项目所需的信息。

2. **社区专题调查资料**

（1）社区实地调查：又称挡风玻璃式调查，也称周游社区调查法，是指护理人员通过自己的观察，主动收集社区的资料，如人群的一般性、住宅的一般形态及结构、社区居民聚集场所的情况、各种服务机构的种类及位置、垃圾的处理情况等，了解不同的地理、人文、社会、环境、经济发展等情况。

（2）重要人物访谈：寻访居住或工作在社区、对社区非常了解的重点人物进行访谈，了解社区发展的过程、社区的特性以及社区的主要健康问题及需求等。

（3）参与性观察：直接参与社区活动，此时的社区护士以社区成员的角色出现，通过直接或间接的观察，收集社区居民目前健康状况资料，了解社区活动安排及居民参与的情况。

（4）问卷调查：包括信访和访谈法。一般来说，在设计问卷之前调查者就应该决定是采用信访法让被调查者自己填写问卷，还是使用访谈法收集资料。问卷的设计和质量是调查成功和有效的基础，问卷可以是开放式的，也可以是闭合式的。信访法一般通过邮寄问卷给被调查者，由他们自己填写后寄回，具有调查范围广泛、高效、经济等优点；但缺点是回收率低，并且要求被调查者有一定的文化水平，能自行完成问卷。访谈法是指经过统一培训的调查员，通过对调查对象的访谈收集资料。其优点是回收率高、灵活性强，可以询问比较复杂的问题；其缺点是费时、费钱，需要培训调查员，并且可能存在调查员的偏倚。从调查质量的角度看，访谈法的优点多于信访法。在样本较大、调查对象较集中的情况下，调查一般采用访谈法。

### （三）社区资料分析

资料收集后的整理与分析是社区护理评估的重要环节。社区护士在分析过程中进一步确认需要补充的资料，并且根据分析的结果发现社区护理需要。资料的完整、全面、有预见性是准确判断社区护理诊断的关键。资料的整理与分析包括：

1. **资料整理与复核**　社区护理人员将收集的资料分类。目前，分类方法有很多：按身体、心理、社会等方面来分类；按马斯洛（Maslow）的需要层次论分类；按高登（Gardon）的功能性健康形态分类；还可以从流行病学方面分类，它包括人、环境、生活形态与卫生保健系统四大部分。

资料整理常采用文字描述法、表格法、图形法等形式。表 2－3、表 2－4 是人口统计学资料整理中常用的方法。

**表 2－3　社区人口年龄、性别构成比**

| 年龄组（岁） | 女性人数占比（%） | 男性人数占比（%） | 合计人数占比（%） |
|---|---|---|---|
| 0～5 | | | |
| 6～14 | | | |
| 15～24 | | | |
| 25～ | | | |
| …… | | | |
| 合计 | | | |

**表 2－4　社区家庭构成情况**

| 家庭类型 | 户数（%） | 平均人口数 |
|---|---|---|
| 核心家庭 | | |
| 主干家庭 | | |
| 联合家庭 | | |
| 单亲家庭 | | |
| 其他 | | |
| 合计 | | |

2. **分析资料**　分析资料是对已归纳和分类整理出来的资料和数据进行解释、确认和比较，分析社区健康的问题和影响因素，为确定社区健康诊断奠定基础的过程。分析资料应遵循以下原则。

（1）原始资料要经过统计学处理，文字资料要进行含义的解释与分析：资料可分定量资料和定性资料。对定性资料，如发病和死亡等指标通常按年龄、性别、年代及其他有关的变量分组后进行分析；对定量资料，按内容进行分类，按问题提出的频率确定问题的严重程度。

（2）去粗取精，去伪存真：在收集资料中，可能存在资料的准确性和完整性等各种各样的混杂因素，这时就需要通过分析，消除混杂因素，找出本质问题。

（3）注意进行不同区域的横向比较：尤其是当疾病的分布有地域性时，需要对该地区的居民所具有的特征或该地区的生物、化学、物理、社会环境进一步分析和解释，并与其他地区进行横向比较。

（4）立足于社区健康护理：确定的问题和诊断应是社区整体的健康问题，以社区环境（包括自然环境和社会环境）和群体健康为主，而不是仅仅局限于个人或家庭的健康问题。

3. **报告评估结果** 向社区评估小组的成员及领导、社区居民等报告评估结果，并寻求反馈。

**课堂互动**

你能说出社区护理评估与临床护理评估的区别之处吗？

**表 2－5 社区护理评估与临床护理评估的区别**

| 比较项目 | 社区评估 | 临床患者评估 |
| --- | --- | --- |
| 对象 | 整个社区 | 个人 |
| 发现问题的方式 | 实地考察等 | 症状与体征 |
| 检查方法 | 调查 | 体格检查 |
| 影响因素 | 社区的行为（信念、态度、价值观） | 患者的行为（信念、态度、价值观） |
| 结果 | 发现社区问题、找出问题原因 | 诊断疾病、找到病原 |

## 二、社区护理诊断

社区护理诊断（community nursing diagnosis）是对所收集的社区资料进行分析，推断社区现存或潜在的健康问题的过程。社区护理诊断不同于一般的医疗诊断或护理诊断，因为它更多关注整个社区而不是独立的个体。虽然是单个独立问题的提出，但是产生的原因或影响因素及表现却可能是多样的，并要求多个层面共同参与实施改进。

### （一）社区护理诊断的形成

北美护理诊断协会（NANDA）公布的护理诊断名称多以人患病时的问题为主，面对社区和人群的护理诊断则较少；从社会角度看，现规定的护理诊断名称缺乏社会性、经济的和环境的问题描述。以 Martin 为首的内布拉斯加州（Nebraska）奥马哈（Omaha）访视护士协会于 20 世纪 70 年代中期开始发展适用于社区卫生服务的 Omaha 系统（表 2－6）。

**表 2－6 NANDA 系统护理诊断（问题）分类表**

| 领域 | 护理诊断（问题）分类 |
| --- | --- |
| 环境 | 收入、住宅、邻居/工作场所等 |
| 心理社会 | 与社区资源的联系、社会接触、角色改变、人际关系、精神压力、哀伤、情绪稳定性、照顾、忽略儿童/成人、虐待儿童/成人、生长发育、其他 |

续表

| 领域 | 护理诊断（问题）分类 |
| --- | --- |
| 生理 | 听觉、视觉、说话与语言、咀嚼、认知、疼痛、意识、皮肤、神经肌肉骨骼系统、呼吸系统、循环系统、消化系统、排便、生殖泌尿、产前产后功能 |
| 健康相关行为 | 营养、睡眠与休息型态、身体活动、个人卫生、物质滥用（酒精或药品）、家庭计划、健康指导、处方用药、特殊护理技术等 |

**1. 确定社区护理诊断**

社区护理诊断是指对个人、家庭、群体或整个社区现存或潜在的健康问题以及相关因素的陈述。对于个人及家庭的护理诊断可参考 NANDA 公布的护理诊断名称，根据具体情况提出有针对性的社区护理诊断。可从以下几方面考虑：公共设施方面，死亡率、发病率和传染病发生率，身体和情感上的危险问题，健康需要方面，社区功能方面，环境危险方面等。

（1）社区护理诊断标准：社区护理诊断的确定需根据以下标准来判断其准确性。①此诊断反映出社区目前的健康状况；②与社区健康需求有关的各种因素均已考虑在内；③每个诊断合乎逻辑且是确切的；④诊断必须以现在取得的各种资料为根据。

（2）社区护理诊断的形成：包括得出结论和进行核实。

1）得出结论：通过对调查资料的整理分析，得出积极的或消极的结论。对具体健康问题的评估结论应为以下结论中的某个：①此时没有明显健康问题，不需要提供促进健康的活动；②此时虽没有明显健康问题，但需要提供促进健康的活动；③有现存的、潜在的或是可能的健康问题；④现存的、潜在的或是可能的护理问题。

2）核实：进一步对相关资料分析，核实得出结论的相关因素。如果相关因素与得出的结论一致，则社区护理诊断形成，否则需要重新得出结论，再核实。

**2. 社区护理诊断的陈述**　社区护理诊断的陈述，可以按照 PSE 公式陈述。

（1）P（problem）：即健康问题，是对护理对象健康状况简洁清楚的描述。有 4 种类型：现存问题、高危问题、良好状态和医护合作性问题。

1）现存问题：是指评估时社区、家庭或护理对象确实存在的问题。

2）高危问题：是指问题尚未发生，但有危险因素存在，如不采取措施就一定会发生的问题。提出此类护理诊断时应陈述为“有……的危险”，如“有皮肤完整性受损的危险”。

3）良好健康状态：是指护理对象表现出某一完好状态，并有潜力达到更高的健康状态，包括个人的、家庭的和社区的，如“家庭应对有效”。

4）医护合作性问题：指护理对象存在的、护士需要医生与护士合作解决的问题。如“潜在并发症：电解质紊乱”。

（2）E（etiology）：即原因，是与问题有关的生理、心理、社会、精神、环境等因素。用“与……有关”加以描述，包括病理生理、治疗、情境因素和成长、发育方面的因素等。如提出诊断“儿童缺乏照顾与其父母缺乏育婴知识有关”描述相关因素，有助于明确如何促进或阻止某一状况的发生。

（3）S（sign/symptom/define characteristics）：即症状、体征或有关特征（诊断依据）。分为主要依据和次要依据。主要依据是指证实护理诊断成立的症状和体征，次要依据是可能出现的症状和体征。

可根据社区实际情况确定社区护理诊断以 PSE 方式、PE 方式、SE 方式或者 P 方式进行陈述。

例如，“皮肤完整性受损：与长期卧床有关”是以 PSE 方式陈述；“活动无耐力：与大量失血有关”是以 PE 方式陈述；“胸痛：与心肌缺血有关”是以 SE 方式陈述；“角色紊乱”是以 P 方式陈述。

社区护士除了应用已有的护理诊断外，还可提出更多与家庭、社区有关的护理诊断。如“家庭就医困难：与收入减少有关”“不能有效利用医疗卫生资料：与社区居民缺乏了解及卫生人员的保健能力有关”等反映家庭、群体、社区健康状况的护理问题，以期发展护理诊断。

**案例分析**

案例 2 该小区主要的社区护理诊断：

该小区社区应对无效：人群健康意识差、高血压发病率高于全国平均水平、医疗服务与需求不平衡、居民安全感不足、消防意识差等。相关因素见案例。

### （二）确定社区护理诊断的优先顺序

并不是社区所有的问题在同一时间都能解决，所以确定社区护理诊断的优先顺序就非常重要。社区护士需要判断哪个问题最重要、最需要优先处理。很多因素都会影响到护理诊断的优先顺序，一般会综合以下几个因素决定优先顺序。

（1）社区居民强烈要求解决的问题。

（2）社区护士工作范围内，并通过社区护士能解决和协调的，或通过社区护士能减少社区危害的问题。

（3）有特别教育或培训的需要。

（4）利用现有资源，有解决问题的可能性。

（5）以点带面、能带动解决社区其他健康问题的问题。

（6）预算少、收效大的问题。

（7）危害严重或放置下去危害可能扩散的问题。

常用决定优先顺序的方法有两种，即 Muecke 法和 Stanhoped Lancaster 法。

**1. Muecke 法**

（1）准则：①社区护士对问题的了解；②社区护士对解决问题的动机；③问题的严重性；④可利用的资源；⑤预防的效果；⑥社区护士解决问题的能力；⑦健康政策与目标；⑧解决问题的迅速性与持续的效果等。每个社区护理诊断按 Muecke 法的 0～2 分的标准（0 表示不太重要，不需优先处理；1 表示有些重要，可以处理；2 表示非常重要必须优先处理）。

（2）步骤：①列出所有社区护理诊断；②选择排定优先顺序的准则；③决定诊断重要性的比重（比重由社区护理人员调整，比重越高，表示越优先处理）；④评估者自我评估每个诊断的重要性；⑤总和每个诊断所有评估准则的得分，分数越高代表越需优先处理。

2. Stanhoped Lancaster 法

（1）准则：对每一个项目给予 1～10 分的分数，评定各自的比重，得分越高，表示越是急需解决的问题。

（2）步骤：①列出所有社区护理诊断；②选择排定优先顺序的准则；③决定诊断重要性的比重（1～10 分）；④评估者自我评估每个诊断的重要性；⑤评估者再对每个诊断的每项准则，依据社区具有资源的多少给 1～10 分；⑥将每个诊断每项准则所得的重要性的得分与资源得分相乘；⑦总和每个诊断所有准则的得分，分数越高代表越需优先处理。

## 三、社区护理计划

社区护理计划（community nursing planning）是指经过社区护理评估、资料分析、确定护理诊断后，制订出促进社区健康的计划。目的是明确护理目标、确定护理要点、提供评价标准、设计实施方案。社区护理计划包括确定护理对象及活动目标，制订实施措施的方案。社区护理计划是一种合作性、有序、循环的程序，以达到预期的目标。

### （一）制定社区护理目标

预期目标是期望服务对象在接受护理干预后所能达到的结果，包括功能、认知、情感及行为等方面的改变。当社区护士做完对社区全面的评估并分析确定出社区需要优先解决的问题时，护理对象就被明确了。护理对象可以是需要照护的人群和需要改善的环境设施等。进而，社区护士要确定明确的活动目标。目标视具体情况而定，通过描述一个个阶段性渐进的结果（短期目标）以达到长期目标的要求。目标的制定应做到 SMART（specific、measurable、attainable、relevant、timely），即特定的、可测量的、可达到的、相关的、有时间期限的，以便于护理计划的落实和护理评价的实施。比如在制定目标时，护士应避免用“能够了解”这样含糊的语句，而是具体描述为“能够确定/能够列出/能够讨论”。

### （二）制订社区护理计划

**1. 制订社区护理实施计划**　制订实施措施方案时，社区护士或计划小组应邀请社区居民或相关机构的人员共同参与以保证所实施措施的可行性。活动方法、所需资源、时间安排、经费预算等内容应被考虑其中。当初步护理计划制订后，社区护士或计划小组要通过充分考虑社区资源及其局限性（如资金缺乏、工作人员不足等）对原有护理计划进行讨论、修改，最终形成被认可、可实施的护理计划。制订护理计划的过程比较复杂，需要考虑各方面的因素。因此，社区护士常常需要借助于各种工具。目前，在北美广泛用于指导制订护理计划的工具包括社区作为合作伙伴模式、格林模式（PRECEDE—PROCEED 模式）及目标结果模式。

**2. 撰写社区护理评价计划** 拟订社区护理评价计划时，可参照4W1H原则和RUMBA准则。

（1）4W1H：指社区护理计划应明确参与者（who）、参与者的任务（what）、执行时间（when）、地点（where）及执行的方法（how）。

（2）RUMBA：指真实的（realistic）、可理解的（understandable）、可测量的（measurable）、行为目标（behavioral）、可实现的（achievable）。

**案例分析**

案例2 制订该小区的社区护理计划：

针对社区应对无效：人群健康意识差，制订社区护理计划。根据社区居民健康观念陈旧，不注意保健，要让社区居民转变健康观念，制订社区护理计划：①健全社区居民健康档案；②进行家庭访视，评估健康行为方式；③针对重点人群每周举办一次健康讲座；④利用宣传栏、保健手册等宣传健康保健知识。同时确定执行者、时间及场所。

## 四、社区护理计划实施

社区护理计划实施（community nursing planning implement）是以社区健康为中心的综合干预过程，是指在社会各部门的参与下，充分利用社区资源，依从制订好的护理计划，对不同的目标人群开展一系列的防治疾病及促进健康的活动。实施是计划付诸行动的阶段，如图2-1。

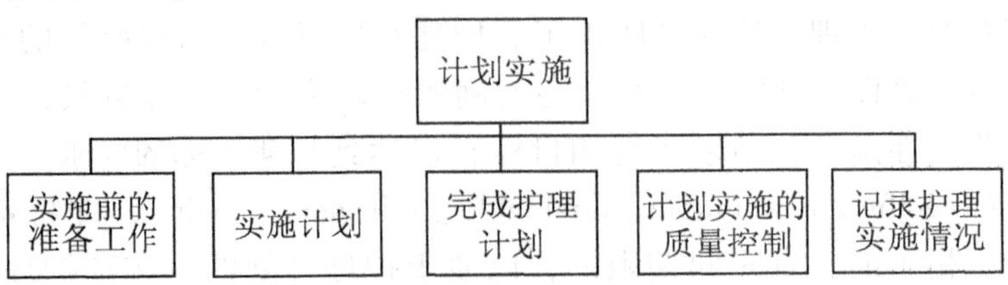


**图2-1 社区护理计划实施**

例如：社区高血压病护理的实施

主要方式——社区群体健康教育和健康管理。

实施者——社区护士、全科医生牵头。

实施的主要内容——与社区多部门的联络和协调；对具有共性健康问题群体（高血压患者及看护者）的健康教育和保健指导、饮食指导等。

在前期的工作中社区护士已经进行了评估、判断，并制订出适合的实施方案，护理实施工作似乎显得直接而简单。但事实上，社区护士需要花费足够的时间去思考如何增强社区的主人翁意识，培养和协助社区发展自行解决问题的能力，使社区能主动接受所实施的护理措施。

**知识链接**

社区卫生工作中的三级预防（即病因预防阶段、疾病预防阶段及恢复/康复阶段）在社区护理实施中均有所体现。

国内外社区护理实施中所涉及的具体干预内容有所不同。北美倾向于3种类型的干预活动：教育、促进形成及强化。第1种干预活动是教育，教育的内容包括对社区及人群进行健康教育；另外，通过完善社会市场（如新闻媒体等）的方式将健康资讯传递给社区及人群。第2种干预活动是促进形成媒体倡导及政策的形成。第3种干预活动是强化，是指为了使护理干预活动能顺利持续运行，需要多个部门共同协助。如在“提高父母对儿童在乘车期间安全座椅使用意识”的护理计划中，社区护士不仅要对父母进行健康教育，政府也要制定下达一系列的相关法规对违规行为进行约束。另外，还要考虑对不能负担安全座椅费用的家庭提供一定的经济支持。在国内，社区护理实施中的主要内容包括促进个体技能的发展，提供公共卫生信息，增强社区自助能力及自信，促进相关政策的形成，及对社区居民进行健康促进、预防疾病、健康恢复、健康维持、甚至安详死亡的相关护理活动。

## 五、社区护理评价

社区护理评价是社区护理程序中的最后一步，是考察结果、吸取经验教训、改进和修正护理计划的过程。由于社区护理活动时间长、覆盖面广，对护理实施的评价就显得复杂且尤为重要。

### （一）社区护理评价的内容

1. **不同的活动性质**　根据活动性质的不同，社区护理评价可分为过程评价和结果评价。过程评价是指对社区护理程序中的5个步骤进行评价。例如，评估中所收集到的信息是否可靠，是否涵盖了社区居民最关心的健康问题等。而结果评价是针对护理计划中项目实施情况是否达到预期的目标及指标的总评价，可分为近期结果目标及远期结果目标。近期结果目标包括在实施中可以短时间看到的结果，如护理对象的知识、态度、技能、行为改变及社会支持等。远期结果目标是指危险因素、疾病发生率、疾病死亡率的变化情况等。

2. **不同的时间顺序**　社区护理评价还可以根据时间顺序分为事前评价、中期评价及事后评价。事前评价是指做社区护理计划时的评价；中期评价是对社区护理计划的进展情况的评价，确定实施活动是否按照预期计划进行，结果如何；而事后评价是在护理实施结束后来判断是否达到预期目标。

### （二）社区护理评价的过程

1. **关注评价**　包括确定评价的目标，确定评价问题等。

2. **选择评价方法**　根据不同的评价内容，选择适合的评价方法。常用的有个案分析、问卷调查或个人访谈、实验比较、对高危因素或发病情况的监测等。发展完善评价时所需要的测量工具，如评价调查问卷的内容是否全面清晰。收集并分析数据完成书面的社区护理评价报告。

**3. 社区护理评价要点**

（1）实施项目的相关性：评价是否需要进行这个护理项目，对实施项目相关性的评价在已有项目中显得尤为重要。这是因为常见的阻碍新项目实施的问题就是人员及资金的缺乏，而对已有项目进行相关性的评价可以帮助社区护士终止那些已有的相关性差的项目，从而将人员及资金转移到新的项目上。

（2）实施项目的过程：在评价过程中，需要回答实施的活动是否按预期计划进行，适合的人员或材料是否到位，结果是否达到预期目标等问题。

（3）实施项目的花费：评价项目的花费是多少，项目的收益又是多少，通过这种花费与收益的比较可以帮助社区护士找到花费少但收益大的新的实施方法。

（4）实施项目的有效性：评价项目的预期目标是否达到，参与者是否对项目满意，组织者对实施活动及社区居民的参与情况是否满意。对项目有效性的评价，实际囊括了过程评价及近期目标评价的内容。

（5）实施项目的结果：项目的远期目标是什么，项目最终对社区居民的健康带来怎样的改变，也就是对远期目标评价的内容。

## 重点知识

1. 社区护理模式：是指导社区护士评估、分析社区健康问题，制订计划和实施，以及评价社区护理实践的概念性框架，它使社区护士的工作更加有效、有针对性。

2. 三级预防：三级预防包括病因预防、疾病临床前期预防和疾病临床期预防，是针对健康与疾病的全过程，以全体居民为对象，以健康为目标，以预防疾病为中心的预防保健原则。目的是促进健康、预防疾病的发生和控制疾病的发展。

3. 社区护理评估：是社区护理程序的第一个步骤。主要收集社区健康状况的相关资料，并对资料进行整理和分析。目的是评估社区具备的能力，发现社区有关健康问题并找到导致这些问题的相关因素，为制订社区护理诊断和计划提供依据。社区护理评估应了解社区人群现存的或潜在的健康问题及其相关因素、居民的健康信念和价值观、社区居民的保健意识、社区卫生资源的便利性及居民对卫生资源的利益情况。大体上分为社区地理环境、社区人群和社会形态 3 个方面。

4. 社区护理诊断：是对收集的社区资料进行分析，推断社区现存的或潜在的健康问题的过程，社区护理诊断的特点是把重点放在社区整体的健康上。

5. 社区护理计划：是经过社区护理评估、资料分析、确定护理诊断后，制订出促进社区健康的计划。目的是明确护理目标、确定护理要点、提供评价标准、设计实施方案。社区护理计划包括确定护理对象及活动目标，制订实施措施的方案。

6. 社区护理计划实施：是以社区健康为中心的综合干预过程，是指在社会各部门的参与下，充分利用社区资源，依从制订好的护理计划，对不同的目标人群开展一系列的防治疾病及促进健康的活动。社区护理计划实施指建立社区护理计划以后，社区护士根据计划的要求和具体措施开展护理实践活动。实施是计划付诸行动的阶段。

7. 社区护理评价：是社区护理程序中的最后一步，是考察结果、吸取经验教训、改进和修正护理计划的过程。由于社区护理活动时间长、覆盖面广，对护理实施的评价就显得复杂且尤为重要。

## 课后练习

### 一、思考题

1. 社区护理模式　　2. 三级护理　　3. 社区护理诊断

### 二、简答题

1. 什么是三级预防？
2. 社区护理评估应包括哪些内容？
3. 如何确定社区护理诊断？
4. 社区护理诊断的内容有哪些？
5. 简述确定社区护理诊断优先问题的依据和方法。

### 三、案例分析

案例：李先生，45 岁。公司主管。乏力、多尿两个半月，加重 2 d。父亲患有糖尿病，母亲死于脑卒中。年度体检：身高 175 cm，体重 76.51 kg，BMI = 25，血压 140/95 mmHg，尿糖 +++，空腹血糖 8.9 mmol/L（160 mg/dL）。未曾进行诊治，无手术及其他病史。平日忙于应酬，喜甜食、脂肪多的饮食，近日睡眠不规律，烦躁易怒，不爱运动，无烟酒嗜好；家庭关系融洽，经济状况和家庭支持系统良好。

请列出李先生目前存在的危险因素，并根据其身体情况，为他制订一个适宜的社区健康管理计划。

（秦　艺　王　晶）

# 第三章　社区家庭护理与健康教育

**教学目标**

1. 掌握家庭护理、居家护理、家庭访视的定义，健康教育、健康促进的概念、理念及方法。

2. 熟悉居家护理、家庭访视程序及方法，健康教育、健康促进的目的。

3. 了解以家庭为单位的护理特点、健康促进模式。

**案例导入**

**案例：**《不要与陌生人说话》这部电视剧中优秀的脑外科医生安家和和梅湘南郎才女貌，结合组成家庭，暂没有小孩，单独居住。梅湘南因为爱隐瞒了自己曾遭强暴的过去而受到性格扭曲的丈夫的猜疑而遭受家庭暴力；遭到暴力后，她又因传统的尊严和残存在心底深处的爱，努力维系着家庭的完整，祈盼丈夫的转变。结果，却遭到丈夫更深的犯忌和更为恐怖的暴力。

1. 请问上述案例中的家庭属于哪种类型？

2. 请问上述案例中的家庭健康吗？为什么？

3. 社区护士应采取哪种方法对该家庭进行护理，如何护理？

## 第一节　以家庭为单位的护理

### 一、家庭概念与类型

#### （一）家庭概念

家庭是在同一处居住，并因血缘、婚姻或收养关系联系在一起的由两个或更多人组成的生活单元。随着社会经济发展的多元化，家庭除了血缘婚姻关系和法定的收养关系外，也可有无血缘或婚姻关系组成的家庭。家庭由一个或多个人组成，家庭成员是共同生活和彼此依赖的。家庭是由个人组成的，是个人与社会联系的最基本单位。家庭将个人与其他社会机构联系起来，社会通过家庭来取得个人对社会的贡献，家庭的意义和作用是不能由其他组织代替的，具有其他组织形式所没有的特征。家庭成员之间有不同分工，共享许多事物，如文化、娱乐、进餐、消费、休息等，进行多种经济交换与社会交换，父母对孩子有某种权威，对子女承担保护、抚育的义务，子女又有赡养父母的义务。

**（二）家庭类型**

在社会学上，划分家庭类型的方法有很多，我国常见的家庭类型主要有以下几种。

1. **核心家庭**　是由一对夫妇及其未婚子女（婚生或领养子女）组成的家庭，包括没有子女的丁克家庭。特点是规模小、人数少、结构简单、关系单纯，是家庭形式中最稳定的一种方式，家庭成员间能得到较多的支持。据统计，目前我国60%为核心家庭，可以说它是现代社会中比较理想和主要的家庭类型。

2. **主干家庭**　又称直系家庭，是由一对夫妇与父母和未婚子女聚居生活的家庭，由父母、已婚子女及第三代人组成，是我国传统的家庭。其特点是介于核心家庭与联合家庭之间。主干家庭往往有一个权力和活动中心，还有一个次中心的存在。目前我国的主干家庭约占家庭总数的30%。

3. **联合家庭**　又称旁系家庭，是由至少两对或两对以上同代夫妇及其未婚或已婚子女组成的家庭，包括年长的父母和两对以上的已婚子女及孙子女居住一起的家庭，或两对以上的已婚兄弟姐妹组成的家庭。其特点是人口多、规模大、结构复杂、关系繁多，难以做出统一的决定。联合家庭对家庭内、外资源的可用性增大，有利于家庭遇到压力时，提高适应能力，克服危机。

4. **单亲家庭**　指由丧偶、离异或未婚的单身母亲或父亲及其子女或领养子女组成的家庭。

5. **其他类型的家庭**　包括单身家庭、同性恋家庭、同居家庭等。随着社会与经济的发展，总体上讲家庭呈现结构简化和规模缩小的趋势。与此同时，由于人口流动性增加、离婚率增高、晚婚等原因，单亲、单身、同居家庭也逐渐增多；这些家庭虽然也表现出家庭的主要特征，也执行着类似的功能，但不具备传统的家庭形式，往往易产生家庭健康问题。

**案例分析**

本案例中的家庭类型为：

安家和和梅湘南婚姻关系组成家庭，没有子女并且单独居住，属于核心家庭。

## 二、家庭结构与功能

**（一）家庭结构**

家庭结构是指家庭的组织结构及家庭成员之间的相互关系，包括家庭的外部结构与内部结构。家庭的外部结构是指家庭人口结构，即家庭的类型。家庭的内部结构是指家庭成员之间互动的特征，表现为家庭关系，包括家庭角色、家庭权利、家庭沟通和家庭价值观4个方面。

1. **家庭角色** 是指家庭成员在家庭中的特定地位，代表家庭成员在家庭中应执行的职能，反映出家庭成员在家庭中的相对位置及与其他家庭成员之间的关系。每个家庭成员都承担一个以上的角色，如一位中年男性承担的家庭角色可能有丈夫、父亲、儿子、弟弟、哥哥等，如果不能很好地履行其角色义务，将常常导致角色冲突，从而影响个人及家庭健康。此外，家庭成员的社会角色与家庭角色的相互混淆、交叉甚至是替代也是导致家庭出现健康问题的常见原因。

2. **家庭权利** 是指家庭成员对家庭的控制权、支配权和影响力，可分为传统权威型、情况权威型、分享权威型及情感权威型4种类型。

（1）传统权威型：权威来自于家庭所处的社会文化传统的规定。如在以男性为主导的社会文化里，父亲通常为一家之主，家庭成员均以父亲为权力中心，而不受其社会地位、职业、收入、能力等的影响。

（2）情况权威型：是指权威随家庭情况（经济、社会地位等）的变化而发生转移，如家庭中谁主宰经济大权、谁负责供养家庭，谁的权力就越大，可以是父亲、母亲或子女。

（3）分享权威型：家庭成员分享权威，共同协商处理家庭事务。

（4）情感权威型：在家庭感情生活中占主导地位的家庭成员拥有较大的权力，其他家庭成员因对他（她）的感情而承认其权力，如“妻管严”。

每个家庭可以有多种权力结构并存，不同时期也可以有不同的权力类型。家庭的权力结构类型没有绝对的好坏之分，但必须应有一个权力中心，否则家庭将处于散漫状态，难以统一行动、无法完成家庭应有的职责而出现家庭健康问题。

3. **家庭沟通** 是指家庭成员相互交换情感、意见、信息、愿望、需求与价值观等的过程，最能反映家庭成员之间的相互关系，也是决定家庭关系质量的关键因素。良好的家庭沟通能有效地消除误会、化解家庭矛盾、解释家庭问题，从而促进家庭健康。

4. **家庭价值观** 是指家庭对某一观念或事物所持的态度。家庭价值观的形成受家庭所处的文化背景、社会环境、宗教信仰等的影响，指导着家庭与家庭成员的行为，并影响家庭及家庭成员的生活方式、教育方式、健康观念、健康行为等。社区护士应了解家庭的价值观，尤其是健康观、疾病观、健康行为等健康价值观，这有助于帮助家庭树立正确的健康观、找到存在家庭健康问题的原因，有助于与家庭成员共同制订切实可行的家庭护理计划，从而促进家庭健康。

### （二）家庭的功能

家庭的功能就是家庭对人类的功用和效能，是家庭对人类生存的社会发展所起的作用。家庭的功能主要表现在维持家庭的完整性，满足家庭及其成员的需求，实现社会对家庭的期望等方面。

1. **感情的形成与培养** 家庭必须满足成员的感情需求以维持家庭的完整性。对于个体来讲，任何心理态度的产生、个性和人格的形成、感情的激发、能力的发展、品质与情操的锤炼、精神的寄托和安慰等都离不开家庭。

2. **使家庭成员社会化** 家庭可提供社会教育，帮助家庭成员完成社会化的过程，按社会的要求规范其成员的行为与表现。尤其是青少年，家庭使其在社会化过程中，获得知识、发展技能、形成价值观和人生观，从而以正确的态度、运用所学的知识和技能融入社会。

3. **提供个人保障**　对社会而言，家庭是组织生产与消费的基本单位。家庭提供和分配物质资源来满足其成员对食物、衣服、住宿和健康保障等需求，以保障家庭成员有一个稳定的生存环境。

4. **生育后代**　家庭是生育子女、繁衍后代的基本单位，以维持社会和家庭的存在与延续。

5. **抚养和赡养**　抚养是指父母对未成年子女的供养，赡养是指子女对年老父母生活上的照顾和供养。抚养和赡养是我们中华民族的传统美德，也是延续人类社会所必需的，在我国已成为法律所规定的义务。

6. **健康保健**　家庭为保证其成员的健康而提供人力、物力、财力资源等，使每一个家庭成员在生理、心理、社会文化、发展及精神方面有一种完好的、动态变化的稳定状态。成员间相互有承诺、有感情，并互相欣赏、积极交流、共享时光。同时，家庭有能力应对压力和处理危机。

## 三、家庭生活周期及其发展任务

家庭如同人一样，有其生活周期及在每个周期中的发展任务。家庭生活周期指夫妻二人从组成家庭开始，到子女出生、成长、工作、相继结婚离开家庭，夫妻重回二人世界，最后夫妻相继离世的过程。家庭发展任务是指家庭在各个发展阶段所面临的、由正常变化所带来的与家庭健康相关的问题。关于家庭生活周期的学说有很多，我国目前常用的学说是杜瓦（Duvall）的家庭生活周期理论（表 3－1）。

**表 3－1　家庭生活周期理论**

| 阶段 | 定义 | 主要发展任务 |
|---|---|---|
| 新婚 | 男女结合 | 双方适应及沟通、性生活协调与计划生育 |
| 第一个孩子出生 | 最大孩子 0～30 个月 | 父母角色适应，存在经济和照顾孩子的压力，母亲产后恢复 |
| 有学龄前儿童 | 最大孩子 30 个月～6 岁 | 儿童的身心发展，孩子与父母部分分离（上幼儿园） |
| 有学龄儿童 | 最大孩子 6～13 岁 | 儿童的身心发展，上学问题，孩子逐渐社会化 |
| 有青少年 | 最大孩子 13～20 岁 | 青少年的教育与沟通，青少年与异性交往，青少年性教育 |
| 孩子创业离家 | 最大孩子离家至最小孩子离家 | 父母与子女关系改为成人关系，父母逐渐有孤独感 |
| 空巢期 | 父母独处至退休 | 恢复二人世界，婚姻的再适应，感到孤独，开始计划退休后生活 |
| 退休 | 退休至死亡 | 经济及生活的依赖性高，面临老年疾病、衰老、丧偶与死亡 |

如果家庭无法顺利完成每个阶段的主要发展任务，将会影响到家庭的健康状况。

社区护士了解家庭生活周期理论有助于明确家庭的发展状态是否正常，并协助家庭及家庭成员很好地完成各阶段的发展任务，从而促进家庭健康。

## 四、家庭健康护理

### （一）家庭健康与家庭健康护理概念

1. **家庭健康** WHO 认为家庭健康是指作为基本社会单元的家庭能正常行使其职责。特别强调的是，家庭健康不单纯指家庭中每个成员的健康状态，有时虽然家庭中每个成员都健康，但作为家庭仍然可能存在健康问题。健康家庭的特征包括：角色关系的规律性及弹性；个体在家庭中的自主性；个体参与家庭内外活动的能动性；开放以及坦诚的沟通；支持和关心的温馨氛围；促进成长的环境。

**案例分析**

本案例中的家庭是否健康及其原因：

本案例中的家庭存在严重的家庭暴力，缺乏相互支持和关心的温馨氛围；丈夫的心理不健康（性格扭曲）；梅湘南没有就自己曾遭强暴的经历与丈夫进行坦诚地沟通等。受这些因素的影响，该家庭无法行使其正常功能与职责，因此该家庭是不健康的。

2. **家庭健康护理** 是以家庭为服务对象的护理，社区护士和家庭及家庭成员进行有目的的互动，帮助家庭充分发挥家庭的健康潜能，预防、应对和解决家庭在各个发展阶段中遇到的健康问题，以促进和维护家庭及家庭成员健康的活动。家庭健康护理是社区护理重要的组织部分，提供家庭健康护理的基本方法是家庭访视。

### （二）家庭健康护理意义

1. **可以早期发现家庭健康问题** 生物遗传是影响人类健康与疾病的重要因素。一些疾病如先天愚型可直接通过家族遗传因素而来；高血压、糖尿病、癌症等疾病均与遗传因素有关。通过家庭健康护理，社区护士可以对具有遗传危险性的家庭成员进行健康教育、早期筛查，做到早防范、早发现、早治疗。

2. **促进儿童的生长发育及社会化** 家庭是儿童成长过程中重要的自然和社会环境，儿童躯体、心理和行为方面的异常均与家庭状况密切相关。良好的家庭健康护理，可以使儿童获得良好的教育、合理的喂养，从而更好地促进身心发育和社会化。

3. **有效地控制疾病的传播、发生及发展** 结核病、性病、肝炎等疾病在家庭中有很强的传播倾向。家庭成员往往具有相似的生活方式，而慢性病的发生往往与生活方式密切相关。社区护士通过家庭健康护理可以宣传疾病的预防知识、改变家庭成员不良的生活方式，从而有效地控制疾病的传播、发生与发展。

4. **促进疾病的康复** 对大部分疾病来讲，丧偶、离婚、单亲家庭中成年人的疾病死亡率比结婚者高得多。家庭的支持对各种疾病尤其是慢性病和残疾的治疗与康复有很大的影响。社区护士通过家庭健康护理，可促进家庭对其患病成员的关心、照顾及支持，从而促进疾病的康复。

### （三）家庭健康护理工作特点与内容

**1. 家庭健康护理工作特点**　家庭健康护理的特点主要表现在以下几方面。

（1）地点具有多样性：可在不同场所进行，如在家里、社区护士的办公室或家庭认为合适的地方。

（2）对象具有多重性：包括家庭中的个体、家庭单位和家庭群体。社区护士既可为有护理要求的家庭成员服务，也可为单个家庭和具有相同问题的家庭群体提供服务。

（3）主要目的是促进和保护家庭健康：帮助家庭获得高水平的健康，预防家庭成员患病，维持家庭正常的功能。

（4）内容具有多层次性：既包括个体层次的家庭成员护理，也包括家庭层次上的帮助家庭适应急慢性疾病，以及各种原因所致的家庭结构和功能的改变。

（5）性质的双重性：既可以是自愿的、独立的、无偿的福利性服务，也可是各专业合作的、有偿的商业服务。

（6）时间具有长期性：社区护士与家庭的关系通常持续较长时间。

（7）评估具有全面复杂性：不仅包括个人评估，还包括对整个家庭的结构和功能、发展任务、健康行为方式、健康状态、生活方式和心理社会变化等进行评估。

（8）社区护士与家庭关系为伙伴关系：在制订家庭干预计划和做出决定时，护士是家庭的伙伴。家庭应参与计划和决定过程，并与护士就家庭健康计划和决定达成一致意见。

**2. 家庭健康护理工作内容**　家庭健康护理是较复杂的、高级的护理实践活动，其服务内容广泛，涉及家庭生活的各个方面。总体上讲主要包括以下几个方面。

（1）与家庭及家庭成员建立良好的人际关系：良好的人际关系是家庭健康护理得以顺利开展的关键，因此是社区护士首要的工作内容。

（2）为居家患病成员提供医疗和护理服务：向居家患者及其家属提供居家护理的知识、技能及相应的保健指导；协助家庭发现潜在健康问题，并指导家庭尽早明确诊断和接受治疗，促进疾病康复。

（3）协助家庭改善与建立健康的生活环境：生活环境是影响家庭与家庭成员健康的重要因素，因此社区护士应根据家庭成员的健康观念与健康行为、家庭现有的条件、家庭的经济状况等帮助家庭改善家庭生活环境，使之更有利于健康。

（4）协助家庭成员的心理与社会适应：家庭各阶段发展任务的顺利完成需要家庭成员有良好的心理与社会适应能力。因此社区护士应了解家庭所处的发展阶段及其发展任务，及时发现各阶段潜在或现存的健康问题，及时给予指导，使家庭成员获得良好的心理与社会适应能力。

（5）协助家庭运用家庭资源：协助家庭成员充分认识家庭可利用的内外部资源及其作用、利用途径。家庭内部资源主要是指家庭或家庭成员提供的各种支持，如经济支持、维护支持、医疗处理、情感支持、结构支持等。家庭外部资源主要是指来自亲朋好友、社会支持性团体、宗教团体、社会福利机构等的社会、经济、文化、教育、医疗等资源。

（6）协助家庭参与社区和社会活动：及时向家庭提供在社区与社会中举行的健康

活动的相关信息，并协助家庭积极参与活动，使家庭获得健康知识与保健技能，促进家庭与社区的联系，不断挖掘其健康潜能。

### （四）家庭健康护理程序

家庭健康护理的工作程序包括评估、诊断、计划、实施与评价。

1. **家庭健康护理评估**　是为明确家庭现存或潜在的健康问题而收集主观、客观资料的过程，是有目的地提供针对性家庭援助的可靠依据。

（1）评估内容：详见表3－2。

**表3－2　家庭健康护理的评估内容**

| 主要项目 | 具体内容 |
| --- | --- |
| 家庭的一般资料 | 1. 家庭的地址、电话<br>2. 家庭成员的基本资料<br>3. 家庭成员的生活方式<br>4. 家庭成员的健康状况及医疗保险形式<br>5. 家庭的健康管理状况 |
| 家庭的发展阶段及任务 | 1. 家庭目前所处的发展阶段<br>2. 家庭的发展任务及完成情况 |
| 家庭的结构 | 1. 家庭的外部结构<br>2. 家庭的内部结构 |
| 家庭的功能 | 1. 家庭的情感功能<br>2. 家庭培养子女的社会化功能<br>3. 家庭的自我保健行为 |
| 家庭的资源 | 1. 家庭的内部资源：家庭对成员的经济支持、名誉地位等的维护支持、情感支持、信息与健康教育支持、对家庭环境进行改善的支持等<br>2. 家庭的外部资源：来自亲朋好友、社会支持性团体、社会保障机构等的各种支持性资源 |
| 家庭与社会的关系 | 1. 家庭与亲属、社区、社会的关系<br>2. 家庭对社会资源的利用情况<br>3. 家庭对社区的评价 |
| 家庭的应对与处理问题 | 1. 家庭成员对健康问题认识的能力和方法<br>2. 家庭成员的情绪变化<br>3. 家庭战胜疾病的信心和决心<br>4. 家庭应对健康问题的方式<br>5. 生活方式的调整<br>6. 对家庭的经济影响<br>7. 对家庭成员健康状况的影响 |
| 家庭中患病成员的状况 | 1. 疾病的种类及影响程度<br>2. 日常生活自理能力<br>3. 疾病的预后<br>4. 家庭角色的履行情况<br>5. 疾病带来的经济负担 |

（2）常用的评估工具：包括家系图、家庭关怀度指数测评量表和社会支持度图。

1）家系图：是以家谱的形式展示家庭成员及其相互关系、家庭结构、家庭生活事件、健康问题等家庭信息。社区护士根据家系图可迅速评估家庭的基本情况、判断家庭的健康问题及家庭高危成员等。

家系图中不同的性别、角色、关系用不同符号表示（图3－1）。家系图的绘制要点有：①至少包括三代人；②同代人从左边开始，根据年龄大小从左排到右，年龄大者排左边；③每个家庭成员旁边根据需要可标明年龄、职业、婚姻状况、文化程度、出生或死亡时间、患病情况等信息；④具有健康问题的家庭应用虚线圈起来。图3－2是一个家系图的举例。

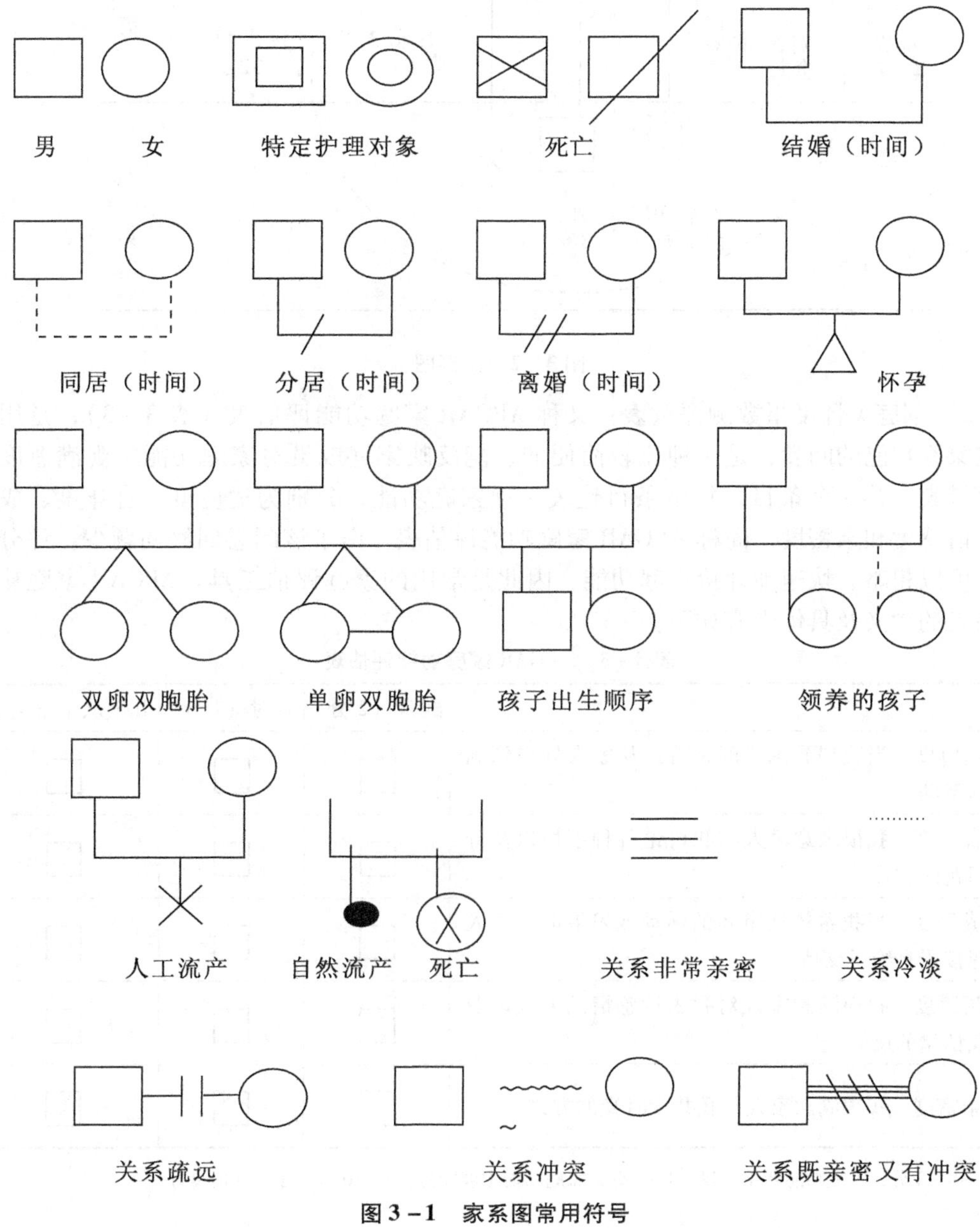


**图3－1　家系图常用符号**

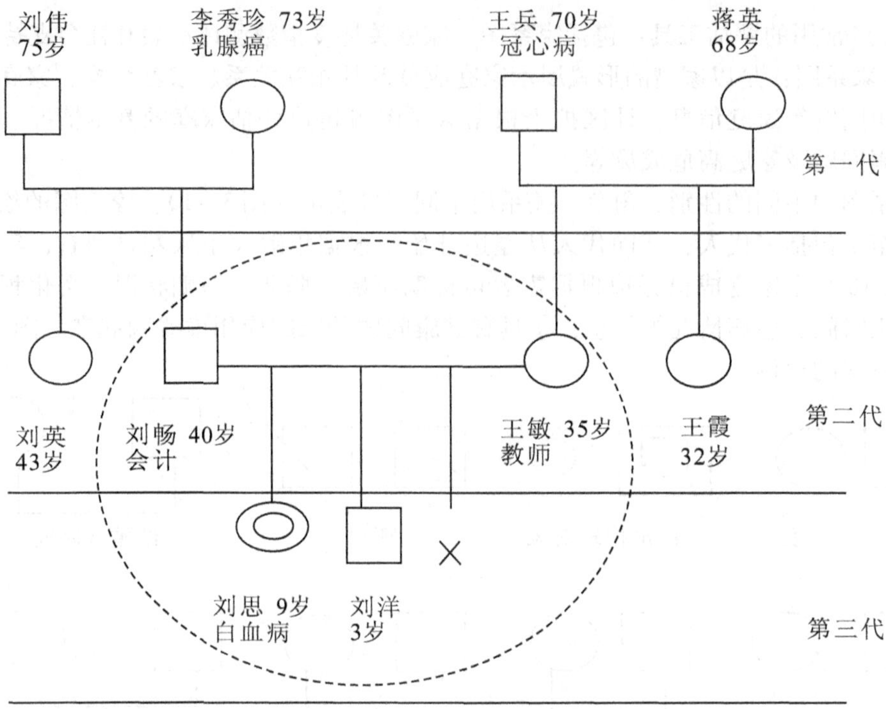


**图 3-2 家系图**

2）家庭关怀度指数测评量表：又称 APGAR 家庭功能评估表（表 3-3），是用来检测家庭功能的问卷，是一种比较简便的、能反映家庭成员对家庭功能主观满意度的自评量表。共 5 个条目，每个条目代表一项家庭功能，分别为适应度、合作度、成熟度、情感度和亲密度，简称 APGAR 家庭功能评估表。由于该问卷回答问题少，评分容易，可以粗略、快速地评价家庭功能，因此是常用的家庭评估工具。APGAR 家庭功能评估表的含义及具体内容如下。

**表 3-3 APGAR 家庭功能评估表**

| | 经常（2 分） | 有时（1 分） | 几乎从不（0 分） |
|---|---|---|---|
| 1. 适应度 当我遇到困难时，可以从家人处得到满意的帮助 | □ | □ | □ |
| 2. 合作度 我很满意家人与我讨论各种事情以及分担问题的方式 | □ | □ | □ |
| 3. 成熟度 当我希望从事新的活动或发展时，家人都能接受且给予支持 | □ | □ | □ |
| 4. 情感度 我很满意家人对我表达感情的方式以及对我情绪的反应 | □ | □ | □ |
| 5. 亲密度 我很满意家人与我共度时光的方式 | □ | □ | □ |

注：0～3 分，家庭功能严重障碍；4～6 分，家庭功能中度障碍；7～10 分，家庭功能良好。

A：适应度（adaptation），表明家庭面临压力或危机时，内外部资源的使用情况，以及使用后解决问题的力度。

P：合作度（partnership），表示家庭成员对问题的决定权和共同做出决定的程度。

G：成熟度（growing），表示家庭成员之间通过相互支持而达到生理、心理和社会适应方面的成熟和自我实现的程度。

A：情感度（affection），表示家庭成员间相互关爱的情况与程度。

R：亲密度（resolve），表示家庭成员间彼此享受共同的空间、时间和经济资源的承诺。

3）社会支持度图：社会支持度图体现以服务对象为中心的家庭内、外的相互作用，连线表示两者间有联系，双线表示关系密切。通过绘制或阅读社会支持度图可以帮助社区护士较清晰地认识家庭目前的社会关系以及可利用的资源（图3－3）。

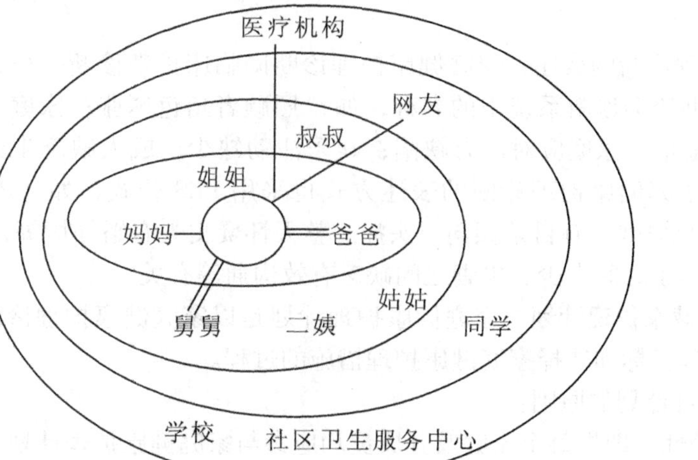


**图3－3　社会支持度**

（3）评估的注意事项：

1）资料的收集应力求全面：全面完整的资料是正确诊断家庭健康问题的依据，因此，收集的资料要全面。社区护士应综合运用多种方法收集资料，如观察法、交谈法、查阅法等。利用观察法可收集家庭环境和家庭成员间的沟通形态；利用交谈法可了解患者或有问题的家庭成员的健康状况、家庭状况和家庭成员间的关系等。利用查阅法可查阅医院的病历记录、社会居民的健康档案、社区人口资料等。收集资料的内容除了患病家庭成员的资料，还应包括其他成员、家庭功能、家庭发展阶段、家庭环境、家庭与社会的关系以及家庭利用资源状况等。此外，由于家庭及成员的状况并不是一成不变的，因此资料的收集是一个连续的过程。

2）认识家庭的多样性：社区护士应充分认识到家庭的多样性，即使是同样的健康问题，其原因、处理方法均具有独特性。同样的资料在不同的家庭背景下预示也可能不同。

3）避免主观判断：社区护士应运用专业知识、基于资料本身分析明确家庭存在的问题，避免自身的家庭经验、感受等主观因素对结果的判断。

**2. 家庭健康护理诊断** 家庭健康护理诊断又称家庭健康护理问题，是根据收集的资料，判断家庭存在的问题，确定需要护理服务项目的过程。

（1）诊断步骤：

1）资料的整理与分类：将收集到的资料进行整理并分类，如家庭成员的健康状况、家庭功能、家庭环境等方面的资料。

2）分析资料、确认问题：综合分析资料，确认家庭存在的健康问题。综合分析资料时，重点分析家庭在各发展阶段未完成的发展任务及其影响、患者家庭成员给家庭带来的影响、家庭突发紧急事件等。

3）分析健康问题之间的关系、明确优先解决的问题：家庭健康问题往往不是孤立出现，因此应从家庭整体的层面分析各种问题，理清健康问题之间的因果关系，判断首要的家庭护理问题。一般应把亟待解决、对家庭威胁最大、后果最严重的问题排在第一位。

（2）护理诊断的表述：家庭健康护理诊断同临床护理诊断一样，诊断名称可运用北美护理诊断协会诊断系统中的名称，如“照顾者角色紧张；家庭应对无效；家庭有增强应对的意愿；家庭应对能力缺陷；娱乐活动缺少；成人缺乏生命活力；持家能力障碍”等。家庭健康护理诊断的表述方式也采用 PES 公式，如（P）家庭应对无效，（S）妻子严重失眠、有自杀倾向、头痛、整天怀疑丈夫有婚外情等，（E）与丈夫应酬太多、陪伴妻子时间太少、夫妻之间缺乏有效沟通等有关。

**3. 家庭健康护理计划** 家庭健康护理计划是以家庭健康护理诊断为依据，是确定家庭健康护理目标和选择家庭健康护理措施的过程。

（1）制订计划的原则：

1）互动性：即指每个家庭及其成员均应参与家庭健康护理计划的制订。

2）特殊性：由于每个家庭的背景不同，因此对具有相同健康问题的家庭采取的护理措施不尽相同。

3）可行性：社区护士在制订家庭健康护理计划时，应从时间、资源、家庭结构等方面考虑计划是否可行。

4）合作性：应与其他医疗机构和社会团体密切合作，充分利用可利用的一切资源，以有效促进家庭健康。

5）意愿性：制订计划时，要应考虑家庭成员的想法、家庭健康观念、价值观念、生活习惯等。如果家庭的意愿与专业知识有冲突的话，应尊重家庭的意愿。

（2）计划的内容：遵循 5W1H 的原则，明确护理目标（why）、何时（when）、何地（where）、谁对谁做（who）、做什么（what）、如何做（how）。

**4. 家庭健康护理实施** 家庭健康护理实施是将家庭健康护理计划付诸行动的过程。实施者包括家庭成员、社区护士、其他健康护理小组成员、家庭社会关系网中的其他人员等。主要责任者和实施者是家庭成员。家庭护理实施过程中可能会遇到一些障碍，如家庭执行无效、无价值感、应对冷淡、怀疑与犹豫等。社区护士应全面分析原因，运用多种方法克服障碍，才能有效实施护理，解决家庭健康问题。

**5. 家庭健康护理评价** 家庭健康护理评价是对家庭健康护理活动进行全面控制与

检查，是保证家庭护理计划实施成功的关键措施，贯穿于家庭健康护理活动的全过程。包括过程评价与结果评价。

（1）过程评价：是对家庭健康护理各个阶段的评价，内容如下。

1）评估阶段：评价收集的资料是否完整全面，资料收集的方法是否恰当等。

2）诊断阶段：评价护理诊断是否真实地反映了家庭的健康问题、是否是根据收集的资料做出诊断等。

3）计划阶段：评价护理计划的制订是否遵循互动性、特殊性、可行性、合作性、意愿性的原则。

4）实施阶段：评价护理计划是否顺利执行、是否合理利用有关资源等。

5）评价阶段：评价指标是否恰当、评价资料的收集方法是否客观、评价主体的选择是否合适等。

（2）结果评价：是根据制订的护理目标对护理的结果进行评价，由此决定是否终止家庭护理，还是修改计划、补充或继续实施护理措施。

1）对家庭成员援助的评价：对家庭成员援助的评价分为以下3个方面。①患者家庭成员和家属日常生活质量提高的程度：患者及其他家庭成员是否逐渐过上了有意义而充实的生活；家庭成员在照顾患病成员时，是否失去生活乐趣或影响了自身健康。②家庭对家庭健康问题的理解程度：患病家庭成员和家庭是否获得了应对发展任务和健康问题的基本知识；是否增强了健康意识。③家庭情绪稳定的程度：患病成员和家属是否存在不安和恐慌，以至于妨碍对问题的应对和处理；是否有不亲近感和孤独感；家庭成员能否使自己的情绪趋于稳定并参与解决家庭的健康问题。

2）促进家庭成员相互作用方面的评价：分为以下5个方面。①家庭成员的相互理解：所有家庭成员能否相互考虑并理解对方的感受。②家庭成员间的交流：家庭成员是否开始思考并实施最佳的交流方法。③家庭成员的亲密度和爱心：家庭成员是否有决心和信心相互合作去应对面临的问题。④家庭成员判断和决策问题的能力：家庭是否能以家庭成员为主体判断和应对问题；家庭成员是否为此收集了相关资料并在家庭内部商讨解决方法。⑤家庭的角色分工：家庭成员是否因家庭健康问题而对角色进行了合理的调整；家庭成员能否胜任调整后的角色。

3）促进家庭与社会关系方面的评价：从社会资源的有效利用与环境的改善进行评价。①社会资源的有效利用：家庭是否积极利用可获取的社会资源来解决家庭健康问题；提供的护理服务是否与家庭的需求相一致，是否朝这个方面努力。②环境的改善：家庭成员是否积极地把家庭环境向有利于健康的方向改善；是否能够得到近邻的帮助和支持。

## 五、家庭健康护理方法

家庭访视和居家护理是实施家庭健康护理的主要方法。

### （一）家庭访视

1. **家庭访视概念**　家庭访视是指在服务对象的家庭里，为了维持和促进个人、家庭和社区的健康而对访视对象及其家庭所提供的有目的的交往活动。

社区护士通过访视家庭，能了解和发现社区潜在或现存的健康问题，掌握和了解服务对象的家庭结构、家庭功能、家庭环境和家庭成员的健康状况，从而为服务对象及其家庭制订合理的护理计划并提供全面的护理服务，以维持和促进服务对象及其家庭的健康。

**2. 家庭访视目的**

（1）协助家庭及时发现健康问题：通过家庭访视，可收集到有关家庭以及家庭成员的健康状况、家庭结构、家庭功能等方面的真实资料，因此可做出准确的护理诊断。

（2）确认家庭健康的影响因素：确认阻碍家庭健康的相关因素，并逐步消除，从而促进家庭健康。

（3）寻求在家庭内解决问题的方法：通过收集与分析有关家庭的真实资料、直接与家庭及其成员合作，有利于社区护士更恰当地运用家庭的现有资源进行有针对性的家庭健康护理。

（4）直接提供个体化的护理服务：社区护士在家庭访视中还可以为居家的患者或残疾人直接提供个体化的护理服务。

（5）促进和完善家庭功能：通过对访视对象及其家庭成员提供有关疾病预防与护理、有效沟通、家庭角色的合理分配与调整等方面的健康教育，可有效促进和完善家庭功能，维持家庭健康。

（6）提供判断社区健康问题的线索：家庭是社区的基本组成单位，通过对具有共性健康问题的家庭进行分析，可以为判断社区健康问题提供线索。

（7）可促进家庭有效地建立并合理利用支持系统：家庭处于危机状态中并不一定能正确认识并合理利用家庭的内外部资源，社区护士可通过提供相关信息和指导来帮助家庭有效地建立并合理利用支持系统。

**知识链接**

**产后访视的意义**

研究发现，产后访视可明显降低产妇贫血、乳头皲裂、乳腺炎、母乳量不足、伤口愈合不良、晚期产后出血、产褥感染、产后抑郁的发生率；明显降低新生儿口腔黏膜感染、脐部感染、黄疸、红臀、湿疹发病率；提高母乳喂养率；有利于普及产褥期保健知识。

**3. 家庭访视原则**

（1）保密原则：家庭访视中，社区护士会收集到有关访视对象及其家庭的隐私信息，因此保守秘密是社区护士职业道德的基本要求。

（2）安全原则：在家庭访视过程中，社区护士与家庭都面临一些无法预知的安全问题，因此在家访中必须进行防范。

（3）协同原则：社区护士在家庭访视中主要承担协调者、指导者的角色，家庭健康护理计划的制订、护理措施的实施均需要家庭的积极参与。因此社区护士应注意调动家庭成员的主观能动性。

（4）资源共享原则：家庭健康问题的解决往往需要利用多种资源，这也是社区护理与医院护理的区别之一。因此社区护士在家访中要学会利用家庭和社区的各种资源。

（5）规范服务原则：在家庭访视中，社区护士应遵守相关的规范与制度，严格按照社区护理的职责和要求来提供服务。

**4. 家庭访视类型**

（1）评估性家庭访视：是指以进行家庭健康评估从而发现家庭健康问题为目的的家庭访视。这是一种定性的评估方式，一般针对家庭的第一次访视应包括评估。评估性家庭访视常用于有家庭危机或健康问题的患者及年老体弱者或残疾人的家庭。

（2）预防与保健性家庭访视：主要进行疾病预防和健康促进方面的工作，常见于妇幼保健性家庭访视，如产后访视、新生儿家庭访视等。

（3）急诊性家庭访视：指以解决临时性的、紧急的情况或问题为目的的家庭访视。如外伤、家庭暴力等。这是一种即时性家庭访视，随机性强，适用的范围广泛。

（4）连续照顾性家庭访视：指以为居家患者提供连续性照顾为目的的家庭访视。如对慢性疾病患者、残疾患者、行动受限者、临终患者及其家属的家庭访视等。这是一种服务性的家庭访视，常有计划地定期进行。

**5. 家庭访视程序**　家庭访视的整个过程包括访视前、访视中、访视后 3 个阶段的工作。

（1）访视前的准备工作：

1）选择访视对象：从理论上讲，社区护士应对管辖范围内的所有家庭进行访视，但在实际工作中由于时间、人力等的限制往往很难做到。这就需要社区护士应明确重点访视对象。一般来讲，特困家庭、健康问题多发家庭、不完整家庭、具有遗传危险因素家庭、健康问题影响人数多的家庭、健康问题对生活有严重影响的家庭、易产生后遗症家庭、家庭功能不完善家庭、有慢性病患者且缺乏支持系统的家庭、残疾人家庭等为重点访视家庭。

2）确定优先顺序：社区护士每天往往会对数个家庭进行访视，在有限的时间、人力情况下，应合理安排好访视顺序。排列优先顺序时一般应以群体为先、个体为后；急性病为先，慢性病为后；传染病为先，非传染病为后；有时间限制者为先；生活贫困、教育程度低者为先。同时还应考虑到访视对象的安全、家庭希望的访视时间、交通情况、援助内容等。如同一天需要对新生儿和传染病患者进行访视时，应新生儿在先，传染病患者在后。

3）确定访视目的：社区护士在每次家庭访视前必须要明确访视目的。访视分为初次访视和连续性访视。初次访视的主要目的是与家庭建立良好的关系，获取基本资料，确定主要健康问题；为达到此目的，访视前护士应通过家庭健康档案、家庭成员的医疗记录、家庭要求访视时提出的问题或困难等途径了解家庭的相关情况，制定恰当的沟通方式、应变措施等。连续性访视的目的一般在上次访视结束后就已根据家庭目前的情况制订出来。

4）准备访视用物：访视用物应根据访视目的和访视对象进行准备，一般包括基本物品、根据访视目的增设的物品、家用物品三大类。基本物品包括：①体格检查所需用物，如体温计、血压计、听诊器、手电筒、量尺等；②常用消毒物品和外科器械，如乙醇、棉球、纱布、剪刀、止血钳等；③隔离用物，如消毒手套、口罩、帽子、工作服等；④常用药物及注射器；⑤其他物品，如访视记录单、健康教育材料及联系工具（地图、电话本）等。增设的访视物品，如对新生儿访视时应增加体重秤、有关母乳喂养和预防接种的宣传材料等。还应有家用物品，如一次性鞋套、卫生纸、床上洗头器等。

5）联络被访家庭：访视时间原则上需要事先与访视家庭预约，一般是通过电话预约。如果为了避免因为预约使家庭有所准备而掩盖了真实情况，可以安排临时性突击访视。

6）安排访视路线与访视备案：社区护士根据具体情况安排一天的家庭访视路线，并在访视机构留下访视备案，如访视目的、出发时间及结束时间、被访家庭的地址、路线和联络方式等，以便有特殊情况时，访视机构能尽早与访视护士取得联系。

（2）访视阶段的工作：

1）建立良好的关系：与访视对象及家庭能否建立良好的关系会直接影响访视目标的实现。可以通过以下方式来建立信任、友好、合作的关系。

自我介绍：社区护士在初次访视前的预约电话中应向访视对象介绍所属单位的名称和本人的姓名，向访视对象确认住址和姓名；并在入户时再次介绍并出示相应的身份证明以及再次确认访视对象。通过自我介绍取得家庭的信任。

尊重服务对象，提供有关信息：社区护士应明确被访视家庭有拒绝访视、决定何时及何人进行访视等的权利，应予以尊重，必要时进行解释。如被拒绝，护士要分析拒绝的原因，并向访视对象解释访视的目的、必要性、所提供的服务、所需的时间等。在访视对象愿意接受的情况下提供服务和收集资料，必要时可签订家庭访视协议。

2）评估计划与实施：访视通过评估、计划与实施等步骤来完成。

评估：评估并不能于初次访视时完成，往往贯穿于整个访视期间，评估的内容包括访视对象、家庭、环境、社区资源等。通过评估可以掌握现存的健康问题或自上次访视后的变化。

计划：根据评估结果与护理对象共同制订或调整护理计划。

实施护理干预：护理干预措施包括健康教育、护理操作、转诊等。护理操作过程中要严格执行无菌技术操作原则、消毒隔离制度，避免交叉感染；排除其他干扰，及时回答护理对象的提问；必要时向其介绍转诊机构或协助转诊。操作后还要妥善处理污染物，排除污染，整理用物并洗手。

3）简要记录访视情况：简明扼要地记录收集到的主客观资料、提供的护理措施、健康教育指导的内容等，同时不要为了记录而忽略与访视对象的谈话。

4）结束访视：与访视对象一起对本次访视进行小结，并在需要和同意的基础上共同决定是否需要下次访视。如果需要，应共同决定在下次访视前家庭应做的工作、预约下次访视的时间和内容。要告知家庭若有变化如何联系社区护士，并留下相关信息，如联系电话、工作单位地址等。

（3）访视后阶段的工作：

1）消毒与物品的处理：社区护士访视结束后回到社区卫生服务中心要先洗手，对使用过的物品进行处理与消毒，并补充访视包内的物品。

2）记录和总结：整理和补充家访记录，包括访视对象及家庭的反应、护理措施、潜在或现存的健康问题、协商内容和注意事项等，分析和评价护理效果和护理目标达成的情况，最好建立资料库或记录系统，建立家庭健康档案和病历。

3）修改护理计划：根据收集的家庭健康资料和新出现的问题，修改并完善护理计划，如果访视对象的健康问题已解决，可停止访视。

4）协调合作：与其他社区工作人员交流访视对象的情况，商讨解决办法，如个案讨论、汇报等。如果现有资源不能解决家庭的健康问题，而且该问题在社区范围内也不能得到解决时，应与其他服务机构、医师、设备供应商等取得联系，对访视对象进行转诊或提供帮助。

**6. 家庭访视的注意事项**

（1）着装：着装应符合社区护士的身份，整洁、便于工作。穿舒适的鞋，便于行走。

（2）态度：合乎礼节，稳重大方，应表现出对访视对象及其家庭的关心和尊重；交流方式应符合家庭的文化背景、社会经历等，不要让家庭感觉被探听秘密；保守家庭的秘密。

（3）灵活机动：社区护士在家庭访视过程中随时可能会面临各种突发情况，应根据收集到的资料，做出判断并适当修改护理计划。

（4）访视时间：最好选择家庭成员都在的时候进行家访，但要避开家庭的吃饭和会客时间。一般控制在 1 h 内，访视时间如低于 20 min，最好将 2 次访视合并，但家庭要求的提供重要物品或信息的家访例外。

（5）服务项目与收费：护患双方要明确收费项目和免费项目，一般家访人员不参与收费。

（6）保持一定的界线：社区护士应注意不要让自己的人生观、态度等影响家庭成员做决策，与易受影响的家庭成员保持一定的界线。

**7. 安全问题及对策**

（1）严格执行社区卫生服务机构的安全制度。

（2）不佩戴贵重首饰，随身带身份证、工作证和零钱。

（3）入户途中遵守交通规则，注意交通安全。

（4）家访时如遇到一些有敌意、发怒、情绪反复无常的访视对象，或对周围的环境陌生而不能控制环境时，提供急需护理后立即离开。

（5）尽量要求访视对象的家属在场，访视家庭是单独的异性时，应考虑是否需要一个陪同者同行。

（6）入户途中会经过偏僻场所时，护士有权要求有陪同人员同行。

（7）在访视对象家中看到一些，如打架、酗酒、吸毒、有武器等不安全因素，可立即离开，并与有关部门联系。

（8）在访视过程中，如果认为家庭成员中可能有危险，或正在受伤，必须立即给予适当处理，同时报警或通知急救中心，以保证家庭成员的安全。

**案例分析**

针对本案例中的家庭，社区护士应采取的护理方法及过程：

社区护士应采取家庭访视对案例中的家庭进行家庭健康护理，具体的实施过程按访视步骤进行，即做好访视前的准备工作、访视中按家庭健康护理程序进行、访视后的工作。

### （二）居家护理

1. **居家护理概念** 居家护理是在有医嘱的前提下，社区护士直接到患者家中，向居住在家庭的患者、残疾者、精神障碍者，提供连续、系统的基本医疗护理服务。

2. **居家护理意义**

（1）患者方面：可以得到连续性的治疗与护理，增进患者的安全感；方便患者的生活，增强自我照顾的意识与能力，提高生活质量；缩短患者的住院时间与降低医疗费用；控制并发症，降低疾病复发率及再住院率。

（2）家庭方面：增强家庭照顾患者的意识并获得护理患者的相关知识与技能；维持家庭的完整性；减少家庭经济负担。

（3）护理专业方面：扩展护理专业的工作领域；促进护理专业的发展；促进护理走向企业化。

3. **居家护理形式** 居家护理主要有 3 种形式，即家庭病床、社区卫生服务中心和家庭护理服务中心。家庭病床和社区卫生服务中心是我国目前常用的居家护理服务形式，国外如美国和日本等国家常采用家庭护理服务中心的形式。

（1）家庭病床：是在家庭设立病床作为治疗护理场所，选择适宜在家庭环境下进行的医疗或康复服务，由医院派遣病房或门诊的医生和护士到服务对象家中，使患者在熟悉的环境中接受医疗和护理，也最大程度地满足社会医疗护理要求，是医院住院服务的院外补充形式。

（2）社区卫生服务中心：是由社区卫生服务中心的社区护士来为本社区居家患者提供相应的服务，是我国目前主要的居家护理服务形式。

（3）家庭护理服务中心：是对家庭中需要护理服务的人提供护理的机构。目前我国还没有，但在一些发达国家已有这种机构，美国称之为家庭服务中心，日本称之为访问护理中心。发达国家正积极推广和使用这种方式，家庭护理服务中心是居家护理的发展方向。

1）机构设置：由社会财团、医院或者民间组织等设置。其经费独立核算，经费主要来源于护理保险机构，少部分由服务对象承担。

2）工作人员：其工作人员固定，由主任 1 名、副主任 1 名、医生 1 ~2 名、社区护士数十名、护理员和家政服务员数十名、康复医师数名、心理咨询师 1 名、营养师 1 名组成。中心主任和副主任多数是由社区护士担任，有的地方由医生担任。护士是护理服务中心的主体。

3）服务方式：服务对象首先应到服务中心提出申请，服务中心接到申请后，由社区护士到申请者家中访视，进行评估。评估内容包括：需要的护理服务，是否需要医生的诊查，家庭环境，是否需要心理咨询医师、康复医师，是否需要护理员进行生活护理，是否需要家庭服务员等。

无论是哪种形式的居家护理都需要满足以下条件，才能得到良好发展：

第一，患者家中必须有能担负照顾责任的人：社区护士只是定期到家中进行护理和指导，24 小时的照护主要依靠患者自己及其家属。

第二，护理费用纳入相关保险：是居家护理的基本保证。

第三，有明确的经营方向和资源管理方法：这样才能使居家护理得到发展。

第四，建立健全的相关制度：要有明确的制度规定，如居家患者病情变化需要住院时住院的方法，需要继续治疗和护理的患者出院后获得居家护理的方法。

4. **服务项目**　居家护理的服务项目主要包括健康照护和支持性服务两大类。健康照护的内容有注射、鼻饲护理、气管切开的护理、导尿、健康教育、尿管护理、灌肠、膀胱功能训练、膀胱冲洗、氧气疗法、体格检查、伤口护理、压疮护理、康复训练、体位引流、标本采集和送检等；支持性服务包括陪同患者看病、购物、外出办事等。目前国内的居家护理内容主要局限于健康照护方面。

## 第二节　社区健康教育与健康促进

**案例导入**

**案例：** 王先生、张先生、李大爷、赵大妈等 17 名退休老年人，大专以上文化，平均年龄 68 岁，平均体重 76 kg，现住在市区一个高档小区，小区内设有社区医疗点。17 名老人中患有高血压 12 人、糖尿病 4 人、脑出血后康复期 2 人。这些老年人的身体状况良好，病情稳定，性格开朗，经常锻炼。社区医疗卫生服务站为该小区的患者定期进行身体检查及健康教育。

1. 对本小区 17 名退休老年人实施项目计划的主要以哪些形式进行？
2. 对本小区进行健康教育常用的方法包括哪些？
3. 本小区健康教育与健康促进的基本内容包括哪些？

健康教育与健康促进是人民群众素质教育的重要内容，是“21 世纪人人享有卫生保健”的战略性策略，也是解决主要公共卫生问题的重要手段。通过健康教育与健康促进，减少和消除健康危险因素，营造有利于健康的环境，提高广大人民群众的健康意识及自我保健的能力。健康促进对于预防和控制重大疾病及突发的公共卫生事件、维护及增进人们的健康、提高人民健康素质具有重要的意义。

护士是健康教育与健康促进基本的、重要的及可靠的力量。社区护士了解和掌握健康教育与健康促进的基本概念，了解护理学与健康教育与健康促进之间的关系，有助于探索并发展社区健康教育与健康促进，实现"减轻痛苦、维持健康、恢复健康、促进健康"的护理任务，全面提高患者及社会人群的健康水平。

## 一、社区健康教育

### （一）概述

**1. 健康教育**（health education） 健康教育是通过有计划、有组织、系统的教育活动和社会活动，帮助个体和群体掌握卫生保健知识、树立健康观念、促使人们自愿采纳有利于健康的行为和生活方式，消除或减轻影响健康的危险因素，预防疾病，促进健康和提高生活质量。

健康教育的根本目的是促使个体、群体改变不良的行为和生活方式，采纳有益于健康的生活方式。通过健康教育，使人们掌握卫生保健相关知识，提高认知水平，建立以健康为中心的价值观，采取健康的行为，促进健康和社会文明。信息传播、行为干预等是健康教育的主要手段。健康教育一方面是通过人们自我学习或相互学习取得经验和技能，另一方面是通过有计划、多部门、多学科的社会实践获得经验。

**2. 社区健康教育**（community health education） 社区健康教育是以社区为基本单位，以社区人群为教育对象，以促进社区居民健康为目标，有目的、有计划、有组织、有评价的系统的健康教育活动。在护士伦理学国际法中，国际护士协会规定护士的基本职责包括保护生命、减轻病痛和促进健康 3 个方面。社区护理人员不仅要为患病的人群提供护理服务，还要为促进社区人群的健康提供服务。

（1）目的：开展社区健康教育的目的主要包括以下 5 个方面。①增进社区居民自我保健的知识和技能；②提高和促进社区人群健康和自我保护意识；③促使社区人群采取有利于健康的行为及生活方式；④合理利用社区的卫生保健资源；⑤消除或减低危险因素。

（2）意义：

1）合理利用、节约社会资源：随着社会的发展、生活条件的改善以及医疗卫生事业的发展，人类的疾病谱也在发生变化。慢性非传染性疾病已成为影响人群健康的主要威胁，而不良的行为及生活方式是导致这类疾病发生率、死亡率不断升高的主要原因。社区健康教育在改变不良的行为及生活方式上具有投资少、收效大的特点。

**知识链接**

不良生活方式和快速老龄化，使我国慢性病患病人数快速增加。据统计，我国现确诊有慢性病的患者 2.6 亿人，1.78 亿老年人中近半数患有糖尿病等慢性病。然而，很多患者并不知道自己何时患上了这些很可能将伴其一生的慢性病。

卫生部门介绍，我国因慢性病导致的死亡已经占到总死亡的85%，45%的慢性病患者死于70岁之前，全国因慢性病过早死亡占早死总人数的75%。慢性病使我们本该慢慢安享的老年变得“行色匆匆”。

2）增加社区居民自我保健意识和自我保健能力，增强其健康责任感，为实现“人人享有卫生保健”的战略目标奠定基础。

3）广泛开展不同领域的护理健康教育实践及研究，有利于促进健康教育的理论发展，建立符合中国国情的护理健康教育学科体系。

（3）社区护士在健康教育中的角色：社区健康教育已成为社区护理的主要工作内容，也是社区护士必须具备的能力。社区护理实践活动离不开健康教育，而且通过健康教育，居民能够在社区护士的帮助下做出健康的决定，提高健康水平。因此，在社区健康教育活动中，社区护士扮演健康教育活动的组织者和管理者，健康知识的教育者，健康行为的指导者、督促者、支持者和协助者，健康教育效果的评价者等角色。

**（二）健康教育理论**

人类的健康相关行为是一种复杂的活动，受到生理、心理、社会、文化、精神等诸多因素的影响。因此，健康相关行为的改变是一个相对复杂且漫长的过程。众多专家学者以医学、行为科学、社会学、心理学、传播学等学科为基础，提出多种行为改变理论，期望来说明和改变人群的健康相关行为，促进人类的健康。

1. **知信行模式**　“知信行”是知识、信念和态度、行为的简称。知信行模式（knowledge，attitude，belief and practice，KABP）是行为改变较为成熟的模式，实质上是认知理论在健康教育领域中的应用。该模式主要阐述了对于行为的改变，在了解卫生保健知识和正面信息的基础上，积极、正确的信念与态度为动力，才有可能主动地采纳有益于健康的行为或改变危害健康的行为。知信行模式认为普及卫生保健知识是关键。

知识、信念和态度、行为之间存在着因果关系。知识和学习是基础，信念和态度是动力，行为改变是目的。知识、信念和态度是行为产生的必要条件，即在建立信念之后，如果没有坚定的态度，实现行为的改变也是不可能的。态度转变是行为转变的前奏，因此健康教育者应学会促进人们态度转变的方法，创造有利于行为改变的环境，最终达到行为改变的目标。健康教育者可以运用以下几种方法促进人们态度的转变。

（1）增强信息的权威性：信息的权威性越强，说服力就越强，人们态度转变的可能性就越大。

（2）增强传播的技能：传播的感染力越强，越能激发、唤起目标人群的情感，就越有利于态度的转变。

（3）适当使用“恐惧因素”：恐惧会让人感到事态的严重性，但恐惧因素使用不当会引起极端反应或逆反心理。

（4）行为效果和效益：不仅有利于强化自己的行为，同时常能促使信心不足者发生态度的转变。

**2. 健康信念模式** 健康信念模式（health belief model，HBM）是以心理学为基础，由刺激理论和认知理论共同合成。它是运用社会心理学的方法解释健康相关行为的重要模式，最早由美国公共卫生机构的社会心理学家 Hochbaum 于 20 世纪五六十年代提出。后经美国心理学家 Becker 和 Rosenstock 修订逐步完成。

健康信念模式遵循认知理论的原则，强调信念、期望对行为的主导作用，它认为主观心理是促使人们采纳有利于健康行为的基础。因此当人们具有正确的健康信念时就会接受劝导，从而改变不良行为，采纳健康行为。

该模式分为 3 个主要部分，即个人认知、修正因素和行为的可能性（图 3－4）。其中心是感知威胁和知觉益处，前者包括对疾病易感性和疾病后果严重性的认识，后者包括对健康行为有效性的认识。

在健康信念模式中阐述了以下促进健康信念形成的相关因素。

（1）感知疾病的威胁：即对疾病易感性和严重性的感知。人们对疾病易感性、严重性的感知程度越高，对疾病威胁的感知程度就越高，产生行为动机的可能性就越大。

1）对疾病易感性的感知（perceived susceptibility）：指个体对自身出现某种健康问题或患某种疾病可能性的判断。人们感到自己患某种疾病的可能性越大，采取行动避免疾病的发生的可能性就越大。

2）对疾病严重性的感知（perceived severity）：疾病的严重性包括疾病对身体健康的不良影响（如导致疼痛、伤残和死亡等）和对心理健康的影响（如意识到疾病会影响到家庭、工作及人际关系等）。人们感到其后果越严重，越有可能采纳健康的行为。

（2）感知健康行为的益处和采纳健康行为的障碍：

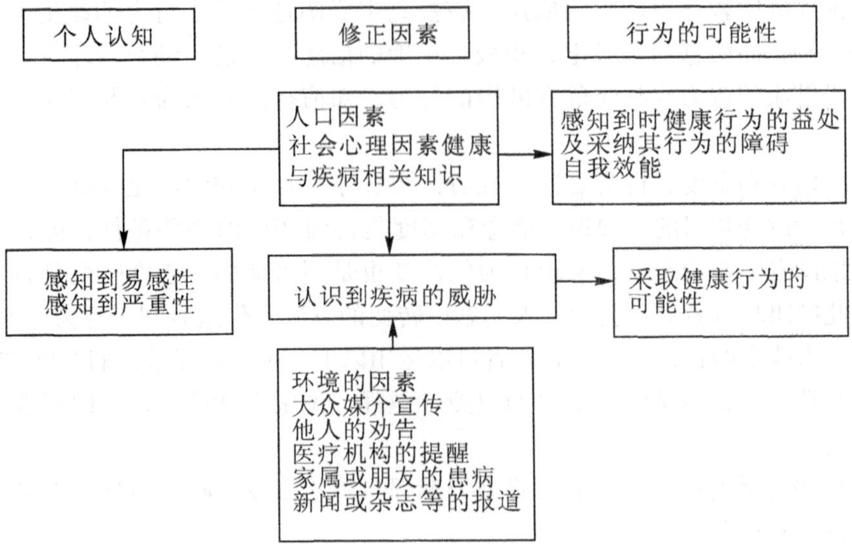


**图 3－4 健康信念模式**

1）感知健康行为的益处（perceived benefits of action）：指个体对采纳健康行为后可能产生益处的主观判断。当人们能够认识到采纳健康行为的益处，或认为益处很多后，会更有可能主动采取健康行为。

2）感知健康行为的障碍（perceived barriers of action）：指个体对采纳健康行为将面临的障碍的主观判断，如行为的复杂性、花费的时间、经济负担等。当人们感觉到的障碍越多，采纳健康行为的阻碍就越大。

（3）自我效能（self-efficiency）：是指个体对自己是否有能力执行某一特定行为并达到预期结果的主观判断，即个体相信自己能够控制内外因素，执行健康行为并取得预期结果。自我效能是决定人们产生行为的动机，进而产生行为的重要因素。个体的自我效能越高，越有可能采纳有益于健康的行为。

（4）提示因素（cues to action）：是指诱发健康行为产生的因素，如家人、朋友或同事患有此种疾病，大众媒介的宣传、医生的建议、他人的劝告等都有可能作为提示因素。提示因素越多，个体采取健康行为的可能性就越大。

（5）其他因素包括：①人口学因素，如年龄、性别、民族等；②社会心理学因素，如人格特点、压力、同伴影响等；③结构性因素，如个体对疾病与健康的认识。

### （三）健康教育程序

健康教育是有组织、有计划、有目的、系统的教育活动，健康教育程序的理论基础是护理程序，包括社区健康教育评估、确定健康教育诊断、制订健康教育计划、实施健康教育计划和评价健康教育活动的过程与效果 5 个步骤。

1. **社区健康教育评估**　社区健康教育评估是指收集有关健康教育对象和资源的信息并进行分析，了解教育对象的需求，为健康教育诊断提供依据。评估可通过直接评估和间接评估。直接评估包括观察与访谈、问卷调查、召开座谈会等；间接评估包括查阅档案、分析文献资料、开展流行病学调查等。资料的收集从以下 4 个方面进行。

（1）教育对象：最先要明确教育对象的健康教育需求。健康教育需求受到多种因素的影响，社区护士重点收集的资料包括：①基本资料，包括姓名、性别、年龄、健康状况、遗传因素等；②生活方式，包括吸烟、酗酒、饮食、睡眠、活动与锻炼等；③学习能力，包括学习经历、学习方式、文化程度、学习兴趣、态度等；④对健康知识的认识及掌握情况，包括不良生活方式对疾病的影响，预防疾病、服用药物的注意事项，常见疾病相关知识等。

（2）教育环境：包括生活、学习及社会环境，如职业、经济收入、学习条件、交通设备等资料。

（3）医疗卫生服务资源：包括卫生政策、医疗卫生机构的数量与位置、享受基本医疗卫生服务的状况等。

（4）教育者：包括教育者的能力、教育水平和经验，对健康教育工作的态度等。

2. **确定健康教育诊断**

（1）进行健康教育诊断：整理与分析收集的资料，针对社区人群共同的健康教育需求，确定健康教育问题及健康教育诊断。具体步骤为：①分析资料，列出现存的、潜在的健康问题；②分析健康问题对教育对象的健康威胁的程度；③分析开展健康教育的可利用资源；④挑选出能够通过健康教育改善或解决的健康问题；⑤找出与健康问题相关的行为、环境和促进行为改变的因素。

（2）确定健康教育的优先项目：优先项目是指能够反映群众最迫切需要、最关心的问题，或反映社区中存在的最重要的卫生问题，通过干预能获得最佳效果的项目。社区护士应在尊重教育对象意愿的前提下，根据其健康教育需求的紧迫性及可利用的资源，根据其重要性、有效性及可行性来确定优先项目。

**3. 制订健康教育计划** 科学地制订健康教育计划，是实施健康教育的基础和前提。制订健康教育计划时，要以教育对象为中心，遵循原则，明确健康教育的目标，确定内容，选择适当的教育方法，并确定健康教育的评价方式及评价指标。

（1）设计原则：计划应具有明确的目标、整体性、前瞻性、弹性，从实际出发，强调参与性。

（2）设置目标：包括制定远期目标和近期目标。健康教育的具体目标一般可分为教育目标、行为目标、健康目标及政策与环境目标。

（3）确定教育者和教育对象：教育者应是具有专业知识水平的卫生工作者，包括社区护士、全科医生、社区其他卫生服务工作人员及专业培训师。教育者应具备科学的、全面的、与时俱进的知识和良好的职业道德。不同的社区健康教育对象，健康教育的侧重点各异。

（4）确定内容：健康教育的内容应根据目标人群来选择，教育对象更容易接受与他们自身状况十分相关的信息。

（5）选择方法：健康教育的实施方法需要根据教育的内容、目标人群的文化水平及学习的特点进行确定，还应联合使用多种方法。

**4. 社区健康教育实施** 健康教育的实施是指将计划付诸行动、获取效果的过程。实施的过程包括组织、准备和质量控制。

（1）组织：社区健康教育活动涉及多部门、多学科、多手段，因此实施的首要任务是动员多部门参与，从而建立一个支持性的政策环境。

（2）准备：此阶段需要制定实施工作表、人员培训、配备必要物资。

（3）质量控制：目的是确保各项活动均按照目标完成并符合要求。主要内容包括对教育活动的内容监测、进度监测、经费使用监测，以及目标人群参与度和认知、行为变化的监测等。

**5. 社区健康教育评价**

（1）过程评价：过程评价的内容包括针对执行者、组织、政策和环境的评价等。过程评价着重关注项目活动是否按照计划实施，同时还承担修正计划的责任，保障项目目标顺利实现。过程评价指标包括活动的执行率、覆盖率、教育对象的满意度、活动经费使用率等。

（2）近期效果评价：近期效果评价是评估目标人群健康相关行为及其影响因素的变化。评价的内容包括有：

1）倾向因素：在实施前后教育对象的卫生知识、健康价值观、态度、对疾病易感性与严重性的信念、采纳健康行为的动机、行为意向的转变等。

2）促成因素：人们实现行为改变所需的政策、环境、资源、技术等方面的变化。

3）强化因素：在实施前后教育对象的个人感受、与教育对象关系密切的人、公众对教育对象采纳健康行为的支持度等方面的转变。

4）健康相关行为：实施前后教育对象健康相关行为的转变。

近期效果评价反映出健康教育后体现在目标人群方面的效果。常用指标包括：卫生知识知晓率、卫生知识合格率、行为改变率等。

（3）远期效果评价：远期效果评价内容包括目标人群的健康状况的改变、疾病与死亡指标（发病率、死亡率、平均期望寿命等）的变化，生活质量（如生活质量指数、生活满意度指数等）的变化。

## 二、社区健康促进

### （一）概念

1. **健康促进**（health promotion）　早在20世纪20年代出现于公共卫生文献中，近20多年来引起了广泛的重视。1986年，在加拿大召开的第一届国际健康促进大会通过的《渥太华宣言》中将健康促进定义为："健康促进是促使人们提高、维护和改善他们自身健康的过程，是协调人类与他们所处环境之间的战略，规定个人与社会对健康各自所负的责任。"美国教育学家劳伦斯·格林（Lawrence W Green）教授和他的团队提出："健康促进是指一切能促使行为和生活条件向有益于健康改变的教育与环境支持的综合体。"其中，教育是指健康教育，环境包括能有效支持健康教育的自然环境、社会环境及自然政治环境的总和。

2. **社区健康促进**（community health promotion）　社区健康促进是指通过健康教育及环境支持改变个体和群体的行为、生活方式与社会影响，降低本社区发病率及死亡率，提高社区居民的生活质量和文明素质。社区健康促进的两个构成要素是健康教育及其他一切能促使行为和社区环境向有益于健康转变的支持系统。这就要求各级政府从组织、政策、制度、经济、卫生服务等多方面提供支持，为广大人民群众创造良好的生活及工作条件、生存环境。

### （二）健康促进的基本特征

（1）健康促进是在组织、政治、经济及法律上提供支持环境，对行为改变的作用比较持久，并且具有约束性。

（2）健康促进涉及整个人群社会生活的各个方面，不仅局限于某一人群，还针对某一疾病的危险因素。

（3）疾病的三级预防中，健康促进强调一级预防甚至更早的阶段，即人群避免暴露于各种行为、心理及社会环境的危险因素当中。

（4）人群的健康知识和健康观念是主动参与的关键。通过健康教育可激发领导者、社区以及个人参与的意图，营造健康促进的氛围。因此健康教育是健康促进的基础。

（5）健康促进将主观的参与和客观的支持融为一体，不仅包括健康教育的行为干预内容，还强调行为改变所需的组织、政策、经济及法律支持。这表明健康工程不仅是卫生部门的事业，而且是社会参与和社会多部门合作的系统工程。

### （三）健康促进计划设计模式

科学的健康促进计划是保证健康促进活动按目标、系统地进行的基础和前提，掌握健康促进模式的基本理论是每个社区卫生工作者应当具备的基本能力。健康促进规划设计的模式有多种，但应用最为广泛、最具权威性的首推格林模式（PRECEDE - PROCEED 模式）。

格林模式又称健康诊断与评价模式，是由美国著名健康教育学家劳伦斯·格林提出的计划制订模式。该模式强调在制订干预规划之前，要知道为什么要制订该规划，如何去进行该规划，对该规划产生结果的重要影响因素做出诊断。格林模式不仅解释了个体的行为改变，同时还将周围环境纳入考虑的范围，由个体健康扩展到群体健康。它强调社区参与，并将人群健康与社会环境紧密联系在一起。

格林模式将健康促进计划分为两个阶段 9 个步骤。第一阶段：PRECEDE（Predisposing，reinforcing，and enabling constructs in educational diagnosis and evaluation）即评估阶段，是行动前的行为原因和动机，是指在环境的评价中应用倾向因素、促成因素及强化因素；第二阶段：PROCEED（policy regulatory and organizational constructs in educational and environmental development）即计划执行与评价阶段，是指在环境干预中应用政策、法规和组织手段（图 3 - 5）。

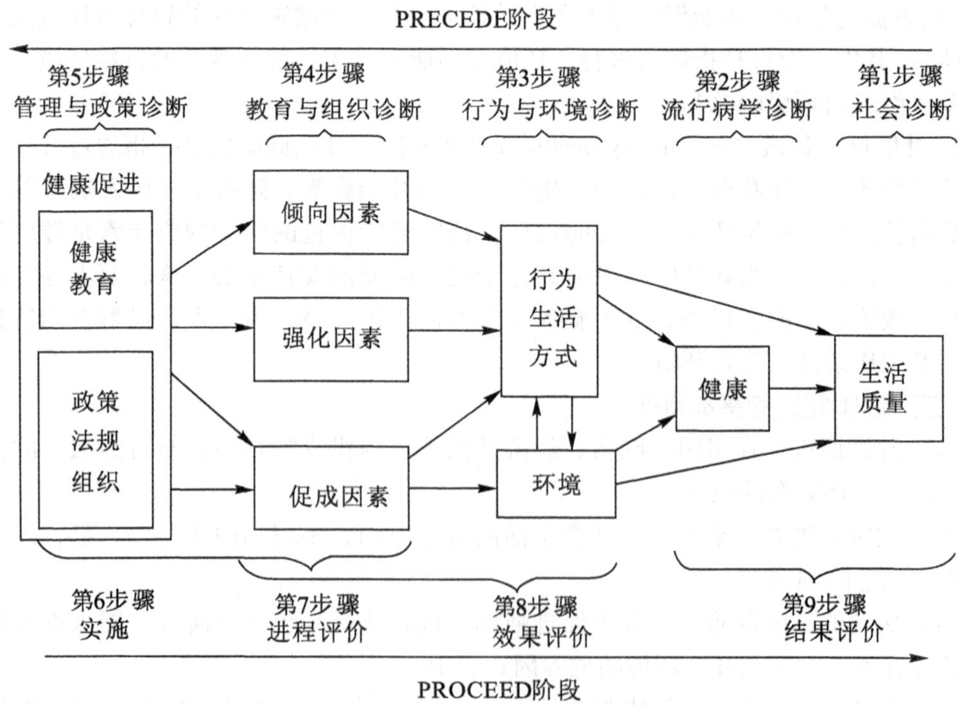


**图 3 - 5　PRECEDE - PROCEED 模式**

格林模式9个步骤分别为：

（1）社会诊断（social diagnosis）：包括目标人群的生活质量和社会环境评价两方面。生活质量受社会政策、卫生政策、社会服务和经济水平的影响；社会环境评价包括对社会政策环境、文化环境、经济环境、资源利用状况和健康投入情况的评价。

（2）流行病学诊断（epidemiological diagnosis）：包括威胁社区人群生命与健康的主要问题及其影响因素；疾病及健康问题的易感人群及其分布特征；疾病及健康问题的分布规律。

（3）行为与环境诊断（behavioral and environmental diagnosis）：确认导致健康问题的行为和环境因素，通过分析各因素的重要程度和可变程度，从而确定与健康问题相关的、可作为干预目标的重要行为。

（4）教育与组织诊断（educational and organizational diagnosis）：明确特定的健康行为，分析其影响因素，并依据各因素的重要程度及资源情况确定优先目标，然后确定干预的重点，针对影响健康行为的倾向因素（predisposing factor）、促成因素（enabling factor）及强化因素（reinforcing factor）进行教育与组织诊断。倾向因素是人们产生某种行为的原因和动机；促成因素是实现某种行为动机或愿望的因素；强化因素是激励或减弱某种行为发展和维持的因素。以上因素常常共同影响人群的健康行为，其中倾向因素是内在动力，促成因素及强化因素是外在条件。

（5）管理与政策诊断（administrative and policy diagnosis）：包括评估制订和执行计划的组织与管理能力，在规划执行中的资源、条件（如人力、时间安排等），政策和规章制度对健康促进项目开展的支持或阻碍等。

（6）实施（implementation）：即按照制订的计划执行、实施健康促进。

（7）过程评价（process evaluation）：着重于在实施健康促进的过程中，不断进行评价，找出存在的问题，及时对计划进行调整。

（8）效果评价（impact evaluation）：是对健康促进所产生的影响及短期效应进行及时评价，主要评价包括干预对象的知识、态度、信念、行为等的转变。

（9）结果评价（outcome evaluation）：是当健康促进活动结束时，根据计划中的长、短期目标进行评价，重点是长期目标。评价健康促进是否促进了人们身心健康。常用的评价指标有发病率、伤残率和死亡率等。

社区健康促进是新时期卫生体制改革的重点之一，并作为干预社区人群的健康相关行为及生活方式，改善社区环境的主要手段，健康促进在社区医疗卫生工作中发挥着越来越重要的作用。

## 案例分析

1. 对该小区17名退休老年人实施项目计划主要从以下两方面进行。①语言方式：在小区内定期开展讲座、咨询活动等口头语言教育以及采用书籍、报纸杂志、宣传册、宣传栏等文字语言教育，激发他们的自我保健意识。②电子媒介：采用电视、电影、广播、录像等形式，提供高血压、糖尿病、脑出血等疾病的治疗、护理、康复及健康指导的知识。

2. 该小区的患病老年人17人，可以采用群体教育法，每周开展小组讨论会、专题讲座1～2次，进行健康教育。围绕疾病展开讨论，让参与者之间互学互助，讲座中间可以用通俗易懂、生动形象的文字材料进一步加以指导。

3. 该小区健康教育与健康促进的基本内容：

（1）高血压：采用预防与治疗相结合，重在预防，药物与非药物治疗相结合的方法。根据该小区人群特点，健康教育与健康促进的主要内容为：

1）筛选：①定期检查，对王先生等17名退休人群定期进行检查。②高血压危象人群筛检，对12名已患高血压的老年人作为筛检的重点对象，预防疾病的进一步进展。

2）高血压健康教育：对于形成高血压的高危因素，采用针对性的干预措施，包括合理膳食，控制体重，限盐限酒与戒烟，保持适量的有氧运动，定期测量血压，放松与紧急处理训练等。

（2）脑卒中、糖尿病等高危人群：①通过社区诊断，建立资料库，尤其是健康问题和危险因素资料。②有针对性地设计干预措施，制作适合公众教育的宣传材料。③通过大众媒体进行广泛的健康知识传播。④定期评价健康教育效果，完善健康教育手段，尤其提倡改变不良的生活方式，如合理膳食、科学健身等，以及控制、消除危险因素。建立支持性的环境，特别是政府支持，伙伴关系，社区群众参与。

## 重点知识

1. 家庭：是一种重要的关系，它由两个或多个有密切血缘、婚姻、收养或朋友关系的个体组成的团体。

2. 家庭的类型：核心家庭；主干家庭；联合家庭；单亲家庭；其他类型的家庭。

3. 家庭的结构：外部结构，即家庭的类型；内部结构，即家庭角色、家庭权力、家庭沟通、家庭价值观。

4. 家庭的功能：情感功能；健康照顾功能；生殖赡养功能；经济功能；社会化功能。

5. 家庭健康护理：是以家庭为服务对象的护理，社区护士和家庭及家庭成员进行有目的互动，帮助家庭充分发挥家庭的健康潜能，预防、应对和解决家庭在各个发展阶段中遇到的健康问题，以促进和维护家庭及家庭成员健康的活动。

6. 家庭健康护理的内容：与家庭及家庭成员建立良好的人际关系；协助家庭成员的心理与社会适应；协助家庭改善与建立健康的生活环境；为居家患病成员提供医疗和护理服务；协助家庭运用家庭资源；协助家庭参与社区和社会活动。

7. 家庭健康护理评估的内容：家庭的一般资料；家庭的发展阶段及任务；家庭的结构；家庭的功能；家庭的资源；家庭与社会的关系；家庭的应对与处理问题；家庭

中患病成员的状况。

8. 家庭健康护理常用的评估工具：家系图；家庭关怀度指数测评量表；社会支持度图。

9. 制订家庭健康护理计划的原则：互动性；特殊性；可行性；合作性；意愿性。

10. 家庭访视：指在服务对象的家庭里，为了维持和促进个人、家庭和社区的健康而对访视对象及其家庭所提供的有目的交往活动。

11. 家庭访视的目的：协助家庭及时发现健康问题；确认家庭健康的影响因素；寻求在家庭内解决问题的方法；直接提供个体化的护理服务；促进和完善家庭功能；提供判断社区健康问题的线索；可促进家庭有效地建立并合理利用支持系统。

12. 家庭访视的过程。①访视前：选择访视对象；确定优先顺序；准备访视用物；联络被访家庭；安排访视路线与访视备案。②访视中：建立良好的关系；评估计划与实施；简要记录访视情况；结束访视。③消毒与物品的处理；记录和总结；修改护理计划；协调合作。

13. 居家护理：是在有医嘱的前提下，社区护士直接到患者家中，向居住在家庭的患者、残疾者、精神障碍者，提供连续、系统的基本医疗护理服务。

## 课后练习

### 一、思考题

1. 家庭健康护理　　2. 家庭访视　　3. 居家护理
4. 健康促进　　5. 健康教育　　6. 社区健康教育

### 二、简答题

1. 家庭的内部结构包括哪些方面？
2. 简述家庭的功能。
3. 简述家庭的发展阶段及任务。
4. 家庭健康护理评估的内容有哪些？
5. 家庭健康护理评估的工具有哪些？如何应用这些工具进行评估？
6. 制订家庭健康护理计划应遵循哪些原则？
7. 简述家庭访视的过程及具体的工作内容。
8. 什么叫社区健康促进？
9. 社区健康教育评价包括哪些内容？
10. 健康促进包括哪些基本特征？

### 三、案例分析

案例：黄涛，58 岁，公司经理。其妻刘英，56 岁，工程师，去年退休后回家照顾因糖尿病足而截肢的 79 岁的公公黄光海。黄涛的母亲杨丽在 45 岁时因患乳腺癌而死亡。他们只有一个儿子叫黄天，28 岁，在外地读博士。由于黄涛尚未退休且因工作原因需要经常在外与朋友应酬，儿子又在外地也无法照顾爷爷，所以照顾父亲的重任完全落在妻子的肩上。加之刘英的父母也均已78岁，父亲有糖尿病，母亲也有高血压，其哥哥因家庭矛盾与刘英及其父母联系甚少。妻子除在家时要精心照顾公公，还要定期送老人到医院复查，同时还要经常回父母家，因此十分劳累，也没有时间约朋友聚会，因此与朋友的关系逐渐变得冷淡。最近妻子常说腰背疼痛，夜间睡眠不好，且还时常发脾气。黄涛担心妻子因此而拖垮使整个家庭陷入困境，因此到社区服务中心寻求帮助，请求社区护士给予援助。

问题1：请绘制黄涛的家庭结构图和家庭社会关系图。

问题2：该家庭存在的家庭健康问题有哪些？请分析这些家庭健康问题之间的因果关系，并确定目前的首要问题。

问题3：你作为社区护士，应采用哪种方法对该家庭实施健康护理？在具体实施之前，你应该做好哪些准备工作？

（陈　钰）

# 第四章　社区居民健康档案管理

**教学目标**

1. 掌握社区健康档案建立的方法、分类与管理。
2. 熟悉社区健康档案的内容、建立社区健康档案的注意事项。
3. 了解社区健康档案的意义及管理中可能存在的问题。

## 第一节　社区居民健康档案管理概述

为社区、家庭及个人提供连续性、综合性的保健服务，就必须了解社区、家庭及其个人的社会、经济、文化、宗教、心理和医疗等背景，完整、系统的健康档案是了解社区、家庭和个人健康及健康相关因素并提供合适的医疗保健服务的有效工具。

### 一、建立社区居民健康档案的意义

社区居民健康档案是社区卫生服务中心为所辖社区、居民、家庭及个人建立的重要档案材料，建立社区健康档案的目的和意义有以下几点。

1. **社区居民健康档案是全面的基础资料**　社区居民健康档案的基本资料来自社区卫生服务过程的记录，通过对这些资料的了解，能适时掌握居民健康基本情况和健康现状。

2. **便于及时诊断，正确处理**　健康档案记录了社区中所有健康问题的发生、发展和变化过程，有利于社区医护人员分析、掌握社区中健康问题的发生、发展规律和变异情况，便于正确理解社区个人、家庭和群体的健康问题，从而有利于及时诊断和正确处理，提高工作效率和服务水平。

3. **为社区预防提供依据**　通过档案管理，掌握患者的就医行踪，及时敏感地发现患者现存的和潜在的生理、心理及家庭问题，便于了解社区居民健康问题的流行病学特征。此外，健康档案包含系统的预防保健服务项目，可以提醒社区医护人员已经执行和应该执行的预防医学计划，在适当的时候及时地提供有效的预防保健服务，并为整个社区预防提供科学依据。

**4. 为以家庭为单位的服务创造了条件** 通过建立个人、家庭和社区居民健康档案，能够详细了解和掌握社区居民的就医行为、健康状况，为了解个人及其家庭问题的原因提供重要线索。了解社区家庭卫生问题和卫生资源，有利于运用社区与家庭资源，包括卫生机构、卫生人力、福利慈善机构、家属及其他可动员的社会资源等，为本社区居民提供医疗保健、精神支持和经济上的协助。

**5. 社区居民健康档案是医疗法律文书** 规范的档案管理是评价社区医护人员服务质量和医疗技术水平的工具之一，是处理医疗护理纠纷的法律依据。

**6. 为社区健康教育和科研提供信息资料** 完整而准确的健康档案记录，是社区医护人员的经验积累，是了解流行病学特征最好的教学资料和科研资料，也是自我学习的一个重要资料。社区医护人员通过居民健康档案进行有意识的分析和总结，可以看到许多健康问题的自然历程，丰富自身的实践经验。同时，健康档案是对患者和家庭健康照顾的长期记录，为社区医护人员从事科研工作提供了良好的研究素材和信息资料。

## 二、建立社区居民健康档案的方法及注意事项

### （一）建立社区居民健康档案基本方法

社区健康档案要求资料的记录保持动态连续性，除了记录患病资料外，还要求记录患者所参加的健康教育内容，有些内容需要根据个别患者的特殊健康状况而添加，如随访表等。档案中各类项目建立后，应连续动态地记录相关信息，并使之有较高的利用率。

**1. 个别建档** 结合全科医疗服务，在家庭个别成员来就诊时建立档案，然后通过多次临床接触和家访，逐步完善个人健康档案和家庭健康档案。这种方式简便易行、省时省力，但不容易得到完整、全面的资料，家庭其他成员参与较少。

**2. 社区全面建档** 社区医护人员在一段时间内，动员社区力量，拜访社区中的每一个家庭，一方面宣传健康档案建立的意义和与之相关的服务内容、服务方式；另一方面对每一个家庭成员及整个家庭做一次全面的评估，收集个人及其家庭的基础资料，包括身体、心理、家庭生活、社会关系和生活环境等。同时，针对建立档案过程中发现的有关健康的危险因素，进行必要的健康教育。这种方式耗费较多的人力、物力和时间，但这是能在短时间内全面了解社区居民及其家庭健康状况的最佳途径，同时也加强了医护人员与社区个人和家庭的联系，是一次发现和解决个人及其家庭健康问题的良好时机。

此外，社区健康档案的建立主要依靠政府的统计资料、现有的医疗登记资料、医疗工作日志、个人和家庭健康档案、社区调查资料等。定期将上述资料进行分类、整理、统计、分析，即可得到所需的社区居民健康档案资料。社区居民健康档案，一般每年整理、统计一次，逐年积累，并视具体情况进行分门别类地统计、分析。

### （二）建立社区居民健康档案注意事项

**1. 档案建立不可能一蹴而就** 档案中有些资料如家庭环境、家庭成员基本情况等

可以通过短时间的观察和了解而做出定论；而有些资料如社会适应状态、家庭关系印象、人格特征等，则需要通过长期的观察、分析、综合，才能做出全面、正确的判断。

还有一些资料如患者的隐私、避讳的问题等，只能在一定的时机和建立信任的基础上才能获得。此外，没有一成不变的结论，有些资料还会不断地变化，因此，档案建立是一个连续动态的长期的过程。

2. **力求资料的客观性和准确性**　医护人员遵守职业规范，采取严肃、认真、科学的态度，深入了解个人及其家庭情况，尽量在临床接触、家访、社区调查和测验中获得更多客观的资料。有些资料虽然是主观的，但也必须有一些比较客观的依据，力求资料的准确性。

3. **注意所收集资料的价值**　影响健康的因素广泛存在，档案资料不可能面面俱到地记录，记录应有重点。应注意资料的重要性随家庭或个人所面临状况或问题的变化而变化。

4. **避免墨守成规**　健康档案中所列出的基本项目并不能包括所有影响个人及其家庭健康的重要资料，在实际应用中，还须根据具体情况及时添加一些重要项目。

## 第二节　社区居民健康档案的种类和内容

健康档案按其层次分为个人健康档案、家庭健康档案和社区健康档案 3 种类型。根据各地情况，档案形式上不完全一致，但基本内容相似。

### 一、个人健康档案

个人健康档案包括以问题为导向的健康记录和以预防为导向的记录方式。

1. **以问题为导向的健康记录**（problem oriented medical record，POMR）　包括患者的一般资料、健康问题目录、健康问题描述、健康体检表、重点人群健康管理记录表以及接诊记录表、会诊记录表、双向转诊单等内容。个人健康档案除了记录社区居民生理疾病外，对影响居民健康的各种相关问题或因素均要记录。通常把影响居民健康的任何问题称为健康问题，包括已明确诊断的疾病、尚未明确鉴别的躯体症状以及居民自我感觉的不适、社会适应等问题。

（1）患者的一般资料：①人口学资料，如姓名、性别、年龄、文化程度、职业等；②健康行为资料，如饮食习惯、饮酒、运动、就医行为等；③既往史和家庭史，既往所患疾病及治疗情况、外伤手术史及家庭主要成员主要疾病及遗传病史等；④生物学基础资料，如身高、体重、血压、腰围等；⑤生活环境，农村地区需根据实际情况对厨房设施、饮水、厕所、禽畜栏等生活环境进行记录；⑥其他，如免疫接种、周期性健康检查记录、心理评估等。居民健康档案信息卡见表 4－1、表 4－2。

**表 4－1　居民健康档案信息卡（正面）**

| 姓名 | | 性别 | | 出生日期 | 年　　月　　日 |
|---|---|---|---|---|---|
| 健康档案编号 | | | | | |
| ABO 血型 | | | | Rh 血型 | □Rh 阴性　○ Rh 阳性　□不详 |
| 慢性病患病情况 | □高血压　□糖尿病　□脑卒中　□冠心病　□哮喘　□无　□职业病<br>□其他疾病 | | | | |
| 过敏史： | | | | | |

**表 4－2　居民健康档案信息卡（反面）**

| 家庭住址 | | 家庭电话 | |
|---|---|---|---|
| 紧急情况联系人 | | 联系人电话 | |
| 建档机构名称 | | 联系电话 | |
| 责任医生或护士 | | 联系电话 | |
| 其他说明： | | | |

（2）健康问题目录：是记录了过去影响、现在正在影响或将来还要影响患者健康的异常情况。可以是明确的或不明确的诊断，可以是无法解释的症状、体征或实验室检查结果，也可以是社会、经济、心理、行为问题。

健康问题目录常置于健康档案的首页，包括主要问题目录和暂时性问题目录。主要问题目录：主要记录慢性病问题、健康危险因素及尚未解决的问题（表 4－3）。

**表 4－3　主要问题目录**

| 问题序号 | 诊断日期 | 主要问题 | ICPC* 编码 | 处理情况 | 处理结果 |
|---|---|---|---|---|---|
| 1 | 2011/10/9 | 糖尿病 | T90 | 测血糖 | 胰岛素控制血糖良好 |

*：ICPC 为基层医疗国际分类。

暂时性（临时性）问题目录：主要记录急性或短期、一次性或自限性问题。暂时性健康问题的记录有助于全科医生和社区护士及时发现可能的重要线索（表 4－4）。

内容包括问题的编号、名称、发生时间、诊断时间、处理措施及处理结果等，以表格形式记录，将确认后的问题按发生的先后顺序逐一编号记入表中。

**表 4－4　暂时性（临时性）问题目录**

| 问题序号 | 问题名称 | 发生日期 | ICPC 编码 | 处理经过 | 现况及转归 |
|---|---|---|---|---|---|
| 1 | 糖尿病 | 2011/10/9 | T90 | 测血糖 | 血糖控制不良 |

（3）健康问题描述（health problem statements）：是指健康问题目录中所列的问题依据编号采用“SOAP”的形式进行逐一描述（表 4－5）。SOAP 是以问题为导向的健康档案的核心部分，主要包括主观资料（subjective data）、客观资料（objective data）、

对健康问题的评估（assessment）及健康问题的处理计划（plan）。

表 4－5　POMR 健康问题为中心的全科医疗记录（以糖尿病为例）

| 日期（年月日） | S－O－A（主观资料、客观资料、评估） | P（计划） |
|---|---|---|
| 2015－2－16 | S：乏力、多尿两个半月。父亲患有糖尿病，母亲死于脑卒中<br>O：身高 175 cm，体重 62.5 kg，血压 18.6/12 kPa（140/90 mmHg），尿糖+++，空腹血糖 8.9 mmol/L（160 mg/dL）<br>A：根据以上资料，该患者可解释为 2 型糖尿病，但应排除其他原因引起的糖尿病。本病可能并发多种感染、动脉硬化、肾脏病变、神经病变、酮症酸中毒等 | 1. 诊断计划<br>（1）测定尿糖、尿酮体<br>（2）测定血糖、血脂、血酮体<br>（3）检查眼底<br>（4）检查尿常规、肾功能<br>2. 治疗计划<br>（1）患者教育<br>（2）运动指导<br>（3）糖尿病饮食<br>（4）使用口服类降糖药物<br>（5）使用胰岛素（在应激、感染等情况下使用）<br>（6）注意皮肤、足部护理，防止感染和糖尿病足<br>（7）定期监测血糖、尿糖<br>3. 患者教育计划<br>（1）介绍有关糖尿病常识<br>（2）避免加重糖尿病病情的因素（包括饮食、心理因素）<br>（3）介绍控制饮食的方法和意义<br>（4）预防或减少并发症发生的措施（如注意个人卫生）<br>（5）注意血糖控制，帮助患者学会自查尿糖<br>（6）介绍使用降糖药物的注意事项<br>（7）对子女进行血糖、尿糖检查 |

（4）病情流程表：流程表以表格的形式描述病情（或其他问题）在一段时间内的发展变化情况，包括症状、体征、实验室检查、用药、转归、转会诊结果等的动态观察（表 4－6～表 4－9）。

流程表通常在病情（或问题）进展一段时间后，将资料做一图表化的总结回顾，可以概括出所随访问题进展的清晰轮廓，掌握病况，对病情发展和干预做出及时应对（修订治疗计划、患者教育计划等）。对长期存在的，始终影响、困扰患者生活的问题或某些特殊疾病，使用病情流程表有利于临床经验的积累，也有利于临床教学和研究，是社区医生、护士教学、自我学习提高的良好教材。

（5）对社区重点人群，如婴幼儿、孕产妇、慢性病、老年人、残疾人等，其健康管理记录表按照表格要求内容进行详细填写、记录。

1）儿童保健记录：为社区0～6岁以下的儿童建立保健记录，包括一般情况、预防接种记录、定期体格检查记录等（见第六章第一节社区儿童和青少年保健指导中0～6岁儿童健康管理规范内容）。

2）妇女保健记录：为社区已婚妇女或20岁以上的未婚妇女建立的有关围婚期、围产期、围绝经期保健记录，包括一般情况、围产期保健（妊娠情况、分娩情况、产后访视）、妇科检查记录等（见第六章第三节社区妇女的保健指导中妇女健康管理规范内容）。

3）老人保健记录：为社区65岁以上的老人建立的保健记录，包括生活行为与习惯、生活自理能力、慢性病史、体检记录等。

4）残疾/精神障碍人健康档案：为社区残疾/精神障碍患者建立的专项评估记录，包括一般情况、日常生活能力评定和康复记录等。

5）慢性病随访记录：根据社区居民慢性病发病情况，建立主要慢性病随访监测记录，为实施慢性病干预措施提供依据，内容包括症状、体征、实验室检查、用药、并发症、转诊、健康咨询等。

**表4－6 住院记录**

| 序号 | 诊断 | 医院名称 | 科室 | 入院日期 | 出院日期 | 结果 | 住院号 |
|---|---|---|---|---|---|---|---|
| | | | | | | | |

**表4－7 长期用药记录**

| 序号 | 药物名称 | 用量 | 开始用药日期 | 停止/变更日期 | 备注 |
|---|---|---|---|---|---|
| | | | | | |

**表4－8 会诊*记录**

| 序号 | 会诊日期 | 会诊原因 | 会诊单位/医生 | 会诊诊断 | 处理 | 备注 |
|---|---|---|---|---|---|---|
| 1 | 2010/3/20 | 眩晕、颈部不适 | 人民医院康复科 | 颈椎病 | 转科 | |
| 2 | | | | | | |

*：会诊是指某一医生为患者的问题请教别的医生。是全科医生与专科医生协调合作，为患者提供连续性、完整性照顾的过程。

**表4－9 转诊*记录**

| 序号 | 转诊日期 | 转诊原因 | 转至单位 | 转回日期 | 转回诊断 | 处理 | 备注 |
|---|---|---|---|---|---|---|---|
| 1 | 2011/10/25 | 阑尾炎 | 人民医院腹外科 | 2011/11/1 | 急性阑尾炎 | 手术 | |
| | | | | | | | |

*：转诊即把患者某一问题的部分照顾责任暂时转给别的医生。是家庭医生与其同行交流、利用其他医疗资源的途径之一。患者转诊的去向可以是其他基层医生、专科医生、护士、治疗师、社会工作者等，由家庭医生根据患者的具体情况而定。全科医疗中的转诊记录是双向的，社区医护人员除了记录转诊过程外，还应对从其他地方就诊转回的患者资料进行记录。

6）家庭病床记录：居民因病需要在家建立病床，由社区卫生服务机构派人员上门服务。记录问题名称、发生日期、建床日期、撤床日期和患者转归等。

2. **以预防为导向的健康记录**　包括周期性健康检查记录表和免疫接种记录表。以预防为导向的健康记录体现了社区护理以健康为中心，从生物—心理—失衡医学模式全方位考虑的工作特点，以达到早期发现病患及危险因素，及时进行干预的目的。

周期性健康检查记录：属于全科医疗中的预防医学资料，它是根据社区中主要健康问题的流行情况，针对个体的不同性别、年龄、职业及危险因素等方面而设计的健康检查表（表4-10、表4-11），不同的性别年龄可设置不同的检查项目，可根据具体情况和实际需要进行选择。一般包括有计划的健康普查（如测血压、乳房检查、胃镜检查、尿液检查等）、计划免疫（预防免疫接种等）和健康教育及评估等。周期性健康检查在国外基层医疗中是体现预防服务的重要措施。

**表4-10　周期性健康检查记录**

| 项目<br>时间 | | 月　日 | 月　日 | 月　日 | 月　日 |
|---|---|---|---|---|---|
| 体检 | 1. 体重 | | | | |
| | 2. 血压 | | | | |
| | …… | | | | |
| 实验室 | 1. | | | | |
| | 2. | | | | |
| | …… | | | | |
| | | | | | |
| 体检结论 | | | | | |
| 健康指导 | | | | | |
| 体检医生 | | | | | |

**表4-11　健康教育及评估记录表**

| 日期 | 内容 | 结果 |
|---|---|---|
| | 戒烟、限酒 | 了解吸烟对人的危害，对吸烟的态度有所转变，开始有意识限制吸烟量，但限酒的效果不明显 |
| | 高糖类、高脂肪、低蛋白质饮食 | 认识到合理饮食的重要性，开始调整喜吃甜食、油炸食品的习惯，增加豆制品、瘦肉等的摄入，但经评估动物蛋白质仍偏低 |
| …… | | |

## 二、家庭健康档案

家庭健康档案是社区卫生工作者实施以家庭为单位进行保健服务的重要依据，是社区健康档案的重要组成部分。它包括家庭基本资料、家庭主要健康问题、家庭功能评估、家庭成员健康资料等。

### （一）封面

封面内容简洁明了，主要包括档案号、户主姓名、家庭地址、联系电话、建档医生、家庭医生等（表4－12）。

**表4－12　家庭健康档案（封面）**

档案号：□□□□□□□□□□□

户主姓名：

**家庭健康档案**

辖区：________区街道________（乡镇）________居委会

家庭地址：________________________

联系电话：________________

建档单位：________区____________（中心、站）

建档日期：________年________月________日

建档医生：________________

家庭医生：________________

### （二）家庭基本资料

家庭基本资料包括家庭成员资料、家庭生活周期、家庭类型、居住状况、家庭生活习惯等（表4－13）。

**表4－13　家庭基本资料**

**一、家庭成员资料**

编号______　姓名______　性别______　关系______　出生年月______

学历______　职业______　婚姻______

续表

| |
|---|
| **二、居住状况** |
| ①长住　②空关户　③长期外出　④不详 |
| **三、家庭生活周期** |
| ①新婚　②第一个孩子出生　③有学龄前儿童　④有学龄儿童　⑤有青少年 |
| ⑥孩子离家创业　⑦空巢期　⑧退休期 |
| **四、家庭类型** |
| ①核心型　②主干型　③联合型　④单身型　⑤其他 |
| **五、居住条件** |
| 1. 住房面积：总面积________ $m^2$，人均面积________ $m^2$　楼层________朝向________ |
| 2. 饮用水源：①自来水　②河湖水　③山泉水　④井水　⑤其他 |
| ⑥水质：安全　一般　污染　严重污染 |
| 3. 厕所：①套内卫生间　②公用厕所　③马桶　④其他 |
| 4. 用火：①液化气　②管道煤气　③煤炉　④柴炉　⑤其他 |
| 5. 厨房：①独用　②混用　③排烟：好　一般　差 |
| 6. 吸烟人数：①无　②1 人　③2 人以上 |
| 7. 农药管理；①无　②乱堆乱放　③专管专用 |
| 8. 家庭位置：集居　孤居 |
| 离医疗站________ m，离学校________ m，离派出所________ m，离工厂________ m |
| 9. 周围环境是否有污染：无　轻度　中度　严重 |
| 10. 污染源：皮革　木业　化工　其他 |
| **六、家庭生活习惯** |
| 1. 毛巾：①分用　②混用 |
| 2. 洗澡：①淋浴　②盆浴 |
| 3. 刷牙：牙具混用　牙具单用　每日 1 次　2 次　3 次以上 |

### （三）家庭主要健康问题目录

家庭主要健康问题指各家庭成员的主要健康问题及家庭危机、家庭压力等，按家庭成员姓名、问题名称、发生时间、处理措施、处理结果几个方面记录（表 4 – 14）。

表 4 – 14　家庭主要健康问题目录

| 编号 | 发生时间 | 姓名 | 健康问题 | 处理措施及结果 |
|---|---|---|---|---|
| | | | | |
| | | | | |
| | | | | |
| | | | | |
| | | | | |

### （四）家庭功能评估

家庭功能评估常用 APGAR 量表，主要用于测试个人对家庭功能整体的满意度。APGAR 的含义依次为：A（adaptation）是适应度，当家人遇到问题时，是否能够得到家庭及家庭内外资源的帮助；P（partnership）为合作度，是家人共同讨论各种事情以及分担责任的方式；G（growth）为成长度，当家中有人希望从事新的活动或发展时，能够得到大家的帮助和支持；A（affection）为情感度，是家人表达情感的方式，以及对家人出现情绪变化时表示理解和同情的程度；R（resolve）为亲密度，与家人共度时光的方式和共享金钱的情况等（表4－15）。

**表4－15　家庭功能评估**

| | 经常这样（2分） | 有时这样（1分） | 几乎很少（0分） |
|---|---|---|---|
| 1. 当我遇到问题时，可以通过家人得到满意的帮助<br>补充说明： | □ | □ | □ |
| 2. 我很满意家人与我讨论各种事情以及分担问题的方式<br>补充说明： | □ | □ | □ |
| 3. 当我希望从事新的活动或发展时，家人能接受且给予支持<br>补充说明： | □ | □ | □ |
| 4. 我很满意家人对我表达感情的方式以及对我情绪（愤怒、悲伤、爱）的反应<br>补充说明： | □ | □ | □ |
| 5. 我很满意家人与我共度时光的方式<br>补充说明： | □ | □ | □ |
| 评估时间： | | | |
| 姓　名： | | | |
| 家庭角色： | | | |
| APGAR成绩： | | | |

总分为7～10分，家庭功能良好；4～6分，家庭功能障碍；0～3分，家庭功能严重障碍。

### （五）家庭成员健康资料

家庭成员健康资料在家庭健康资料记录中，每一个家庭成员都应有一份个人健康档案，其内容同个人健康档案。

## 三、社区居民健康档案

社区居民健康档案是记录社区健康问题、评估社区特征及健康需求的系统性资料。社区居民健康档案将社区看作服务主体，通过记录社区居民卫生资源、社区主要健康问题及社区居民健康状况，实现以社区为导向，为社区居民提供整体性、协调性的医疗卫生服务的目的。完整的社区健康档案应包括社区基本资料、社区卫生服务资源、社区卫生服务状况和社区居民健康状况4个部分。

### （一）社区基本资料

1. **社区人口学资料**　社区人口学资料包括社区人口的数量、年龄构成、性别构成、老年人口系数、出生率、死亡率、人口自然增长率、社区居民的婚姻状况、职业分布、家庭构成及社区人口的文化构成等。

2. **社区地理及资源分布图**　按比例绘制社区地图，包括村庄或居民区分布、人口数目、社区机构名称和位置。此外，还可以用不同的符号在地图上标明每个医疗单位的管辖范围、相互关系、负责人姓名、医生数目、服务人口、交通情况、实际距离等。同时，还应标明社区所处的位置、范围、自然气候及环境状况、卫生条件、水源、交通情况、宗教及传统习俗等。

3. **经济状况**　可用表格反映每个社区每一年的经济状况，包括人均收入、消费水平、就业率、失业率等，动态观察社区经济变化情况，以便于做出符合当地经济发展水平的卫生决策。

4. **社区资源**　包括社区内可以被动员起来参与和支持社区健康服务活动的人力、物力和财力资源，如社区内的各种组织，包括街道办事处、居委会、健康促进会、志愿者协会、爱卫会等。

### （二）社区卫生服务资源

社区卫生服务资源指社区卫生服务机构（类型、数量、交通灯）及社区卫生人力资源状况（数量、结构等情况）。

### （三）社区卫生服务状况

社区卫生服务状况主要包括每一年的门诊量、患者就诊原因分类、常见健康问题的种类及构成、门诊服务内容分类；家访人次、家访原因、家访问题分类及处理情况；转诊人次、转诊率、转诊原因、转诊问题分类及处理情况；住院率、患病种类及构成、住院时间等。

### （四）社区居民健康状况

社区居民健康状况资料主要包括：

（1）社区疾病谱与死因谱。

（2）居民健康问题分类及性别、年龄、职业、文化、家庭等层次分布情况。

（3）社区居民就医方式、医疗费用及支付方式、就医满意度等。

（4）社区流行病、传染病的流行与监控情况。

（5）社区健康危险因素的变化情况等。

## 第三节　社区健康档案的管理

为了使社区健康档案完整地反映个体、家庭和社区的健康状况，建立健全的社区健康档案相关制度就显得十分重要。近年来国家制定了《城乡居民健康档案管理服务规范》，印发了《卫生部关于规范城乡居民健康档案管理的指导意见》，对确定建档的对象及居民健康档案管理流程做出了明确规定，对健康档案的建立、使用、管理各环节提出了具体的要求（图4－1、图4－2）。

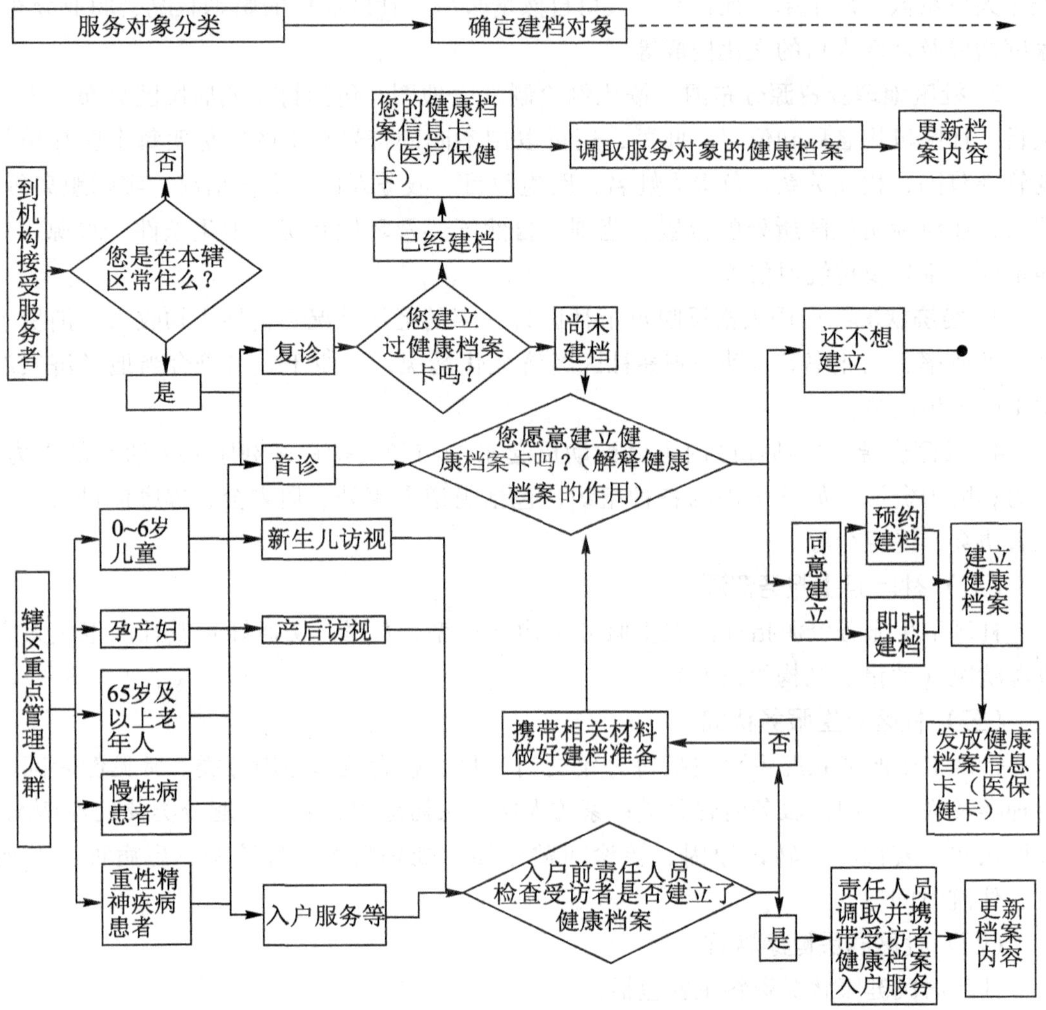


**图4－1　确定建档对象流程**

> **知识链接**
>
> **国家基本公共卫生服务规范（2015版）**
>
> 实施国家基本公共卫生服务项目是促进基本公共卫生服务逐步均等化的重要内容，也是我国公共卫生制度建设的重要组成部分。国家基本公共卫生服务项目自2009年启动以来，在城乡基层医疗卫生机构得到了普遍开展，取得了一定的成效。2011年，人均基本公共卫生服务经费补助标准由每年15元提高至25元。

为进一步规范国家基本公共卫生服务项目管理，卫计委在《国家基本公共卫生服务规范（2011 年版）》基础上，组织专家对服务规范内容进行了修订和完善，形成了《国家基本公共卫生服务规范（2015 年版）》（以下简称《规范》）。《规范》包括 11 项内容，即城乡居民健康档案管理、健康教育、预防接种、0～6 岁儿童健康管理、孕产妇健康管理、老年人健康管理、高血压患者健康管理、2 型糖尿病患者健康管理、重性精神疾病患者管理、传染病及突发公共卫生事件报告和处理以及卫生监督协管服务规范。在各项服务规范中，分别对国家基本公共卫生服务项目的服务对象、内容、流程、要求、考核指标及服务记录表等做出了规定。《规范》中针对个体服务的相关服务记录表应纳入居民健康档案统一管理，考核指标标准由各地根据本地实际情况自行确定。

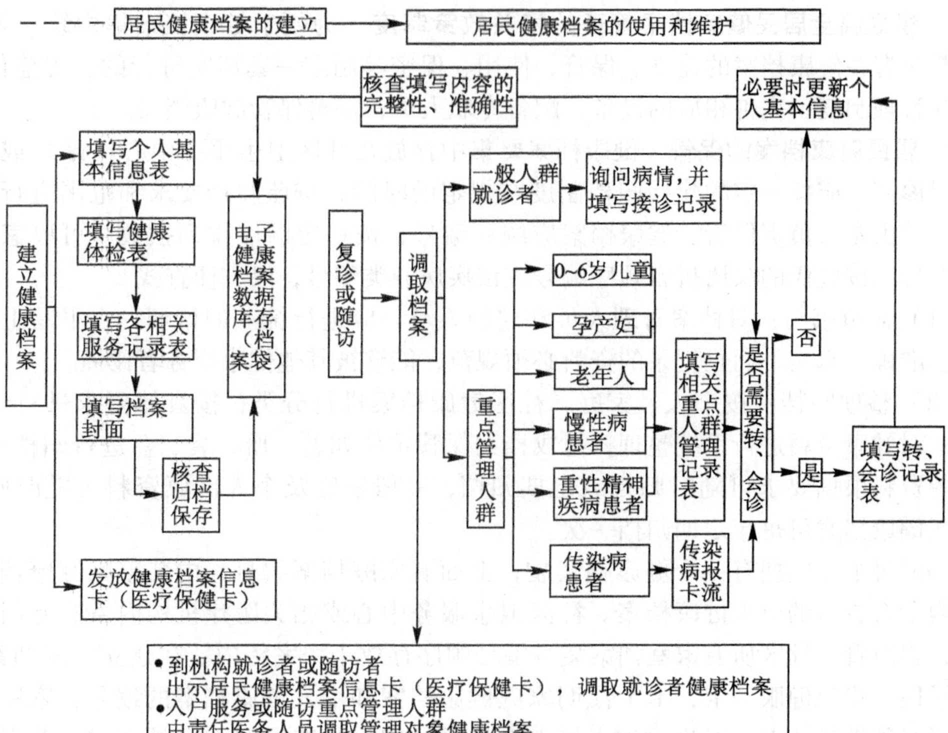


图 4－2　居民健康档案管理流程

## 一、健康档案的建立

（1）辖区居民到乡镇卫生院、村卫生室、社区卫生服务中心（站）接受服务时，由医务人员负责为其建立居民健康档案，并根据其主要健康问题和服务提供情况填写相应记录。同时为服务对象填写并发放居民健康档案信息卡。

（2）通过入户服务（调查）、疾病筛查、健康体检等多种方式，由乡镇卫生院、村卫生室、社区卫生服务中心（站）组织医务人员为居民建立健康档案，并根据其主要健康问题和服务提供情况填写相应记录。

（3）已建立居民电子健康档案信息系统的地区应由乡镇卫生院、村卫生室、社区卫生服务中心（站）通过上述方式为个人建立居民电子健康档案，并发放国家统一标准的医疗保健卡。

将医疗卫生服务过程中填写的健康档案相关记录表单，装入居民健康档案袋统一存放。农村地区可以家庭为单位集中存放保管。居民电子健康档案的数据存放在电子健康档案数据中心。

## 二、健康档案的管理

社区居民健康档案记载了社区居民个人及其家庭、社区人群健康的所有资料，应集中存放、专人负责，以便于居民每次就诊时调档、就诊、登记、归档。

**1. 建立健全居民健康档案管理的相关政策制度** 为便于健康档案集中统一管理，有必要对有关健康档案的建立、保管、使用、保密等制定一套切实可行的、规范化的、科学的管理制度，完善相应的设备，配备专职人员，妥善保管健康档案。

**2. 居民健康档案的保管** 健康档案要集中存放在社区卫生服务中心（站）或全科医疗门诊部。应按一定的建档归档制度在规定的时间、按照归档要求和范围进行归档保存，并由专人负责保管。健康档案应统一编号，按一定顺序排列摆放。可以家庭为单位编号、按姓氏的汉语拼音顺序编号或按疾病分类编号，以方便查找。

（1）规范书写：对档案管理人员和建档人员，应进行统一的培训，在书写上要求适当、准确、真实，而且记录的资料必须规范，能够被其他健康服务者读懂。

（2）整理归档：按个人、家庭、社区健康档案进行分类，按具体要求进行编目、编号。对健康资料进行系统整理，组成档案保管单位如卷、册、袋、盒进行归档管理，后续的资料根据要求可随时归档或定期归档，一般家庭及个人健康资料可随时归档，而社区健康档案可每年定期归档一次。

一般每个家庭拥有一个健康档案袋，上面有家庭档案编号，内装家庭健康档案及家庭内所有成员的个人健康档案。社区卫生服务中心或相关医疗机构内备有专门的档案柜，将所管辖社区所有家庭档案袋按编号顺序存放于档案柜内。在建立家庭档案时，发给居民一张保健服务卡，卡上注明家庭健康档案和个人健康档案的编号，家庭成员就诊时必须携带此卡，医生或护士按卡上提供的编号就能顺利找到档案袋，获得相关资料。

（3）定期总结：健康档案资料记录逐渐积累增多，因此有必要对健康档案中一些内容定期地总结和整理，如转诊、住院、手术、首次诊断的慢性病、意外事故、孩子出生、重要生活事件（丧偶、离婚等）、重要家庭医疗史等情况应适时进行总结，对档案内容进行补充和修正。社区健康档案一般每年更新或添补一次，重要的指标要绘制成图，并有每年的动态比较。

（4）避免损坏：保存的环境温度在14～18 ℃、湿度在50%～65%为宜；应配有防潮、防尘、防虫、防鼠设备；防水、防火；避免阳光直射。档案使用时避免损坏。

（5）保护隐私：健康档案所记录的内容可能会涉及个人或家庭的隐私，因此要特别强调健康档案管理的可靠性、保密性。查阅、摘抄和复印健康档案必须经过档案管理人员及相关人员的具体审批。对于个人健康档案，一般规定不允许其照顾者以外的人员阅读或拿取，在转诊患者时可在转诊单上书写相关健康信息，必要时，才把原始健康档案上的资料转给上一级医生，一般情况下，健康档案不外借。在实行计算机管理健康档案时，尤其要注意对隐私的保护。

3. **逐步实现健康档案的信息化** 健全社区健康档案并通过信息化手段，可实现不同医疗机构信息资源共享，促进公立医院与基层医疗卫生服务机构的双向转诊和分工协作，提高卫生服务效率，改善服务质量，节约医药费用，减少医护患矛盾等，最大程度地发挥健康档案的作用。

4. **加强督导考核力度** 各级卫生行政管理部门，在考核的过程中，依据服务对象分类，查建档情况：①查到机构接受服务者是否建档，是否更新档案内容；②辖区重点管理人群，如儿童、孕产妇、老年人、慢性病患者、重性精神疾病患者是否建档，是否及时更新。

## 三、健康档案管理过程中存在的问题

我国社区护理工作还有待进一步建立、健全和完善。同样，健康档案管理工作中存在许多问题，主要有以下几个方面。

1. **居民尚缺乏建立健康档案的意识** 在实际工作中，居民对建立健康档案的作用缺乏正确的认识，被动参与健康档案的建立工作。健康档案建立后，尚未建立健康档案为健康保健服务的意识；或利用健康档案的意识，对健康档案的建立和管理缺乏最基本的支持。

2. **社区卫生服务的地位有待提高** 由于社区全科医生的医疗水平没有得到居民的认可，相关的转诊制度没有建立，导致居民与社区医护人员的关系较为疏远，相关的健康资料就较难获得，影响了健康档案的建立、补充和完善。

3. **“死档”问题有待解决** 当前社区卫生服务为完成相关的工作任务，花费大量的人力、物力和时间，为社区个人及家庭建立健康档案；而档案在建立后，由于各方面的原因，却成为无人问津的“死档”，更谈不上为社区健康服务。如何使档案“活”起来，让其在社区居民健康服务中起到应有的作用，还需要政府部门、卫生服务系统及居民的共同努力。

4. **规范化的管理体系有待建立** 为便于相互的交流和总结，标准化的健康档案管理体系有待建立，有关管理人员需要培训，对隐私保护、资料的安全性保护等问题亟须规范管理，相关的法律保障亦有待建立。

### 重点知识

1. 社区居民健康档案：是记录与社区居民健康有关信息的系统性文件，是社区卫生保健服务中有效的健康信息的集合。社区居民健康档案是居民享有均等化公共卫生服务的体系，是医疗卫生机构为居民提供高质量医疗卫生服务的有效工具，是各级政府及卫生行政部门制定卫生政策的重要参考依据。

2. 健康档案的类型：根据档案主体分类，可分为个人健康档案、家庭健康档案和社区居民健康档案3种类型；根据记录材质分类，分为纸质健康档案和电子健康档案。

3. 个人健康档案的内容：个人健康档案包括以问题为导向的健康记录和以预防为导向的健康记录。个人健康档案由个人健康档案封面、个人健康资料、周期性健康体检记录卡、病情流程表、保健卡组成。

4. 家庭健康档案的内容：包括家庭的基本资料、家系图、家庭生活周期、家庭卫生保健、家庭主要问题目录及问题描述、家庭各成员的健康档案（其形式与内容见个人健康档案），是社区全科医生、护士实施以家庭为单位保健的重要参考资料。

5. 社区居民健康档案的内容：社区居民健康档案是记录社区健康问题、评估社区特征及健康需求的系统性资料。完整的社区居民健康档案包括社区基本资料、社区卫生服务资源、社区卫生服务状况及社区居民健康4个部分。

6. 健康档案的管理：建立健全居民健康档案管理的相关政策制度、规范书写、整理归档、定期总结、避免损坏、保护隐私，逐步实现健康档案的信息化、加强督导考核力度。

## 课后练习

**一、思考题**

1. 社区居民健康档案　　2. 健康档案的类型　　3. 健康档案的资料收集

**二、简答题**

1. 简述建立社区健康档案的方法。
2. 简述建立健康档案注意事项和管理中存在的问题。
3. 简述个人健康档案、家庭健康档案、社区居民健康档案的主要内容。

（汤丽萍）

# 第五章　社区人群的健康问题与护理

**教学目标**

1. 掌握不同阶段常见心理健康问题、重性精神疾病患者的社区护理与管理、酒精依赖和烟草依赖的社区护理与管理，食品污染、食品安全、食物中毒、合理营养的基本概念，社区营养性疾病的护理与管理。

2. 熟悉心理健康的判断标准、心理健康三级预防、物质滥用的种类及诊断标准、青少年物质滥用的社区护理与管理。

3. 了解心理健康问题的影响及分级、物质滥用的危害、我国居民营养状况的流行病学特点。

**案例导入**

**案例：** 某幼儿园十余名幼童在午饭后出现腹泻，经送往医院紧急救治后发现是饮食不洁导致的，接下来2 d，又有该幼儿园40名小朋友陆续出现轻度腹泻。

1. 请判断该幼儿园可能发生了什么情况。

2. 社区卫生服务中心应进行怎样的处理？

随着社会发展，健康需求的内容不断丰富，心理健康服务的需求大幅度增加，物质滥用变得常见。作为社区护理人员，应不断提高社区人群健康护理技能。

## 第一节　心理健康问题与社区护理

随着人们健康观的不断发展，心理健康作为健康的重要维度越来越受到社会的关注。心理健康是一种健康的、持续的心理状态，表现为人的意识、情感、行为以及人格完整和协调，能很好地适应社会。目前我国用于判断心理健康的标准包括：①有良好的适应能力；②有一定的耐受力；③有良好的控制力；④有良好的意识水平；⑤有良好的社会交际能力；⑥有良好的心理康复能力；⑦有积极的人生态度、道德观、价值观和良好的行为规范。

**知识链接**

美国心理学家马斯洛（Maslow）和密特尔曼（Mittelman）提出判断心理健康的10条标准：①是否有充分的安全感；②是否对自己有较充分的了解，并能恰当地评价自己的能力；③自己的生活理想和目标能否切合实际；④能否与周围环境保持良好的接触；⑤能否保持自身人格的完整与和谐；⑥是否具备从经验中学习的能力；⑦能否保持适当和良好的人际关系；⑧能否适度地表达和控制自己的情绪；⑨能否在集体允许的前提下，有限度地发挥自己的个性；⑩能否在社会规范的范围内，适度地满足个人的基本需要。

## 一、心理健康问题的影响及分级

心理健康问题直接影响到人们的正常生活，严重时可导致无法与社会相适应。按其影响的严重程度，通常将心理健康问题分为5个等级，前两级属于一般心理健康问题，后三级属于严重心理健康问题。

### （一）一级：心理问题

表现：自己感觉与众不同，或与以往不同，可正常生活，对自己的变化有一定的疑惑，但主观上无痛苦的感觉，即属于正常人遇到了心理问题。

解决方法：可以通过各种途径来处理，比如与父母或好友进行沟通，通过书籍或者网络上的心理知识来解惑等，基本就能消除心理问题。

### （二）二级：心理困惑

表现：主观上感到苦恼，虽能忍受，但无法消除不适感，导致情绪受到影响，表现为压抑或者持续紧张，进而在一定程度上影响正常生活和学习工作。

解决方法：应对这种情况，与长者或过来人交流获取经验性的指导有一定的效果。但如果能够接受专业的心理咨询和心理辅导，效果会更佳。

### （三）三级：心理障碍

表现：主观上有明显的不适感或痛苦感，能通过努力暂时克服消极影响，常常伴有自动回避或退缩行为，给正常的生活和学习工作带来很大的影响。

解决方法：遇到这种情况，必须接受正规的心理咨询和相关的治疗。

### （四）四级：心理疾病

表现：主观上有明显的不适感或痛苦感且无法控制不适症状，面对相同的刺激表现出异于常人的反应，比如易激惹或与之相反的表情淡漠，可伴有自动的思维、行为等病态反应，很大程度上影响了正常生活和学习工作，但本人有治疗意愿或求助行为。

解决方法：必须尽早求助于专业心理咨询，接受专业的心理测验和诊断。除了接受心理治疗外，必要时需辅助药物治疗。

### （五）五级：精神疾病

表现：不能进行正常的生活和学习工作，主观感受非常痛苦，表现为感觉、知觉、记忆、思维、行为明显异于常人，常伴有幻觉、妄想或失控情绪及行为，且本人没有治疗意愿。

解决方法：需进入精神病医院或医院精神科进行系统的住院治疗，以药物治疗为主。出院后，仍需要坚持服用药物，并接受固定的心理咨询。

**知识链接**

如何区分一般心理健康问题与严重心理健康问题

| | 一般心理健康问题 | 严重心理健康问题 |
|---|---|---|
| 情绪反应 | 各种因素引起的不良情绪反应，有一定的现实意义并有道德色彩 | 较强的现实刺激引起心理障碍，主观上感觉痛苦 |
| 不良情绪持续时间 | 不良情绪体验连续持续1个月或间断地持续2个月 | 不良情绪体验持续超过2个月，不能自行消除 |
| 行为控制 | 主观上能控制行为，可维持正常生活、社会交往，但效率下降 | 主观上较难控制自己的行为或表现为异于常人的行为，对正常生活产生很大的影响或无法正常生活 |

## 二、心理健康问题的流行病学特点

据世界卫生组织报道，目前全世界每年意图自杀的人达1 000万以上；导致功能障碍的前10位疾病中，5个归属于精神障碍疾病；由此可见，精神疾病负担在医疗负担占据了不小的比例。到2020年，就中国而言，估计神经精神疾病负担将占疾病总负担的1/4。目前我国有将近2亿人需要接受专业的心理咨询或治疗，而有各种精神障碍或心理障碍患者达1 600多万，在1.5亿青少年人群中，存在心理健康问题的达3 000万。心理健康问题可发生于不同年龄阶段，呈现出不同的表现形式，下面我们将分别阐述不同年龄阶段常见的心理健康问题。

### （一）儿童常见心理健康问题

儿童阶段是生理和心理快速发展的重要阶段，也是心理健康问题的多发阶段。据报道，在中国儿童中，约10%或以上的儿童存在不同程度的心理健康问题；而在某些特殊儿童群体中，存在心理健康问题的比例更高，有的甚至达到70%左右，比如留守儿童。儿童期的心理健康问题主要表现在以下4个方面。

**1. 与学习相关的方面**

（1）注意缺陷多动障碍：又称“儿童多动症”，主要表现为活动过度、注意缺陷，伴有学习成绩下降及攻击性行为。患病率占学龄儿童总数的3%～5%，男孩多于女孩。干预主要依靠家庭、学校和专业机构的合作，重点是提供行为指导。

（2）学习困难：表现为特殊性学习技能获得困难，如阅读、书写、拼字、表达、计算能力等。患儿智力正常，亦不存在视听障碍，其检出率为3%～8%，男孩多于女孩。对于学习困难的患儿，应尽可能通过家长和老师的双重配合，避免因要求过严而导致患儿受挫的恶性循环，宜采用教育性治疗、心理辅导、游戏性行为治疗等相结合的综合治疗方法。

2. **情绪方面** 情绪问题易演变为行为异常，其产生原因主要有学习压力过大、父母期望过高、消极的个性特征等。

（1）焦虑：常见于低年级儿童，女孩略高于男孩，发生率为2%～9%。此类儿童敏感而多虑、缺乏自信，对环境适应能力差，严重时会出现生理上的症状，如睡眠质量差、食欲减退、心慌、尿频等症状。家长和老师应有耐心，改善教育方式，积极消除引发焦虑的刺激因素，必要时配合心理治疗。

（2）强迫行为：主要表现为强迫计数、强迫洗涤、强迫性仪式动作等，3～7岁的儿童较常见，但多属一过性，并非病态强迫症，随年龄增长会逐渐消失。家长和老师在引起重视的同时，不要过分强调，需要正确地引导和鼓励，必要时进行心理咨询和治疗。

3. **品行问题** 表现为经常性说谎、逃学、偷窃或者攻击、破坏等系列性行为。发生率为4%～14%，男孩明显多于女孩。除儿童本身心理发展的因素外，家庭暴力、教育方式不当、过分专制与忽视等家庭因素也是导致品行问题发生的关键原因。对于此类患儿的干预主要为家庭干预，配合学校教育，引导建立良好的亲子互动，改善家庭氛围，以帮助问题儿童改变不良品行。

4. **顽固性不良习惯**

（1）吮吸手指及咬指甲：婴幼儿期的吮指现象大多会在学龄期消失，少数儿童会保留吸吮习惯，并逐步形成咬指甲或咬铅笔等习惯。其中咬指甲更常见，多见于4～6岁的儿童，常发生在紧张的时候。家长要尽量减轻其压力，不要刻意提醒或专注其动作，更不要训斥，采用分散注意力的方法自然减少症状。

（2）习惯性抽动：主要表现为某部位或多部位的不自主、反复、快速地收缩动作，伴随注意力不集中、强迫性动作等行为障碍，可分为运动性抽动和发声性抽动。多见于5～12岁儿童，常见于男孩。运动性抽动可表现为眨眼、挤眉、咬唇、努嘴、张口、摇头、耸肩等；发声抽动如清嗓、咳嗽等。抽动的频率会随紧张程度加快，应教会患儿适当放松的技巧，同时配合相应的心理行为治疗。

### （二）青少年常见心理健康问题

随着青春期的到来以及年龄的增长，青少年进入了生理和心理快速发展的阶段，当青少年的内在心理发展与外在环境不均衡时，极易产生心理健康问题。目前心理健康问题的高发生率已成为危害我国青少年健康水平的重要原因。基于我国9个省市的青少年心理健康状况调查报告显示，约有12%的青少年心理健康状况不良，其中城市青少年约为12.63%、农村青少年约为11.90%。青少年心理健康问题主要表现在三大方面：学习类、人际关系类以及青春期性心理类。

1. **学习类问题** 青少年学习类心理问题中最主要的是考试焦虑。据研究表明，70%左右的青少年都存在着考试焦虑情绪，只是严重程度不同。考试焦虑可表现为一系列的躯体症状，如头痛、头晕、睡眠质量差、食欲减退等，严重的表现为坐立不安、心神不定。此类青少年易形成胆怯、紧张、不安的个性心理特征。

2. **人际关系类问题**　青少年的人际关系包括亲子关系、师生关系及同学关系三大方面。①亲子关系紧张是目前青少年人际关系问题中表现最为突出的心理问题，大多数父母对于孩子的期望值过高，给予孩子过大的压力，而忽视了与孩子的心理交流，长此以往导致亲子沟通障碍；部分青少年会产生压抑及抑郁的情绪，也有部分表现为叛逆心理。②师生关系不协调最大的症结在于老师对学生的不信任以及认知偏差，导致学生产生对抗或压抑的心理。③亲子关系及师生关系的不协调往往会导致青少年在同龄人中产生自卑感以及不被接纳感，因而不合群。

3. **青春期性心理类问题**　随着生活水平的提高，青春期逐渐提前，目前大部分女孩10岁、男孩12～13岁就进入了青春期。在这个阶段，青少年对性成熟的生理变化十分好奇，但是在中国无论是学校的性教育还是家庭的性教育都相当滞后以及保守，导致青少年产生压抑感及羞耻感。

### （三）孕产妇常见心理健康问题

妊娠及分娩是女性一生中最特殊的时期。目前国内部分妇女只有一次的生育体验，各种因素导致妇女在妊娠期和分娩期会产生一系列的心理变化，甚至会出现心理健康问题。因而临床上采取各种干预方式来减少妊娠及分娩过程中心理健康问题的发生，如助产门诊来系统监测孕期的生理及心理变化；孕妇学校的学习教会孕产妇减轻分娩疼痛的技巧及体验生产或照顾宝宝的过程；导乐陪伴分娩的方式，则主要用于减轻临床产妇的紧张情绪。

1. **妊娠期心理健康问题**　有研究表明，焦虑和抑郁是妊娠期最主要的两种心理健康问题，其中焦虑情绪发生率约为63.8%，抑郁发生率为48.8%。①孕早期：生理性变化会导致孕妇体内的肾上腺皮质激素分泌增加，从而产生紧张心理。部分孕妇会有无法控制、容易悲伤的情绪；还有部分孕妇会过分担心胎儿的健康，而产生焦虑或抑郁情绪。②孕中期：这个阶段孕妇对于怀孕的生理变化已经基本适应，是孕妇心理状态比较稳定的阶段。③孕晚期：孕妇的生理负担逐渐加大，容易疲劳，部分孕妇会开始担心孩子是否正常分娩，从而产生焦虑或抑郁情绪。

2. **分娩期心理健康问题**　这个时期由于分娩的疼痛、临产后与家人的分离以及缺乏分娩体验等各方面因素导致产妇紧张、焦虑，部分产妇甚至出现心因性难产，又称情绪性难产。这部分产妇的产力、胎位、产道都正常，胎儿也不大，纯粹由于心理因素导致难产。

3. **产褥期及哺乳期心理健康问题**　产后抑郁是这个阶段最主要的心理健康问题，其发病率在15%～30%，多见于初产妇；再次妊娠的复发率可达20%～30%。分娩之后，由于性激素以及社会角色的变化会导致产妇产生抑郁情绪，一般发生在产后6周内，大部分可在3～6个月恢复，但部分严重患者的也可持续1～2年。

### （四）中年人常见心理健康问题

中年人是社会负担及心理压力最大的群体，面临着事业、家庭、人际以及健康保健等人生中的重大课题，因而心理压力及负荷都较大，容易产生各种心理冲突及困惑，如没有得到及时的干预便会导致各种心理健康问题或者各类身心疾病，如高血压、月经失调、神经衰弱等。因而中年人要学会自我放松，凡事量力而行。

### （五）老年人常见心理健康问题

随着年龄的增长以及生理性衰老的发生，老年人的各项生理功能都发生了退行性变化，再加上社会角色的改变以及家庭结构的变化，老年人对新的生活方式适应不良，很容易导致心理健康问题的发生。目前在进行老年人健康评估的时候，心理健康更容易受到研究者们的关注。老年期的常见心理健康问题如下。

1. **离退休综合征** 老年人在离退休后，社会角色发生了变化，不再是家庭或单位的主力，同时生活环境和生活方式以及人际交往的圈子发生了较大的变化，大部分老人会出现焦虑、抑郁、悲哀等消极情绪，严重者可产生行为异常。因而老年人应及早规划离退休后的生活，培养兴趣爱好，积极参与各种社区活动，丰富自己的离退休生活。

2. **疑病症** 进入老年期，由于生理性衰老导致老年人的体质下降，容易出现不适的躯体症状，而此阶段人们会更加关注自己的健康水平，进而对不适症状会更加敏感，出现夸大的现象，从而产生疑病心理。一般多见于老年女性。

3. **老年抑郁** 发生在老年期的抑郁症称为老年抑郁症，以持久的抑郁心境为主要临床症状。据世界卫生组织统计，老年抑郁症的发生率为7% ~10%；在患有躯体疾病的老年群体中，其发生率可高达50%。

## 三、心理健康问题的社区护理与管理

心理健康，亦可称精神健康（mental health），在社区卫生服务中归属于社区精神卫生服务的范畴。社区精神卫生从广义上讲是以社区全体居民为对象，对心理健康或者存在心理健康问题的人群有针对性地进行预防、治疗以及康复的阶梯式服务；从狭义上讲是以社区精神病患者为对象进行管理。我国目前处于社区卫生服务的初级阶段，精神卫生服务侧重于狭义的层面。

对于一般心理健康问题，采取结合重点人群的社区护理模式进行预防保健，比如儿童保健、妇女保健以及老年人群的保健；而对于严重心理健康问题则纳入精神卫生的服务范畴。这里主要介绍心理健康社区护理与管理的三级预防策略和重性精神病患者的社区护理与管理，即狭义的社区精神卫生服务。

### （一）心理健康的三级预防

三级预防观是社区护理的基本理念之一，其内涵在于社区护理人员运用专业知识对疾病的不同发生发展阶段进行不同的预防策略及措施，重点强调以预防为中心。

1. **一级预防** 心理健康的一级预防是最基本的预防，对象是社区人群中心理健康的群体，给予基础的心理健康知识，结合不同群体的特点进行心理健康预防。社区卫生服务中心可以和相应的机构配合进行特殊人群的心理健康知识的普及，如儿童期的心理健康，一级预防除纳入社区儿童保健的内容外，社区卫生服务中心可以和区域内的学校合作开展相应的健康教育项目，促进学龄期儿童的心理健康。

2. **二级预防** 心理健康的二级预防主要是早发现、早诊断以及早治疗。主要是运用普查和筛查的方法，尽早发现存在心理健康问题的群体，尽早进行干预。对象是社区中存在心理健康问题的群体，给予足够的心理健康的知识，提供一定的干预（如专业的心理咨询），同样可以结合相应的机构进行预防保健。比如对于有抑郁倾向的产妇，可以和区域内的妇幼保健院配合进行产褥期及哺乳期的心理护理与支持，来防止产后抑郁的发生。

3. **三级预防**　心理健康的三级预防主要是进行精神康复。对象是社区居民中确诊的精神疾病的患者，尤其是重性精神疾病患者的管理。

### （二）重性精神疾病的社区护理与管理

重型精神病主要包括精神分裂症、分裂情感性障碍、偏执性精神病、双相障碍、癫痫所致精神障碍等疾病。根据卫生部2012年版《重性精神疾病管理治疗工作规范》上规定，我国社区精神卫生服务对重性精神疾病的服务内容包括以下四大方面。

1. **建立精神疾病档案**　社区卫生服务中心首先要对辖区内确诊的重性精神疾病患者建立单独的健康档案，除了一般的居民健康档案外，需填写重性精神疾病患者的个人信息补充表，包括患者个人的信息、监护人的姓名、监护人电话、疾病确诊时间、既往主要症状及治疗情况、最近一次的治疗情况等。

2. **定期随访评估**　卫生部2012年版的《重性精神疾病管理治疗工作规范》指出，对于纳入管理的重性精神疾病的患者，社区卫生服务中心每年至少随访4次。随访主要是进行疾病的治疗、用药及家庭护理的指导，防止复发，并及时发现加重或复发的征兆，给予紧急处理。随访的内容包括：①对患者进行危险性评估；②检查患者目前的精神状况；③询问患者躯体疾病、社会功能、服药情况等；④患者出现暴力、自杀或自伤等危险行为的危机处理等情况。

**知识链接**

**精神疾病患者的危险性分级（2012年版的《重性精神疾病管理治疗工作规范》）**

应对所有的患者进行危险性评估，共分为6级：

0级：无符合以下1～5级的任何行为。

1级：口头威胁、喊叫，但没有打砸行为。

2级：打砸行为，局限在家里，针对财物。能被劝说制止。

3级：明显打砸行为，不分场合，针对财物。不能被劝说制止。

4级：持续的打砸行为，不分场合，针对财物或人，不能接受劝说停止，包括自伤、自杀。

5级：持械针对人的任何暴力行为，或者纵火、爆炸等行为。无论在家里还是公共场合。

3. **分类干预**　根据患者的危险性分级，精神症状、自制力、社会功能等情况，对精神疾病患者进行分类干预。①病情稳定者：危险性分级为0级，精神症状消失，且自制力基本恢复，社会功能较好，维持现有的治疗方案，3个月后进行随访。②病情基本稳定者：危险性分级为1～2级，或精神症状、自制力及社会功能中某一项较差，建议进行现有治疗方案的调整，必须在精神专科医生的指导下进行，调整后观察4周，若有好转可继续维持该方案，3个月后随访；若调整后效果不佳，建议转诊上级医院，并于2周后随访。③病情不稳定者：危险性分级为3～5级，或精神症状明显、缺乏自制力，建议立即转诊到上级医院。必要时在当地公安部门备案，2周后随访。

4. **健康体检** 在病情允许的前提下，经患者及其监护人同意，社区卫生服务中心应每年提供1次健康检查，可以在随访时进行。

## 第二节 物质滥用与社区护理

物质滥用应符合以下3个条件：①长期或过量使用某些物质（含有精神活性物质），个体无法自行减量与停止，产生了物质依赖；②对个体的社会及职业功能产生伤害，且症状持续1个月以上；③若减量或停止则发生戒断反应。

精神活性物质，即成瘾药物，是指能够影响个体情绪、行为及意识的，让人产生依赖的化学物质。

物质依赖是指一组认知、行为和生理症状群，可导致耐受性增强、戒断症状和强制性觅药行为，可分为躯体依赖和心理依赖。躯体依赖，也称生理依赖，某种物质使躯体产生了适应性改变，导致耐受性增强，停用该物质时会出现戒断症状。心理依赖是指人体对某种物质在精神上依赖，对该物质产生强烈渴求的欲望，出现强制性觅药行为。

戒断症状是指停止用药、减少剂量或者使用拮抗剂后出现的特征性心理及生理症状群，如兴奋、失眠、流泪、流涕、出汗、震颤、呕吐、腹泻，甚至虚脱、意识丧失等。

### 一、物质滥用的种类

根据精神活性物质的种类，可将物质依赖分为三大类：酒精依赖、尼古丁依赖（烟草）和药物滥用。

#### （一）酒精依赖

酒精是世界上最为广泛使用的成瘾性物质。饮酒是当今社会普遍存在的生活习惯和社会风俗。长期过量饮酒，又称酗酒，可造成酒精依赖。世界卫生组织编著的《国际疾病分类》（KICD－10）定义了酒精依赖的标准（WHO，1992）。

在过去一年的任何时段若出现以下3项或更多症状，可诊断为酒精依赖。

（1）有强烈的饮酒欲望或冲动。

（2）难以控制饮酒以及饮用量。

（3）停止或减少酒精使用时，出现如下生理戒断现象：酒精阶段综合征；使用酒精或类似物质以缓解或避免戒断综合征。

（4）出现耐受性，如需增加酒精使用量以获得原使用量达到的效果。

（5）因饮酒而逐渐忽视其他乐趣，花费更多的时间用于饮用酒精或酒后活动。

（6）虽然知道酒精会带来明显的伤害，但仍继续饮酒，如过度饮酒导致肝脏损伤，长期过量饮酒导致抑郁心境，与酒精相关的认知功能损伤。

**知识链接**

**美国精神病协会定义酒精滥用的标准（DSM-Ⅳ，2002）**

在12个月内出现以下任一项（或更多）症状，引发有临床意义的损害或痛苦的有害酒精使用：

（1）反复饮酒致使其无法正常工作、就学或履行家庭功能（如与酒精使用反复相关的缺勤、逃学，忽视孩子或家庭等）。

（2）反复在危及生命的情况下饮酒（如酒后开车）。

（3）反复出现与酒精有关的违法行为（如因酗酒滋事而被捕）。

（4）在持续出现因酒精引起家庭、社会或人际关系问题时，仍继续饮酒（如与配偶因醉酒问题争吵）。

### （二）烟草依赖（尼古丁依赖）

烟草也是全球使用最为广泛的成瘾物质之一。烟草作为礼品以及敬烟作为社交手段为广大中国人民群众所接受，因而烟草的使用普遍存在于日常生活中。长期大量地吸烟会导致烟草依赖。尼古丁是烟草成分中导致个体成瘾的精神活性物质，因而烟草依赖又称为尼古丁依赖。

根据美国精神病学协会的诊断标准（DSM－Ⅳ，2002），尼古丁依赖为在过去一年内出现过下述6条调症状中的至少3条。

（1）对吸烟的强烈渴望。

（2）对开始吸烟、停止吸烟以及吸烟量不能控制。

（3）当停止吸烟或减少烟量时出现生理戒断状态。

（4）耐受的依据，如需使用较大剂量的烟草才能获得以前较小剂量的效应。

（5）因吸烟忽视其他的快乐或兴趣。

（6）持续吸烟，不顾其明显的危害性。

目前临床领域以及研究领域通常使用尼古丁依赖量表来评定吸烟者是否为尼古丁依赖（表5－1）。

**表5－1　尼古丁依赖量表**

| 标准 | 分值 | 得分 |
|---|---|---|
| 1. 你早晨醒来后多长时间吸第一支烟？ | ≤5 min | 3 |
| | 6～30 min | 2 |
| | 31～60 min | 1 |
| | >60 min | 0 |

续表

| 标准 | 分值 | 得分 |
|---|---|---|
| 2. 你是否在禁烟场所很难控制吸烟的需求？ | 是 | 1 |
| | 否 | 0 |
| 3. 你认为哪一支烟你最不愿意放弃？ | 早晨第一支 | 1 |
| | 其他 | 0 |
| 4. 你每天吸多少支烟？ | ≤10 | 0 |
| | 11～20 | 1 |
| | 21～30 | 2 |
| | ≥31 | 3 |
| 5. 你早晨醒来后第1个小时是否比其他时间吸烟多？ | 是 | 1 |
| | 否 | 0 |
| 6. 你患病卧床时是否依旧吸烟？ | 是 | 1 |
| | 否 | 0 |

评分1～3分：尼古丁轻度依赖。建议使用戒烟辅导，靠毅力戒烟。

评分大于4分：尼古丁中重度依赖。建议使用戒烟辅助药。

#### （三）药物滥用

药物滥用是一种使用不良方式，在没有医嘱的情况下使用合法或者不合法的成瘾药物，或者比医嘱更大剂量、更频繁地使用药物，且导致了明显的不良反应，如损害了躯体及社会功能。

美国精神病学协会的诊断标准（DSM－Ⅳ，2002）将药物滥用定义为适应不良地应用某种药物并出现明显的痛苦或功能缺损，在过去12个月内至少具备以下1项。

（1）反复用药导致无法完成工作、学习或家庭主要职责。

（2）在危及躯体健康的情况下反复用药。

（3）反复出现药物相关的法律问题（如吸毒被捕）。

（4）尽管使用该药物导致了持续或反复的人际问题，仍然继续使用。

### 二、物质滥用的危害

物质滥用会导致个体对某种物质成瘾，从而引发生理、心理以及社会功能上的一系列损害。

#### （一）生理上的危害

除躯体依赖的两种表现（耐受性增加和戒断症状）外，物质滥用还会带来以下3方面的危害。①急性中毒：当一次性摄入大量的成瘾性物质时，最大的危害就是急性中毒，甚至是死亡。如一次性大量饮酒，可导致急性酒精中毒，引起上消化道出血、胃穿孔、胰腺炎等。②慢性中毒：长期使用某种成瘾性物质可导致机体呈现慢性中毒的状态，导致神经、免疫、循环以及泌尿等多个系统损害，尤其是神经系统的损害。慢性酒精中毒损伤周围神经的时候可表现为手套、袜套式的感觉功能障碍。③躯体的并发症：长期慢性地使用成瘾物质还可导致一系列的并发症，如感染性疾病、血管损伤、肝脏损伤、不孕症等。我国艾滋病感染者中将近一半是因非法药物滥用（吸毒）导致的。

### （二）心理上的危害

物质滥用的心理危害主要表现在人格与精神障碍上。①人格障碍：药物滥用与人格障碍的共病率可达80%。研究者发现成瘾行为的持续存在会导致个体的人格发生变化，大部分药物成瘾者常有冲动、受挫后耐受性差、缺乏责任感等人格特征；部分中枢神经兴奋剂滥用者表现出固执、追求刺激、敏感多疑等人格特征。②精神障碍：物质滥用常常与精神障碍共存。大部分的成瘾者都存在着不同程度的情绪问题，轻者表现为抑郁、焦虑、无安全感等；重者可出现幻觉、妄想或明显的行为紊乱等症状。

### （三）对社会的危害

物质滥用不仅给个体的躯体及心理带来严重的损害，也给社会造成很大的公共卫生问题。在世界卫生组织公布的十大健康危险因素中，烟草和酒精分别列在第4位和第5位。物质滥用的社会危害有：①影响家庭及社会功能：如酗酒或者吸毒者可导致家庭关系紧张，也可因为酒驾或暴力行为带来危险的社会伤亡等事故。②直接导致违法犯罪：非法药物（即毒品）的使用在所有国家都是违法的，因而吸毒或者贩毒，或者吸毒后从事其他犯罪活动都直接造成了社会的不稳定，我国60%的犯罪活动和毒品有关。③带来疾病及经济负担：目前因酗酒及吸烟导致的慢性疾病发生率正在逐步上升，给国家和社会带来了严重的经济负担。

## 三、物质滥用的流行病学特点

从全球范围来看，物质滥用已成为严重的公共卫生问题。据世界卫生组织和联合国毒品与犯罪办公室报告，目前全球吸烟人数达13亿，每年因吸烟而死亡的人数高达600万；饮酒人数高达20亿，每年约4%的死亡是酗酒导致的，约有250万人的死因与酗酒有关；而使用非法药物的人数也达到了2.5亿左右。据估计，因烟草、酒精和非法药物三类物质滥用导致的死亡人数可达全球总死亡人数的12.4%，造成的疾病负担占全球疾病总负担的8.9%。

就中国而言，吸烟、饮酒以及非法药物滥用问题也日益突出。我国是烟草生产、消费的第一大国，目前有3.5亿吸烟者，每年约有100万人因为吸烟而死亡。与国外比较，我国的酒精滥用率相对较低，有研究表明酒精依赖的比例约为4%。然而我国非法药物（毒品）的滥用情况不容乐观，到2009年登记的吸毒人员达36万人，以中青年人为主。由此可见，我国的物质滥用情况也比较严峻，需要相关部门制定相应的预防控制措施。

## 四、物质滥用的社区护理与管理

由于各种因素的作用，青少年也是物质滥用的高危人群。据研究表明，如果青少年阶段没有对酒精、烟草等物质成瘾，成人阶段成瘾的概率就比较低，因而物质滥用的预防的重点人群是青少年。大量饮酒和吸烟是导致慢性非传染性疾病发生的可预防的危险因素，而慢性病的预防和控制是社区护理的主要工作范畴。因而本部分重点讲述青少年物质滥用的社区护理管理策略和酒精依赖、烟草依赖的社区护理与管理。

### （一）青少年物质滥用的社区护理与管理

**1. 青少年成瘾的危险因素** ①处于易感期：青少年人群相对而言更易去尝试成瘾物质，这是由青少年独特的行为特征决定的，如猎奇行为和同伴效应。②家庭因素：首先是父母有坏的示范作用，如抽烟、酗酒甚至吸毒，均可导致青少年的模仿；另外家庭教育的缺失、父母的忽视也可导致青少年去尝试毒品来借以叛逆引起父母的注意。③同伴的影响：同伴的影响也是青少年成瘾的重要危险因素。同伴的压力和示范作用直接促使青少年尝试成瘾物质，为了得到同伴的认同，从而尽快地融入群体中，促使青少年尝试吸烟、饮酒，甚至是对某些非法药物的体验。④学校因素：学校是青少年相对于家庭的另一个重要的社会场所。学业的失败及学校的监管缺失导致部分青少年选择过早地接触成瘾物质来寻求刺激或者是被认同感。

**2. 青少年物质滥用的预防** 青少年物质滥用应该以预防为主，针对其高危因素加强各个层面的监管。这是一项需要家庭、学校、社区以及社会共同开展的工作。

（1）政策的干预：以吸烟为例，目前国家出台的公共场所的禁烟条例就是一个非常好的示范，为青少年营造一个无烟的环境；禁止任何形式的烟草广告以及提高烟草税等都是非常有效的控烟政策。

（2）媒体的干预：在政策指引的前提下，媒体的正确导向予以配合。比如戒烟的公益广告、吸烟以及二手烟的危害的宣传等，提高青少年对烟草等成瘾性物质危险性的认知。

（3）广泛的社区干预：以社区为单位来配合国家的政策干预，比如在社区卫生服务中宣传吸烟、饮酒的危害，强化相关知识。

（4）基于学校的干预：学校的预防对于青少年来说是必不可少的，如提高青少年对酒精、烟草以及毒品的认知；加强对吸烟、吸毒等的监管；与家庭监管相结合来共同干预。

（5）基于家庭的干预：家庭的教育及监管对于青少年来说是最重要的一个环节。首先是父母的正确示范作用，如父亲不吸烟；其次是营造良好的家庭氛围，让青少年感受到来自家庭的支持；再次是加强监管，一方面自行监督青少年的行为及同伴的交往，另一方面配合学校的监管。

### （二）酒精、烟草依赖的社区护理与管理

对于酒精及烟草依赖的社区护理与管理，除了预防的工作外，重点在于为有酒精、烟草依赖的自愿戒酒、戒烟人员提供专业的辅导。酒精依赖和烟草依赖作为慢性病，其治疗也需要专业的指导，以心理行为治疗为主，配合药物治疗。下面我们以戒烟的社区服务为例进行介绍。

目前普遍地运用于临床及社区的戒烟方法是5A 戒烟咨询方法，在戒烟门诊实施，大体分为 5 个步骤，分别是询问（ask）、建议（advise）、评估（assess）、帮助（assist）以及安排随访（arrange follow-up）。

1. **询问**　这是5A戒烟咨询法的第一步，由戒烟辅导员运用询问的方式进行相关资料的收集，内容包括以下几方面。①吸烟者的一般情况：主要是身体情况，有无吸烟引发的相关疾病；家庭情况，有无其他的吸烟者，有无未成年儿童，家人对其吸烟的态度等。②就诊的动机：来戒烟门诊的原因。③吸烟的情况：烟龄、每天的吸烟量以及吸烟习惯等。④对烟草的认知：吸烟的危害、戒烟的益处以及二手烟的危害等。⑤戒烟的经历：有无戒烟的经历、成功的经验及失败的原因等。通过询问来了解吸烟者的大体情况，初步判断其戒烟的信心以及帮助寻找戒烟的动机。

2. **建议**　这是5A戒烟咨询法的第二步，也是目前建议所有的医务人员在面对吸烟的患者时需要强调的，即以坚定明确的态度敦促吸烟者戒烟。作为医务人员，首先要告知吸烟者必须要戒烟，然后根据不同的吸烟者给予个性化的指导，帮助戒烟者寻找和强化其需要戒烟的理由。以老年吸烟者为例，对于老年吸烟者戒烟的动机主要有3个方面：①与孙辈享受天伦之乐；②关注自身健康问题；③同龄人的影响。这一步要和第一步询问相结合，通过对不同吸烟者的情况进行分析，找到并强化他（她）的戒烟动机。

3. **评估**　这是5A戒烟咨询法的第三步，是戒烟辅导员对戒烟阶段、尼古丁依赖程度以及戒烟信心3方面进行评估，为接下来的干预提供依据。

（1）戒烟阶段的评估：根据行为阶段改变理论，将戒烟的过程分为6个阶段，分别是：①无戒烟准备阶段，即吸烟者没有戒烟的意愿；②想戒烟阶段，即吸烟者有考虑过戒烟，但是还处于犹豫阶段；③决定戒烟阶段，即吸烟者已经下决心戒烟，但还没有开始正式实施；④戒烟阶段，即吸烟者正式开始戒烟；⑤成功阶段，一般是指戒烟者成功戒烟6个月以上；⑥复吸阶段，即戒烟者因为种种原因又重新开始吸烟，标志着戒烟失败。

（2）尼古丁依赖程度的评估：运用尼古丁依赖量表（表5－1）对吸烟者进行评估，来判断其尼古丁依赖的程度。量表的满分为10分，得分越高表明尼古丁依赖程度越高。评分1～3分，表示尼古丁轻度依赖，建议使用戒烟咨询，以心理行为治疗为主。评分大于4分，表示尼古丁中重度依赖，建议使用戒烟辅助药物，同时配合戒烟咨询。

（3）戒烟信心的评估：判断戒烟者对自己成功戒烟的信心。这是对吸烟者自我效能的判断，一般采用自己评分的方法进行。“如果能成功戒烟为100分，你觉得自己可以得多少分?”这项评估主要是测试戒烟者是否在主观上有为难情绪。

4. **帮助**　这个阶段主要是戒烟辅导员根据前面的了解评估来为戒烟者提供个性化的戒烟方案。

（1）选择适当戒烟的方法：通常有两种方法，一种是“逐渐减量法”，一种是“突然停止法”。顾名思义，一种逐步地减少吸烟的量，一种是完全停止吸烟。一般有经验的戒烟咨询员会建议使用“突然停止法”，但在突然停止之前建议给予1周左右的准备时间，在这个时间段上可以进行减量法。

（2）根据尼古丁依赖评分决定是否选用戒烟辅助药物。如果需要，则结合戒烟者的个体情况选择合适的尼古丁替代品，如尼古丁贴片、尼古丁口香糖、尼古丁吸入剂等。

（3）与戒烟者签订戒烟协议：这样有助于戒烟者重视自己的决定。

（4）记吸烟日记：在准备的1周，详细地记录自己吸每一支烟的情况，以了解自己的吸烟习惯，为干预提供依据。

（5）戒断症状的处理：首先要告诉戒烟者戒断症状的出现是正常的，通常1~2周后会减轻，4周后会完全消失。然后要教会戒烟者应对戒断症状的方法，主要有3个方面：①改变行为类型，如早起锻炼、不喝酒精饮料等；②改善环境，清除家里所有与吸烟有关的物品，不去酒吧等容易吸烟的场所；③建立补偿行为，用拖延、转移注意力、深呼吸、喝水、做其他事情的方式减轻吸烟的欲望。

（6）建议戒烟者对外宣布戒烟，取得周围人的支持和监督。

（7）告知戒烟者容易复吸的情况，如聚会、饮酒后、压力大时等，并提供简单的应对技巧。

**5. 安排随访** 这是5A戒烟咨询法的最后一步，也是非常关键的一步。戒烟并不是一步到位的事情，需要一个过程。在进行首次戒烟咨询后，戒烟辅导员必须安排随访。了解戒烟者的状态，随时解决戒烟者遇到的问题或者调整戒烟方案。在这个阶段，戒烟者为主导，来分享其在戒烟过程中的经验，戒烟辅导员主要是倾听和鼓励，并适时地给予帮助。在这个阶段有以下注意事项。

（1）随访是长期的，至少坚持6个月。

（2）近期的随访安排尽量频繁一些，这样有助于戒烟方案的顺利进行。如首次辅导后1周、2周、1个月、2个月等。

（3）随访的方式要多样化，一定要有面谈。

以上就是5A戒烟咨询法的全部内容，但值得注意的是，戒烟辅导员并不是机械地按照以上步骤一项一项地执行，可以是灵活地掌握。

### （三）药物依赖的社区护理与管理

对于药物依赖，尤其是非法药物（毒品），社区管理的重点主要在于预防以及配合。目前我国有3种戒毒模式。①自愿戒毒：指戒毒结构为自愿戒毒人员提供相应的治疗。②强制隔离戒毒：指政府机关将相关人员实行隔离，强制进行戒毒。③社区戒毒：不在任何强制场所的戒毒，即在不影响其正常生活和工作的情况下，由社区的戒毒工作人员、社会工作者提供相关的戒毒服务。这种模式的开展更为人性化，但同时也面临着更多的挑战。

目前实施物质滥用的社区护理与管理最大的困难在于可以提供相关服务的专业人员，如戒烟辅导员的人数不够，需要加大力度培养。

## 第三节　食品安全与营养

近年来，国内外陆续发生了多起食品安全事件，如“三聚氰胺”事件、“苏丹红”事件等，严重影响了人民的生活及生命安全，同时也引发了公众对食品安全的高度关注。自古以来，民以食为天，食品提供了人们日常生活的基本营养需求，如今食品安全问题已然成为一个公共卫生问题。

## 一、食品安全概念

食品安全是指食品从生产、加工、包装、运输、销售及消费等各个环节都必须符合国家的强制标准和要求，不存在可能损害或威胁人体健康的有毒有害物质，不能损害消费者本身或者消费者后代的健康。

首先，食品安全是一个综合概念，包括了食品卫生、食品质量、食品营养等相关方面的内容和生产、加工、运输、销售及消费等环节。其次，食品安全也是一个社会概念，它涉及社会的监管及治理。同时，食品安全也是一个政治概念，是每一个国家和政府都应该对自己的公民做出的承诺。最后，食品安全也是一个法律概念，各个国家都陆续以食品安全综合立法来治理食品卫生、食品质量、食品营养等相关方面的问题。我国在2009年公布实施了《中华人民共和国食品安全法》。

**知识链接**

《中华人民共和国食品卫生法》对食品质量的规定：

（1）食品应当无毒无害，不能对人体造成任何危害。

（2）食品应当具备相应的营养，以满足人体维持正常生理功能的需要。

（3）食品应当具有相应的色、香、味等感官性状。

## 二、食品污染与食物中毒

### （一）概念

食品污染（food contamination）：在各种条件下，有害物质进入食物，导致食物的安全性、营养性或者感官性状发生改变的过程。食品生产、加工、运输、销售及消费等各个环节都有可能发生食品污染。

食物中毒（food position）：指摄入含有有毒有害物质的食品，或把有毒有害物质当作食品摄入后所出现的非传染性急性、亚急性疾病。

### （二）种类

食品污染按照其污染物的性质可分为三大类。

1. **生物性污染**　在食品生产、加工、运输、储存以及销售的过程中，如果没有严格执行相应的卫生规程，可能导致食品的生物性污染，包括微生物、寄生虫、昆虫或者病毒的污染。个体摄入生物性污染的食品，可能会导致细菌性的食物中毒。

2. **化学性污染**　可包括5个方面：①环境中的污染物，如农药；②容器或者运输途中融入的其他有害物质，如“多宝鱼”事件；③不当使用食品添加剂；④食品加工过程中产生的有害物质；⑤制假过程中加入的物质，如“三聚氰胺”事件。

**3. 物理性污染** 可包括3个方面：①食品生产、销售等各个环节，如运输过程中的灰尘；②食品造假过程加入的污染物，如粮食中加入沙石；③放射性污染，如放射性物质意外泄漏导致食品的污染。

食物中毒按照其致病因素不同也可分为以下3种。

（1）细菌性食物中毒：致病菌为细菌，常见的有沙门菌食物中毒、葡萄球菌食物中毒、副溶血性弧菌食物中毒、变形杆菌食物中毒、肉毒杆菌食物中毒以及蜡样芽孢杆菌食物中毒。

（2）动植物性食物中毒：致病因素为动物或植物本身含有的有毒物质，如河豚中毒、毒蕈中毒。

（3）化学性食物中毒：致病因素为有毒的化学物质，常见的如亚硝酸盐食物中毒和砷中毒。

### （三）流行病学特点

食物中毒的共同特点表现在4个方面：①其发生与摄取某种食物有关；②起病急，呈暴发性；③所有中毒患者具有相似的临床表现；④通常无人与人之间的直接传染。不同种类的食物中毒还表现出原因分布、食品种类分布、季节性和地区性分布方面的特点，下面将逐一介绍。

**1. 细菌性食物中毒** ①沙门菌食物中毒：引起中毒的食品主要为动物性食品，因家禽屠宰前感染沙门菌或屠宰后污染，多发于夏、秋季节。低温储存食品可抑制病菌繁殖，食用前高温加热可杀灭病菌。②葡萄球菌食物中毒：引起中毒的食品种类较多，奶及奶制品最常见，因金黄色葡萄球菌产生的肠毒素污染食品而引起食物中毒，多见于夏、秋季节，低温储存食品可抑制病菌繁殖。③副溶血性弧菌食物中毒：引起中毒的食品主要是海产食品和盐渍食品，中毒多发生于7～9月，以沿海地区多见，加热可杀灭病菌。④变形杆菌食物中毒：引起中毒的食品主要是动物性食品，以熟肉、内脏熟制品为主，常发生于7～9月。⑤肉毒杆菌食物中毒：家庭自制的低盐浓度的发酵食品，一年四季均可发生，大多在4～5月。⑥蜡样芽孢杆菌食物中毒：引起中毒的食品以米饭、米粉最为常见，多见于6～10月。

**2. 动植物性食物中毒** ①河豚中毒：河豚中的有毒成分为河豚毒素，以卵巢最毒，肝脏次之，有个别品种的河豚鱼肉也具毒性。河豚生殖产卵期在春季，所以在春季易发生中毒。②毒蕈中毒：多为误食有毒的蕈类中毒。

**3. 化学性食物中毒** ①亚硝酸盐食物中毒：误将亚硝酸盐当作食盐食用或者食用含有大量硝酸盐和亚硝酸盐的不新鲜蔬菜。②砷中毒：引起中毒的原因主要是误食，即把砒霜当成碱面、食盐或淀粉使用；水果、蔬菜中含砷农药残留量过高、食品原料及食品添加剂中含砷较高等也可引起中毒。

### （四）社区护理与管理

由于食品安全包括食品卫生、食品质量、食品营养等多个方面，其监管也由多个部门共同执行。目前社区卫生服务在食品安全范畴的主要职责是广泛宣传食品卫生的相关知识，做好一级预防工作，另外当辖区内发生食物中毒事件后，配合相关部门做好食物中毒的流行病学调查工作。

以下是食物中毒现场调查的工作程序及内容。

1. **登记受理报告**　这是现场调查的第一步，主要是运用统一的登记表结合问询，诊断食物中毒的流行或暴发的可能性。

2. **核实诊断**　主要是查阅病历，并问询接诊医生，调查发病者，掌握其发病史、进食史以及其他暴露史，同时确定高危人群并进行监控。

3. **采集检验样本**　主要用于确定中毒病因，一般较大规模的中毒事件需采取 10～20 个典型患者的样本。

4. **确定病例定义**　这是食物中毒流行病调查的重点也是难点。常以最先发现的患者的临床症状与体征作为最初定义的依据。随着调查工作的逐步展开，获得进一步的流行病学、患者潜伏期和临床表现、现场卫生学和实验室检验资料后再做修正，形成最终的定义。

5. **描述性流行病学研究**　通过查明、分析食物中毒的三间分布（指时间、地点和人群分布）来研究病例之间是否存在某种关联，用于下一步的预防与控制。

6. **防控措施及处理**　根据描述性流行病学的研究结果采取系列的预防和控制措施，并认定事故的责任方进行相关的处理。

7. **撰写报告及上报**　处理结束后将整个事件的调查过程及处理结果按照一定的规范撰写成调查报告，并上报给相关部门。

## 三、营养

### （一）营养学概述

1. **营养的概念**　个体通过摄取食物来维持生长发育、正常的物质代谢和生理功能等生命活动，而机体摄取、消化、吸收和利用食物中的养料以维持生命活动的整个过程称为营养。

2. **营养素的种类**　营养素是指食物中对机体有生理功效的成分。人体所需要的营养素可分为七大类：蛋白质、脂肪、糖、矿物质、维生素、水和食物纤维。糖、脂肪、蛋白质主要是供给机体热能，而矿物质、维生素、水和食物纤维主要是调节生理功能。

3. **合理营养**　合理营养是指通过合理地搭配食物数量、质量以及科学地烹饪，来达到人体对各类营养素的平衡摄入。平衡膳食是合理营养的核心，包括：①糖、脂肪和蛋白质 3 种产热营养素的平衡，适宜的比例是糖类占 55%～65%，脂肪占 20%～30%，蛋白质占 10%～15%；②动物性和植物性食物的平衡，建议每天摄入优质蛋白占 1/3 以上，儿童可达 1/2，主要来源于动物蛋白和豆类食品；③呈碱性与呈酸性食物的平衡，动物性食物大多呈酸性，蔬菜大多呈碱性，建议每天食用呈碱性食物占 80%，食用呈酸性食物占 20%。同时要合理安排餐次，每日三餐；合理分配热能，早餐 25%～30%，午餐 40%，晚餐 30%～35%；定时定量进餐。

**知识链接**

**中国居民膳食指南**

(1) 食物多样，谷类为主（成人每天摄入250～400 g），粗细搭配。

(2) 多吃蔬菜和水果（推荐成人每天300～500 g蔬菜，200～400 g水果）。

(3) 每天吃奶类、大豆及其制品（每天300 mL奶制品）。

(4) 常吃适量的鱼、禽、蛋和瘦肉。

(5) 减少烹调用油，清淡少盐。

(6) 食不过量，天天运动，控制体重。

(7) 每天摄入足量的水。

(8) 三餐分配合理。

(9) 限量饮酒。

(10) 食用新鲜卫生的食物。

### (二) 社区营养性疾病的护理与管理

社区常见的营养性疾病主要是单纯性肥胖症及营养不良性疾病。

**1. 单纯性肥胖症** 肥胖是指由于多种因素能量的摄入量超过能量的消耗量，从而导致体内脂肪积聚过多到危害健康程度的一种慢性代谢性疾病。单纯性肥胖症可发生在儿童期和成人期。主要依据体重指数（BMI）和体脂肪含量（BF）来判断，儿童期与成年期的标准各不相同。

(1) 儿童期：我国儿童期肥胖率自20世纪80年代就已经开始增长，目前属于快速增长阶段。儿童处于生长发育的高峰期，应在保证其正常生长发育的基础上进行干预。其干预的核心是以预防为主，及早开始，从母亲孕期抓起，由政府主导，建立起家庭－学校－社区的预防控制网络。主要分为以下3个层面的措施。①普遍性预防：面对全体人群，从政策、环境、知识宣讲等多个方面促进培养儿童健康的生活行为方式；②针对性预防：针对肥胖或超重的高危儿童，主要以家庭和学校的干预为主，将干预措施融入日常生活中去；③超重肥胖儿童的综合防治措施：需要学校和家庭的共同参与，主要措施是饮食调整、体育活动指导以及行为矫正。

(2) 成人期：肥胖是众多慢性病的独立危险因素之一。目前规定中国人群BMI指数大于28，腰围男性大于85 cm，女性大于80 cm，为肥胖的界限。成人肥胖的发生原因除遗传因素外，主要是不良的生活行为方式导致的，可造成高血压、2型糖尿病、血脂异常、冠心病、脑卒中等多种慢性疾病的发生，同时也导致心理社会问题的产生。同儿童期肥胖的干预措施一样，主要包括3个层面。①普遍性预防：群体预防，定期监控体重和腰围，大力宣传平衡膳食及合理运动，促进人们建立健康的生活方式。②针对性预防：针对肥胖或超重的高危人群，通过工作场所进行筛查，改变高危人群的知识、观念、态度和行为；应让人们了解，在大多数情况下，不良环境或生活方式因素对肥胖症的发生可起促进作用并激活这一趋势，而改变膳食、加强体力活动对预防肥胖是有效的。③超重肥胖个体的综合防治措施：主要措施是控制饮食、加强体育活动（控制运动的量和时间，保证持续性运动）、行为矫正（建立节食意识，不暴饮暴食）、配合药物治疗，必要时可进行外科手术治疗。

综上所述，对于肥胖的干预，无论是儿童期还是成人期，社区的预防策略都是按照三级预防的原则，重点在一级预防（全人群策略）和二级预防（重点人群策略）来进行预防和控制肥胖的流行，而对于肥胖症患者主要依托综合医院、家庭、学校以及个体的参与进行治疗。

**2. 营养不良性疾病**　营养不良是由于摄入食物不足、不当，或食物吸收不良，或疾病影响等以致不能维持正常代谢，使人体处于半饥饿或饥饿状态所引起的疾病。主要见于儿童期，因而营养不良性疾病的社区护理与管理主要结合儿童保健进行，采取有针对性的预防措施。

随着生活水平的提高，我国人口严重的营养不良现象已不多见，但轻度的营养不良导致的低体重和生长发育迟缓在城市和经济欠发达的农村仍然存在。常见的有以下两种。

（1）缺铁性贫血：在发展中国家，约有2/3的儿童缺铁，其中1/3为缺铁性贫血。主要原因是饮食不当，特别是缺乏动物性食物的膳食。

婴儿期缺铁性贫血的预防措施有：①孕妇应多食富含铁的食物，如动物肝脏、血、瘦肉等，以摄入足够的铁；多吃富含维生素C的蔬菜和水果，以促进铁的吸收，为婴儿储备足够的铁。②4～6月龄婴儿添加铁强化米粉或配方奶粉以及适量含铁丰富的食物，如动物肝脏和血。

幼儿及年长儿童合理安排膳食，每日摄入适量鱼、瘦肉、肝、猪血等富含铁和优质蛋白质的食物，以及含铁丰富的杂粮、富含维生素C的蔬菜和水果。

（2）佝偻病：又称维生素D缺乏症，是婴幼儿较常见的营养缺乏症，特征为钙磷代谢失常及骨样组织钙化不良。人体对维生素D的需要主要依靠日光紫外线照射下皮肤内的合成。因此，主要的预防措施是增加户外活动的同时补充维生素D，一般在婴儿出生2周后就开始，每天10 μg（400 IU）。

## 案例分析

多名儿童在幼儿园进食后发生腹泻，首先进食的食物是一致的，且为饮食不洁导致，高度怀疑因食品污染导致食物中毒。社区卫生中心人员应如何配合相关部门进行食物中毒的流行病学调查，然后进行相应的处理？

## 重点知识

1. 儿童期的心理健康问题主要表现为：①与学习相关问题；②情绪问题；③品行问题；④顽固性不良习惯。

2. 重性精神疾病患者的社区随访的主要内容为：①对患者进行危险性评估；②检查患者目前的精神状况；③询问患者躯体疾病、社会功能、服药情况等；④患者出现暴力、自杀或自伤等危险行为的危机处理。

3. 物质依赖：是指一组认知、行为和生理症状群，可导致耐受性增加、戒断症状和强制性觅药行为，可分为躯体依赖和心理依赖。躯体依赖，也称生理依赖，某种物质使躯体产生了适应性改变，导致耐受性增加，停用该物质时会出现戒断症状。心理依赖是指人体对某种物质在精神上依赖，对该物质产生强烈渴求的欲望，出现强制性觅药行为。

4. 5A 戒烟咨询法：第一步询问的内容包括以下 5 方面。①吸烟者的一般情况：主要是身体情况，有无吸烟引发的相关疾病；家庭情况，有无其他的吸烟者，有无未成年儿童，家人对其吸烟的态度等。②就诊的动机：来戒烟门诊的原因。③吸烟的情况：烟龄、每天的吸烟量以及吸烟习惯等。④对烟草的认知：吸烟的危害、戒烟的益处以及二手烟的危害等。⑤戒烟的经历：有无戒烟的经历，成功经验及失败的原因等。通过询问来了解吸烟者的大体情况，初步地判断其戒烟的信心以及帮助其寻找戒烟的动机。

5. 平衡膳食是合理营养的核心，包括：①糖、脂肪和蛋白质 3 种产热营养素的平衡，适宜的比例是糖类占 55% ~65%，脂肪占 20% ~30%，蛋白质占 10% ~15%；②动物性和植物性食物的平衡，建议每天摄入优质蛋白占 1/3 以上，儿童可达 1/2，主要来源于动物蛋白和豆类食品；③呈碱性与呈酸性食物的平衡，动物性食物大多呈酸性，蔬菜大多呈碱性，建议每天食用呈碱性食物占 80%，呈酸性食物占 20%。

6. 儿童期肥胖的社区护理与管理：分为以下 3 级。①普遍性预防：面对全体人群，从政策、环境、知识宣讲等多个方面促进儿童培养健康的生活行为方式；②针对性预防：针对肥胖或超重的高危儿童，主要以家庭和学校的干预为主，将干预措施融入日常生活中去；③超重肥胖儿童的综合防治措施：需要学校和家庭的共同参与，主要措施是饮食调整、体育活动指导以及行为矫正。

## 课后练习

### 一、思考题

1. 物质滥用　　2. 平衡膳食　　3. 食品安全

### 二、简答题

1. 心理健康的评判标准是什么？
2. 青少年常见心理健康问题有哪些？
3. 我国社区精神卫生服务对于重性精神疾病的服务内容有哪些？
4. 酒精依赖的诊断标准有哪些？

5. 讲出常见的食物中毒的种类。

6. 简述如何配合食物中毒的流行病学调查。

**三、案例分析**

张先生50岁，吸烟30年，每天20支。知道吸烟对身体有害，试过几次戒烟，最时间长的一次是3个月，自觉饭后的烟最难戒，后来朋友聚会，忍不住又吸了起来。最近被医生诊断出糖尿病、冠心病，想再次戒烟，医生建议他到戒烟门诊咨询。

请用5A戒烟咨询法对张先生进行戒烟咨询。

（邱文静）

# 第六章　社区儿童与妇女保健指导

## 教学目标

1. 掌握预防接种、计划免疫的概念，儿童和青少年生长发育的检测与评价方法，儿童各个时期的保健指导，社区妇女健康保健指导。

2. 熟悉社区儿童和青少年保健工作的内容、儿童计划免疫程序、儿童各个时期常见的健康问题、妇女健康保健。

3. 了解社区儿童和青少年保健的意义、我国儿童保健工作的组织机构及现状、妇女保健的政策与法规。

**案例导入**

**案例：**李兰，产妇，28 岁，足月正常分娩一女婴。产后自觉母乳不足，担心婴儿营养不足，想放弃母乳喂养，以牛奶代替，且担心回家后自身恢复及婴儿的护理问题。请思考：

1. 如何帮助该产妇成功地进行母乳喂养？
2. 如何指导产妇的产褥期保健？
3. 社区护士新生儿访视内容有哪些？

## 第一节　社区儿童和青少年保健指导

社区儿童和青少年保健是社区卫生服务的重要组成部分，社区卫生服务人员应根据儿童和青少年不同时期生长发育的生理和心理特点，以健康需求为导向，以解决健康问题为核心，提供系统性、连续性的保健服务，保护和促进儿童和青少年的健康成长。

社区儿童保健的主要服务对象是 0 ~ 6 岁的儿童，重点是 0 ~ 3 岁的婴幼儿。其主要任务是大力宣传、普及科学的育儿和儿童保健知识，加强社区散居儿童和集体儿童的保健管理，加强预防接种，防治儿童的常见病、多发病，降低发病率和死亡率。

青少年期包括学龄期和青春期。目前，我国青少年保健工作主要是以学校为主体，社区卫生服务人员应协助学校做好青少年的卫生保健工作，帮助青少年树立正确的健康观，养成良好的行为生活方式，促进青少年健康成长。

## 一、儿童与青少年分期

1. **新生儿期**（neonatal period）　是指胎儿从母体娩出脐带结扎时至28 d之前的一段时期，是新生儿离开母体后开始独立生活的关键时期。此期主要的保健任务是新生儿日常生活指导、健康检查和育儿知识的传授等。

2. **婴幼儿期**（infancy and toddlerhood period）　是指出生后28天至3岁之前的时期。其中出生后28天到满1岁之前为婴儿期（又称乳儿期），1岁后到满3岁之前为幼儿期。此期主要的保健任务是合理喂养，保持营养均衡；进行生长发育监测及体格检查；完成基础计划免疫；预防各种意外伤害及感染性疾病等。

3. **学龄前期**（preschool period）　是指3～6岁的儿童。此期主要的保健任务是进行早期教育，促进儿童智力发育；培养良好的生活卫生习惯及心理素质；加强体格锻炼、增强体质；预防外伤、烫伤、溺水及中毒等意外事故的发生。

4. **学龄期**（school age period）　是指6～12岁的小学生。此期主要的保健任务是培养良好的心理素质、卫生习惯、道德品质及学习习惯；保证营养，加强体格锻炼；定期进行健康检查；预防近视、龋齿及肠道寄生虫病等各种常见病的发生。

5. **青春期**（adolescence）　青春期又称青少年期。青春期是指12～18岁，由儿童发育到成人的过渡时期，是从第二性征开始出现到体格发育完全停止及心理行为发育接近成熟。此期主要的保健任务是进行心理卫生和生理卫生的保健指导；合理膳食，保证体格快速生长所需的营养，预防滥用毒品、酗酒及吸烟等不良嗜好的发生。

## 二、社区儿童和青少年保健的意义

儿童和青少年是祖国的未来和希望，是社会可持续发展的重要资源。我国儿童占全国总人口的1/3，他们的健康关系到民族的素质和国家的前途，是未来社会生产力发展的基本要素，其意义主要体现在以下几个方面。

1. **促进早期教育**　通过对社区儿童实行集中统一的管理，便于普及早期教育、体格锻炼、合理营养等保健知识，达到增强儿童身体素质、保护身心健康、早期开发智力的目的。

2. **促进生长发育**　根据我国生长发育的标准，定期评估社区儿童和青少年的生长发育与健康状况，指导家长及育儿机构采用科学的方法保护和养育儿童，促进建立和谐的亲子关系，达到预防疾病、保护和促进儿童与青少年健康成长的目的。

3. **降低儿童的发病率和死亡率**　随着计划免疫的广泛推行、安全教育和科学育儿知识的日益普及，儿童期各种疾病的发病率和死亡率明显下降，脊髓灰质炎、麻疹、流脑等许多严重威胁儿童生命的传染病已基本得到控制，儿童期的某些传染病已逐渐被消灭。

4. **依法保障儿童和青少年权益**　社区卫生服务人员根据国家颁布实施的《中华人民共和国母婴保健法》《中华人民共和国收养法》《中华人民共和国未成年人保护法》

等法律法规，与有关部门协调配合，依法保障和维护社区内儿童、青少年的生存权、发展权、参与权和受保护权，控制并减少儿童受虐待、使用童工等侵害儿童、青少年人身权利案件的发生。

## 三、我国儿童保健工作的组织机构

儿童保健机构是通过一定的组织形式为儿童群体或个体提供疾病预防及医疗服务，促进儿童健康成长。目前，我国已建立了较为完整的儿童（妇幼）卫生保健网以及相应的保健机构，完善了各种工作制度和预防保健制度。

### （一）卫生行政机构的设置

我国儿童保健机构基本上是同妇女保健机构合并设置，主要指国家卫计委及其下属的各省（自治区、直辖市）、市、县（区）卫计委中的妇幼保健与社区卫生处（科、股），负责本地区儿童保健事业方面的组织、领导与协调等工作。

### （二）组织机构的设置

儿童保健组织机构主要是指省（自治区、直辖市）和地（市）、县（区）的妇幼（婴）保健院（所、站）、儿童保健所、儿童医院及儿童保健专业研究机构等。这些机构不仅受同级卫生行政部门的领导，而且接受上一级儿童（或妇幼）保健专业机构的指导。儿童保健组织机构见图 6 – 1。

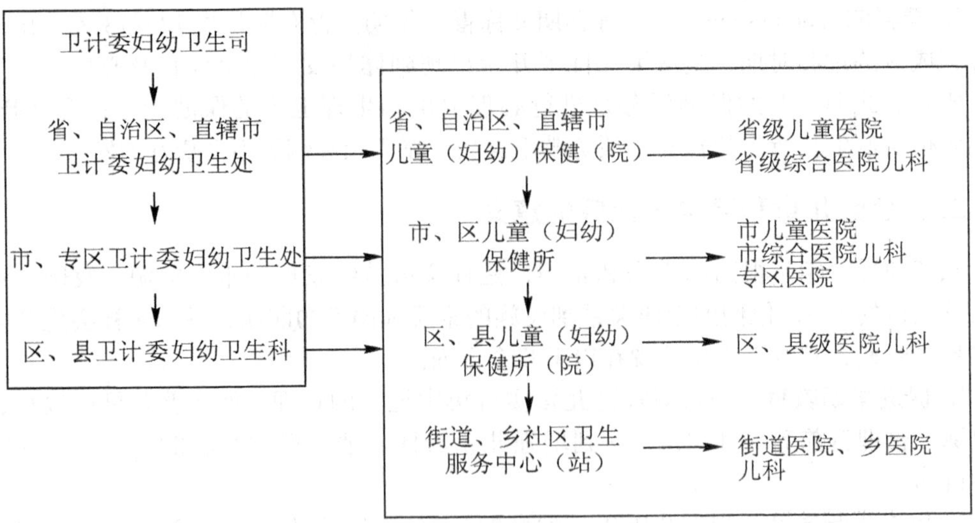


**图 6 – 1 儿童保健组织机构**

## 四、我国儿童保健的现状

我国政府历来高度重视儿童保健工作，经过长期不懈地努力，以及在世界卫生组织（WHO）、联合国儿童基金会（UNICEF）、世界银行（World Bank）等国际组织的大力援助下，我国妇幼卫生保健事业有了突飞猛进的发展。1991 年，经全国人大批准，中国成为《儿童权利公约》的签约国。儿童优先和儿童生存、保护和发展成为我国政府的承诺，也是我国儿童保健工作的主要目标和基本策略。1992 年 9 月，国务院颁布了《九十年代中国儿童发展规划纲要》，规定了20世纪90年代儿童生存、保护和发展的十大目标。1994年10月，全国人大常委会通过了《中华人民共和国母婴保健法》，并从1995年6月1日起实施。这是我国第一部保护妇女儿童健康权益的专门法律，标志着我国妇幼保健事业进入法规化管理的轨道，使母婴保健工作有法可依。2001年5月，国务院颁布了《中国儿童发展纲要（2001—2010年）》（简称《纲要》），从儿童健康、教育、法律保护和环境4个领域提出了儿童发展的主要目标和策略。截至2010年，《纲要》确定的主要目标基本实现，儿童健康、营养状况得到逐步改善，婴儿、5岁以下儿童死亡率分别从2000年的32.2%、39.7%下降到13.1%、16.4%，提前实现联合国千年发展目标。儿童计划免疫接种率以乡（镇）为单位达到90%以上，实现了无脊髓灰质炎的目标。

受社会经济、文化等因素的影响，儿童发展及权利保护仍然面临着诸多问题与挑战。进一步解决儿童发展面临的突出问题，促进儿童的全面发展和权利保护，仍然是今后一个时期儿童保健工作的重大任务。为此，2011年7月，国务院颁布了《中国儿童发展纲要（2011—2020年）》，从儿童健康、教育、福利、社会环境、法律保护5个领域提出了儿童发展的52项主要目标和67项策略措施，明确了未来十年我国儿童发展的主要目标和策略，进一步推动我国儿童保健事业的发展。

## 五、社区儿童和青少年保健工作的内容

社区儿童、青少年保健工作主要是根据不同年龄的儿童、青少年的生理和心理发育特点，提供基本保健服务，具体内容包括新生儿疾病筛查、健康教育、保健指导、体格检查、计划免疫、心理咨询、生长发育监测、预防常见病及多发病等。

**1. 促进生长发育**

（1）评估生长发育及健康状况：依据我国生长发育的标准，定期评估社区内儿童及青少年的生长发育状况，及时发现生长发育不良的儿童及青少年，明确影响因素，指导并协助其家长进行针对性的诊治。

（2）维持良好的营养状况：定期监测儿童及青少年生长发育的各项指标，了解他们的营养状况，指导家长及育儿机构树立科学的营养观，保证摄入均衡营养，以供生长发育所需。

（3）促进建立和谐的亲子关系：指导儿童及青少年家长努力营造和谐、温暖、有爱的家庭氛围，重新调整家庭权力结构和角色模式，教会他们建立和谐亲子关系的方法和技巧。

**2. 保健指导及健康教育**

（1）开展健康教育：运用报纸、杂志、讲座、电视、广播、录像等各种媒介宣传科学的育儿知识、心理健康指导、常见病及意外伤害的防治知识等。

（2）预防接种：积极宣传预防接种的重要性和必要性，督促社区内儿童按时进行预防接种，提高儿童的免疫水平，以达到预防传染病的目的。

（3）育儿机构和学校的保健指导：社区卫生服务人员应与育儿机构和学校等保持密切联系，定期进行儿童体格检查、饮食卫生和环境卫生的监督及保健知识的

指导。

3. **常见健康问题的管理** 社区卫生服务人员应通过健康宣教、家庭访视等做好儿童和青少年常见病、多发病和传染病的防治工作。常见的健康问题有新生儿黄疸、小儿腹泻、营养不良、缺铁性贫血、肥胖、弱视、近视、性健康和心理行为等。

4. **建立社区儿童和青少年健康档案** 科学、完整和系统的社区儿童健康档案，是社区卫生服务人员掌握儿童和青少年健康状况的基本工具，是为儿童和青少年提供连续性、综合性、协调性社区卫生服务的重要依据。档案内容包括儿童和青少年的姓名、性别、年龄、家庭状况、生长发育情况、营养状况、疾病及计划免疫情况等。

## 六、计划免疫与预防接种

预防接种（prevention vaccination）是指有针对性地将生物制品接种到人体内，使人体对某种传染病产生免疫能力，从而预防该传染病。计划免疫（program immunization）是根据儿童的免疫特点和传染病发生的情况制定的免疫程序，有计划、有针对性地实施基础免疫（即全程足量的初种）及随后适时地加强免疫（即复种），确保儿童获得可靠的免疫，达到预防、控制和消灭相应传染病的目的。

### （一）计划免疫

目前卫生部规定的计划免疫为“五苗防七病”。5 种计划免疫疫苗预防接种实施程序如下（表6－1）。此外，根据疾病流行地区、季节、卫生资源、经济水平或家长要求可进行非计划免疫接种，如乙型脑炎疫苗、流行性脑脊髓膜炎疫苗、流感疫苗、风疹疫苗、B 型流感嗜血杆菌结合疫苗、腮腺炎疫苗、甲型肝炎病毒疫苗等。

**表6－1 儿童计划免疫程序**

| 疫苗 | 接种对象月（年）龄 | 接种剂次 | 接种部位 | 接种途径 | 接种剂量/剂次 | 备注 |
|---|---|---|---|---|---|---|
| 乙肝疫苗 | 0、1、6 月龄 | 3 | 上臂三角肌 | 肌内注射 | 酵母苗5 tg/0.5 mL，CHO 苗10 pg/1 mL、20 tg/1 mL | 出生后 24 h 内接种第 1 剂次，第 1、2 剂次间隔≥28 d |
| 卡介苗 | 出生时 | 1 | 上臂三角肌中部略下处 | 皮内注射 | 0.1 mL | |
| 脊灰疫苗 | 2、3、4 月龄，4 周岁 | 4 | | 口服 | 1 粒 | 第 1、2 剂次间，第 2、3 剂次间隔均≥28 d |
| 白百破疫苗 | 3、4、5 月龄，18～24 月龄 | 4 | 上臂外侧三角肌 | 肌内注射 | 0.5 mL | 第 1、2 剂次，第 2、3 剂次间隔均≥28 d |
| 白破疫苗 | 6 周岁 | 1 | 上臂三角肌 | 肌内注射 | 0.5 mL | |

续表

| 疫苗 | 接种对象月（年）龄 | 接种剂次 | 接种部位 | 接种途径 | 接种剂量/剂次 | 备注 |
|---|---|---|---|---|---|---|
| 麻风疫苗（麻疹疫苗） | 8 月龄 | 1 | 上臂外侧三角肌下缘附着处 | 皮下注射 | 0.5 mL | |
| 麻腮风疫苗（麻腮疫苗、麻疹疫苗） | 18～24 月龄 | 1 | 上臂外侧三角肌下缘附着处 | 皮下注射 | 0.5 mL | |

### （二）预防接种的禁忌证

**1. 一般禁忌证**

（1）患自身免疫性疾病和免疫缺陷者。

（2）患有结核病、心脏病、肾炎、湿疹及其他皮肤病禁忌接种卡介苗。

（3）患有肝炎、急性传染病（包括有接触史而未过检疫期者）或其他严重疾病暂不接种。

（4）在接受免疫抑制剂治疗期间或发热、腹泻状况下忌服脊灰疫苗。

（5）小儿前次接种时出现过敏反应，禁忌再次接种该疫苗。

**2. 特殊禁忌证**

（1）有明确过敏史者，禁种白喉类毒素、破伤风类毒素、麻疹疫苗（特别是新霉素过敏或鸡蛋过敏）、脊髓灰质炎糖丸疫苗（牛奶或奶制品过敏）、乙肝疫苗（酵母过敏或疫苗中任何成分过敏）。

（2）百日咳菌苗可产生神经系统严重并发症，儿童及家庭成员患神经系统疾病、癫痫、抽搐史者，禁用此菌苗。

### （三）预防接种的实施

**1. 儿童预防接种证、卡（簿）的管理**　根据《中华人民共和国传染病防治法》及其实施办法的规定，国家对儿童实行预防接种证制度。每一位适龄儿童都必须按规定建立预防接种证，并实行凭证接种和办理入托、入园、入学手续的制度。

预防接种证、卡（簿）按照接种者的居住地实行属地化管理。在儿童出生后 1 个月内，其监护人应持有效证件到儿童居住地的接种单位为其办理预防接种证。未按时建立预防接种证或预防接种证遗失者，应及时到接种单位补办。设有产科的医疗卫生单位，应告知新生儿监护人尽早到居住地接种单位建立预防接种证、卡（簿）。户籍在外地的 7 岁及以下儿童寄居本地时间大于 3 个月，由寄居地的接种单位及时建立预防接种证、卡（簿），无预防接种证者需同时建立预防接种证、卡（簿）。

**2. 预防接种工作**

（1）接种前准备工作：接种工作人员在接种前应查验儿童预防接种证卡、（簿）或电子档案，核对受种者姓名、性别、出生日期及接种记录，确定本次受种对象、接种疫苗的品种。采取预约、通知单、电话、手机短信、广播、网络等适宜方式，通知儿童监护人，告知接种疫苗的种类、时间、地点及相关要求。接种前，应询问受种者的健康状况以及是否有接种禁忌证等，告知受种者或其监护人所接种疫苗的品种、作用、注意事项、不良反应及禁忌证，可采用书面或（和）口头告知的形式，并如实记录告知和询问的情况。

（2）接种时的工作：接种场所要求光线明亮、空气流通、温湿度适宜。接种用品及急救用品摆放有序。在接种室（台）分别设置醒目的疫苗接种标记，避免错种、重种和漏种。接种工作人员在接种操作时必须再次核对受种者姓名、预防接种证、接种凭证和本次接种的疫苗品种，核对准确无误后严格按照《预防接种工作规范》规定的接种月（年）龄、接种部位、接种途径、安全注射等要求予以接种。严格遵守消毒制度，做到每人一副注射器、一个针头，防止交叉感染。接种活疫苗或菌苗时，用75%乙醇消毒，禁用2%碘酊，以防活疫苗或菌苗被灭活。

（3）接种后的工作：告知儿童监护人，受种者在接种后应在留观室观察30 min。接种后及时在预防接种证、卡（簿）上记录，与儿童监护人预约下次接种疫苗的种类、时间和地点。当日接种完成后应按操作规则整理用物，已开启安瓿瓶未用完的疫苗须焚烧处理，冷藏容器内未打开的疫苗应做好标记，放冰箱保存，于有效期内在下次接种时首先使用。

**（四）预防接种反应及处理**

1. **一般反应及处理** 预防接种的一般反应，是指在预防接种后发生的，由疫苗本身所固有的特性引起的，对机体仅造成一过性生理功能障碍的反应。

（1）全身反应：一般于接种后24 h内出现不同程度的体温升高，大多数为轻中度发热，持续1～2 d。部分受种者可出现头痛、乏力、周身不适、恶心、呕吐、腹泻等胃肠道症状。轻度全身反应，一般不需任何处理，适当休息，多饮开水，注意保暖；全身反应严重者，应严密观察病情，必要时送医院观察治疗。

（2）局部反应：接种后数小时至24 h左右，注射部位出现红、肿、热、痛，有时伴局部淋巴结肿大或淋巴管炎。皮内接种卡介苗者，多于2周左右出现局部红肿，进而化脓或形成溃疡，3～5周结痂，形成瘢痕（卡疤）。轻度局部反应，一般不需任何处理。反应较重者，可给予局部热敷处理，每日数次，每次10～15 min。卡介苗所致局部反应，禁忌热敷。

2. **异常反应及处理** 预防接种异常反应，是指合格的疫苗在实施规范接种过程中或实施规范接种后，造成受种者机体组织、器官的功能损害，相关各方均无过错的药品不良反应。

（1）晕厥：多见于年轻体弱的女性或小学生，婴幼儿较少见。多见于精神紧张、空腹、疲劳、恐惧等原因。一般在注射时或注射后数分钟出现，表现为头晕、面色苍白、出冷汗、心慌、心跳加速等症状。应立即将患儿置于平卧位，松解衣扣并注意保暖，口服温开水或糖水，必要时可针刺人中、合谷穴，一般即可恢复正常。

（2）过敏性休克：发病呈急性经过，一般在注射后数分钟发病，出现面色苍白、呼吸困难、脉搏细弱、血压下降、四肢厥冷等休克症状，严重者可导致昏迷，如抢救不及时，可危及生命。应立即使患儿平卧、头低位，注意保暖、吸氧；皮下注射

1:1 000肾上腺素；发生呼吸衰竭者，肌内注射洛贝林（山梗菜碱）30 mg 或尼可刹米 250 mg；呼吸暂停者，应立即行人工呼吸；心跳停止者，迅速行胸外心脏按压，同时心室内注射异丙肾上腺素；喉头水肿者，立即行气管插管，必要时行气管切开术。

（3）过敏性皮疹：以荨麻疹最为多见，其他可表现为麻疹、猩红热样皮疹、大疱型多形红斑等。轻症者，可口服抗组胺药，如氯苯那敏、苯海拉明等；重症者，给予 1:1 000肾上腺素，也可使用肾上腺皮质激素。必要时，遵医嘱给予10%葡萄糖酸钙静脉注射。

## 七、儿童和青少年生长发育的检测与评价

### （一）儿童和青少年体格生长发育的检测

生长是指儿童年龄的增加，身体和各器官、各系统的长大，主要以形态变化来体现；发育是指细胞、组织、器官功能上的分化与成熟。生长与发育密不可分，共同表示机体的动态变化。儿童和青少年的生长发育存在个体差异性，监测和促进其生长发育是社区卫生服务人员重要职责之一。生长发育常用的检测指标有身高（长）、体重、坐高、头围、胸围、腹围、上臂围、皮下脂肪等。

1. **身高（长）**　身高（长）是指从头顶到足底的全身长度，代表头、颈、躯干和下肢的总长。3 岁以下小儿采用仰卧位测量，称为身长；3 岁以后立位测量，称为身高。正常新生儿出生时平均身长为 50 cm，1 岁时为 75 cm。小儿 1 岁以内身长发育迅速，出现第 1 个生长高峰。2 岁时身长为 85 cm，2 岁以后稳步增加，平均每年增加 5 ~ 7 cm，至青春期出现第 2 个生长高峰。

2 ~ 12 岁身高（长）的估算公式：身高（长）（cm） = 年龄（岁） ×7 + 70

2. **体重**　体重是各器官、组织及体液的总重量。体重是反映生长发育的重要标志，是判断小儿营养状况、计算药量、补充液体的重要依据。新生儿出生时平均体重约为 3 kg，出生 1 周内常因摄入不足、水分丧失及胎粪排出，体重可暂时性下降，一般不超过 10%，生后 7 ~ 10 d 恢复到出生时水平，称为生理性体重下降。月龄越小，体重增长越快。生后 3 个月体重约为出生时 2 倍（6 kg），1 岁时约为出生时 3 倍（9 kg），2 岁时约为出生时 4 倍（12 kg）。2 岁后到青春期前体重增长缓慢，每年增长约 2 kg，进入青春期后体格生长再次加快。小儿体重估算公式：

1 ~ 6 个月：体重（kg） = 出生时体重（kg） + 月龄 ×0.7

7 ~ 12 个月：体重（kg） = 6 + 月龄 ×0.25

2 岁至青春期前：体重（kg） = 年龄 ×2 + 7（或 8）

3. **坐高**　坐高是指由头顶至坐骨结节的长度，3 岁以下取仰卧位测量，称顶臀长。坐高反映头颅与脊柱的生长情况，一般采用坐高占身高（长）的百分数，反映小儿身体上、下部比例的匀称性。

4. **头围**　头围是指经眉弓上方、枕骨粗隆最高处绕头 1 周的长度，反映颅骨和脑的发育。出生时新生儿头围相对较大，平均为 32 ~ 34 cm。头围在 1 岁以内增长较快，前 3 个月和后 9 个月各增长 6 cm，1 岁时头围平均约 46 cm。1 岁以后头围增长缓慢，2 岁时约 48 cm，2 ~ 15 岁增长 6 ~ 7 cm。因此，头围测量在 2 岁以前最有价值。

5. **胸围** 胸围是指沿乳头下缘水平绕胸1周的长度。3岁以下小儿取卧位或立位，3岁以上小儿取立位。胸围大小和胸廓、肺的发育密切相关。出生时新生儿的胸围比头围小1～2 cm，约为32 cm；1岁左右小儿的胸围赶上头围；1岁后至12岁胸围超过头围。

6. **上臂围** 上臂围是指沿肩峰与尺骨鹰嘴连线中点的水平绕上臂1周的长度，代表上臂骨骼、肌肉、皮下脂肪和皮肤的发育水平，常用以评估小儿营养状况。在测量体重、身高不方便的地区，可测量上臂围以了解小儿的营养状况。

7. **皮脂厚度** 皮脂厚度也称皮褶厚度，可以反映全身脂肪量的多少，是评价儿童营养状况的重要指标之一。常用的测量部位有以下3个。①肱三头肌的部位：在左侧上臂肩峰点与尺骨鹰嘴连线的中点、皮折方向与上臂的长轴平行，测量皮脂厚度；②肩胛下角的部位（背部）：取左侧肩胛下角的下端，皮折方向与脊柱呈45°；③腹壁皮脂的部位：取锁骨中线与脐平线交界点，左右分开3 cm，沿身体横轴方向捏起皮下脂肪。

青少年正处于生长发育的重要阶段，社区卫生服务人员通过定期体检，可以评价青少年生长发育情况，以便有针对性地进行健康促进、预防保健、疾病治疗和康复。青少年生长发育检测项目通常包括形态指标、功能指标、身体素质指标和青春期发育指标。

**知识链接**

**全国学生体质健康调研**

根据《中华人民共和国体育法》《国民体质监测工作规定》《全民健身条例》，国家从2000年开始建立国民体质监测系统，每5年对3～69岁的中国公民进行一次体质监测。青少年学生的体质健康调研工作是国民体质监测的重要组成部分，也是贯彻落实《中共中央国务院关于加强青少年体育增强青少年体质的意见》的具体要求。其检测指标包括身体形态、生理功能、身体素质、健康状况（视力、龋齿、血红蛋白、粪蛔虫卵）以及青春期发育指标（男生首次遗精、女生月经初潮）等共27项指标。

### （二）儿童和青少年体格生长发育的评价

体格生长发育的评价是将儿童和青少年各项生长指标的实测值与标准参照值进行比较，判断个体或群体儿童和青少年生长状况的过程。目前，我国常用的体格生长评价方法有均值离差法、百分位数法、指数法、相关回归法、生长发育图法（曲线图法）等。

**1. 单项指标评价**

（1）均值离差法：适用于描述正态分布的状况。以均值（中）为基准值，标准差（SD）为离散距，根据离差范围的不同将儿童体格发育分成五等级评价或六等级评价。按年龄的体重、按年龄的身高（身长）均值离差法评价，是我国目前在儿童保健门诊及基层保健人员中最常用的体格发育评价方法（表6-2）。

表6-2　均值离差法的等级评价

| 等级 | -2SD以下 | -（1SD~2SD） | -1SD | | +1SD | +（1SD~2SD） | +2SD以上 |
|---|---|---|---|---|---|---|---|
| 六级 | 下 | 中下 | 中低 | | 中高 | 中上 | 上 |
| 五级 | 下 | 中下 | | 中 | | 中上 | 上 |

（2）百分位数法：适用于描述正态和非正态分布状况。百分位法就是把某一组变量值按大小顺序排列起来，求出某个百分位上的数值，然后将百分位数值列表。一般多采用第3、10、25、50、75、90、97百分位数。$P_{50}$相当于中位数，$P_3$相当于-2SD，$P_{97}$相当于+2SD。$P_3$~$P_{97}$包括了全样本的95%。

当变量值呈非正态分布时，百分位数法比离差法能更准确地反映所测数值的分布情况。

**2. 多项指标综合评价**

（1）三项指标综合评价法：WHO推荐用按身高的体重、按年龄的身高、按年龄的体重3项指标综合评价。评价时以低于$P_{20}$的数值为低，$P_{20}$~$P_{80}$的数值为中，$P_{80}$以上的数值为高。此种评价，可对小儿的营养状况做出较为客观的判断。

（2）相关法评价：是目前认为较理想的体格发育评价。它可以将体重、身高、头围、胸围、上臂围等多项指标结合起来，进行小儿体格发育的综合评价。

（3）指数评价法：根据人体各部分之间的比例和相互关系，并借助于一定的数学公式，将两项或两项以上指标联系起来判断营养状况、体型，主要用于科学研究、教学工作及体质评价。常用的有BMI（body mass index）指数法（即Kaup指数），计算公式为：体重（kg）/［身高（m）］$^2$，它既反映了一定体积的重量，又反映了机体组织的密度，是评价营养状况的一个较好指标。

**3. 小儿生长发育图评价**　将小儿的某项体格生长指标（如体重、身高、胸围等）为纵坐标、年龄为横坐标，绘制成生长发育曲线图，能直观、快速地了解儿童的生长情况，了解其发育趋势和生长速度，及时发现偏离，以便尽早发现原因并予以干预。这也是WHO推荐给家长使用的体格生长发育评价方法，简便易行。它唯一的缺点是不能同时评价几项指标来说明儿童或青少年发育的匀称情况。

### （三）儿童和青少年神经心理发育的评价

儿童、青少年神经心理、行为发展水平表现在感知、运动、语言及心理过程等各种能力和个性方面，对这些能力及特征的检查称心理测试。心理测试方法是用一定的实验手段、较精确的数量化方法研究人的心理发育。目前，国内采用的心理测试方法主要包括丹佛发育筛查法、绘人测试等筛查测试方法和Gesell发育量表、Bayley婴儿发育量表等诊断测试方法两大类，须由专业人员进行评价。

## 八、儿童和青少年常见的健康问题与保健指导

儿童和青少年处于不断生长发育的动态变化过程中，不同阶段因其解剖生理、体格和神经发育各有不同特点，其保健措施、工作重点亦有所不同。社区卫生服务人员

应掌握儿童和青少年生长发育的规律及其影响因素，从而采取有效保健措施，促进其健康成长。

### （一）新生儿期保健

#### 1. 常见的健康问题

（1）脐带渗出：与护理不当或继发感染等有关。

（2）尿布疹：与皮肤长期受湿尿布刺激或互相摩擦等有关。

（3）生理性黄疸：与胆红素生成增多，或肝脏摄取胆红素能力差等有关。

（4）假月经：与胎儿娩出后体内雌激素水平下降有关。

（5）乳腺肿大：与胎儿娩出后体内催乳激素维持时间较长有关。

#### 2. 保健指导

（1）新生儿家庭访视：新生儿家庭访视是新生儿保健的重要措施。社区卫生服务人员应在新生儿出院回家后的第3、7、14、28天进行家庭访视，一般需访视3～4次。首次访视应在出院7 d内进行，了解出生时情况、预防接种及疾病筛查情况等。观察家居环境，重点询问和观察新生儿的喂养、睡眠、大小便、黄疸及脐部等情况。为新生儿进行全面的体格检查，测量体温、体重、身长等，做好记录。根据新生儿的具体情况，对家长进行母乳喂养、皮肤护理等针对性保健指导。对早产、低体重、双多胎或有出生缺陷的新生儿根据实际情况增加访视次数（表6－3）。

**表6－3　新生儿家庭访视记录表**

姓名________　　　　　　　　　　编号________

<table>
<tr><td colspan="2">性别</td><td colspan="4">○未知的性别　1男　2女　9未说明的性别　□</td><td>出生日期</td><td colspan="2"></td></tr>
<tr><td colspan="2">身份证号</td><td colspan="4"></td><td>家庭住址</td><td colspan="2"></td></tr>
<tr><td>父亲</td><td>姓名</td><td></td><td>职业</td><td></td><td>联系电话</td><td></td><td>出生日期</td><td></td></tr>
<tr><td>母亲</td><td>姓名</td><td></td><td>职业</td><td></td><td>联系电话</td><td></td><td>出生日期</td><td></td></tr>
<tr><td colspan="3">出生孕周　　周</td><td colspan="6">母亲妊娠期患病情况　1糖尿病　2妊娠期高血压　3其他</td></tr>
<tr><td colspan="2">助产机构名称</td><td colspan="2"></td><td colspan="5">出生情况　1顺产　2胎头吸引　3产钳　4剖宫　5双多胎<br>6臀位　7其他</td></tr>
<tr><td colspan="5">新生儿窒息　1无　2有　□<br>（Apgar评分：1 min　5 min　不详）</td><td colspan="4">是否有畸形　1无　2有　□</td></tr>
<tr><td colspan="9">新生儿听力筛查　1通过　2未通过　3未筛查　4不详　□</td></tr>
<tr><td colspan="9">新生儿疾病筛查　1甲低　2苯丙酮尿症　3其他遗传代谢病　________</td></tr>
<tr><td colspan="4">新生儿出生体重________kg</td><td colspan="3">目前体重________kg</td><td colspan="2">出生身长________cm</td></tr>
<tr><td colspan="4">喂养方式　1纯母乳　2混合　3人工　□</td><td colspan="3">*吃奶量________mL/次</td><td colspan="2">*吃奶次数________次/d</td></tr>
<tr><td colspan="4">*呕吐　1无　2有　□</td><td colspan="3">*大便　1糊状　2稀　□</td><td colspan="2">*大便次数________次/d</td></tr>
<tr><td colspan="4">体温________℃</td><td colspan="3">脉率________次/min</td><td colspan="2">呼吸频率________次/min</td></tr>
<tr><td colspan="4">面色　1红润　2黄染　3其他　□</td><td colspan="5">黄疸部位　1面部　2躯干　3四肢　4手足　□</td></tr>
</table>

续表

| | |
|---|---|
| 前囟________cm×________cm　1 正常　2 膨降　3 凹陷　4 其他　________ | |
| 眼外观　1 未见异常　2 异常　□ | 四肢活动度　1 未见异常　2 异常　□ |
| 耳外观　1 未见异常　2 异常　□ | 颈部包块　1 无　2 有　□ |
| 鼻　1 未见异常　2 异常　□ | 皮肤　1 未见异常　2 湿疹　3 糜烂　4 其他　□ |
| 口腔　1 未见异常　2 异常　□ | 肛门　1 未见异常　2 异常　□ |
| 心肺听诊　1 未见异常　2 异常　□ | 外生殖器　1 未见异常　2 异常　□ |
| 腹部触诊　1 未见异常　2 异常　□ | 脊柱　1 未见异常　2 异常　□ |
| 脐带　1 未脱　2 脱落　3 脐部有渗出　4 其他　□ | |
| 转诊建议　1 无　2 有　□<br>原因：<br>机构及科室： | |
| 指导　1 喂养指导　2 发育指导　3 防病指导　4 预防伤害指导　5 口腔保健指导　□/□/□/□/□ | |
| 本次访视日期　　年　月　日 | 下次随访地点： |
| 下次随访日期　　年　月　日 | 随访医生签名： |

（2）日常护理

1）保暖：新生儿房间应通风良好，阳光充足，温湿度适宜。室温宜保持在22～24 ℃，湿度55%～60%。北方寒冷季节要特别注意保暖，选择适宜的保暖用品，以防烫伤；夏季应避免室内温度过高，多喂水，以防发生脱水热。新生儿的衣被应轻软，衣着和尿布宜选择浅色、透气、柔软的布料，衣服要宽松舒适，四肢可自由活动，切勿用带子捆绑。

2）脐带护理：新生儿脐带未脱落前要注意保持脐部清洁、干燥，每天用75%乙醇或碘伏棉签消毒脐带残端及脐轮周围1～2次，使用尿布时避免超过脐部，以免尿、粪污染脐部。

3）臀部护理：注意保持臀部清洁、干燥，及时更换尿布，每次大便后用温水清洗臀部，以防红臀发生，必要时可使用氧化锌或5%鞣酸软膏涂抹局部。

4）注意观察：指导家长观察新生儿面色、呼吸、精神状态、哭声、反应、睡眠、吃奶、大小便、体温、体重、黄疸等，了解新生儿生长发育的状况。

5）皮肤护理：新生儿皮肤娇嫩，新陈代谢旺盛，应每日洗澡保持皮肤清洁。

沐浴前准备：室温要求26～28 ℃，洗澡前关好门窗，避免对流风，准备好柔软的干毛巾和换洗的衣服、尿布及包单。准备新生儿专用的澡盆，每次使用前都要清洗澡盆，先加冷水，后加热水，同时用肘部内侧试水温，温度以38～40℃为宜。

沐浴顺序：面部—头—颈部—上肢—躯干—下肢—会阴和臀部。

沐浴注意事项：①沐浴宜选在吃奶前，避免体位变换，以防吐奶；②清洗眼部时，应由内眦往外眦擦；③清洗头部时，注意防止水进入耳朵；④清洗时由上向下，重点清洗颈部、腋下和腹股沟等皮肤皱褶处；⑤女婴清洗会阴时应由前向后清洗，男婴应轻轻翻开包皮清洗；⑥脐带未脱落前清洗腹部时，注意不要沾湿脐部，或使用护脐贴，每次沐浴后应对脐部进行消毒处理，以防感染。

6）婴儿抚触：即给婴儿进行科学、有序的全身按摩，可以促进婴儿的血液循环，刺激免疫系统，提高免疫力和应激能力；促进母婴情感交流，安抚情绪，改善睡眠质量；促进婴儿的消化吸收和激素分泌，达到体重增加、肌肉结实的目的。

抚触前准备：选择安静房间，室温 25 ℃左右，播放柔和的音乐。婴儿不宜太饱或太饿，抚触最好在婴儿沐浴后进行。抚触前，将婴儿润肤油先倒一些于掌心，相互揉搓使双手温暖。

抚触步骤：可按以下顺序进行。①脸部（舒缓紧绷的脸部）：从前额中心处用双手拇指往外推压——眉头、眼窝、人中、下巴，同样用双手拇指往外推压，画出一个微笑状。②胸部（顺畅呼吸，促进循环）：双手放在两侧肋缘，右手向上滑向婴儿右肩，复原，左手以同样方法进行。③腹部（有助于肠胃活动）：按顺时针方向按摩腹部，但是在脐痂未脱落前不要按摩该区域。用指腹在婴儿腹部从操作者的左方向右方按摩。④手部（增强灵活反应）：用双手轻柔搓揉或挤捏婴儿上肢（上臂—腕部），然后用拇指从手掌心按摩至手指。⑤腿部（增强运动协调功能）：按摩婴儿的大腿、膝部、小腿，从大腿至踝部轻轻挤捏，然后按摩脚踝及足部。双手夹住婴儿的小腿，上下搓滚，并轻拈婴儿的脚踝和脚掌。⑥背部（纾缓背部肌肉）：双手平放婴儿背部，从颈部向下按摩，然后用指腹轻轻按摩脊柱两边的肌肉，然后再次从颈部向脊柱下端迂回运动。

抚触的注意事项：①抚触以每日 3 次，每次 15 min 为宜；②抚触最好在婴儿沐浴后或者穿衣服时进行，婴儿饥渴或烦躁时都不适宜抚触；③抚触力度适当，逐渐增加力度，以便婴儿适应；④不宜强迫婴儿保持固定姿势，若出现哭闹，应立即停止抚触。

（3）母乳喂养：母乳喂养是 0 ~ 6 个月婴儿最佳的喂养方式。WHO 和联合国儿童基金会联合制定的《婴幼儿喂养全球战略》中明确指出：在生命的最初 6 个月应对婴儿进行纯母乳喂养，以实现婴儿的最佳生长、发育和健康。促进母乳喂养成功的方法有：

1）早吸吮：新生儿出生后 30 min 内，即可与母亲肌肤接触，帮助吸吮乳头，帮助建立觅食与吸吮反射，同时促进早期泌乳。

2）勤吸吮：频繁吸吮可通过刺激乳头反射性地刺激脑垂体分泌催乳素，从而促进乳汁分泌；频繁吸吮还能使乳腺管收缩、通畅，减少乳胀发生。出生最初 2 d 内，每日吸吮次数应在 12 次以上。

3）按需哺乳：哺乳间隔时间与持续时间没有限制，只要新生儿啼哭（饥饿引起）或母亲乳胀就哺乳。坚持夜间哺乳，夜间哺乳可刺激乳汁分泌。

4）指导正确的哺乳方法：应指导正确的母乳喂养方式。①哺乳前：应更换尿布，清洗双手后，采取母婴均舒适的体位哺乳。②哺乳时：将新生儿贴近母亲，含住乳头和大部分乳晕，注意不能堵住新生儿的鼻子，先吸空一侧乳房，再吸吮另一侧，下次哺乳时则从另一侧乳房开始。每次哺乳时间控制在 15 ~ 20 min，不宜超过 30 min。③哺乳完毕：将新生儿竖抱靠在肩头，轻拍其背部将胃内吸入的空气排出，以防溢奶。④哺乳后：指导母亲将新生儿安置于右侧卧位 30 min，以防溢奶或吐奶造成窒息。

5）预防乳头皲裂：母乳喂养可能造成乳头皲裂，可采用以下方式预防。①哺乳前：用温水擦洗乳房，切忌使用肥皂或乙醇等清洁乳头。②哺乳后：切忌强行将乳头从新生儿口中拉出，以免引起局部疼痛或破损；哺乳后可挤出 1 滴乳汁涂抹在乳头上自然干燥，或涂抹橄榄油，起到保护乳头的作用。③选择合适的哺乳胸罩保护乳头，避免衣物摩擦，以利于乳头皲裂的愈合。

（4）早期教养：新生儿的视、听、触觉已初步发展，在此基础上可通过反复的视觉、听觉训练建立各种条件反射，培养新生儿对周围环境的定向力及反应能力。父母在教养中起着重要作用，鼓励父母多拥抱、多抚摸新生儿，对新生儿说话、唱歌等，促进父母与新生儿的情感连接，建立和培养亲子情感，促进新生儿智力发育。

（5）预防疾病和意外：保持室内空气清新、温湿度适宜，尽量减少亲友探视，避免交叉感染；新生儿的用具须专用，食具每次用后消毒；衣服、被褥和尿布要柔软，并保持清洁和干燥，以防尿布疹的发生；母亲在哺乳和护理前应洗手，家人患感冒时必须戴口罩才能接触婴儿，新生儿出生 2 周后应口服维生素 D，每日 400 IU，根据季节和新生儿状况逐渐增加户外活动时间，多晒太阳，预防佝偻病；夏季要指导预防中暑和婴儿腹泻；冬季预防新生儿硬肿症以及一氧化碳中毒；指导母亲严防新生儿窒息的发生；按时接种卡介苗和乙肝疫苗，预防疾病。

### （二）婴幼儿期保健

#### 1. 常见的健康问题

（1）腹泻：与喂养不当或卫生习惯不良等有关。

（2）营养不良：与某些营养素缺乏或喂养不当等有关。

（3）小儿肺炎：与护理不当或小儿抵抗力低下等有关。

（4）营养性缺铁性贫血：与喂养不当或膳食结构不合理等有关。

（5）佝偻病：主要与维生素 D 缺乏有关。

#### 2. 保健指导

（1）合理喂养：

1）婴儿期膳食：6 个月内鼓励纯母乳喂养，6 个月后开始添加辅助食品。辅食添加应根据婴儿的实际需要和消化系统的成熟程度，遵循从少到多、由稀到稠、由细到粗、由一种到多种循序渐进的原则。天气炎热和婴儿患病时，应暂缓添加新的辅食种类（表 6－4）。

**表 6－4　辅食添加的步骤和方法**

| 月龄 | 食物性状 | 添加的辅食 | 餐具 | | |
|---|---|---|---|---|---|
| | | | 主餐 | 辅餐 | 进食技能 |
| 满 6 个月 | 泥状食物 | 谷类及蔬菜类，米糊、菜泥、水果泥等 | 6 次奶（断夜间奶） | 一次 2～3 勺 | 用勺喂 |
| 7～9 个月 | 末状食物 | 稀饭、烂面、烤馒头片、饼干、菜泥、鱼泥、蛋、肝泥、肉末、豆腐、动物血、水果泥等 | 4 次奶 | 1 次饭<br>1 次水果 | 学用杯 |

续表

| 月龄 | 食物性状 | 添加的辅食 | 餐具 | | |
|---|---|---|---|---|---|
| | | | 主餐 | 辅餐 | 进食技能 |
| 10～12个月 | 碎食物 | 软饭、烂面、馒头、碎菜、碎肉、蛋、肉、豆制品、水果、带馅食品等 | 3餐饭 | 2～3次奶<br>1次水果 | 抓食<br>断奶<br>自用勺 |

2）幼儿期膳食：幼儿期应供给营养丰富的食物，蛋白质、脂肪、碳水化合物供能各占总能量的10%～15%、25%～30%、50%～60%，优质蛋白应占蛋白质总量的1/3～1/2，饱和脂肪酸应小于总能量的10%，多不饱和脂肪酸应占总能量的7%～8%，单不和脂肪酸应占总能量的12%～13%，每1 000 kcal能量胆固醇应小于100 mg，此种饮食结构有利于预防幼儿的肥胖症。食物品种宜多样化，同时注意培养良好的饮食习惯。

（2）定期健康检查：定期健康检查是指按一定时间间隔对婴幼儿进行的健康检查，以便动态地观察婴幼儿的生长发育及营养状况，了解和发现与健康相关的问题，及时采取针对性的干预措施，维护婴幼儿的健康成长。婴幼儿定期健康检查的时间：3、6、8、12、18、24、30、36月龄时各检查一次，共8次。

健康检查内容包括：询问两次健康检查之间婴幼儿的喂养方式、辅食添加、睡眠、神经精神发育及患病情况；评估其生长发育和心理行为发育评估；进行母乳喂养、辅食添加、神经心理行为发育、意外伤害预防、口腔保健、中医保健、常见疾病防治等健康指导；在婴幼儿6～8、18、30月龄时分别进行1次血常规检测；在6、12、24、36月龄时分别进行1次听力筛查。

（3）培养良好的生活习惯：从婴儿期开始培养良好的生活习惯，有益于发展婴幼儿的独立性和自主性，如饮食、睡眠、排便、排尿、卫生习惯及自理能力等。

（4）体格锻炼：体格锻炼是促进婴幼儿生长发育、增强体质、增进健康的积极措施。体格锻炼的形式多种多样，可利用自然因素（如日光、空气和水“三浴”锻炼）、体育运动（如婴儿主动、被动操或幼儿体操等）及各种游戏等强身健体，提高婴幼儿对外界环境的适应能力和抗病能力。

（5）早期教育：是指根据婴幼儿生理和心理发展特点，进行有计划、有组织、有目的的针对性指导与培养。早期教育的年龄主要是3岁以前，目的是发挥婴幼儿的潜力，增进与人交往和沟通的能力。早期教育的内容包括动作训练、语言训练、认知能力和社会交往能力的培养等。

1）动作训练：家长应为婴幼儿提供运动的空间和机会。2个月时，可开始训练婴儿空腹俯卧，并逐渐延长俯卧的时间，培养俯卧抬头，扩大婴儿的视野。3～6个月练习拉坐时主动举头、翻身、扶站、自动跳跃；7～9个月学习爬行；10～15个月学习独自走路，练习爬上台阶；18～24个月训练自己扶栏走，上、下台阶；2～3岁练习跑、跳、踢球等动作。同时注重婴幼儿精细动作的训练，比如搭积木、折纸、串珠子、系纽扣、画画等。

2）语言训练：家长可以通过讲故事、念儿歌等方式为婴幼儿提供丰富的语言环境。诱导婴儿多发音，指认身体部位、物品等练习说出单词和简单句子；鼓励幼儿用语言表达自己的想法、背儿歌，多与周围小朋友进行交流等，促进语言的发展。

3）认知能力的培养：在促进婴幼儿视、听、触觉等发展的基础上，指导家长采用益智的游戏提高婴幼儿的认知能力，如区分不同的颜色、形状，识别各种动物等。

4）社会交往能力的培养：按照婴幼儿神经心理发育的不同阶段来培养，指导家长给婴幼儿多创造社交机会，走出家庭，增强社交能力；以游戏的方式鼓励婴幼儿主动与他人接触，学习社交礼仪，与他人合作、遵守规则，培养良好的情绪和行为。

（6）预防疾病和意外：

1）防治常见病和多发病：积极开展健康教育，按时预防接种，重点防治我国卫计委公布的儿科领域四大疾病，即婴幼儿腹泻、小儿肺炎、营养性缺铁性贫血和维生素D缺乏性佝偻病。

2）预防意外伤害：婴幼儿活动能力逐渐增强，活动范围增大，但对危险识别的能力较差，容易发生各种意外伤害，如烫伤、窒息、中毒、跌落、溺水等，积极指导婴幼儿父母树立安全意识，消除婴幼儿生活活动场所的安全隐患，加强监管等。

（7）防治常见的心理行为问题：幼儿常见的心理行为问题包括违拗、乱发脾气和破坏性行为等，帮助家长应针对原因采取有效的措施，促进幼儿童心理行为的良好发展。

### （三）学龄前期保健

#### 1. 常见的健康问题

（1）近视：与用眼不卫生或看电视时间过长等有关。

（2）龋齿：与口腔不卫生或摄入过多含糖的食物等有关。

（3）缺铁性贫血：与喂养不当或膳食结构不合理等有关。

（4）寄生虫病：与不良的卫生习惯或饮未消毒的饮用水等有关。

（5）肥胖症：与营养过剩或膳食结构不合理等有关。

#### 2. 保健指导

（1）保证充足营养：学龄前儿童膳食结构接近成人，食品制作应多样化，并做到粗、细、荤、素食品搭配，保证热能和蛋白质的摄入。每日4～5餐（3餐主食，1～2餐点心），优质蛋白摄入应占总蛋白的1/2，其中乳类占总能量的1/3。注意培养儿童健康的饮食习惯和良好的进餐礼仪。

（2）日常护理：

1）自理能力：学龄前期儿童已具有部分的自理能力，如进食、穿衣、洗脸、刷牙、如厕等，但其动作缓慢、不协调，常需他人帮助，此时父母应鼓励儿童自理，不能包办。

2）睡眠：因学龄前儿童想象力极其丰富，可导致儿童怕黑、做噩梦，不敢一个人在卧室睡觉，常需要父母陪伴。父母可在儿童睡前与其进行一些轻松、愉快的活动，以减轻紧张情绪，还可以在卧室开一盏暖色调的小灯。

（3）体格检查：每年1～2次，检查内容包括测身高、体重，检查牙齿、视力、听力、血常规等，监测其生长发育情况，指导正确的坐、立、行、站姿势，预防脊柱畸形。

（4）早期教育：

1）品德教育：培养儿童遵守纪律、团结友爱、热爱劳动、乐于助人的好品质；安排儿童学习手工制作、弹奏乐器、唱歌跳舞及各种游园等活动，培养他们多方面的兴趣和想象、思维能力，陶冶情操。

2）智力发展：学龄前儿童绘画、剪贴、做模型和搭积木的复杂性和技巧性明显增强，游戏的模仿性也很强。成人应有意识地引导儿童进行较复杂的智力游戏，增强其思维能力和动手能力。

（5）预防疾病和意外：

1）防治常见病和多发病：指导家长培养儿童良好的饮食习惯，避免摄入过多高能量、高脂肪膳食，加强体育锻炼，预防儿童肥胖；做好视力和口腔保健，每年接受一次视力筛查和眼的全面检查，培养良好的用眼习惯，积极矫正屈光不正和功能训练，防治近视及各种流行性眼病；培养每天早晚刷牙的习惯，预防龋齿，纠正不良口腔习惯，包括吸吮手指、咬唇或物，预防错颌畸形，每半年或每年检查口腔一次。

2）预防意外伤害：学龄前儿童活泼好动，动作协调性不太好，喜欢模仿成人，但缺乏自控能力，对危险的辨识度不高，仍然是意外事故的高发期。应加强对他们的安全教育，如遵守交通规则、不攀高、不要玩电器或电源，不去河边、池塘边玩耍等。

（6）防治常见的心理行为问题：学龄前儿童常见的心理行为问题包括咬指甲、吸吮拇指、遗尿、手淫、破坏性或攻击性行为等，帮助家长积极寻找原因，采取有效的措施，促进儿童心理行为的健康发展。

### （四）学龄期保健

#### 1. 常见的健康问题

（1）近视：与用眼不卫生，或读书、写字姿势不当或时间过长等有关。

（2）龋齿：与口腔不卫生或摄入过多的含糖食物等有关。

（3）缺铁性贫血：与膳食结构不合理或饮食习惯不良等有关。

（4）各种损伤：与安全意识差或危险的辨识度低等有关。

（5）骨骼畸形：主要与某些不良姿势有关。

#### 2. 保健指导

（1）保证充足营养：学龄期膳食要求营养充分而均衡，以满足儿童体格生长、心理和智力发展、紧张学习和体力活动等需求。要重视早餐和课间加餐，同时注意保证饮食的质和量，以保证体格发育、精力充沛。同时，要特别注意保证补充含铁食品，以降低贫血的发生率。学龄期儿童的饮食习惯和方式受大众传媒、同伴和家人的影响较大，应积极进行营养卫生知识的健康宣教，养成良好的饮食习惯。

（2）体格锻炼：学龄期儿童应每天进行户外活动和体格锻炼。系统的体育锻炼，如体操、游泳、球类等活动均能促进少年儿童体力、耐力的发展。课间参加户外活动，可缓解身心疲劳，使大脑保持清醒。适当的劳动也可以增强体质，促进生长发育，还可以培养学生热爱劳动的好习惯，促进其全面发展。

（3）培养良好的习惯：通过体育锻炼培养少年儿童的毅力和奋斗精神，通过培养兴趣来陶冶高尚情操。养成良好的学习习惯和个性品质，培养不吸烟、不饮酒、不随地吐痰等好习惯。

（4）预防疾病和意外：学龄期儿童应特别注意保护视力，教育学生读书、写字时保持正确的姿势，认真做眼保健操，避免眼睛过度疲劳；培养学生正确的坐、立、行等姿势，防止造成骨骼畸形；培养少年儿童每天早、晚刷牙，饭后漱口的好习惯，预防龋齿；养成按时睡眠、起床和夏季午睡的习惯，保证精力充沛，身体健康；对少年儿童进行法制教育，学习交通规则和意外事故的防范知识，减少伤残的发生。

（5）防治常见的心理行为问题：学龄期儿童常见的心理行为问题是不适应上学，表现为焦虑、紧张、恐惧或拒绝上学。其原因较多，如不愿意与父母分离，上学时产生分离性焦虑；与同伴相处不融洽，关系紧张；对学校环境的陌生；学习成绩不好，害怕考试等。应给予家长针对性的指导，帮助少年儿童尽快地适应学校的生活。

### （五）青春期保健

#### 1. 常见的健康问题

（1）结核病：与机体抵抗力低下或卫生习惯不良等有关。

（2）沙眼：与用眼不卫生或卫生习惯不良等有关。

（3）肥胖症：与营养过剩或膳食结构不合理等有关。

（4）月经不调：与精神紧张或神经内分泌调节功能尚未完全成熟等有关。

（5）遗精：与精神紧张或心理因素等有关。

（6）妊娠：与保健知识缺乏或不良的性观念等有关。

#### 2. 保健指导

（1）保证充足营养：青春期为生长发育的第二个高峰期，体格生长迅速，脑力劳动和体力劳动消耗大，必须增加热能、蛋白质、维生素及矿物质等营养素的摄入。同时注意营养过剩，预防肥胖症。当少女开始关心自己的外貌及身材时，她们会对正常范围内的体重增加和脂肪增长担心，形成偏食的习惯，危害健康。家长、学校及社区卫生服务人员均有责任指导青少年选择营养适当的食物和保持良好的饮食习惯。

（2）卫生保健：合理安排作息时间，避免学生压力过大和精神过度紧张。每年进行一次体格检查，监测生长发育情况。青春期尤其要重视生理卫生教育和性教育，使青少年了解青春期的发育特点，了解月经和遗精、怀孕、性传播疾病等相关知识，指导女生做好经期卫生和自我防护。加强体育锻炼，增强体质，锻炼意志。

（3）法制和品德教育：青少年思想尚未稳定，易受外界一些错误或不健康的因素影响。因此，青少年需要接受系统的法制教育，学习勇于向上、积极进取、助人为乐的道德风尚，自觉抵制腐化堕落思想的影响。

（4）培养健康的生活方式：在社会不良因素影响下，青少年会形成一些恶习和不健康的生活方式，如网瘾、吸烟、酗酒、吸毒、滥交等，应加强正面教育，帮助其养成健康的生活方式。

（5）预防疾病和意外：急性传染病和营养不良已不再是青少年主要的健康问题，

而是与社会心理因素及不良行为生活方式有关的疾病和现象，如网瘾、吸烟、酗酒、吸毒、性病、少女怀孕、自杀等。需要社会、学校、家庭联合起来，对青少年进行健康教育和保健指导，帮助他们建立健康的行为生活方式和社会适应能力，预防危害社会和身心健康的行为发生。青少年神经内分泌系统发育不稳定，好冒险、易冲动、敏感又脆弱，对自身认识不足，容易发生意外伤害和事故，尤其是男性，常见运动伤害、车祸、溺水、打架斗殴等，女生易产生自杀倾向，应继续加强安全教育和心理健康指导。

（6）防治常见的心理行为问题：青春期少年常见的心理行为问题为多种原因引起的离家出走、自杀及自我形象不满等而出现的心理问题，家庭及社会应给予高度重视，并积极采取有效的措施解决此类问题。

## 第二节　学校卫生保健

学校卫生是指根据儿童和青少年生长发育的特点，以“学校群体”为服务对象，在学校内提供卫生保健服务，促进儿童和青少年的身心健康，以实现德、智、体全面发展的社会主义教育目标。

### 一、学校卫生保健特点

1. **健康问题的复杂性**　学校卫生保健不仅包括个体健康问题，也关注集体健康问题，同时还包括学校内的环境问题、安全问题等。学校必须要有针对传染病的处理方案，控制或减少传染病的发生。

2. **保健措施的差异性**　学校卫生保健涉及的年龄范围广，从小学到中学的所有学生各个年龄阶段具有不同的生理特征和心理特点，因此应根据不同年龄阶段儿童和青少年生长发育的特点，采取针对性的卫生保健措施。

3. **保健工作的社会性**　学校卫生工作项目繁多、内容广泛，不是单靠教育或卫生主管部门个别力量即可完成的，而是需要借助教育、卫生和其他部门的配合、协助，共同完成。

### 二、学校卫生保健工作内容

1. **健康教育**　健康教育是学校卫生工作的基础，包括普及个人卫生、饮食卫生、预防疾病、青春期卫生、心理卫生等保健知识，提高学生的自我保健意识，建立良好的行为习惯和生活方式。健康教育的形式应多样化，将知识与艺术统一起来。

2. **环境卫生**　学校是学生学习和生活的重要场所。积极控制各种不利的环境因素，保护和改善学校的物理环境、文化环境和社会环境。健康、安全、舒适、优美的环境对学生的身心健康十分重要。

3. **膳食指导**　儿童和青少年健康的身体，依赖于适当的锻炼和合理的膳食等习惯。学校、家长及社区卫生服务人员应根据儿童和青少年生长发育的特点及营养需求，制定符合他们需要的营养膳食，帮助他们养成良好的饮食习惯，促进学生发育和身体健康。

4. **保健服务** 学校应全面了解学生的健康状况和生长发育水平，要加强与卫生防疫部门的配合，提供针对近视眼、龋齿、贫血、肥胖、营养不良、肠道寄生虫病等健康问题的处理以及缺陷儿童的个性化护理。

5. **心理咨询** 针对学生普遍存在的心理行为问题，在学校开设心理咨询室，提供心理卫生的咨询和保健指导，讨论、分析、帮助学生正确处理人际关系问题、情绪情感问题、发展问题及身心健康问题，改善他们心理健康的状况，促进学生的身心健康。

6. **健康检查** 通过定期健康检查、筛查、调查等方式，了解学生的生活安排、学习情况、健康状况及生长发育水平，建立并健全学生的健康档案，注意积累数据，分析健康资料，认真填写好学生的健康卡片，毕业时要随同学生档案一起转交上一级学校备查或继续使用。

### 三、学校保健人员的角色

1. **健康教育实施者** 在学校健康教育中，学校保健人员参与学校健康教育需求的评估、教育计划的制订、教育内容的选择、教育者的培训、教育的实施以及教育效果的评价。

2. **健康维护者** 学校保健人员应全面了解学生的健康状况和生长发育水平，定期对学生进行体格检查、健康筛查，早期发现学生的健康问题，及时采取有针对性的处理措施。

3. **护理提供者** 学校保健人员提供常规的医疗服务，使一些患有急、慢性病的学生在医院之外也能得到连续的有效的护理。

4. **学校卫生的监督者** 保健人员参与学校卫生监督，促使学校环境设施及各项教学活动符合卫生标准，以确保学生健康。同时，保健人员还应呼吁有关部门建立健全学校的卫生法规，用法律武器来维护学生的身心健康。

5. **协调者** 学校卫生保健工作不是依赖某一部门或某一行业就能做好的，需要全社会的共同参与。学校保健人员应协调学校与家庭、社区、新闻媒体等团体机构之间的关系，使他们能够积极参与、大力支持学校的卫生保健服务。

## 第三节 社区妇女的保健指导

### 一、社区妇女保健概述

妇女保健是我国卫生保健事业的一个重要组成部分，妇女健康是一个国家与地区政治、经济和文化发展水平的标志之一。根据妇女的身心特点，结合现代医学和护理学知识及科学技术，为妇女进行预防保健工作，是社区卫生服务机构及社区护士的重要任务。长期以来，妇女保健工作中存在孕产妇管理难度大、婚检率锐减、妇科普查率低和重视程度不够等问题，社区护士应不断提高业务水平，定期对妇女进行常见病的普查和保健服务，做好健康教育工作，促进妇女身心健康。

### （一）概念

社区妇女保健（community women health）是以维护和促进妇女健康为目的，以预防为主、以保健为中心、以基层为重点、以社区妇女为对象，防治结合，开展以生殖健康为核心的保健工作。生殖健康不仅是生殖过程没有疾病和失调，而且是心理、生理和社会的一种完好状态，并在此状态下完成生殖。因此，妇女保健工作要做到以人为中心，以护理程序为框架，以服务对象的需求为评价标准，强调妇女保健的社会参与和政府责任。

**知识链接**

“健康与我同行——中国女性健康系列活动”组委会决定从2010年开始，在全国范围内开展“中国女性生殖健康工程”活动。中国女性生殖健康工程以“宣传科学知识、倡导健康生活、关注女性健康、促进家庭幸福”为宗旨。通过主题活动的开展，在我国女性中广泛实施健康教育，提高女性的健康意识。并通过她们，促进形成家庭的健康行为观念，从而达到全社会健康知识水平的提高和健康生活方式的普及，为实现全面建设小康社会的宏伟目标做出贡献。

### （二）工作范畴

社区妇女保健包括妇女各时期和特殊阶段的保健、计划生育指导、常见妇女疾病及妇科肿瘤的预防与普查、妇女劳动保护等方面。

### （三）相关政策和法规

在当今中国，已形成以《中华人民共和国宪法》为基础，以《中华人民共和国妇女权益保障法》《中华人民共和国母婴保健法》为主体，包括国家各种单行法律法规、地方性法规和政府各部门行政规章在内的一整套保护妇女权益和促进性别平等的法律体系。

### （四）妇女卫生保健常用指标

1. **妇女病普查普治统计指标** 妇女病普查率、妇女病患病率、妇女病治病率等。

2. **围生期保健指标** 包括孕产期保健工作统计指标，如产前检查率、产前检查覆盖率、产后访视率、住院分娩数等；孕产期保健质量指标，如高危孕妇发生率、妊娠高血压疾病发生率、产后出血率、产褥感染率、会阴破裂率等；孕产期保健效果指标，如围生儿死亡率、孕产妇死亡率、新生儿死亡率、早期新生儿死亡率等。

3. **妇女劳动保护** 妇女职业危害的发生率、防治率等。

## 二、女性不同时期常见健康问题

1. **女童期** 女童期指从新生儿期后到青春早期（通常为婴儿期至10周岁）的阶段。女童期一般包括婴儿期（出生28 d～1岁）、幼儿期（1～3岁）、学龄前期（3～6岁）、学龄期（6～10岁）。女童的健康是女性生殖健康的基础，影响女童的健康除遗传因素、先天因素外，不同的社会伦理观念、文化传统、风俗习惯、社会经济发展水平都起着十分重要的作用。封建社会形成的重男轻女思想和行为至今仍在不少地方和家庭存在，影响着女童的身心健康。社区护士此期主要工作是教育家长做好女童的生殖保健，培养女童良好的生活习惯，按时参加计划免疫，注重幼女妇科疾病的防治。

2. **青春期**　从月经初潮至生殖器官逐渐发育成熟的时期为青春期，一般是 12～18 岁。青春期开始后，卵巢发育逐渐成熟，在卵巢激素的影响下，女孩的性发育逐渐成熟。性发育导致心理变化，自我意识增强，情绪不稳定增加，少女好奇心、模仿性强，容易沾染不良嗜好，误入歧途。应理解上述青春期的心理行为特点，做好保健工作，加强营养指导、体育锻炼、个人卫生指导和性教育等。定期体格检查，及早发现、及时治疗少女常见疾病，如月经不调、原发及继发性闭经等，及时发现少女的行为偏差以及处理少女妊娠、性传播疾病等。

3. **性成熟期**　从生殖器官发育成熟到绝经前的时期，一般是 18～40 岁，此期重点是围婚期和围生期保健。此期女性主要存在生殖道感染、乳腺疾病、月经紊乱和生殖健康问题，如避孕、不孕、妊娠、意外妊娠、妊娠并发症、早产、低体重、出生缺陷、孕产妇死亡等。此外，由于家庭和社会的双重压力，女性心理压力较大，可导致健康问题，如产后抑郁症、乳腺癌、子宫颈癌等疾病发生。此期应加强计划生育指导、疾病的普查和健康宣传，早发现、早诊断、早治疗。

4. **围绝经期**　指绝经前后一段时期，即女性从 40 岁左右至绝经后 1 年内的时间。此期女性的卵巢功能逐渐减退至消失，雌激素水平下降，经期、月经量不规律，可出现一系列身心疾病甚至精神症状。此期不仅要加强对症治疗和卫生宣传，还应提高女性自我保健意识和生活质量。

5. **绝经后期**　此期重点是老年期保健。根据国际老年学会规定，65 岁以后为老年期。对女性而言，完全绝经以后 1 年，可认为进入绝经后期。随着激素水平的改变，易发生心理障碍和各种疾病，如老年痴呆症、骨质疏松、心脏病、糖尿病、脑血管疾病等。此期应指导定期体检、参加社会活动、保持生活规律，促进身心健康和提高生活质量。

## 三、社区妇女特殊时期的保健指导

### （一）围婚期妇女保健

此阶段的保健工作重点是做好婚前保健服务。婚前保健服务是对准备结婚的男女双方，在结婚登记前所进行的婚前医学检查、婚前卫生指导和婚前卫生咨询服务。因此，要求社区护士要掌握辖区内婚前期妇女的情况，根据不同年龄组、不同阶段的需要做好优生优育的指导。

**1. 配偶的选择**

（1）近亲不能结婚：近亲是指有直系血亲或三代以内的旁系血亲。近亲婚配的危害很大，主要是因为具有共同的遗传基因，会影响子代的优生。先天性和遗传性病在近亲婚配的后代中，发病率比一般婚姻情况的发病率高 150 倍，而近亲婚配者后代发病率竟高达 1/64。

（2）患有医学上认为不应当结婚的疾病，禁止结婚：目的在于防止当事人所患的疾病传染或遗传给下一代，提高人口素质，以保护后代和民族的健康。一般来说，以下几种人不宜结婚或暂缓结婚。

1）严重遗传性疾病：是指由于遗传因素先天形成，患者全部或者部分丧失自主生活能力，后代再现风险高，医学上认为不宜生育的遗传性疾病。如各种类型的先天性痴呆、进行性肌营养不良、肌强直等疾病。

2）指定传染病：艾滋病、淋病、梅毒、麻风病以及医学上认为影响结婚和生育的其他传染病。凡患有传染病而仍处于规定隔离期内的患者或正处于活动期的慢性病患者，如肺结核患者、严重心脏病患者等应暂缓结婚。梅毒、淋病等性病和麻风病等患者应彻底治愈后才能结婚。

3）有关精神病：是指精神分裂症、躁狂抑郁型精神病以及其他重性精神病。

（3）患有医学上认为不宜生育的疾病，则不宜生育：结婚后的妇女若患了以下病症，不宜怀孕；已经怀孕的，应当中止妊娠。

1）严重的显性遗传性疾病：如视网膜母细胞瘤，强直性肌营养不良，遗传性痉挛性共济失调，软骨发育不全等。

2）严重的隐性遗传性疾病：如肝豆状核变性、苯丙酮尿症、糖原积累症、先天性全色盲、小头畸形等。

3）严重的多基因遗传性疾病：如精神分裂症、躁狂抑郁性精神病、原发性癫痫病、先天性心脏病、唇裂和腭裂、青少年型糖尿病等。

2. **婚前检查** 夫妻双方的健康是优生的根本条件。婚前检查是在结婚前对男女双方进行常规体格检查和生殖器检查，早期发现疾病，有利于婚配双方的健康，有利于优生，也有利于主动有效地掌握好受孕的时机和避孕方法。2003 年，我国的婚前检查制度从强制转变为自愿，出现婚检率锐减，因此社区护士应加大宣传力度，进行婚前检查相关知识教育，有效提高婚前检查率。婚前检查内容包括：婚前医学检查、婚前卫生指导、婚前卫生咨询。

（1）婚前医学检查：对准备结婚的男女双方可能患影响结婚和生育的疾病进行的医学检查。

1）婚前医学检查项目：包括询问病史、体格检查、常规辅助检查和其他特殊检查。①检查女性生殖器官时应做肛门腹壁双合诊，如需做阴道检查，须征得本人或家属同意后进行；除处女膜发育异常外，严禁对其完整性进行描述；对可疑发育异常者，应慎重诊断。②常规辅助检查应进行胸部透视，血常规、尿常规、梅毒筛查，血转氨酶等。③其他特殊检查，如乙型肝炎血清学标志检测、淋病、艾滋病、支原体和衣原体检查、精液常规、B 型超声、乳腺、染色体检查等，应根据需要或自愿原则确定。

2）婚前医学检查的主要疾病：包括以下几类。①严重遗传性疾病：由于遗传因素先天形成，患者全部或部分丧失自主生活能力，子代再现风险高，医学上认为不宜生育的疾病。②指定传染病：《中华人民共和国传染病防治法》中规定的艾滋病、淋病、梅毒以及医学上认为影响结婚和生育的其他传染病。③有关精神病：精神分裂症、躁狂抑郁型精神病以及其他重性精神病。④其他与婚育有关的疾病，如重要脏器疾病和生殖系统疾病等。

（2）婚前卫生指导：婚前卫生指导是对准备结婚的男女双方进行的以生殖健康为核心，与结婚和生育有关的保健知识的宣传教育。婚前卫生指导内容包括性保健和性教育，新婚避孕知识及计划生育指导，受孕前的准备、环境和疾病对后代影响等孕前保健知识，遗传病的基本知识，影响婚育的有关疾病的基本知识，以及其他生殖健康知识。

（3）婚前卫生咨询：婚检医师应针对医学检查结果发现的异常情况以及服务对象提出的具体问题进行解答、交换意见、提供信息，帮助受检对象在知情的基础上做出适宜的决定。

3. **婚育知识**

（1）最佳生育年龄：研究表明，女性生殖器官一般在20岁以后才逐渐发育成熟，骨骼的发育成熟要到23岁左右，因此，结婚生育的年龄应稍晚一些，这样既有利于妇女身心健康，也有利于优生。结婚后2~3年生育，有利于夫妻健康、学习和工作，在经济与精力上不至于过分紧张，使个人和家庭婚后有个缓冲的时间。

（2）适宜的受孕时机：

1）身体状况：保持双方身体状况良好，最好将妊娠安排在双方工作或学习都不紧张的时期，生理、心理都处于最佳状态。

2）避免有害物质：注意怀孕前的工作或生活环境，避免接触对胎儿有害的物质，如一些理化因素（放射线、化学物质）等，怀孕前接触过有害物质，应间隔一段时间再受孕。服药避孕者应先停服药物，改用工具避孕半年后再受孕为宜。

3）季节选择：多数人认为7~8月受孕，4~5月分娩为最佳。在初秋时节，天气凉爽，各种富含维生素的新鲜瓜果、蔬菜均已上市，肉、鱼、蛋、奶也很充足，为母体及时摄取并储备各种营养创造了有利条件。也有人认为春末受孕具有得天独厚的优势。春末，即每年4月左右，若在春末受孕，有利于精、卵结合发育，妊娠3个月后，正是胎儿大脑及神经系统形成的时期，而这个时候正是秋高气爽的金秋收获季节，五谷丰登，果蔬丰富；有利的天时不仅使孕妇感到愉悦，而且使各种营养素都得到充分的保证。冬末春初是各种病毒性疾病好发的季节，一旦孕妇感染后很容易造成胎儿畸形，不宜选择。需要强调的是，优生是受遗传、环境等多种因素综合决定的，季节的影响只是其中一个方面，而非决定性因素。假使能通过其他措施既保证营养供给又能避免受孕季节的弊处，则季节的利与弊亦不复存在。因此，没有必要为一次意外妊娠错过最佳季节而感到恐慌和不安。

4. **计划生育** 计划生育是指采用科学的方法，有计划地生育子女，曾是我国的一项基本国策，自1966年1月28日制定以来，对中国的人口问题和发展问题起到了积极的作用。2015年，国家正式取消独生子女的政策，准予全面生育二孩。但计划生育工作仍然是社区妇女保健的重要工作，只不过由国家政策要求转为个人行为而已。社区护士应针对育龄期妇女的不同阶段进行具体的宣教，使其掌握计划生育的有关知识，避孕方法的选择等。

（1）避孕原理：避孕是指用科学的方法阻止精子与卵子相遇，使妇女暂时不受孕。避孕原理主要有抑制卵巢排卵、抑制精子的正常发育、阻止精子和卵子结合、阻止受精卵着床。

（2）避孕方法：

1）宫内节育器（IUD）：是一种安全、有效、简便、经济、可逆的节育方法。其避孕作用主要是通过局部组织对异物的组织反应而影响受精卵着床。可分为惰性和活性宫内节育器两大类。①适应证：凡育龄妇女要求放置IUD而无禁忌证者均可放置。②禁忌证：生殖道炎症，生殖器官肿瘤，月经频发、月经量过多，宫腔 >9 cm 或 <5.5 cm者，严重全身性疾病，宫颈过松或重度裂伤或严重子宫脱垂，畸形子宫。③放置时间：常规为月经干净后3～7 d放置，人工流产可立即放置。产后一般在满3个月、剖宫产术后半年放置为宜。哺乳期放置应先排除早孕可能。④放置后注意事项：术后休息3 d，2周内暂停性交及盆浴，3个月内月经期或排便时注意有无IUD脱落，定期进行随访。

2）阴茎套即男用避孕套：性生活前套在阴茎上，射精时使精液排在阴茎套内，阻断精液进入阴道，起生理性屏障作用，达到避孕的目的。是最常用、最无害的男用避孕法，也可防止性传播疾病的感染。

3）阴道隔膜为女性避孕工具：是将阴道隔膜放入阴道，盖住子宫颈口，阻止精子进入宫腔，达到避孕目的。

4）药物避孕指甾体激素避孕：可分为口服避孕药、注射避孕针、缓释系统避孕药及透皮贴剂避孕药。药物避孕禁忌证：急慢性肝炎或肾炎；严重心血管疾病；血液病或血栓性疾病；内分泌疾病如糖尿病需用胰岛素控制者、甲状腺功能亢进者；恶性肿瘤、癌前病变、子宫或乳房肿块患者；月经稀少或年龄 >45 岁者；哺乳期；原因不明的阴道异常出血；精神病生活不能自理者等。

5）其他避孕方法：有以下几种。①紧急避孕：指在无保护性生活，或避孕失败（如阴茎套破裂、滑脱）或特殊情况性交（如被强奸）后3～5 d，妇女为防止非意愿妊娠而采用的避孕方法；这是一项保护妇女健康，降低因流产至孕产妇死亡率的重要预防措施；应在无保护性生活后3 d内口服紧急避孕药或在5 d内紧急安放带铜宫内节育器。②自然避孕法：又称安全期避孕法，指不用任何药物、工具或手术方法，而是顺应自然的生理规律，利用妇女月经周期中生理上产生的不同自然信号来识别其处于月经周期的“易受孕期”或“不易受孕期”，从而选择性交日期，达到避孕目的。③阴道杀精剂：是性交前置入女性阴道，具有对精子有灭活作用的一类化学避孕制剂。

**（二）孕期妇女保健**

生育期是妇女生殖功能的旺盛期，社区护士应着重指导妇女妊娠和分娩过程，使其顺利完成生育。

**1. 孕前期妇女保健**　此期保健是为了选择最佳的受孕时机。一般选择春末或秋初，女性在23～29岁、男性在25～35岁为宜。避免不良因素干扰；积极治疗疾病；服避孕药时间较长者，应停药改用工具避孕6个月以后再受孕；重视前次孕产史，若前次有过不良孕产史者，此次应向医生咨询，做好孕前准备，以减少高危妊娠和高危胎儿的发生。

**2. 孕早期保健**　早孕期是胚胎、胎儿分化发育阶段，各种生物、物理、化学等因素的干预，容易导致胎儿致畸或发生流产，应注意防病防畸。早孕期保健的主要内容有：

（1）确诊早孕，登记早孕保健卡。

（2）妊娠12周之前进行初次产前检查，确定基础血压、基础体重；进行高危妊娠的初筛，了解有无高血压、心脏病、糖尿病、肝肾疾病等病史，以及有无不良孕产史；询问家族成员有无遗传病史；了解有无接触过有害的化学制剂及长期放射线接触史等。

（3）预防胎儿畸形：妊娠前3个月是胎儿神经管发育的关键期，为了避免胎儿发育异常，准妈妈应尽量避免各种不良因素，如避免接触空气污浊环境、远离辐射、避免病毒感染、戒烟酒等。可适当补充叶酸，富含叶酸的食物有菠菜、生菜、芦笋、苹果、柑橘等。

（4）饮食指导：饮食以富含优质蛋白质、无机盐和维生素，易于消化吸收为宜。可选主食200～250 g，动物类食品（包括水产品）150～200 g，杂粮25～50 g，蔬菜（绿色蔬菜占2/3）200～400 g，蛋类50 g，水果50～100 g，牛奶250 g，植物油20 g。

（5）日常生活指导：营造稳定、安全及宁静的居住环境，保持室内空气清新，避免搬运重物，避免剧烈运动，避免情绪激动。衣着应宽松、舒适，不宜穿高跟鞋，注意个人的清洁卫生。生活起居要有规律，避免过劳，睡眠充足，每日有适当活动。尽量避免性生活，以免流产。

（6）用药指导：生病用药要遵医嘱，以防药物致畸，同时也勿因害怕药物影响胎儿而拒绝一切药物，影响母子健康。

**知识链接**

美国药物食品管理局（FDA）根据药物对胎儿的危害性将其分为5级：

A级在设对照组的药物研究中，在妊娠首3个月的妇女未见到药物对胎儿产生危害的迹象（并且没有在其后6个月具有危害的证据）。该类药物对胎儿的影响甚微。

常见药物：维生素C、维生素D、维生素E、氯化钾、左甲状腺素钠等。需要特别提醒的是，这一类药物也并非进入了“保险柜”，不遵照医嘱、自行加大剂量等不规范用药仍然是十分危险的。

B级在动物繁殖研究中（并未进行孕妇的对照研究），未见到药物对胎儿的不良影响。或在动物繁殖研究中发现药物有不良反应，但这些不良反应并未在设对照的、妊娠首3个月的妇女中得到证实。

常见药物：阿莫西林、氨苄西林、头孢类抗生素、红霉素、阿奇霉素、甲硝唑、克霉唑、阿昔洛韦、胰岛素、法莫替丁、布洛芬。但是妊娠晚期、临近分娩用药不良反应较大，要非常谨慎。对氨基乙酰酚，是许多抗感冒药中都有的解热退热成分。

C级动物研究证明药物对胎儿有危害性（致畸或胚胎死亡等），或尚无设对照的妊娠妇女研究，或尚未对妊娠妇女及动物进行研究。本类药物只有确定了对孕妇的益处大于对胎儿的危害之后，方可使用。

常见药物：阿司匹林、氢化可的松、庆大霉素、硝苯地平、茶碱、制霉菌素、氧氟沙星、诺氟沙星等。

D 级有明确证据显示，药物对人类胎儿有危害性。但尽管如此，孕妇用药后绝对有益（如用该药物来挽救孕妇的生命，或治疗用其他较安全的药物无效的严重疾病）。

常见药物：白消安、碘、磺胺甲唑、卡马西平、劳拉西泮、西拉普利等。

X 级对动物和人类的药物研究或人类用药的经验表明，药物对胎儿有危害。而且孕妇应用这类药物无益，因此禁用于妊娠或可能怀孕的患者。

常见药物：利巴韦林（常用的抗病毒药物）、艾司唑仑、氟伐他汀、洛伐他汀、紫杉醇等。

3. **孕中期保健** 孕中期是胎儿生长发育较快的阶段。胎盘已形成不易发生流产，孕晚期并发症此时还未出现，但此阶段应仔细检查早孕期各种影响因素对胎儿是否有损伤。在孕中期进行产前诊断，孕晚期并发症也应从孕中期开始预防。孕中期保健主要内容有：

（1）生理卫生指导：注意个人卫生，适当进行体育锻炼，保证夜间有 8 h 左右的睡眠及 1 h 左右的午休时间，睡眠时宜采取左侧卧位，利于子宫组织和胎盘的血液供给。做好哺乳准备，每日按摩乳头 10～20 次，用拇指、示指、中指轻捏乳头做环形转动；妊娠 7 个月后，每日用温水毛巾轻擦乳头，增加皮肤韧性，防止哺乳期发生乳头皲裂；若乳头扁平或凹陷，可每日坚持轻捏乳头往外拉 1～2 次，帮助乳头凸出。

（2）饮食指导：主食要充足，多吃动物性食品，增加植物油摄入，烹饪时减少维生素的损失，少食多餐。此期是纠正、弥补、调整和补充营养的最佳时期，加强营养的同时，应做到缺什么补什么，缺多少补多少，既要防止营养不良，又要防止营养过剩。可选主食400～500 g，豆类及豆制品 50～100 g，蛋类 50～100 g，绿叶蔬菜 500 g，动物类食物 100～150 g，水果 200 g。

（3）监测胎儿生长发育的各项指标（如宫高、腹围、体重、胎儿双顶径等）：指导孕妇及其家属数胎动、听胎心率。胎动监护从妊娠 30 周开始，静坐或侧卧，每日数 3 次，每次数 1 h，每日 3 次的胎动次数总和乘以 4（即 12 h 的胎动次数）。如不足 30 次或继续减少，可能有胎儿宫内缺氧情况，应及时就医。正常胎心率为 120～160 次/min，过快或过慢均为异常，也应及时就医。

（4）预防胎儿发育异常：对高龄孕妇及疑有畸形或遗传病的胎儿，要进一步做产前宫内诊断。

（5）预防妊娠并发症：如妊高征等，并预防及治疗生殖道感染，做好高危妊娠征的各项筛查工作。

（6）产前检查：复查时间为 12 周之后，每 4 周 1 次。妊娠 28 周后每 2 周 1 次，妊娠 36 周后每周 1 次。高危孕妇应增加产前检查次数。

4. **孕晚期保健**　此期保健的目的是确定孕妇和胎儿的健康情况，降低孕产妇的死亡率，提高母婴生活质量。社区护士应协助孕妇做好生产准备，根据孕妇的需要，主动提供相关的知识和信息，可指导孕妇参加一些孕妇学校，使孕妇对分娩过程及放松的方式有所准备。

（1）定期产前检查：监测胎儿生长发育情况，检测胎儿生长发育的各项指标，注意防治妊娠并发症。

（2）饮食指导：增加豆类蛋白质、含钙丰富的食物，多吃植物油、动物肝脏。可选主食400～500 g，豆类及豆制品50～100 g，蛋类50～100 g，绿叶蔬菜500～750 g，牛奶250 g，动物类食物200 g，动物肝脏50 g（每周1～2次），水果200 g，植物油40 g。

（3）确定分娩地点：勿临时匆忙决定，减少分娩风险，保障母婴安全。

（4）识别临产先兆：预产期是以妊娠40周来计算，但并不表示胎儿一定会在预产期出生。一般而言，预产期前3周到后2周都算正常的生产期。随着预产期临近，产妇心情既期待又紧张，正确识别临产先兆，有助于从容面对分娩。临产先兆包括：

1）假阵痛：分娩前几天，下腹部会有不规则的子宫收缩，孕妇会感到轻微酸痛，通常可通过按摩、走路、休息使症状减轻，此时尚不需要去医院，可在家中休息。

2）见红：临产前1～2 d，有些孕妇会有少量血性黏液自阴道流出，称为“见红”，是即将分娩的征兆，若血的量较多应到医院就诊。

3）破水：孕妇会感觉羊水像尿液般不自主地从阴道流出。破水后会增加感染的风险，此时应减少走动尽快就医。

4）便意感：肛门不自主想用力，有排便的感觉，尤其在阵痛时更加强烈，表示胎儿已经进入骨盆腔内的产道，并且压迫到肛门，此时应迅速就医。若是第二胎以上的产妇应该深呼吸，不要用力，因为胎儿可能在很短时间内即将出生。

（5）生产准备：主要是备齐住院用物，勿远行；把握时间休息以储备体力；仍需进食，以少量、多餐、易消化的食物为宜；呼吸运动训练，减轻阵痛的不适。

5. **产时保健**　可采取不同方法尽量减轻分娩疼痛，如丈夫陪产、播放纾缓情绪的音乐、导乐分娩等。同时应做到防感染、防滞产、防产伤、防出血、防窒息，并加强对高危妊娠的产时监护和产程处理。

**知识链接**

导乐分娩亦称舒适分娩。指医护人员和导乐人员为产妇提供专业化、人性化的服务，并使用非药物、无创伤的导乐仪，阻断来自子宫底、子宫体和产道的痛感神经传导通路，达到持续、显著的分娩镇痛效果，让产妇在舒适、无痛苦、母婴安全的状态下顺利自然分娩。导乐分娩使产妇在整个分娩过程中始终保持清醒，可自由运动；由于显著的镇痛效果，可使宫缩更协调，体力消耗降低，产程中及时进食进水，从而增强产力，有效缩短产程；明显改善产妇的精神状态，缓解恐惧和焦虑不安情绪，有效避免产后抑郁症的发生；有利于产后及时母乳喂养；可有效减少因剧烈产痛而无奈选择的剖宫产，有利于降低非医疗指征的剖宫产率。该方法是一种创新的、科学的、理想的、无痛苦的产时服务新模式，也是世界卫生组织所倡导的最理想的自然分娩方式。

### （三）产褥期保健

产褥期是指从胎盘娩出至全身除乳腺外各脏器恢复至未孕状态所需的一段时间，一般为6周。产褥期妇女保健是社区护理工作的重要内容之一。社区护士须加强对产妇及新生儿的观察、护理及卫生指导，以保证母婴健康顺利地度过产褥期。

**1. 产后访视** 产后访视至少3次，第1次在产后出院3 d内，第2次在产后14 d，第3次在产后28 d。产妇应于产后42 d去医院做产后健康检查。访视内容主要有：

（1）产褥期检查：

1）全身情况：了解产妇一般情况，如精神、睡眠、饮食、大小便及心理状况等。观察产后生命体征变化，如有异常，应查明原因，及时报告。询问产妇排尿情况，指导其多饮水，预防尿路感染。

2）乳房检查：检查两乳房有无红肿、硬结，乳头有无皲裂，乳腺管是否通畅，乳汁的分泌量及哺乳情况。哺乳期若发生乳胀，可用凉毛巾外敷并按摩乳房，促进乳汁畅通，必要时可用吸乳器吸乳。若乳汁不足，要及时调整饮食，哺乳时尽量吸尽乳汁，也可服用中药催乳。乳汁确实不足时，应及时补充稀释的牛奶。初产妇如出现乳头皲裂，轻者可继续哺乳，每次哺乳后在皲裂部位涂抹蓖麻油铋糊剂，在下次哺乳前洗干净；皲裂严重者要暂停哺乳，并局部使用上述药物。乳汁应用吸乳器吸出后喂给婴儿。对因病不能哺乳者，应尽早退奶。

3）生殖器官检查：局部检查如下。①检查子宫复旧情况：产褥期第1天子宫底为平脐，以后每天下降1～2 cm，产后10～14 d降入骨盆腔，耻骨联合上方扪不到子宫底。如不按期复旧，或有压痛，应进一步及时检查处理。部分产妇在产后1～2 d会出现产后宫缩痛，持续2～3 d自然消失，不需特殊用药。②恶露：产后随子宫蜕膜的脱落，含有血液及坏死蜕膜等组织的血性液体经阴道排出，称为恶露。血性恶露色鲜红，量多，约持续3～4 d；浆液性恶露色淡红，持续7～14 d；白色恶露较黏稠，持续约21 d。正常恶露有血腥味，但无臭味，一般持续4～6周，总量可达500 mL，但有个体差异。如血性恶露持续2周以上，说明子宫复旧不好。如恶露变为混浊，有臭味，恶露增多，持续时间长或伴有全身症状，可能有产褥感染。

（2）产褥期保健：

1）生活起居：产妇应有冷暖适宜、安静舒适的休养环境，经常通风换气，使室内空气清新。产妇要注意冬季保暖、夏季防暑。

2）饮食指导：在产后1～2 d最好吃些清淡而易消化的饮食，以后再逐渐增加含有丰富蛋白质、糖类及适量脂肪的食物，如奶、蛋、鸡、鱼、瘦肉、肉汤、排骨汤及豆制品等；此外还要注意补充维生素及矿物质，可多吃些新鲜水果和蔬菜等。为了防止便秘，也要吃些粗粮。避免辛辣刺激性食物，少用干燥类食物。可选主食500 g，肉类或鱼类150～200 g，鸡蛋3～6个，豆制品100 g，豆浆或牛奶250～500 g，新鲜蔬菜500 g，每餐饭后吃水果1个。

3）活动：产后24 h内以卧床休息为主，产后2 d可在室内走动，并可按时做产后健身操。行会阴侧切或剖宫产的产妇可推迟到第3天起床稍活动，待伤口愈合后做产后健身操，有助于体力恢复，排便排尿，避免或减少静脉栓塞的发生，而且能使盆底及腹肌张力恢复。

4）外阴的清洁卫生：每日应冲洗外阴，用消毒会阴垫，保持会阴部清洁，预防感染。

5）个人卫生：每天坚持梳洗、刷牙，勤换衣服及床单，保持清洁及个人卫生。

6）心理保健：注意观察产妇心理状况，科学教导她们适应心理变化，合理干预，减少产褥期心理异常。能及早发现产后抑郁及产后精神病等心理异常，及时治疗。近年来随着社会发展，国内产后抑郁发病率有上升趋势，应适时开导产妇，保持产妇心理健康。

（3）母乳喂养：指导社区护士在进行新生儿、婴儿家庭访视中，应向产妇介绍母乳喂养的重要性及好处，提供有关母乳喂养知识，使产妇充分了解母乳喂养的好处及母乳营养素对婴儿生长发育的优点，并进行指导使其能顺利进行母乳喂养。

**知识链接**

国际母乳喂养行动联盟从1992年开始，把每年的8月第1周确定为“世界母乳喂养周”。联合国儿童基金会及世界卫生组织提出《促进母乳喂养成功的十点措施》：

（1）有书面的母乳喂养规定，并常规地传达到全体卫生人员。

（2）对全体卫生人员进行必要的技术培训，使其能实施有关规定。

（3）把有关母乳喂养的好处及处理方法告诉所有孕妇。

（4）帮助母亲在产后半小时内开始母乳喂养。

（5）指导母亲如何喂奶，以及在需与其婴儿分开的情况下如何保持泌乳。

（6）除母乳外，禁止给新生儿任何食物或饮料，除非有医学指征。

（7）实行24 h母婴同室。

（8）鼓励按需哺乳。

（9）不要给母乳喂养的婴儿吸人工奶头，或使用人工奶头作安慰物。

（10）促进母乳喂养支持组织的建立，并将出院的母亲转给这些组织。

1）母乳喂养的好处：①母乳的营养成分较完备，各种成分的配合比较适当，且容易被婴儿所消化吸收，生物利用率高。②母乳的成分能随着发育的需要相应地发生变化。产后1～2 d分泌的乳汁叫初乳，色黄质稀，含有较多的蛋白质和固体成分，还有轻泻作用，有利于新生儿排出胎粪；随着新生儿生长和发育，母乳逐渐变浓，量也增多，到6个月左右达到最高峰，以满足婴儿需要。③母乳含有多种抗体，能增强婴儿对疾病的抵抗力和免疫力，婴儿在6个月内很少得麻疹、小儿麻痹、腮腺炎等传染病。④母乳的温度适宜而且清洁、新鲜，随时可食用，被污染的机会较少。⑤产后哺乳，可帮助产妇子宫收缩，减少产后出血，使子宫早日恢复正常。⑥降低母亲乳腺癌、卵巢癌发生的风险。

2）注意吸吮的含接及喂养姿势是否正确：一般哺乳姿势应是母亲和婴儿体位舒适，母亲的身体与婴儿相贴近，母亲的脸应与婴儿脸相对，母亲看着婴儿吃奶，防止婴儿鼻部受压。

3）母乳喂奶的次数：可不固定，应是按需哺乳，多少不限。通常新生儿的喂奶间隔为2~3 h，逐渐延长为3~4 h，提早或延后30 min都是可以接受的。夜间仍要坚持喂奶，因为夜间喂奶可刺激乳汁分泌。

4）母亲乳房：有凹陷、损伤、肿胀、硬块等情况，应及时进行哺乳指导，一旦发生乳腺炎应动员其到医院就医。

5）母乳的分泌量与浓度：可受母亲的年龄、营养状况、心理状况、工作紧张等因素的影响。很多母亲的乳汁在营养方面不能满足婴儿的需要，因此必须注意指导母亲各种营养素的摄取，协助设计食谱，以维持乳汁营养的浓度。

6）避孕指导：产褥期不宜性交，哺乳期虽无月经，但仍要坚持避孕。避孕工具以避孕套为宜。

**2. 新生儿家庭访视**　“新生儿期”主要是从母亲子宫内到外界生活的适应期，这段时期新生儿各系统脏器功能发育尚未成熟，免疫功能低下，体温调节功能较差，因而易感染，应做好新生儿护理及三级预防。

（1）新生儿护理：

1）居住环境：注意通风，减少噪声。室内温度应保持在22~24 ℃，室内的光线不能太暗或太亮，避免阳光直射眼部，让宝宝在自然的室内光线里学会适应。

2）衣物：新生儿的内衣（包括尿布）应以柔软且易于吸水的棉织品为主，最好不要用化纤或印染织品。尿布用柔软吸水性好的棉织品，做到勤洗勤换，纸尿裤则选择质量较好且透气性能好的，在家里时尽量用尿片，出门或睡觉时则用纸尿裤；注意尿片或纸尿裤包裹不宜太紧，以便四肢自由伸展。

3）睡眠：新生儿通常每天要睡18~20 h，但未满月的宝宝不宜长时间睡眠，家长应该每隔2~3 h叫醒一次，以方便喂养。建议在喂养后多采取侧睡，以免溢奶或呛咳造成窒息。经常变换新生儿的睡姿，以防止头颅变形。

4）维持营养的摄取：一般新生儿在出生后3~4 d，体重会减轻5%~10%，正常哺喂后新生儿的体重会以每天30 g的速度增加。喂养不需太讲究定时，一般情况下哺喂母乳的新生儿在刚出生几天内每3~4 h哺喂1次；哺喂牛乳的新生儿每3~4 h可哺喂30~60 mL。每次以吃饱吃好为原则，即宝宝吃奶后不哭不吵，且体重正常增长。哺喂牛乳的间隔时间较哺喂母乳者长，主要是因为牛乳较母乳不易消化。哺乳的时候最好是一边乳房吸空喂饱后下一次再换另一边乳房，以防残奶淤积在乳房内。如一边乳房一次喂饱后仍有多余的乳汁，则最好将其挤掉，以促进乳房的正常泌乳并避免乳汁淤积或继发感染。最好每日在喂奶前测量新生儿体重，采用固定的时间，穿同样的衣服，这样可以作正确的比较，判断新生儿营养的摄取量。

5）建立正常的排泄形态：新生儿随着奶量及水分摄取的增加，排尿次数也明显增多，在出生1周后其排尿次数每日可达20～30次。由于哺喂方法、频率的不同，新生儿的排便形态亦会有很大的差异。在新生儿日常护理中应每日观察，记录其排便形态。新生儿腹泻可能表示有肠胃炎或喂食过度，血便可能代表有肠道出血，粪便有血丝可能为肛裂的症状。凡新生儿有不正常的排泄形态，均应及时治疗。

6）皮肤护理：出生不久的新生儿，在脐带未脱落前，应以75%乙醇溶液每日数次擦其根部以助干燥，尿布勿包住脐带以预防感染，尽量不用盆浴，而采用干洗法为新生儿擦身。脐带脱落后，则可给予盆浴，宜用无刺激性的婴儿专用香皂。每次换尿布后一定要用温热毛巾将臀部擦干净，并避免尿液及粪便长时间刺激。若出现臀部皮肤发红，应勤换尿布，局部可涂少许无菌植物油或氧化锌软膏，适当暴露臀部或使用烤灯距臀部50～60 cm照射。勿使用爽身粉涂抹患部，否则会增加对皮肤的刺激。

7）预防感染：护理新生儿时，要注意卫生，在每次护理前均应洗手，以防手上污染的细菌带到新生儿细嫩的皮肤上面发生感染。如护理人员患有传染性疾病或带菌者则不能接触新生儿，以防新生儿受染。如新生儿发生传染病时，必须严格隔离治疗，接触者隔离观察。

8）计划免疫：在预定的时间内让新生儿接受预防注射是社区护士的责任。社区护士应确定各种预防注射的时间，并向家长解释各种疫苗的不良反应、禁忌，避免其不必要的惊慌与恐惧。

（2）新生儿访视预防：可分为三级预防。

一级预防：预防社区婴幼儿生长过程健康问题的发生。内容包括：如期进行预防接种，预防传染病的发生；坚持母乳喂养；婴儿体重在各发展阶段均能维持在标准范围；让母亲了解一般育儿知识。

二级预防：利用筛查方法，早期发现婴儿健康问题，包括新生儿的行为、能力的测查，对其需求提供护理或及时转院就医，预防疾病发生。

三级预防：目标是使社区中生长发育异常或患有疾病的婴幼儿，能接受正常的治疗。社区护士应密切关注其治疗、康复及日常生活的护理状况，不断提供正确的护理知识。

### （四）围绝经期妇女保健

围绝经期是指妇女从接近绝经时出现与绝经有关的内分泌、生物学和临床特征时至绝经1年内的期间。其临床表现为月经变得不规则，周期时长时短，可以是排卵月经或是无排卵性宫血。此年龄组的妇女都是家庭的关键人物，其身心健康状况将影响整个家庭的和谐与稳定，社区护士也应给予足够的重视。

由于围绝经期血管舒缩功能不稳定，可表现为阵发性的潮热、面红、出汗等症状；又由于围绝经期雌激素的减少，出现生殖器官的萎缩、阴道分泌物少、局部干燥、性交时不适感明显；也会出现腰背及四肢、关节的酸痛等骨质疏松症状；还会出现血脂异常、高血压、冠心病等。围绝经期妇女发生恶性肿瘤的机会增多，常见的有子宫颈癌、子宫内膜癌、卵巢癌、乳腺癌等。涉及精神和心理上的变化有情绪不稳定、易怒多疑、近期记忆力明显减退等情况。

**1. 心理保健**

（1）培养广泛兴趣：这样可从自己取得的成绩中看到自己的价值，引以为乐。

（2）学会转移矛盾：当伤心、焦虑、生气时，应设法消除、缓和，变不利为有利，如听音乐、结伴郊游等。

（3）优化夫妻关系：要比过去更注重优化夫妻关系，要以温柔的怀抱和激情的响应缓和厌倦和排斥情绪，努力使自己“恢复”到过去。

**2. 营养与运动指导**

（1）饮食：要以谷类、奶类为主，多吃植物蛋白，少吃动物蛋白，多吃鱼和海产品，少吃过咸、过甜的食物。低脂饮食，膳食要清淡，要少吃或不吃富含胆固醇和饱和脂肪酸的食物。

（2）多吃蔬菜：许多富含纤维的蔬菜，如萝卜、黄瓜等，可增加胃肠蠕动，促进胆固醇的排泄。木耳、香菇能补气强身，益气助食。

（3）降低食盐：此期妇女由于内分泌的改变，可能会出现水肿、高血压，因此每天食盐摄入量应控制在3 ~5 g。

（4）增加钙铁：摄入此期妇女体内雌激素水平降低，骨组织合成代谢下降，易发生骨质疏松。因此，应在膳食中增加奶制品，一般在睡前1 h 服下最好（此时肠蠕动减少有助于钙的吸收，另外奶中含有丰富的赖氨酸，有助于改善失眠状况，还有助于稳定情绪）。

（5）适当增加运动量：运动可以增加机体代谢、增强体质、降低血脂、提高抵抗力、改善大脑的血流量。此外，运动还可刺激成骨细胞生长，防止骨质疏松。

**3. 性生活指导** 围绝经期会出现一些性功能异常，夫妇应共同学习相关知识，正确对待性生活。妇女要对可能出现的症状持积极态度，进行规律的性生活，可以适当地应用人体润滑剂，防止由于生理原因引起的性交困难。同时仍应注意做好避孕工作。

**4. 重视围绝经期不规则的阴道出血** 此期是肿瘤的好发年龄段，应定期体检、接受妇科病及肿瘤的普查。

**5. 防治围绝经期综合征、骨质疏松、心血管疾病等** 对于围绝经期症状明显影响日常生活的妇女，可应用激素替代疗法，以提高此类患者的生活质量，但要注意必须在医生的指导下用药。

**6. 激素替代疗法（HRT）的应用** 围绝经期女性各种健康问题都是由雌激素水平下降引起的，对存在雌激素缺乏的绝经后妇女补充雌激素及孕激素以缓解其围绝经期症状的治疗称为激素替代治疗。使用激素替代治疗必须在医生指导下按医嘱执行。

（1）常用药物：

1）雌激素：目前对更年期治疗多选用天然雌激素，因为其对肝脏代谢影响小，且具有抗氧化作用。天然雌激素包括雌二醇、雌三醇、孕马雌酮（倍美力）及戊酸雌二醇（补佳乐）等。我国合成的尼尔雌醇（维尼安）是一种雌三醇的长效制剂。倍美力每天0. 625 mg或补佳乐每天1 mg是HRT的生理补充量。而维尼安1次5 mg，1月1次口服；症状改善后服用维持量为1次1~2 mg，1月2次。但单独使用雌激素会增加子宫内膜增生、出血、癌变的危险性。

2）孕激素：目前常用的孕激素为甲经黄体酮、炔诺酮、左炔诺孕酮等。首选有天然黄体酮甲羟孕酮。可用于围绝经期及绝经过渡期黄体酮不足时的周期性补充，但多数与雌激素联合使用，可降低使用雌激索引起的子宫内膜病变的危险性。目前趋向于使用雌孕激素的合剂，这样既可以治疗围绝经期症状，又可以防治雌激素可能带来的害处，同时方便服药，加强患者的依从性。目前雌孕激素的复方制剂有复方雌孕片（倍美安）、复方雌孕片/结合雌激素片（倍美盈）、雌二醇炔诺酮片（诺更宁）等。

3）同时具有雌激素、孕激素和雄激素样作用的药物：目前有利维爱（替勃龙），服用量是每天2.5 mg，通过机体代谢后，其代谢产物具有上述三种激素样作用，可在治疗围绝经期症状的同时，又可降低阴道出血、乳房胀痛等副作用，被认为是进行激素替代疗法较好的药物。

（2）激素替代疗法的益处：①调整绝经过渡期已紊乱的月经周期；②缓解由雌激素水平下降引起的各种症状，如潮热、出汗等，减轻泌尿生殖道萎缩，增强局部抵抗力，减少感染概率，提高生活质量；③减少绝经后骨量过度丢失，防止或延缓骨质疏松症的发生；④降低缺血性心血管疾病危险性及病死率；⑤减少老年痴呆发生率；⑥增加皮肤（主要是真皮）的厚度及血液供应，保持皮肤弹性。

（3）激素替代疗法的弊端：可能会增加一些疾病的风险，如子宫内膜癌、乳腺癌、血栓性疾病、糖尿病、高血压、胆石症等。

（4）注意事项：

1）明确并不是所有的围绝经期女性都可以进行激素替代治疗。

2）介绍有关围绝经期的常识及激素替代疗法的优缺点，消除其紧张情绪，使其能够配合医生，进行积极治疗及定期做健康检查，如测量体重、血压，检验血脂、肝功能，做心电图及妇科检查等，及早发现药物的副作用，将激素的有害程度影响降到最低。

（5）激素替代疗法适应证：①人工绝经和早发绝经症状明显者；②症状严重已影响正常工作生活；③老年性阴道炎和尿道炎一般治疗无效者；④明显骨质疏松和高脂血症。

（6）激素替代疗法禁忌证：①有肿瘤病史或家族史，尤其是生殖器肿瘤；②不明原因的子宫不规则出血；③肝肾功能异常和胆囊疾患；④血栓性疾病；⑤充血性心力衰竭和肝肾疾病；⑥甲状腺功能亢进和糖尿病；⑦血液病和红斑狼疮。

**7. 健康教育**　社区护士进行健康教育的方法有：举办相关知识专题讲座；建立健康档案，有针对性地进行健康教育，并定期随访；电话热线咨询解答；发放相关的健康教育小册子等。社区健康教育的实施内容有：

（1）注意心理卫生：学会自我调整，保持良好心态，减少疾病发生症状，严重者根据医嘱，应用激素疗法。

（2）出现血管舒缩症状：如潮热、潮红、出汗、失眠时，暗示自己这不是病，是围绝经期因素，不要紧张，要使自己放松。

（3）营养指导：低热量、低脂肪、低盐、低糖、高维生素、高蛋白饮食。合理营养，每日三餐定时。不吃零食，控制体重增长。

（4）提倡体育锻炼：适当锻炼不仅增加肌肉力量还可减慢骨质疏松的速度。每天至少 30 min，运动要适度。一般锻炼结果微微出汗，不觉心跳剧烈为宜。运动后适宜心率 = 170 - 年龄。

（5）防止跌倒摔伤引起骨折。

（6）禁忌烟酒：研究显示，吸烟酗酒加速骨质疏松速度。

（7）注意个人卫生：保持外阴清洁，勤换内衣内裤。

（8）保证充足睡眠：每晚 7 ~ 8 h，避免晚睡、开夜车、喝咖啡、喝浓茶。

（9）定期体检：这一时期是心血管疾病、肿瘤高发的年龄。定期体检，达到早发现、早治疗的目的。最好每 1 年进行一次体检。定期测量体重和腰围、体质指数（BMI），并做好乳房自我检查。

1）标准体重的简易计算方法：身长（cm） - 105 = 体重（kg）；体重在 ± 10% 范围为正常标准；超过或低于 10% ~ 20% 为超重或消瘦；超过或低于 20% 以上为肥胖和严重消瘦。

2）用体重指数判断体型，18.5 ~ 25 为正常，低于 18.5 或高于 25 为消瘦或肥胖。

3）乳房自我检查法：乳房自我检查最好在月经后 1 周进行，每月自查 1 次，每半年至 1 年由医生检查 1 次，以达到早发现、早治疗的目的。方法：①脱掉上衣，面对镜子直立，两臂自然下垂，观察自己乳房的大小，乳头位置是否在同一水平，外形有无异常。乳头、乳晕、乳房皮肤有无异常。用对侧的示指、中指及无名指平放在乳房上，按一定顺序依次检查。查乳房内侧时上肢上举，查乳房外侧时上肢下垂，再检查腋下及锁骨区淋巴结有无肿大。还可取仰卧位进行触诊检查，切忌用手指抓捏，以免将乳腺组织误认为肿块。②平时注意内衣是否有浆液性或血性分泌物污渍，定期自我检查乳头有无溢液，取半坐位，用手沿乳晕、乳头根部顺时针方向按压，如有溢液，注意溢液的性质。

（10）开展社区宣教活动：使丈夫及家属了解妇女在这一时期的心理、生理特点，促进家庭支持。鼓励妇女参与社区活动，取得社会的支持和关心，减轻和消除负面情绪。

## 重点知识

1. 预防接种：是指有针对性地将生物制品接种到人体内，使人体对某种传染病产生免疫能力，从而预防该传染病。

2. 计划免疫：是根据儿童的免疫特点和传染病发生的情况制定的免疫程序，有计划、有针对性地实施基础免疫（即全程足量的初种）及随后适时地加强免疫（即复种），确保儿童获得可靠的免疫，达到预防、控制和消灭相应传染病的目的。

3. 社区儿童和青少年保健的意义：①促进早期教育；②促进生长发育；③降低儿童的发病率和死亡率；④依法保障儿童和青少年权益。

4. 社区儿童和青少年保健工作的内容：①促进生长发育；②保健指导及健康教育；③常见健康问题的管理；④建立社区儿童和青少年健康档案。

5. 学校卫生保健特点：健康问题的复杂性、保健措施的差异性、保健工作的社会性。

6. 学校卫生保健工作的内容：健康教育、环境卫生、膳食指导、保健服务、心理咨询、健康检查。

7. 学校保健人员的角色：健康教育实施者、健康维护者、护理提供者、学校卫生的监督者、协调者。

8. 社区妇女保健：是以维护和促进妇女健康为目的，以预防为主、以保健为中心、以基层为重点、以社区妇女为对象，防治结合，开展以生殖健康为核心的保健工作。

9. 婚前医学检查：是对准备结婚的男女双方可能患影响结婚和生育的疾病进行的医学检查。

10. 激素替代治疗：对存在雌激素缺乏的绝经后妇女补充雌激素及孕激素以缓解其围绝经期症状的治疗称为激素替代治疗。

11. 妇女保健的范畴：是妇女各时期和特殊阶段的生殖健康保健，包括女童期、青春期、围婚期、围生育期、产褥期和围绝经期妇女保健。

## 课后练习

**一、名词解释**

1. 计划免疫　　2. 预防接种　　3. 婚前医学检查　　4. 社区妇女保健
5. 激素替代治疗

**二、简答题**

1. 简述学龄前期儿童常见的健康问题及保健指导。
2. 简述学龄期儿童常见的健康问题及保健指导。
3. 简述青春期少年常见的健康问题及保健指导。
4. 简述婴儿抚触的步骤及注意事项。
5. 简述促进母乳喂养成功的方法。
6. 如何指导夫妻双方做好优生优育？
7. 避孕方法有哪些？
8. 简述社区护士在妇女产褥期的主要职责。
9. 社区护士如何对围绝经期妇女做好健康教育？
10. 简述学校卫生保健的工作内容。

（秦　艺　胡红霞）

# 第七章　社区老年保健与职业病保健指导

**教学目标**

1. 掌握老年人、老龄化社会的概念，社区老年人的保健指导，职业病的预防。

2. 熟悉老年人的心理特点、患病特点及社会生活改变情况，社区老年人常见的健康问题，职业病的定义及特点。

3. 了解社会人口老化状况及其特点、老年人的生理特点、职业病的分类。

**案例导入**

**案例：**某金属首饰有限公司是以玻璃为原材料，由工人打磨并抛光成璀璨的多角体首饰的企业。车间粉尘很大，噪声也大，厂里没有任何防护设备。2005 年至 2011 年初，公司员工 500 多人先后发现肺部异常，肺部出现小阴影、纹理增粗，经省职业病防治院、市职业病防治所的诊断，先后有 171 名员工确诊为尘肺病一、二期。该公司员工举报两年多后获立案。

1. 该公司的员工是否能诊断为职业性尘肺?

2. 职业性尘肺的预防措施有哪些?

## 第一节　社区老年人的保健指导

随着社会经济和医药卫生事业的不断进步与发展，以及人口出生率和死亡率的下降，人均预期寿命日益延长，人口老龄化已经成为一个不容忽视的社会趋势，也成为 21 世纪一个重要的社会问题。由于老年人大多生活在社区，因此，社区是对老年人实施预防、保健、医疗、康复、健康教育的主要场所。研究社区老年人的健康问题、满足老年人的健康需求、提高老年人的生活质量，已经成为社区老年人保健的重要内容。

### 一、老年人概念

1. **老年人的划分**　联合国提出老年人的划分标准是：发达国家 65 岁及以上者，或发展中国家 60 岁及以上者称为老年人。根据现代人生理、心理结构的变化，近年来联合国将老年人的年岁界限又做了新的划分：60～74 岁为年轻老年人，75～89 岁为中年老年人；90 岁以上为老年老年人或长寿老年人。

2. **老龄化社会**　联合国规定：一个国家或地区，年满 65 岁的老年人口占总人口 7%以上，或年满 60 岁的老年人口占总人口 10%以上，即可定义为老龄化社会（aging society）。目前全世界有 60 多个国家先后进入老龄化社会行列，我国是其中之一。我国老年人口系数于 1999 年 10 月已经超过 10%，已为老年型社会。2011 年公布的我国第六次全国人口普查表明，60 岁及以上人口占社会总人口 13.26%，其中 65 岁及以上人口占社会总人口 8.87%，分别比 2000 年人口普查上升 2.93 个百分点和 1.91 个百分点，说明我国老龄化的进程逐步加快。

## 二、社会人口老化状况及其特点

### （一）世界人口老化状况及其特点

人口老龄化（aging of population）是指在社会人口结构中，60 岁或 65 岁以上的老年人口系数增加的一种发展趋势。人口老龄化已成为 21 世纪不可逆转的世界性趋势，这也是社会进步的标志。但人口老龄化的程度和地区存在差异，总的来说，世界人口老化具有以下特点。

1. **发展中国家老年人口增长速度快**　20 世纪后期开始，发展中国家的老年人口急剧增加，预计到 2050 年，世界老年人口约有 16.1 亿（82%）将生活在发展中国家和地区，仅有 3.6 亿老年人将生活在发达国家和地区。

2. **高龄老年人增长速度快**　全世界的高龄老年人占老年人口总数的 16%，其中发达国家占 22%，发展中国家占 12%。我国 75 岁以上老年人平均每年以 3.62%的速度增长，仅次于巴西；日本高龄老年人增长速度最快，预计到 2025 年，每 3 个日本老年人中就有 1 个高龄老年人。

3. **女性老年人增长快**　绝大多数国家老年男性死亡率高于老年女性；女性老年人的平均预期寿命比男性老年人高 3～9 岁，使女性老年人占老年人口总数的比例加大。

4. **人类平均预期寿命延长**　近半个世纪以来，世界各个国家的平均寿命都有不同程度的增加。19 世纪大多数国家的平均寿命只有 40 岁，20 世纪则达到 60～70 岁，日本等一些国家已经超过 80 岁。

### （二）我国人口老化状况及其特点

我国人口平均预期寿命已从 20 世纪 40 年代末的 35 岁上升到现在的 69 岁，从 1999 年 10 月正式进入老龄化社会，预计 2025 年年末老年人口系数将达 20%，2050 年上升到 22.5%，届时每 4 个中国人就有 1 个老年人。我国人口老化有以下特点。

1. **我国是世界上老年人口绝对数量最多的国家**　我国老龄人口绝对值为世界之冠，占世界老龄人口总数的 1/5。2004 年年底，中国 60 岁及以上老年人口为 1.43 亿，2013 年已突破 2 亿大关，2050 年将超过 4 亿，之后将一直维持在 3 亿～4 亿的规模。

2. **我国是世界上人口老化最快的国家之一**　随着人们生活水平的不断提高，以及 20 世纪 70 年代后实施的计划生育国策，使人口的结构比例不断改变，老龄化的速度很快。65 岁以上老年人占总人口的比例从 7%提升到 14%，发达国家用了 45 年，而中国仅用了27年。

3. **地区之间发展不平衡** 中国人口老龄化发展具有明显的由东向西的区域梯次特征，东部沿海经济发达地区明显快于西部经济欠发达地区。最早进入人口老龄化城市行列的上海（1979年）与最迟进入人口老龄化城市行列的宁夏（2012年）比较，时间跨度长达33年之久。

4. **城乡倒置显著** 我国老年人口中，农业人口的比例大，高于城镇1.24个百分点，这种城乡倒置的状况将一直持续到2040年。直至21世纪后半叶，城镇人口的老龄化水平将超过农村，这是中国人口老龄化不同于发达国家的重要特征之一。

5. **老年人口的性别比低、年龄结构轻** 我国老年人口的性别比女：男为104：100，表明我国女性老年人口数量多于男性；60～69岁年轻老年人占老年人口总数的61.48%，说明老年人口的年龄还比较轻。

6. **老龄化超前于现代化** 发达国家是在基本实现现代化的条件上进入老龄化社会的，属于先富后老，或富老同步。而中国则是在未实现现代化、经济尚未发达的情况下提前进入老龄化社会，属于未富先老，导致了现在“养老难”的社会难题。

## 三、老年人生理特点

人体的生命过程都要经过生长、发育、成熟及衰老等各个阶段，进入老年期后机体的生理功能和器官、组织、形态等方面，也呈进行性的退行性改变，致使老年人表现为不同程度的机体活动能力减弱、生物效应力降低，对外界环境适应力减退等各系统生理功能和代谢的障碍。

### （一）体表外形改变

人在衰老的过程中，会出现身高下降、体重减轻；须发变白、逐渐脱落；皮肤弹性降低，厚度变薄、松弛，皱纹加深，失去光泽，出现老年性色素斑；眼睑下垂、眼球凹陷；牙龈萎缩，牙齿松动脱落；弯腰驼背，关节活动不灵活。

### （二）器官功能下降

进入老年期后，突出表现为各个系统器官功能的下降。如视力和听力的下降；嗅觉逐渐迟钝；对酸、甜、苦、辣等味觉的敏感性降低；皮肤感觉迟钝，触觉、痛觉、温觉减弱；呼吸功能减低，肺活量减少，气体交换能力下降；心肌收缩力下降、心搏出量减少；血管弹性调节作用降低；消化功能日益减退，消化液分泌减少，胃肠蠕动减慢；肾单位数目减少，肾功能减弱；脑体积减小，重量减轻，神经反射变弱或消失；肌肉萎缩、骨质疏松等。由此，导致老年人器官储备能力减弱，对环境的适应和调节能力下降，容易出现各种慢性退行性疾病。

### （三）机体调节控制作用降低

老年人动作迟缓，学习速度和学习效率下降，操作能力和反应速度均降低，加之记忆力、认知功能的减弱及人格改变，出现日常生活自理能力的下降；老年人免疫功能降低，防御能力低下，容易患各种感染性疾病；免疫监视功能降低，容易患各种恶性肿瘤。

## 四、老年人心理特点

由于生理功能的衰退，老年人易出现精力不足、记忆力下降；社会地位改变使老年人常有孤独、抑郁、自卑等不良情绪；离、退休后，家庭成员间关系的改变以及患慢性病等易导致焦虑、孤独、抑郁和消极心理；死亡的临近使得老年人产生悔恨感、负罪感等各种复杂的心理。不同职业、不同经历、不同性格的老年人有不同的心理特点。主要表现为以下两种倾向。

### （一）积极健康的心理状态

有相当一部分老年人生性乐观、为人宽厚随和，或因人生经历丰富，遇到不顺心或不如意的事总能积极想办法化解；有些老年人发挥余热忙于工作，或经常参加社区老年人的集体活动，如钓鱼、郊游、打太极拳、跳舞等。上述老年人始终能保持知足常乐的平和心态，有益于身心健康。

### （二）消极不良的心理状态

1. **自卑心理**　由于退休后社会地位的改变，老年人常会感到与同事、朋友之间的关系越来越疏远，不再受人尊重与重视，容易产生失落感，表现为焦虑、抑郁、闷闷不乐等负面情绪。此外，还因为退休后经济收入减少、家庭地位变化等因素，整天发牢骚、埋怨，指责子女或以前的同事及下属，或表现为自暴自弃，特别是性格内向、孤僻、兴趣狭窄、不善于交际的老年人，更容易出现自卑心理。

2. **黄昏心理**　有些老年人因年老体弱、丧偶，或与子女相隔甚远，或朋友相继离世，感觉到死亡临近等原因，整日唉声叹气、怨声载道，对生活失去乐趣，甚至对未来丧失信心，对任何人、任何事都怀有一种消极、否定的灰色心理。

3. **不安全感**　有些老年人（尤其是性格内向孤僻者）对社会上的某些人、某些事持有偏见，从而刻意地封闭自己，不愿与人交往，常产生孤独、焦虑、抑郁、恐惧等不良情绪，认为外界缺乏安全感，甚至恐惧外面的世界。这种不安全感常可通过各种语言、情绪和行为表现出来，如孤寂、忧伤、焦躁、不冷静、攻击性语言和行为等。

4. **无价值感**　人的衰老常与价值降低相伴。有些老年人不能很好地适应退休后的闲散生活，常感到无所事事、无所作为，或因患慢性病导致身体生理功能下降，和以前的同事、朋友等交往减少，常感觉自己成了家庭和社会的累赘，活着没有意义，对自己的评价过低，产生悲观厌世的不良心理。

## 五、老年人社会生活改变

进入老年期后，人的各种生理功能都进入衰退阶段，这必然会引起身心一系列的变化，使老年人的心理处于特殊状态。同时，老年人社会角色的改变和一些生活事件的发生，也终将导致老年人的社会生活发生改变。

### （一）生活方式的变化

老年人由于离、退休带来的社会角色的改变，加上体弱多病，使老年人与社会的交往减少。部分老年人到晚年开始吸烟、饮酒、赌博等，这种生活方式对老年人的健康十分不利。

### （二）生活事件

在人的一生中，总会遭遇一些不幸或不如意的生活事件，给人带来无限的烦恼、忧愁与痛苦。而在晚年遭遇到的生活事件，对老年人的精神打击尤为沉重，不仅留下心灵创伤，也可诱发一些躯体疾病，如高血压、冠心病及脑血管意外等。在精神创伤的长期折磨下，甚至可以加速老年人的衰老和死亡。重大的生活事件常有以下几种。

1. **丧偶老人** 丧偶后，形影孤单，寂寞难熬，对未来丧失信心而陷于孤独、空虚、抑郁、无助之中。美国纽约罗切斯特理工学院的研究者分析发现，男性丧偶后短时间内死亡率会比女性高出30%。还有研究表明，在失去配偶的人中，在两年内相继死去的人数，高于夫妇都存在者的死亡人数的7倍。

2. **丧子（女）** 晚年丧子（女）是人生一大恸事，这不仅基于父母和子女之间的感情，还涉及老年人日后的赡养及善后问题。有研究表明，丧子（女）的母亲在两年内死亡的概率高于子（女）存在者的3倍。

3. **家庭不和睦** 老年人离、退休后，面临的人际关系问题主要是集中在家庭内部。有些家庭两代人之间存在着代沟，彼此之间缺乏沟通、理解和信任，如婆媳关系、父（母）子关系不和等，常发生抱怨、争吵、指责，甚至发展到关系恶化、歧视和虐待老年人。家庭不和睦，给老年人的晚年生活留下了阴影，严重地危害了老年人的身心健康。

4. **经济困窘** 因离、退休后，老年人的经济收入明显减少，常有一种对前景的不安全感。而靠儿女赡养的老年人，则有寄人篱下、看儿女脸色屈辱生活之感，这些都在不同程度上挫伤了老年人的情感与自尊。

5. **再婚** 由于受我国传统观念等影响，老年人再婚常遇到较大的阻力，让老年人为之烦闷、苦恼与无奈。这些阻力或来自社会舆论，或来自子女的不理解、不支持。老年人再婚难的根本原因是家庭财产及遗产继承问题。再婚后，老年人的生活也不一定都幸福愉快，原因在于有些老年人再婚的动机不够正确，或因重组的夫妻关系十分脆弱，双方都希望对方能适应自己、照顾自己而又不占有自己的财产。

## 六、老年人的患病特点

老年人机体各系统、各器官发生不同程度的老化，对内外刺激的反应性和代偿能力均有不同程度的减弱。因此，老年人患病的表现有其自身特点。

### （一）多病性及多脏器病变

据调查资料显示，老年人的两周患病率为250%，慢性病患病率达540%，住院率为61%，均高于其他年龄段的人群。一个老年人可同时患两种及两种以上多系统疾病，疾病间相互影响，导致病情复杂而增加治疗难度。此外，老年人同一脏器可有多种病变，多见于循环系统，如高血压性心脏病并发冠心病，冠心病并发老年退行性心瓣膜病等，使脏器功能严重受损。

### （二）临床表现不典型

老年人的多病性是临床表现不典型的原因之一，加之老年人的神经系统和全身应激反应迟钝，敏感性降低，对疼痛的阈值增高，所以起病隐匿，患病后常缺乏典型的症状和体征。尽管病情严重，仍可能没有明显的症状或体征。如感染者却无发热、白细胞升高等表现；急性腹膜炎、重症胆管炎等患者，却缺乏腹痛、腹膜刺激征等表现。此外，由于老年人感知功能减退，而家庭成员或其他相关人员提供的信息有限，因而难以收集到准确、全面的病史资料。

#### （三）发病急、进展快

老年人各系统、各器官功能均减退，应激能力及代偿储备能力均减弱，一旦发病后病情就迅速恶化，甚至导致死亡。因此，患病就要及时就诊，切勿拖延或抱侥幸心理，以免因小病酿成大祸。

#### （四）恢复慢、并发症多程长、病情重

老年人患病多起病隐匿，当出现典型的临床表现时，病情常已发展到中、晚期；同时老年人多脏器功能减低，虽然经过治疗也很难恢复到患病前的健康状况；老年人的机体功能和抵抗力均降低，容易发生并发症，如长期卧床易并发压疮、坠积性肺炎、骨质疏松等，各种并发症已成为老年人死亡的主要原因。

#### （五）易发生水、电解质紊乱及意识障碍

老年人口渴中枢敏感性降低，饮水量减少，患病后易出现脱水，脑细胞脱水则易引起中枢神经系统障碍，故意识障碍常为水、电解质紊乱的首发症状；且老年人的脑血管硬化，大脑对机体病理生理改变极为敏感，给临床诊断与治疗带来了困难。老年人的肾脏功能衰退，保钾排钠功能减低，若有呕吐、腹泻等易引起低钾血症，导致水、电解质紊乱。

#### （六）对治疗反应差

随着年龄增长，老年人机体内环境的改变使药物在体内吸收、分布、代谢、排泄及药物反应等方面都发生了变化。同样的药物，老年人较青壮年耐受性差，容易出现不良反应，治疗效果较差。此外，老年人用药较多，不同的药物之间常相互影响、相互作用，使得临床治疗效果不佳。

#### （七）退行性疾患和精神疾患增加

老年期退行性疾患常导致活动受限乃至残疾，使生活不能自理，需要精心照护。老年流行病学调查发现，目前我国有70%老年人患老年病，其中生活不能自理者占15%，老年痴呆、早老性痴呆发病率呈逐年上升趋势。据卫生部门资料显示：近年来，老年痴呆患病率已从20世纪70年代的0.2%上升到了3.15%，85岁以上者高达19.3%。这些疾病对老年人的日常生活影响较大，同时也增加了老年保健护理的难度。

## 七、社区老年人常见健康问题

老年人机体功能的退行性变化、社会生活改变等因素易导致身体、心理等方面出现健康问题，如疲劳、眩晕、嗜睡、疼痛、跌倒及排尿障碍等。社区卫生服务人员应了解老年人常见的健康问题，及时评估并做出准确的判断，积极采取针对性的防治措施，维护和促进社区老年人的身心健康。

#### （一）社区老年人常见的身体健康问题

1. **疲劳**　老年人体力减退，较年轻人易感到疲劳，表现为老年人不能持久从事某

项活动，快速动作也受到限制。疲劳是多种器质性疾病的症状之一，多见于消耗性疾病、贫血、心力衰竭、严重低血钾或过量应用镇静剂等。

2. **眩晕** 眩晕是老年人最常见的健康问题之一。多见于中耳疾患、听神经瘤、严重贫血、体位性低血压、高血压及心肌梗死等。若眩晕持续不愈，应做全面的内科及耳鼻喉科检查，特别应注意神经系统、心脏病变以及低血压的可能性。

3. **晕厥** 老年人晕厥最常见的病因是脑血管疾病，此外心律失常、颈椎疾患、体液调节机制减弱等也可引起晕厥。晕厥常发生在老年人突然改变体位时，如突然起立引起直立性低血压而晕厥；夜间起床排尿、咳嗽、排便动作也可引起反射性血压不稳而致晕厥。

4. **睡眠失调** 老年人因大脑皮层的调节功能下降，或肾脏功能减退，或躯体疼痛等引起睡眠质量下降，出现睡眠时间减少、入睡困难、浅睡眠、易惊醒及睡眠倒错等现象。在各种不良情绪和心态下，更易出现失眠、多梦、惊醒等现象，严重影响了老年人的身心健康。

5. **跌倒** 跌倒是社区老年人常见的健康问题。由于老年人机体老化，脑组织萎缩，听力、视力减退，身体控制平衡能力下降，直立性低血压，或环境中存在危险因素如光线过暗、地面潮湿等原因，易发生跌倒。若老年人跌倒后未及时处理，或因跌倒而致外伤、骨折者，极易并发感染而死亡。

6. **失明与耳聋** 失明与耳聋是人体老化过程在视觉、听觉器官中的表现，其出现的年龄与发展速度因人而异，与遗传及整个生命过程中所遭受到的各种有害因素（包括疾病、精神创伤等）影响有关。若老年人突然一目失明，提示视网膜剥离、出血或视网膜静脉栓塞；突然双目失明，常为枕骨皮质区脑血管破裂所致。

### （二）社区老年人常见心理健康问题

1. **离退休综合征** 离退休综合征（retired veteran syndrome）是指老年人由于离、退休后不能适应新的社会角色、生活环境和生活方式的变化而出现的焦虑、抑郁、悲哀、恐惧等消极情绪，或因此产生偏离常态行为的一种适应性的心理障碍。主要表现为坐卧不安、不知所措、行为重复，甚至出现强迫性行为；注意力不集中、犹豫不决、容易做错事；急躁易怒、敏感多疑、易产生偏见；或情绪忧郁，甚至引起失眠、多梦、心悸、全身燥热等症状。

2. **老年抑郁症** 老年抑郁症（aged depressed disease）是老年期最常见的功能性精神障碍，50～60岁为高发年龄，80岁以后少见。以持久的忧郁心境为主要临床特征，主要表现为兴趣丧失，无愉快感；精力不足，易感疲乏；不愿与人交往，言行减少；自我评价下降，悲观厌世；食欲减退，体重减轻；失眠多梦，精神萎靡；记忆力下降，反应迟钝；有疑病倾向，自觉病情严重；悔恨内疚，过度自责，有自杀倾向等。

3. **老年疑病症** 老年疑病症（aged hypochondriasis disease）是以怀疑自己患病为主要特征的一种神经性的人格障碍。主要表现为老年人对自己身体的变化特别敏感，相信自己有病，时常感到忧郁和恐慌；就医时对自己病情的诉说不厌其烦，唯恐医生疏忽大意，并且将病情加以夸大和曲解，然而其严重程度与实际情况极不相符。

4. **丧偶期** 死亡是不可抗拒的自然规律，当老伴因病或意外突然离去，常使老年人感到失去了精神支柱。在丧偶期间，精神上往往要经历一个悲恸的过程，其过程大致分为3个阶段。①自责：老伴去世后，总觉得自己对不起逝者，心理负担沉重，精神恍惚，吃不香，睡不好，甚至出现异常行为举止。②怀念：生者总爱回忆和老伴一起度过的幸福时光，头脑中常会浮现老伴的身影，感觉自己非常的凄凉和孤寂。③恢复：随着时间的流逝，老年人在亲朋好友的关怀和帮助下，逐渐走出丧偶的阴影，理智战胜情感，开始面对现实生活。

## 八、社区老年人的保健指导

1991年12月16日，联合国大会通过《联合国老年人原则》。该原则强调老年人的独立、参与、照顾、自我充实和尊严。

20世纪90年代，我国著名的人口学家邬沧萍教授率先提出“健康老龄化”的口号。健康老龄化是人类面对人口老龄化的挑战提出的一项战略目标和对策，是指3种状态的交叉组合，即无疾病、无残障，良好的认知能力和身体功能，生活的积极参与。通过社区健康护理，延缓老年人机体功能衰退，维持日常的生活活动能力，使老年人老而少病、病而不残、残不废，且精神健康地安度晚年，实现健康老龄化。

### （一）居家环境保健

**1. 居室选择和房间布置** 老年人的居室应选择朝南方位，冬季室内能晒到阳光，夏季室内能吹进凉风。居住的楼层不宜太高。居室家具的选择应结合老年人的经济条件、生活习惯和生活需要，室内布置应充分地体现无障碍理念，简单实用，整洁卫生。

**2. 室内温度与湿度** 老年人居室的温度应保持相对恒定，冬季20～22°C，夏季26～28°C，相对湿度保持在40%～50%。冬季使用火炉取暖时，应注意防止一氧化碳中毒；夏季要经常开窗通风，保持室内空气清新。

**3. 室内光线照明** 居室内充分的采光，能愉悦老年人的身心。老年人房间的照明设备应能随时调节，以满足老年人的不同需求。走廊、卫生间、楼梯及拐角处，应设有良好的照明设施，防止老年人因视力障碍而跌倒。夜间室内也应有照明，便于老年人起床如厕。采用分散、柔和的光线，避免强而集中的光线。

**4. 居室环境的安全性** 老年人的居室应特别注意安全。因老年人视觉、听觉等感觉器官减退，且走路不稳，容易跌倒。地面要平坦、防滑、干燥；室内应设防护设备如拐杖、厕所及走廊等通道安装扶手等，老年人的厕所最好使用坐厕。

**5. 噪声的控制** 环境的噪声可引起老年人生理、心理及情绪上的不适。居室内宜安装加厚玻璃，可降低环境中的噪声。此外，家用电器也是噪声的来源之一，应避免音量过大和过多使用。

### （二）饮食与营养保健

**1. 饮食分类**

（1）预防性饮食：目的是延缓衰老，增长寿命，应于青壮年时期即开始实施。

（2）适合基本健康老年人代谢特征的饮食：目的是较长期地保持身体健康。

（3）针对老年期疾病的饮食：作为辅助药物治疗，如对肥胖或消瘦、高血压病或高脂血症、糖尿病或痛风、肾功能损害及心力衰竭的老年人，均应给予相应的饮食疗法。

2. **饮食习惯** 原则为“早饭宜好，午饭宜饱，晚饭宜少”。做到定时、定量、不偏、不暴（暴饮暴食）。注意食物的色、香、味，菜品丰富、新鲜、易于消化，以促进食欲、保证营养素的摄入，少食油腻、油炸、油煎、过黏的食物。

3. **饮食结构** 老年人膳食中所含的营养素需种类齐全、数量充足、比例适当。一般谷物占20% ~40%，蛋、肉、鱼占8% ~16%，乳制品占6% ~18%，蔬菜和水果占12% ~20%，油脂食品占12% ~18%，糖和甜食占10%。各种营养素互补可提高营养价值，以满足机体需要，如细粮与粗粮搭配、动物性食物与植物性食物合理搭配等。

4. **饮食卫生** 指导老年人饭前、便后要洗手，以预防肠道传染病；饮用经过高温消毒的新鲜水；食用瓜果、蔬菜前要洗净、消毒；食物必须新鲜、无害，不食用霉烂变质的食物；餐具清洁干净，定期消毒。

**（三）睡眠保健**

1. **养成良好的睡眠习惯** 睡眠习惯一旦养成，到就寝时便可条件反射地进入睡眠状态。提倡早睡、早起和午睡习惯，但对已形成个人特殊睡眠习惯且睡眠质量尚好的老年人，一般不宜强迫改变；对睡眠极不规律的高龄老年人，需要多解释并给予适当的照护，逐步调整睡眠规律。

2. **保持稳定的睡前情绪** 睡前避免喝咖啡、浓茶等兴奋性饮料；避免看刺激性的电影、电视、书或报纸等，以保持情绪安定，有利于睡眠。

3. **安排适宜的睡眠环境** 为老年人营造舒适的睡眠环境，保持安静、空气清新、温度及湿度适宜、光线暗淡。教会老年人睡前的放松方法，如到室外空气新鲜处散步半小时，或练太极拳、气功，自我按摩腰背肌肉，听轻松的乐曲等。

4. **良好舒适的睡眠姿势** 睡眠姿势应取右侧卧位、下肢半屈曲状，这样不仅可使机体大部分肌肉处于松弛状态，而且有利于心脏排血和胃的排空。老年人醒后起床动作要慢，做到“三个半分钟”，即清晨或夜间醒来后，平躺半分钟，在床上坐半分钟，双腿沿床沿下垂坐半分钟，最后再下地活动，以免血压骤变发生意外。

5. **恰当的睡眠时间** 睡眠时间应以醒来自觉全身舒适、精力恢复、身心轻松为原则。可视老年人的体质、生活习惯自行调节。一般认为，60 ~70 岁 7 ~8 h，70 ~80 岁 6 ~7 h，80 岁以上 6 h 即可（包括午休）。

6. **提供舒适的睡眠** 用品睡床应软硬适中，以基本上能保持脊柱的生理正常状态为原则；枕头的高度一般以 8 ~15 cm 为宜，稍低于从肩膀到同侧颈部的距离；选用清洁平坦的床单，被褥宜轻柔，尽量减少和避免对皮肤的刺激，有助于睡眠。

**（四）运动保健**

1. **运动的指导原则** WHO 提出了老年人健身的 5 项指导原则：①应特别重视有助于心血管健康的运动，如游泳、散步、骑车、慢跑等；②应重视重量训练，适度重量训练对减缓骨质丢失、防止肌肉萎缩和维持器官功能有重要作用；③注意维持体内运动“平衡”；④高龄老人和体质衰弱者应参加运动，尽量选择活动量较小的运动，如通过慢走代替跑步，以游泳代替健身操等；⑤关注与锻炼相关的心理因素，如锻炼须持之以恒。运动保健指导者对老年人制订科学健身计划的同时，还应关注他们可能出现的负面情绪等。

2. **运动项目**　适合老年人的健身与娱乐的活动项目比较多，社区卫生服务人员应指导老年人根据自己的年龄、性别、身体状况、锻炼基础及兴趣爱好等选择安全性较高的运动项目，如散步、慢跑、太极拳、气功、球类运动、跳舞等。卧床的老年人，可指导其在床上做肢体屈伸、翻身、梳头、洗脸等活动，并争取早日下床、能辅助行走。

3. **运动的注意事项**

（1）运动时间：以每天 1 ~2 次、每次半小时左右、每天运动总时间不超过 2 h 为宜。运动应选择在清晨或傍晚，饭后 1 ~2 h 进行。地点应空气清新，安静清幽，噪声和污染较少。

（2）运动量不宜过大：老年人参加运动锻炼时应量力而行，循序渐进，切勿操之过急，急于求成；按科学的方法进行运动锻炼，并且注意加强自身保护，如行走不宜过快，转头活动不宜过快等。

（3）自我监测：运动时最高心率可反映机体的最大摄氧量，摄氧量又是机体对运动负荷耐受的一个指标。监测时应结合自我感觉进行综合判断，如运动中出现严重的胸闷、心绞痛或心率减慢，甚至心律失常，应立即停止运动，及时治疗。运动后若感到头晕、胸闷、疲乏、食欲减退、睡眠不佳，说明运动量过大，应减少运动量。

（4）注意运动卫生：老年人应注意运动卫生，如学会用鼻子呼吸，以防用嘴呼吸而吸入空气中的灰尘，引起呼吸道感染等。运动后，用温水洗澡，保持皮肤清洁卫生，以利于消除疲劳，促进体力恢复。

（5）运动时的着装：以舒适、轻便，采用棉织品为宜。鞋应柔软、轻便、跟脚、不打滑，防止意外跌倒。袜子也以透气、柔软的棉线袜为宜。

### （五）安全用药

由于老年人肝脏和肾脏功能减退，影响了药物的代谢、吸收、分布与排泄。老年人常常同时患有多种疾病，治疗过程中应用药物种类较多，易产生药物的不良反应。另外，老年人的记忆力减退，对药物的治疗目的、服药方法、服药时间常不能正确理解，从而影响用药安全及药物的治疗效果。因此，指导老年人安全用药是社区卫生服务人员的一项重要职责。

1. **遵医嘱用药**　老年人应遵医嘱用药，切勿自行滥用药物。当病情好转或治愈后，或用药达到疗程时，必须遵医嘱及时减量或停药。

2. **药物应有明确的标志**　药瓶或药盒标签宜清晰，详细记录服药的剂量、时间、方法等，以防发生漏服、误服、过量服用等。

3. **注意服药安全**　服药时避免取卧位，而应取站立位、坐位或半卧位，以避免发生呛咳。指导老年人用足量的温水服药，避免因药片粘在食管壁而刺激局部黏膜，且影响药物的吸收。

4. **监测服药情况**　指导家属监督老年人正确合理用药，协助观察药物的疗效和不良反应。有条件的老年人可行血药浓度监测，如洋地黄、胺碘酮等药物血浓度测定，既可调整药物的剂量提高疗效，又可避免药物的不良反应。

**5. 注意“六先、六后”原则** 即先明确诊断，后用药；先非药物疗法，后药物疗法；先老药，后新药；先外用药，后内服药；先内服药，后注射药；先中药，后西药。

此外，社区卫生服务人员还应指导老年人根据药品说明书的要求储存和保管药物。大多药物保存的原则是常温、干燥、避光保存。有些药物，如胰岛素等要冷藏保存，但切勿冻结。外用药与内服药、常用药与备用药均应分开放置并做标记，早、中、晚用药也应有明确的标注。药品存放处应方便易取，且不宜被儿童拿到。定期检查并及时补充，对变质、过期等药品应妥善处理。

### （六）心理保健指导

国内外尚没有统一的心理健康的标准。

我国著名的老年心理学专家许淑莲教授把老年人心理健康的标准概括为 5 条：①热爱生活和工作；②心情舒畅，精神愉快；③情绪稳定，适应能力强；④性格开朗，通情达理；⑤人际关系适应力强。

**知识链接**

**国外专家制定老年人心理健康的 10 条参考标准**

①有充分的安全感；②充分了解自己，并能对自己的能力做出恰当的估计；③有切合实际的目标和理想；④与现实环境保持接触；⑤能保持个性的完整与和谐；⑥具有从经验中学习的能力；⑦能保持良好的人际关系；⑧能适度地表达与控制自己的情绪；⑨在不违背集体意识的前提下有限度地发挥自己的才能与兴趣爱好；⑩在不违反社会道德规范的情况下，能适当满足个人的基本需要。

社区卫生服务人员应指导老年人客观地对待机体功能的衰退，根据自身生理、心理和社会生活变化与发展的特点，主动调适心理状态，进行自我心理保健。

首先，指导老年人树立“老有所为，老有所用”的观点。其次，帮助老年人保持积极乐观的心理状态，愉悦的情绪能使人对未来充满信心，能承受生活中各种各样的压力。还应指导老年人树立正确的生死观，坦然地面对生死。同时处理好家庭与代际关系，现代家庭中子女尽孝道、尊重老人、赡养老人固然是义不容辞的责任，但老年人自身的豁达、理解与宽容在维系良好的家庭关系中也不可忽视。

对有离、退休综合征的老年人，社区卫生服务人员应指导老年人积极地调整心态，顺应自然规律，努力实现离、退休的社会角色转换。鼓励身体健康状况良好的老年人，回归社会，发挥余热，并培养广泛的兴趣和爱好，扩大社会交往，排解孤独和寂寞，保持生活规律，合理地进行运动锻炼。

对老年抑郁症者，首先应指导其积极地治疗身体疾病，对于不可治愈的疾病也应尽量设法减轻其痛苦。鼓励老年人扩大社会交往，多参加一些有意义的社会活动，保持乐观向上的生活态度。指导晚辈营造良好的家庭氛围，给予老年人充分的关心与照顾，必要时给予心理治疗或药物治疗。

对老年疑病症者，社区卫生服务人员应积极地组织其参加一些有益的娱乐活动和适当的社会活动，改变独居现状，扩大生活圈，丰富老年人的精神生活。加强与老年人的沟通，交流时语调温和、语速慢而清楚。积极开展老年期精神心理卫生教育，用解释、安慰、诱导、启发等方法，使老年人正确对待疾病，积极寻找疾病根源，减轻或缓解精神负担。

引导丧偶的老年人，以哭泣、诉说、书信及日记等方式宣泄情感，使其尽快从悲痛中解脱出来。条件允许时，可到亲朋好友处小住，避免睹物思人。鼓励老年人多参加一些有益的文体活动，多接触外面的世界，设法转移自己的注意力。此外，积极引导老年人仔细感悟人生的哲理，让其勇敢地挑起社会和家庭的重担，才是对老伴最好的缅怀和思念。

## 第二节　职业病人群的保健指导

### 一、职业病概述

#### （一）职业病概念与分类

职业病有广义和狭义之分。医学上广义的职业病是指企业、事业单位和个体经济组织等用人单位的劳动者在职业活动中，因接触粉尘、放射性物质和其他有毒、有害因素而引起的疾病。凡由政府主管部门用法令的形式明文规定的职业病，称为法定职业病，即立法意义上的狭义职业病。

近年来，随着我国经济快速发展，新技术、新材料、新工艺的广泛应用，以及新的职业、工种和劳动方式不断产生，劳动者在职业活动中接触的职业病危害因素更为多样、复杂。2002 年发布的《职业病目录》历时十余年，已不能完全反映当前职业病现状。2013 年 12 月国家卫计委、安全监管总局、人力资源社会保障部和全国总工会联合组织对职业病的分类和目录进行了调整，印发了《职业病分类和目录》（国卫疾控发〔2013〕48 号），规定我国的法定职业病共 10 类 132 种。

（1）职业性尘肺病及其他呼吸系统疾病：如尘肺病、过敏性肺炎、棉尘病、哮喘等。

（2）职业性皮肤病：接触性皮炎、光接触性皮炎、电光性皮炎、黑变病、白斑等。

（3）职业性眼病：化学性眼部灼伤、电光性眼炎、白内障等。

（4）职业性耳鼻喉口腔疾病：噪声聋、铬鼻病、牙酸蚀病、爆震聋等。

（5）职业性化学中毒：铅及其化合物中毒（不包括四乙基铅）、汞及其化合物中毒、锰及其化合物中毒、镉及其化合物中毒等。

（6）物理因素所致职业病：中暑、减压病、高原病、航空病等。

（7）职业性放射性疾病：外照射急慢性放射病、内照射放射病、放射性皮肤疾病、放射性肿瘤等。

（8）职业性传染病：炭疽、森林脑炎、布鲁菌病、艾滋病（限于医疗卫生人员及人民警察）等。

（9）职业性肿瘤：石棉所致肺癌、间皮瘤、联苯胺所致膀胱癌、苯所致白血病、氯甲醚、双氯甲醚所致肺癌等。

（10）其他职业病：金属烟热、滑囊炎（限于井下工人）、股静脉血栓综合征、股动脉闭塞症或淋巴管闭塞症等。

**（二）职业病特点**

（1）病因明确，发病可以预防。病因即职业性有害因素，在控制病因或作用条件后，可预防或减少发病。

（2）所接触的病因大多是可检测的。绝大多数情况下，职业病的发病及严重程度与接触职业性有害因素的剂量、时间等有关，一般存在接触水平（剂量）—效应（反应）关系。

（3）发病常有群发性。在接触同一因素的人群中常有一定的发病率，很少只出现个别患者。

（4）职业病多表现为体内生理器官或生理功能的损伤，因而多只见“疾病”，不见“外伤”。

（5）大多数职业病目前尚无特效治疗方法，如能早期诊断、治疗，预后大多较好，发现愈晚，疗效愈差。职业病属于不可逆性损伤，痊愈的可能较小。

（6）从病因学上说，职业病是完全可以预防的，故必须强调“预防为主”。

**（三）职业病诊断原则**

职业病诊断标准和职业病诊断、鉴定办法由国务院卫生行政部门制定。职业病伤残等级的鉴定办法由国务院劳动保障行政部门会同国务院卫生行政部门制定。劳动者可以在用人单位所在地、本人户籍所在地或者经常居住地依法承担职业病诊断的医疗卫生机构进行职业病诊断。职业病诊断，应当综合分析下列因素。

（1）患者的职业史。

（2）职业病危害接触史和工作场所职业病危害因素情况。

（3）临床表现以及辅助检查结果等。

没有证据否定职业病危害因素与患者临床表现之间的必然联系的，应当诊断为职业病。

**（四）职业病预防**

1. **一级预防** 为病因预防，主要是控制和消除危害人群健康的各种职业性有害因素，这是预防职业病的根本性措施。

（1）建立完善的职业卫生保障机制：包括依法建立符合我国国情的职业卫生管理体制和信息决策机制、完善的职业病工伤保险机制和稳定的、多渠道职业卫生投入机制，以市场机制合理配置职业卫生技术服务资源。

（2）将现有职业病防治信息网络重新整合：整体规划，进一步完善职业病监测体系，统一职业病、工作相关疾病统计口径，并与国际接轨及互认。建立系统的职业卫生信息与职业病防治评估体系，通过科学分析信息，加强职业中毒事故的预测、预警，及时、准确地评估职业病防治效果，为职业病防治决策提供准确、科学的依据，全面提升急性职业中毒控制信息水平。建立相关部门分工合作、相互协调的工作机制。

（3）建立符合我国国情的工作场所健康促进体系：通过工作场所健康促进与健康

教育活动，提高用人单位遵法、守法的法律意识，切实履行职业病防治工作的法律责任，创造安全、舒适、健康的作业环境，发挥用人单位的积极性，推动用人单位在追求经济效益的同时，切实履行企业的社会责任。

（4）开展群众性职业安全卫生知识的健康教育：加强劳动者的自我防范意识，自觉遵守安全操作制度，正确合理地选用和使用个人防护用品，培养良好的个人卫生习惯。

（5）加强职业人群的卫生保健措施：如做好就业前健康检查，筛检出就业禁忌证或高危人群，对特殊职业人员配备有效的个人防护用品和保健食品，为从事有害作业的职业人群建立健全的健康档案等。

2. **二级预防** 做好职业病的早发现、早诊断和早治疗工作，这是二级预防的主要任务。

（1）组织职业性有害因素作业人群定期进行健康检查，及早发现职业病患者。

（2）对发现的各种早期职业病患者，及时调换工作岗位，安排早期治疗工作。

3. **三级预防** 采取及时合理的治疗措施，防止病情恶化，预防并发症、病残或延长生命。

## 二、职业性尘肺病

职业性尘肺病是在职业活动中吸入生产性矿物性粉尘并在肺内潴留而引起的肺组织弥漫性纤维化为主的呼吸系统疾病。

### （一）种类

尘肺病分为很多种，根据长期吸入的粉尘的不同，尘肺病的种类也不同。根据矿物粉尘的性质尘肺病分为：

1. **矽肺** 是由长期吸入高浓度游离二氧化硅粉尘引起。

2. **煤肺和碳素尘肺** 由长期吸入煤尘及含碳为主的粉尘引起。包括煤工尘肺、石墨尘肺、炭黑尘肺。

3. **混合性尘肺** 由长期吸入含游离二氧化硅和其他粉尘引起。

4. **金属尘肺** 由长期吸入某些金属粉尘（如铝、铁尘等）引起。

5. **硅酸盐尘肺** 由长期吸入含以硅酸盐为主的粉尘引起。包括石棉肺、水泥、滑石、云母尘肺和陶工尘肺等。

### （二）临床表现

1. **症状与体征** 气短为早期症状，多有咳嗽、咳痰、咯血、胸痛，病情进行性加剧，则出现呼吸困难。全身症状有乏力、食欲减退、盗汗、失眠等。疾病早期常无阳性体征，晚期有肺气肿体征，并发肺内感染时，肺部有干、湿性啰音，出现肺心病，则有心力衰竭相应体征。

2. **X 线表现** 肺纹理增强，有类圆形或不规则密集度的小阴影。

3. **肺功能检查** 早期通气功能正常，中、晚期弥散功能降低。不同程度的限制性或阻塞性通气障碍。

4. **血气分析** 显示低氧血症，晚期低氧血症加重，伴有高碳酸血症。

### （三）预防措施

1. **工艺改革、革新** 生产设备是消除粉尘危害的主要途径。

2. **湿式作业** 采用湿式碾磨石英、耐火材料，矿山湿式凿岩、井下运输喷雾洒水等。

3. **密闭、抽风、除尘** 对不能采取湿式作业的场所，应采用密闭抽风除尘办法，防止粉尘飞扬。

4. **接尘工人健康检查** 包括就业前和定期健康检查，脱离粉尘作业时还应做脱尘作业检查。避免有如下疾病者从事接触粉尘的工作：活动性肺结核病、慢性阻塞性肺病、慢性间质性肺病、伴肺功能损害的疾病。

5. **个人防护** 佩戴防尘护具，如防尘安全帽、送风头盔、送风口罩等。应特别注意正确佩戴有效合适的防尘口罩（面罩），并定期更换。

防尘口罩的选用要注意3点：第一，防尘口罩必须能有效地阻止粉尘进入呼吸道。一个有效的防尘口罩必须是能防止微细粉尘，尤其是直径在5 μm以下的粉尘进入呼吸道，也就是必须是国家认可的“防尘口罩”。一般的纱布口罩是没有防尘作用的。第二，选择合适的防尘口罩。就是口罩要和脸形相适应，最大限度地保证空气不会从口罩和面部的缝隙不经过口罩的过滤进入呼吸道，要按使用说明正确佩戴。第三，正确佩戴防尘口罩。佩戴防尘口罩要舒适有效，要求口罩既能有效地阻止粉尘，又能在戴上口罩后呼吸不费力。所以要求防尘口罩重量要轻，佩戴卫生，保养方便。

### （四）尘肺病的治疗

尘肺病的纤维化是不可逆的病变，目前还没有根治的办法，治疗原则是采取综合治疗措施。

（1）患者要立即调离粉尘作业环境，适当安排劳动和休息。

（2）开展健身疗法，调整机体功能，加强营养，坚持体育锻炼，以提高身体抵抗力。

（3）重视心理治疗，帮助患者消除恐惧心理及麻痹大意思想。

（4）积极治疗并发症。

## 三、职业性化学中毒

在生产劳动过程中产生或使用的、能对职业人群的健康产生功能性或器质性损害，甚至危及生命的化学物质，称为职业性毒物或生产性毒物；在职业活动中由于接触职业性毒物所引起的中毒，称为职业性化学中毒。

### （一）职业性毒物的来源及存在形态

1. **来源** 职业性毒物可存在于生产过程中的各个环节，其主要来源有生产原料、辅助材料、中间产品、成品或副产品等。

2. **主要存在形态**

（1）气体：如一氧化碳、氮气、氨气等。

（2）蒸气：如碘、硫、苯、汽油、汞等。

（3）雾：如喷洒农药或喷漆时形成的药雾或漆雾等。

（4）烟：各种燃料、有机物质燃烧不完全时可产生大量的烟。

（5）粉尘：多由于固体块状物质经机械粉碎或碾磨时形成。

### （二）职业性毒物对机体的毒作用

1. **按毒作用的部位**　可分为局部毒作用和全身毒作用，刺激性或腐蚀性强烈的毒物可对接触部位产生局部毒作用，主要表现为局部出现红、肿、腐烂、灼烧样痛等。吸收进入血液循环并分布至全身的毒物，可对多器官系统乃至全身产生毒作用，如铅可对神经、消化和血液等系统产生损害等。

2. **按中毒发生的时间和临床过程**　可分为急性、亚急性和慢性中毒，毒物一次性或 24 h 内多次大量进入机体所引起的快速而剧烈的中毒效应称为急性中毒。多由于意外事故、违反生产操作规程或无防护情况下进入有毒环境抢修等所致。低剂量（或低浓度）的毒物长期、反复、多次进入机体缓慢出现的毒效应称为慢性中毒。中毒发生时间和临床过程介于急性和慢性之间的称为亚急性中毒。

### （三）职业性化学中毒的预防原则

1. **一级预防**　严格执行安全操作规程和防护制度，采取有效的防护措施，增加通风、抽风设施，以低毒、无毒的生产用品代替强毒、有毒用品，加强职业安全卫生知识的宣教工作，使劳动者自觉做好职业预防。

2. **二级预防**　对职业性有害因素作业人群定期进行健康检查，做好早期发现、早期诊断和早期治疗工作。

3. **三级预防**　及时采取合理的治疗措施，防止病情恶化。

### （四）职业性铅中毒

1. **临床表现**

（1）急性铅中毒：职业性急性铅中毒较少见，多由于误服大量铅化合物所致，主要表现为消化系统症状，如口有金属味、恶心、呕吐、阵发性腹绞痛、便秘或腹泻等，可伴有头痛、血压升高、尿少及肝功能损害等，严重者可出现抽搐、昏迷、循环系统衰竭等。

（2）慢性铅中毒：职业性铅中毒多为慢性中毒，临床上有神经、消化、血液等系统的综合症状。

1）神经系统：主要表现为神经衰弱，周围神经病和中毒性脑病。①神经衰弱，是铅中毒早期和较常见的症状之一，表现为头昏、头痛、全身无力、记忆力减退、睡眠障碍、多梦等，其中以头昏、全身无力最为明显，但一般都较轻，属功能性症状。②周围神经病，可分为感觉型、运动型和混合型。感觉型的表现为肢端麻木和四肢末端呈手套袜套样感觉障碍；运动型早期出现握力减退，继之伸肌无力和麻痹，严重者出现腕、足下垂症。③中毒性脑病，为最严重的铅中毒，表现为顽固性头痛、恶心、呕吐、高热、嗜睡、抽搐、癫痫样发作等。

2）消化系统：轻者表现为一般消化道症状，重者出现腹绞痛。

一般消化道症状包括口内金属味、食欲减退、上腹部胀闷不适、腹隐痛和便秘、腹绞痛（铅绞痛）发作前常有顽固性便秘作为先兆。腹绞痛为突然发作，多在脐周，呈持续性痛阵发性加重，每次发作自数分钟至几个小时，检查时，腹部平坦柔软，可有轻度压痛，无固定压痛点，肠鸣音减弱。

3）血液系统：主要是铅干扰血红蛋白合成过程而引起其代谢产物变化，最后导致贫血，多为低色素小红细胞性贫血。

**2. 预防措施**

（1）采用工程技术措施，控制铅有害因素的扩散：采用适当的生产工艺，以减少空气污染，用低毒物质代替高毒物质；采取远距离操作、自动化操作，辅以个人防护用品，防止直接接触。

（2）生产环境监测：生产环境监测的目的是掌握生产环境中职业性铅危害的性质、种类、强度（浓度）及其时间、空间的分布状况，为评价职业环境是否符合卫生标准提供依据。应根据生产实际情况及监测目的，建立定期监测制度及卫生档案制度。

（3）加强个人防护：个人防护用具包括呼吸具（防尘防毒用的口罩、面罩）、面盾（防紫外线）、防护服（防酸、碱、高温）、手套（防震动）、鞋等，应根据危害接触情况而选用。

（4）加强健康教育：使人们正确认识职业性铅有害因素，提高自我保健意识，自觉参与预防，并做好个人卫生和培养良好的卫生习惯，不在车间内吸烟、用餐，工作结束后用热水和肥皂将手、脸洗净，工作服、口罩、手套应勤洗勤换。

## 四、职业性中暑

中暑是指在高温和热辐射的长时间作用下，机体体温调节障碍，水、电解质代谢紊乱及神经系统功能损害的症状的总称。

### （一）中暑类型与临床表现

**1. 热射病** 是在高气温、强烈热辐射或伴有高气温的环境下，机体散热发生障碍，体温调节机制失调，使热量蓄积体内而引起的，是中暑中最严重的一种。典型的临床表现为在高热环境中突然发病，体温达 40 ℃以上，无汗，并可伴有皮肤干热和意识障碍等中枢神经系统症状。

**2. 热痉挛** 是在高气温、强烈热辐射的环境中，由于大量出汗，损失体内大量的氯、钠、钾离子而引起的以肌肉痉挛为主的疾病。主要表现为明显的肌痉挛，伴有收缩痛，痉挛以四肢肌肉、腹壁肌肉等经常性活动的肌肉为多见。

**3. 热衰竭** 是在高温、高湿环境下，外周血管扩张和大量失水，造成循环血量减少，引起脑内暂时供血减少而晕厥。主要表现为头痛、头晕、恶心，继有口渴、胸闷、脸色苍白、冷汗淋漓、脉搏细弱或缓慢、血压偏低，严重者可有晕厥。

### （二）中暑分级

**1. 先兆中暑** 是患者在高温环境中劳动一定时间后，出现头昏、头痛、口渴、多汗、全身疲乏、心悸、注意力不集中、动作不协调等症状，体温正常或略有升高。

**2. 轻症中暑** 除有先兆中暑的症状外，出现面色潮红、大量出汗、脉搏快速等表现，体温升高至 38. 5 ℃以上。

**3. 重症中暑** 凡出现上述热射病，热痉挛和热衰竭的主要临床表现之一者。

### （三）预防措施

（1）预防中暑应从根本上改善劳动和居住条件，隔离热源，降低车间温度，调整作息时间。

（2）提供防暑降温的饮料，注意个人防护。

（3）宣传中暑的防治知识，特别是中暑的早期症状。

**（四）治疗**

1. **先兆中暑**　迅速撤离高温环境，并密切观察。

2. **轻症中暑**　迅速撤离高温环境，选择阴凉通风的地方休息，并多饮用一些含盐分的清凉饮料。还可以在额部、颞部涂抹清凉油、风油精等，或服用人丹、十滴水、藿香正气水等中药。

3. **重症中暑**　立即把中暑者从高温环境中转移至阴凉通风处，迅速将其送至医院，同时采取综合措施进行救治。若远离医院，应将患者脱离高温环境，用湿床单或湿衣服包裹患者并给予强力风扇，以增加蒸发散热。

## 五、职业性肿瘤

在工作环境中长期接触致癌因素，经过较长的潜伏期而患某种特定的肿瘤，称为职业性肿瘤。职业性致癌因素包括化学的、物理的和生物的因素。但在职业性肿瘤的致癌因素中，最常见的职业性致癌因素是化学物质。

我们国家法定的职业肿瘤有：石棉所致肺癌、间皮瘤，联苯胺所致膀胱癌，苯所致白血病，氯甲醚所致肺癌，砷所致肺癌、皮肤癌，氯乙烯所致肝血管肉瘤，焦炉烟气、铬酸盐（制造）所致肺癌等。

**（一）职业性肿瘤的特点**

（1）病因明确，发病率和死亡率高。

（2）有好发部位，皮肤和肺是致癌物进入机体最重要的途径和直接作用的器官。

（3）潜伏期较短，发病或死亡年龄早。

（4）恶性程度较高。

（5）细胞学类型特殊，如双氯甲醚引起的肺癌大多为未分化细胞癌，家具厂工人所患的鼻咽癌全部是腺癌等。

**（二）职业致癌因素**

能引起肿瘤的职业有害因素称为职业致癌因素，主要分为物理性和化学性致癌因素两大类。

1. **物理性致癌因素**　如电离辐射、放射性物质、紫外线、机械性损伤等。

2. **化学性致癌因素**　包括有机致癌因素，如多环芳烃，芳香胺、烷化剂、苯、亚硝胺、某些农药等。无机致癌因素，如矿物质粉尘、铬、镍、镉、铍、砷等金属及类金属及类金属化合物。

**（三）预防**

（1）严格执行有关卫生标准和法律法规，对于已经明确的职业性致癌因素应加以严格控制，改革工艺，使致癌物浓度降低到最低水平，使人群尽量不接触或少接触致癌物。

（2）加强工作人员的自身防护，职工应掌握必要的防护知识，采取有效的防护措施以减少致癌物的接触，如避免太阳光的直射，减少紫外线的照射，在工作环境中穿好工作衣，使用必要的防护工具。工作服集中清洗，去除污染，不穿回家。在处理致癌物时，要严防污染厂外环境。改变不良生活习惯，许多致癌物与吸烟有协同作用，因此应加强健康教育，开展戒烟运动。

（3）对于有可能发生职业性肿瘤的人群，应定期进行健康检查，以早期发现癌前病变并及时予以处理。

（4）经常对生产环境进行监测，并按照相关法规对不符合要求的生产环境进行治理，使其浓度或强度控制在国家职业卫生标准规定以下。

## 重点知识

1. 老年人：联合国提出老年人的划分标准是：发达国家65岁及以上者，或发展中国家60岁及以上者称为老年人。

2. 老龄化社会：联合国规定：一个国家或地区，年满65岁的老年人口占总人口7%以上，或年满60岁的老年人口占总人口10%以上，即可定义为老龄化社会。

3. 离退休综合征：是指老年人由于离、退休后不能适应新的社会角色、生活环境和生活方式的变化而出现的焦虑、抑郁、悲哀、恐惧等消极情绪，或因此产生偏离常态行为的一种适应性的心理障碍。

4. 老年抑郁症：是以持久的忧郁心境为主要临床特征一种功能性的精神障碍。

5. 老年疑病症：是以怀疑自己患病为主要特征的一种神经性的人格障碍。

6. 老年人的心理特点：①积极健康的心理状态；②消极不良的心理状态，如自卑心理、黄昏心理、不安全感、无价值感。

7. 老年人的患病特点：①多病性及多脏器病变；②临床表现不典型；③发病急、进展快；④病程长、病情重、恢复慢、并发症多；⑤易发生水、电解质紊乱及意识障碍；⑥对治疗反应差；⑦退行性疾患和精神疾患增加。

8. 社区老年人常见的身体健康问题：疲劳、眩晕、晕厥、睡眠失调、跌倒、失明与耳聋。

9. 社区老年人常见的心理健康问题：离退休综合征、老年抑郁症、老年疑病症、丧偶。

10. 社区老年人的保健指导：居家环境保健、饮食与营养保健、睡眠保健、运动保健、安全用药、心理保健指导。

11. 职业病：职业病有广义和狭义之分。医学上广义的职业病是指企业、事业单位和个体经济组织等用人单位的劳动者在职业活动中，因接触粉尘、放射性物质和其他有毒、有害因素而引起的疾病。凡由政府主管部门用法令的形式明文规定的职业病，称为法定职业病，即立法意义上的狭义职业病。

12. 职业性尘肺病：是在职业活动中吸入生产性矿物性粉尘并在肺内潴留而引起的肺组织弥漫性纤维化为主的呼吸系统疾病。

13. 职业病的特点：病因明确，发病可以预防；所接触的病因大多是可检测的；发病常有群发性；职业病多表现为体内生理器官或生理功能的损伤；大多数职业病目前尚无特效治疗方法；从病因学上说，职业病是完全可以预防的，故必须强调“预防为主”。

14. 职业病诊断，应当综合分析下列因素：病人的职业史；职业病危害接触史和工作场所职业病危害因素情况；临床表现以及辅助检查结果等。

## 课后练习

### 一、名词解释

1. 老年人　2. 老龄化社会　3. 离退休综合征　4. 老年抑郁症　5. 老年疑病症　6. 职业病　7. 职业性尘肺病

### 二、简答题

1. 简述我国人口老化状况及其特点。
2. 简述老年人的心理特点。
3. 简述老年人的患病特点。
4. 简述社区老年人运动的注意事项。
5. 简述社区老年人睡眠的保健措施。
6. 简述社区老年人安全用药的保健措施。
7. 简述离退休综合征的概念及保健措施。
8. 简述老年抑郁症的概念及保健措施。
9. 简述老年疑病症的概念及保健措施。
10. 简述离退休综合征的概念及保健措施。
11. 职业病的特点是什么？
12. 职业病的预防措施有哪些？

（柳淑芳　高妩枝）

# 第八章　社区慢性病患者的护理与管理

**教学目标**

1. 掌握慢性病的概念、特征和危险因素，社区常见慢性病的居家护理，社区常见慢性病患者的健康管理内容。

2. 熟悉慢性病对患者、患者家庭和社会的影响。

3. 了解慢性病的现状、慢性病呈上升趋势的原因。

**案例导入**

**案例：**王先生，男，48岁，单位体检中发现血压为150/100 mmHg，偶感轻度头晕、乏力、视力模糊。未问及家族病史，饮食规律，无烟酒嗜好。查体：身高172 cm，体重86 kg，心、肺检查未见异常，心电图未见异常，未进行其他检查。

1. 根据目前已知的信息，王先生的心血管危险水平处于哪个级别？

2. 为对王先生进行规范的高血压患者管理，还应补充采集哪些信息？

3. 社区护士应如何对王先生进行高血压患者管理及护理指导？

## 第一节　慢性病概述

慢性病是导致全球人类死亡与伤残的主要原因，是威胁人类健康的最大问题，其影响在逐步增大，WHO 2012年数据，全球因慢性非传染性疾病导致的死亡多达3 800万，其中中国有860万。心血管疾病、糖尿病、肿瘤和呼吸系统疾病占到一半以上。在我国，随着医学的发展，人民生活水平的提高，人口老龄化进程的加快，死亡率的降低，人类期望寿命的延长及人群生活方式的转变，人群的疾病模式已经发生了很大变化。慢性非传染性疾病已成为危害人民健康的主要问题。恶性肿瘤、脑血管疾病、呼吸系统疾病、心脏病等慢性病是目前我国城乡居民死亡原因的四大主要“杀手”。

**知识链接**

**全国1亿社区居民受益社区疾病管理培训项目**

2011年7月，全国社区疾疾病管理培训项目总结会暨社区疾病管理研讨会在北京召开。此项目是国内第一个社区疾病管理模式培训项目。项目开展3年来，据初步估算已有1亿社区居民从中受益。

数据显示，在我国人群死因构成中，慢性非传染性疾病已上升至85%。加强慢性疾病防控刻不容缓。大量的研究及国内外实践经验证明，疾病管理通过系统化的协作、服务、管理和评估，已成为慢性病防治的有效路径。以社区卫生服务机构为平台，开展“家门口”的常见慢性病管理服务，对有效控制慢性病负担、促进社区医疗改革的不断深入发展有着十分重要的意义。

## 一、慢性病概念

慢性病（chronic disease）全称是慢性非传染性疾病（noninfectious chronic disease，NCD）不是特指某种疾病，而是对一类起病隐匿、病程迁延不愈、缺乏明确的传染性生物病因证据、病因复杂或病因尚未完全确认的疾病的概括性总称。

从广义上讲，慢性病一般不是指由微生物引起的一类疾病，而是由于不良的生活习惯、长期紧张疲劳、社会环境因素、忽视自我保健和心理平衡，逐渐积累而发生的疾病。是指那些长期的、不能自愈的，也几乎不能被治愈的疾病。

根据美国1987年慢性病委员会提出的定义方式，慢性病的患者需具备下列一种或几种特性：①病程漫长；②导致功能丧失和残障；③病因复杂，不可逆的病理变化；④因病情不同，而需要不同的医疗照顾和指导；⑤因病情的差异，需要不同的康复训练。

## 二、慢性病特点

从慢性病的发生过程看，有以下几方面的特点。

1. **一果多因，一因多果**　一果多因是指一种慢性病可因多种因素共同作用所致。一因多果是指同一病因如不健康饮食、缺乏身体活动、使用烟草和乙醇、空气污染等可导致多种疾病，如心血管疾病、恶性肿瘤、糖尿病和慢性呼吸道疾病等。

2. **发病隐匿，潜伏期长**　慢性病的早期症状常比较轻且易被忽视，慢性病在病因的长期作用下，器官损伤逐步积累，直至急性发作或者症状较为严重时才被发现。

3. **病程长**　大多数慢性病的病程长，甚至是终身患病。

4. **可预防**　通过对环境、生活方式等可改变因素的干预能够预防或减缓其发病。

5. **不可治愈**　大多数慢性病的病因复杂或不明，故无法进行病因治疗，治疗主要是对症治疗，以减轻症状，预防伤残和并发症。

6. **对生活质量影响大**　因病程长，不可治愈，而且同时患多种慢性病，对患者的生活质量影响较大。

**课堂互动**

你知道的社区常见慢性病有哪些？哪些因素是导致慢性病发生的危险因素？慢性病对个人、家庭和社会有哪些不良影响？

## 三、慢性病发生经过与分类

### （一）慢性病的发生经过

慢性病的发生经过一般都有发病期、疾病进展期、稳定期及复发恶化期等几个阶段。

1. **发病期** 慢性病的病因复杂，受机体本身的因素、致病因素及诱发因素的影响，多数慢性病的症状及体征在发病之初并不明显，常在例行的身体健康检查中发现，或在某些症状反复迁延出现并逐渐加重，患者不能忍受或不容患者忽视而就诊时得到证实。

2. **进展期** 进展期疾病的症状及其严重程度不断发展，进展的快慢依疾病的性质及个人的体质不同而有一定的差异，有快有慢。根据慢性病进展的速度可分为快速进展期与慢速进展期。

3. **稳定期** 患者的身体状况在经过一段时间的治疗及护理后，症状和体征基本得到了控制，会出现一个相对稳定期，在稳定期内，患者的病情变化不大，疾病基本上处于缓解、相对静止的状态。虽然一般的慢性疾病在稳定期疾病的变化不大，但也有可能会带有明显的结构或功能障碍。

4. **复发恶化期** 患者在经过一段无症状的稳定期后，疾病可能会忽然复发或恶化，给患者的身体、心理、精神等带来很大的伤害，有时甚至会危及患者的生命。

### （二）慢性病的分类

从慢性病对个人和家庭影响的角度出发，慢性病可从 4 个方面加以分类，现分别说明如下。

1. **发病形态** 根据发病时呈现急发性或渐发性的症状分为急发性慢性病和渐发性慢性病。如脑卒中和心肌梗死的临床症状突然出现是属于急发性的，但其实身体内已有相当长时间的病理生理改变；风湿性关节炎和风湿性心脏病属渐发性，其临床症状出现后会经过或长或短的一段时间才能确定诊断。急发性的慢性疾病对患者及其家庭造成的压力较渐发性的慢性疾病大，因其需要在短时间内做出很多的适应，包括家庭结构、个人角色和情绪等；渐发性的慢性疾病则需要较多的精力与耐力应对，也就有较多的时间可以让患者与其家庭调适。

2. **疾病病程** 慢性疾病依病程分为进行期慢性病、稳定期慢性病、复发期慢性病。

（1）进行期慢性病：疾病在进行期时，症状与严重度都在不断持续地进行，而家庭成员需要不断地调适。为照顾患者，家属可运用外部资源或需要较多的精力与耐力应对，也就有较多的时间可以让患者和其家庭调适。

（2）稳定期慢性病：是身体状况相对稳定的一段时间，慢性疾病在此阶段可能有明显的功能缺陷，如瘫痪或认知障碍，而导致身体承受压力减少或活动受限。

（3）复发期慢性病：慢性疾病经过一段稳定期之后骤发或恶化，这种可能复发慢性疾病的家庭必须更有弹性，要能做随时应付突发情况的准备。其家人所承受的压力视复发的频率及“不知何时会再发”的不确定感而定。

3. **疾病结局**　根据慢性病对患者产生的影响程度不同分为致命性慢性病、非致命性慢性病和可能威胁生命的慢性病三大类。有些慢性疾病为进行性和具有致命性，如艾滋病、各种肿瘤等；有些慢性病显然不至于威胁生命，如关节炎、痛风、胆石症、支气管哮喘、青光眼、白内障、出生缺陷、创伤或烧伤后遗症等；某些慢性疾病亦可能介于两者之间而较难预料后果，如高血压、冠心病、脑出血、脑梗死、慢性肾衰竭、血友病、先天性心脏病、风湿病等。几乎所有的慢性病都会对患者心理上造成或多或少的失落感；患者会失去对自己身体的控制，担心自己无法存活；家属会担心自己成为孤独的存活者；患者与家属会彼此担心即将分离而哀伤。

4. **疾病造成的损伤**　不同疾病会造成不同程度的损伤。脑性麻痹、老年痴呆和中风患者会有记忆、判断、语言等认知方面的障碍；脑卒中、多发性硬化和帕金森病患者会导致运动障碍；失明和耳聋引发感觉障碍；还有一些疾病如神经性纤维瘤、严重烧烫伤造成外形的改变可能会影响正常的社交活动。

## 四、慢性病发生的危险因素

慢性病发生的主要危险因素可分为行为因素、环境因素和不可改变因素三大类。行为和环境因素是可改变的，不可改变因素主要包括年龄、性别、遗传等。

### （一）行为因素

行为因素包括吸烟、酗酒、不合理膳食及缺乏体力活动等。

1. **吸烟**　烟草中含有苯和焦油，还有多种能致癌的放射性物质。吸烟会引起肺部、心血管、胃肠道疾病和各种肿瘤，加重糖尿病，引起老年性痴呆。吸烟可导致不孕不育，孕妇吸烟会影响胎儿的正常发育。

2. **酗酒**　饮酒与冠心病、原发性高血压密切相关，中度饮酒即可增加脑卒中和原发性高血压发生的危险性。饮酒可增加某些癌症的发病率，资料表明，饮酒与咽喉癌、口腔癌和食管癌相关。饮酒和吸烟的协同作用可使许多癌症的发病率明显增高。

3. **不合理膳食**　根据国家统计局有关数据显示，近十年来我国肉类和食油类消费持续上升，城市居民膳食中脂肪热能比已接近WHO推荐水平的最高限30%。而城市居民中谷类消费呈持续下降趋势，其热能比低于50%。营养失衡造成一些相关慢性病发病率升高。另外，我国常见的不良饮食习惯及烹调习惯也是重要的危害健康的因素。

4. **缺乏体力活动**　现代社会中，很多体力劳动被工具取代，越来越多的人采取了静息的生活方式。热量摄入增加而消耗减少，使得体重超重和肥胖的人数增加。体重超重或肥胖会导致2型糖尿病、冠心病、高血压、社会心理问题和某些类型的恶性肿瘤。

### （二）环境因素

环境因素包括自然环境、社会环境和心理环境。

1. **自然环境** 环境污染破坏了生态平衡和人们正常的生活条件，对人体健康产生直接、间接或潜在的有害影响。汽车尾气、工业废气、废水对外部大环境的污染，以及室内装修、厨房烹调油烟对生活环境的污染，都是导致肺癌、白血病等恶性肿瘤以及慢性阻塞性肺部疾病的危险因素。

2. **社会环境** 政府的卫生政策、卫生资源的配置、医疗系统的可利用程度、社会风俗习惯、人口的构成与流动状况、个人的受教育程度、社会经济地位等社会因素也影响着居民的健康。

3. **心理环境** 现代社会生活工作节奏加快，竞争激烈，人际关系复杂，使生活中的紧张刺激增加，心理因素和情绪反应已成为一个重要的致病因素。愤怒、恐惧、焦虑、忧愁、悲伤、痛苦等情绪虽然是适应环境的一种必要反应，但强度过大或时间过久，都会使人的心理活动失去平衡导致神经系统功能失调，对健康产生不良影响。如果这些消极情绪经常反复出现，引起长期或过度的精神紧张，还可产生如神经功能紊乱、内分泌失调、血压持续升高等病变，从而导致某些器官、系统的疾病。

**知识链接**

卫计委近期的调查显示，教育水平较低的人比教育水平高的人更容易患上慢性病及过早死亡，即高知识阶层慢性病患病率低于受教育少者。说明教育水平越低，对健康知识的了解少，日常生活中无法正确地进行自我保健；此外，教育水平低的人群抽烟、喝酒的比例非常高，这也是导致教育水平低的人更容易患上慢性病及过早死亡的主要原因。

### （三）不可改变因素

不可改变因素包括年龄及遗传因素。这些因素在目前的医疗条件下是不可改变的。例如，许多慢性病的发病率与年龄呈正相关，即年龄越大，患病的机会越大。高血压、糖尿病、乳腺癌、消化性溃疡、精神分裂症、动脉硬化性心脏病等都有家族倾向，可能与遗传因素或家庭共同的生活习惯有关。

## 五、慢性病对患者及其家庭的影响

慢性病对患者的影响不仅仅局限于身体功能的损害，而且还涉及患者生活的方方面面，包括身体、心理、社会、经济。患者家属、照顾者也会受到不同程度的影响。

### （一）对患者的影响

慢性病的各种症状及后遗症，如疲劳、疼痛、畸形和残疾等，对患者生理、心理、工作职业、社会活动等方面都会产生影响，使患者的自理能力、自我评价和对生活的满意度降低。诊断过程中的等待，某些症状的反复出现，病情的恶化，会使患者及其家属产生一种不确定感，从而带来无力感。对于慢性病患者，无力感与病情的好转、恶化有关。无力感使得患者表现被动，不参与照顾和决策过程，依赖他人。帮助患者建立自我照顾和症状管理的能力，有助于减轻或消除无力感。了解患者的精神状态，是提供整体护理的基础。社区护士要掌握沟通交流的技巧，关心患者，尊重患者。另外，慢性病消耗大量医疗费用，造成个人、家庭和社会的沉重负担，加重患者的精神压力。

### （二）对家庭的影响

慢性病患者的家庭扮演着多种角色，如抢救生命、防止意外发生、协助并监督患者按计划接受治疗等。有一些慢性病是突然发作的，如脑卒中、心肌梗死等，对家庭造成的压力较大，家庭需要在较短的时间内做出必要的调整，包括家庭结构、个人角色和情绪等。渐发性的慢性病，其临床症状出现后经过或长或短的一段时间才能确定诊断。当患者处在慢性病的不同时期（急性期、稳定期、复发、恶化、临终）时，护士要帮助家庭成员不断地调适。许多慢性病患者是由配偶、子女或兄弟姐妹照顾的。慢性病患者在家中疗养，有利于其康复，提高生活质量。长期照顾患者，会影响照顾者的身体和精神健康。他们会感到虚弱、筋疲力尽、孤独，甚至绝望。社区护士在对患者进行照顾和管理的同时，应该关注照顾者的身心健康，向他们提供必要的信息和培训，尊重他们的工作，提供支持，特别是那些自身也患有一种或多种慢性病的老年照顾者。

### （三）对社会的影响

1. **慢性病危险因素日益流行**　资料显示，西太平洋区域75%以上的死亡是由慢性病造成的，而全球化和城市化对不健康生活方式和环境变化起到了重要的推动作用。这些常见危险因素可以表现或发展为慢性病更直接的危险因素或中间危险因素，如高血压、高血糖、血脂异常、肥胖和肺功能障碍；而中间危险因素又使个体容易患“4种致命疾病”，即心血管疾病、恶性肿瘤、慢性呼吸道疾病及糖尿病。从全球范围来看，慢性病的主要危险因素的暴露水平出现新变化：①吸烟率下降；②经常饮酒率下降；③主动参加体育锻炼的人数增加；④超重和肥胖者增加；⑤血脂异常的患病率上升；⑥城市居民膳食结构不尽合理；⑦其他（城市化趋向、人口老龄化等）。

2. **慢性病相关医疗费用上升**　慢性病往往是终身性疾患，病痛和伤残不仅严重影响患者的健康和生活质量，并且极大地加重了家庭和社会的经济负担。慢性病的卫生服务需求与利用的增加直接导致我国医疗费用的迅速上升，且上升速度已经超过国民经济和居民收入的增长，带来了沉重的社会和经济负担。以残疾调整寿命年（disability adjusted life year，DALY）来计算，慢性病所带来的经济负担约占高收入国家疾病负担的92%、中等和低收入国家和地区疾病负担的63%。慢性病发病年龄也有提前的趋势，影响劳动力人口健康。

## 第二节　社区慢性病患者的管理

随着我国工业化、城镇化和人口老年化进程加快，我国居民医疗卫生服务需要量明显增加，尤其是慢性疾病持续上升，疾病负担日益加重。过去10年，平均每年新增近1 000万例。慢性病通常是终身性疾病，疼痛、伤残、昂贵的医疗费用等都影响着慢性病患者的健康状况和生活质量，也给社会带来巨大的经济负担和压力。在社区中加强慢性疾病的干预和预防，对促进社区慢性疾病患者的健康、控制慢性病的发病率和死亡率、提高患者的生存质量具有积极作用。

**课堂互动**

为什么社区慢性病管理要强调自我管理？如何进行自我管理？

## 一、慢性病自我管理

### （一）自我管理的概念与特点

慢性病自我管理方法（chronic disease self - management approach）是近年来在国际上兴起的针对慢性病患者的治疗及管理方法。自我管理（self - management）是指在医疗专业人员的协助下，患者承担一定的预防性和治疗性保健、治疗任务，在自我管理技能指导下进行自我保健。其特点有：①注重以技能培训为主的健康教育，而非简单的知识培训；在管理中患者是积极的参与者，承担一定自我保健职责，包括自我监测病情，如血压、血糖，报告病情等；专业医生是患者的伙伴、顾问、老师，为患者提供建议；医生、患者共同参与，互为支持。②关注患者担心的问题，以患者意识到和关注的问题为前提，如对糖尿病患者，医生不仅要教其如何服降糖药、进行体育锻炼、控制体重，同时也要关注患者关心的问题，如“我还能否像正常人一样与家人正常进餐，能否保持过去的社会交往”等问题。

### （二）慢性病自我管理的三大任务

慢性病自我管理的三大任务包括：①医疗行为的管理，如应该如何监测自己的病情，如何向医生报告病情，如何正确服药；②角色管理，即患者不应将自己作为患者，而应像正常人一样，要承担一些任务，如工作、做家务等；③情绪管理，如何控制自己的情绪等。

### （三）自我管理患者必须掌握的基本技能

完成上述管理任务所必须掌握的五大基本技能是：①解决问题的技能，如发现问题、发现病情变化及其原因，并报告医生；②决策技能，如制订锻炼计划等；③建立良好医患关系的能力，如何使用“我语气”与医生交流，如何在较短时间内向医生提问等；④寻找和利用社区资源的能力，如找居委会或社区医院帮助自己；⑤目标设定及制订行动计划的能力，如降低体重的目标及如何实施等。

**知识链接**

全国社区卫生发展模式高级研讨会组委会2007年6月在杭州举办“全国社区慢性病规范化管理模式高级研讨会暨高血压、糖尿病、冠心病社区综合防治经验交流”活动。其中，特别强调说医护人员不再单纯是给患者开药方、开各种检查单的专业人员，而是指导病友们全身心康复的专业导师。经验表明，只有广大病友积极主动地参与到治疗中来，做好疾病的自我管理，慢性疾病才有控制的希望。

### （四）自我管理的影响因素

自我管理的效果受患者的受教育水平、病程长短、病情严重程度、社会支持和自我效能等因素的影响。其中，自我效能被认为是影响自我管理的最重要因素。

## 二、慢性病社区管理

### （一）社区卫生服务机构开展慢性病管理的意义

（1）有利于根据慢性病的自身特点，提高治疗效果。慢性病往往是由不健康的生活方式造成的，治疗方法以非药物治疗为主、药物治疗为辅。社区卫生服务机构对慢性病患者进行健康管理，可以有目的地改善患者的生活方式，改变导致慢性病发生发展的危险因素，从根本上提高慢性病的治疗效果。

（2）有利于降低医疗成本。增强社区居民的健康社区卫生服务机构在社区开展健康管理，可以利用慢性病的一些相同危险因素，对社区居民进行群体健康管理，针对社区全体人群和不同疾病的高危人群，预防和控制一组慢性病的共同危险因素，这从管理学和经济学角度分析，都是一种低投入、高效益的慢性病防治措施。

（3）有利于发挥社区卫生服务机构的优势。社区卫生服务机构有利用卫生服务资源防治慢性病的优势。如面对的是相对稳定的社区居民；慢性病患者居住地距离社区卫生服务机构近；社区卫生服务机构服务价格较低廉；有相对完备的卫生人力资源等。这些都有利于对慢性病的持续、稳定的治疗，便于社区卫生服务人员与居民之间的充分沟通，提高防治效果。另一方面，也有利于分流患者，实现合理利用卫生资源的目标。

（4）社区健康管理的投资小、效益高，有利于降低医疗费用。在社区卫生服务机构开展慢性病的健康管理，不仅可以缓解国家医疗费用不断增长的问题，还可以减轻慢性病患者及其家庭的经济负担。

### （二）社区慢性病管理原则和策略

1. **原则**　WHO防治慢性病的行动框架中，强调个人在慢性病防治中的责任和建立伙伴关系等。任何地区和国家在制定慢性病防治策略以及选择防治措施时，都至少应该考虑以下原则。

（1）强调在社区及家庭水平上降低最常见的慢性病的共同危险因素，进行生命全程预防。

（2）三级预防并重，采取以健康教育、健康促进为主要手段的综合管理措施，把慢性病作为一类疾病来共同防治。

（3）全人群策略和局危人群策略并重。

（4）改变传统的卫生服务内容、方式，发展新型慢性病保健模式，如鼓励患者共同参与，促进和支持患者自我管理，加强患者定期随访，加强与社区和家庭合作等内容。

（5）加强社区慢性病的防治行动。

（6）改变行为危险因素来预防慢性病时，应该以生态健康促进模式及科学的行为改变理论为指导，建立以政策和环境改变为主要策略的综合性社区行为危险因素干预项目。

**2. 策略** WHO 制订的慢性病防治行动计划主要含有 3 个层面的策略。

（1）环境层次，通过政策监管干预措施。

（2）共同和中间危险因素的层次，通过人群生活方式进行干预。

（3）疾病早期和已明确阶段的层次，通过对全人群（筛查）、高危个体（改变危险因素）和患者（临床管理）进行临床干预。为促使在 3 个层次发生变化，需要宣传、研究、监测和评价，领导、多部门合作和社区动员，加强卫生系统管理等。

### （三）慢性病社区管理的工作任务与模式

慢性病社区管理的工作任务主要是 3 个方面，即健康调查、健康评价和健康干预。健康调查是指收集社区居民的健康资料；健康评价是指根据所收集的健康资料信息，对居民的健康状况和存在的危险因素进行评估、分析；健康干预是指针对居民的健康状况和存在的危险因素，制订实施合理的健康改善计划，达到控制危险因素、促进健康的目的。由于慢性病的病种多样，进行慢性病社区管理首先要由社区卫生服务机构通过健康体检、健康调查等方式收集社区居民的健康信息；在此基础上，确定居民的健康状况和危险因素，对健康人群、患病人群和高危人群进行筛选，再针对不同人群进行重点干预。

目前，社区卫生服务机构开展慢性病患者的社区管理多采用全科团队的模式，由全科医生、社区护士、公共卫生医生等共同组成专业团队，为社区居民提供服务。这一管理模式可以充分发挥团队成员的各自优势和特长，相互协作，共同为社区居民提供卫生保健服务。社区护理人员在慢性病管理中的作用主要体现为：

（1）作为全科团队成员与其他卫生技术人员协同开展工作。社区护理人员在全科团队的工作中，应该充分发挥自己的专业特长，与其他团队成员共同完成社区慢性病的管理工作任务，收集和分析社区居民的健康状况，解决社区居民的主要健康问题。

（2）利用全科的知识及技能延伸护理服务范围。社区护士是面向社区居民的复合型护理专业人员，是在一个相对开放、宽松的工作环境中为社区居民进行健康服务工作的。由于影响人群健康的因素往往是多方面的，社区护士除了提供预防疾病、促进健康、维护健康等基本护理服务外，还要从卫生管理、社会支持、家庭和个人保护、咨询等方面对社区居民提供全面的健康服务。

（3）一专多能的综合服务能力满足社区居民多方面需求。社区护理是一专多能的综合性服务，服务目标是满足社区居民的健康保健需求。因此，社区护理既要对重点患者进行身心整体护理，又要能针对重点人群进行公共卫生指导；既要指导患者进行恢复期康复锻炼，又要开展健康教育；既要开展社区卫生防疫，又要协助管理慢性病患者。

（4）在社区卫生服务中心、社区居委会与社区居民中起到重要的桥梁和纽带作用。社区护理人员需要与社区居委会建立良好的合作关系，定期深入每一个家庭进行有效的沟通，建立相互信任的人际关系，及时将各种信息进行传递和反馈，为深入开展社区卫生服务工作做好准备。

## 第三节　常见慢性病社区护理与健康管理

慢性病患者经过一段时间的医院治疗，病情基本稳定后，可转移至社区卫生服务机构继续疗养或居家护理，以节省大量的医疗费用。社区护士在以社区为主的健康服务除了预防保健外，常开展家庭护理等。针对出院后的患者，在居家环境中提供的特定的护理服务，称为居家护理（home based nursing care）。一般而言，慢性病患者的日常生活能部分自理或有家人协助。居家护理主要以社区护理人员为主，其他医疗专业人员（如全科医生、营养师、康复师）共同协助。社区护理人员必须具备执行居家护理照顾的基本护理知识与技巧，其中包括身体评估、家庭健康管理、急症护理、康复护理、护理指导、心理咨询及评估、为患者提供完整的身心照顾等。

### 一、高血压病社区护理与管理

高血压（hypertension）是以体循环动脉血压增高［收缩压≥140 mmHg 和（或）舒张压≥90 mmHg］为主要临床表现的一种常见病、多发病，是多种心、脑血管疾病的重要病因和常见危险因素。在世界许多国家中，高血压是造成残疾及死亡的主要原因之一，且随着经济和生活水平的不断改善，发病率逐年增长，严重危害社区居民的健康。因此，高血压被认为是危害社区居民健康最严重的疾病之一，被列为国家社区慢性病管理和预防的重点疾病。在临床上，根据病因的不同，高血压又分为原发性高血压和继发性高血压两类，其中原发性高血压简称高血压病，占所有高血压患者的90%以上，是社区居民中最常见的高血压类型。

**知识链接**

**我国高血压防控策略**

高血压防治必须采取全人群、高危人群和患者三结合的防控策略，从控制危险因素水平、早诊断与早治疗以及患者的规范化管理3个环节入手，提高高血压的知晓率、治疗率和控制率。

#### （一）高血压的流行病学特点

1. **患病率逐年升高**　我国从1959—1991年曾进行过3次大规模的高血压人群抽样

调查，平均患病率分别为5.1%、7.3%、13.58%。调整了统一标准后，从1980—1991年，我国人群高血压患病率上升了4.15个百分点，绝对值增长了54.0%。2002年卫生部组织的全国居民27万人营养与健康状况调查资料显示，我国18岁以上居民高血压患病率为18.8%，新近完成的《中国居民营养与慢性病状况报告（2015）》显示，2012年我国18岁以上居民高血压患病率为25.2%。

2. **致残率和病死率高** 高血压是脑血管病和心脏病的主要危险因素，而脑血管病和心脏病位居我国城乡居民死因的前四位。血压水平的升高和人群心脑血管疾病危险因素的持续增加是导致高血压患者致残的主要原因。中国7个城市脑卒中预防研究结果表明血压水平与脑卒中的发生具有密切相关性，收缩压每升高10 mmHg，患脑卒中的危险性就增加25%。同时，血压升高也是中国人群冠心病发病的主要危险因素，血压急剧升高可诱发急性心肌梗死。有高血压病史的患者的心力衰竭危险比无高血压病史的患者高6倍。

3. **知晓率、治疗率和控制率偏低** 高血压知晓率、治疗率和控制率（以下简称"三率"）是目前高血压流行病学和防治研究的重要参数。1991年的调查结果显示，我国高血压患者三率分别为26.3%、12.1%和2.8%。2002年全国抽样调查的三率分别为30.2%、24.7%和6.1%。而在美国2000年的调查结果显示，居民高血压的三率分别达70%、59%和34%，显著高于我国水平。我国高血压患病率逐年升高，但知晓率、治疗率和控制率均较低，这势必导致我国高血压患者发生心脑血管疾病的比率增高。

### （二）高血压的危险因素

原发性高血压的病因尚未阐明，目前认为病因是多因素的，可分为遗传因素和环境因素两个方面。通俗地讲，高血压的危险因素可分为不可改变因素和可改变因素。

1. **不可改变因素** 遗传、年龄和性别是高血压不可改变的危险因素。高血压的发病以多基因遗传为主，有较显著的家族聚集性。父母均有高血压者，其子女的危险率高达46%，约60%的高血压患者有高血压家族史。高血压发病的危险度随年龄而升高，老年心血管发病率高，绝对危险也很高。男性发病率高于女性，但60岁以后性别差异减小。

2. **可改变的危险因素** 超重和肥胖、膳食高钠低钾、吸烟、饮酒、缺少体力活动等不良行为和心理因素是高血压可改变的危险因素。

（1）超重、肥胖或腹型肥胖：超重和肥胖是高血压的主要危险因素，同时也是多种慢性病的独立危险因素。2002年对我国24万人群的调查分析显示，体重指数（BMI）≥24者的高血压患病率是BMI<24者的2.5倍，BMI≥28者的高血压患病率是BMI<24者的3.3倍。男性的腰围达到或超过85 cm者，女性的腰围达到或超过80 cm者，其高血压患病率是腰围正常者的2.3倍。由此可见，肥胖与高血压发生的关系密切。因此，加强对高血压的控制，应强化对超重和肥胖者的管理，减轻患者体重，可降低高血压发病的概率。

（2）膳食高钠低钾：钠盐的摄入量与血压水平呈正相关。北方人群每人每天食盐摄入量（12~18 g）高于南方（7~8 g），调查显示北方人群血压水平高于南方。在控制总热量后，膳食钠盐与收缩压和舒张压的相关系数分别高达0.63和0.58。人群平均每人每天摄入钠盐增加 2 g，收缩压和舒张压分别升高 2 mmHg 和 1.2 mmHg。但保持足量的钾盐摄入可降低血压，同时也降低心血管疾病的发病率和死亡率。

（3）饮酒：长期大量饮酒是高血压的主要危险因素之一。北京、广州两地的调查研究表明，男性持续饮酒者与不饮酒者相比，4 年内发生高血压的危险性约增高 40%。我国对 10 组人群前瞻性研究显示，饮酒量与高血压发病率呈显著正相关，饮白酒每日增加 100 g，患高血压的危险性增高 19% ~26%。另有报道，若每日饮酒两次或两次以上，可使收缩压上升 1 mmHg。

（4）吸烟：是目前公认的心脑血管疾病发生的重要危险因素。香烟中的尼古丁可使血压一过性升高，增加降压药的剂量。

（5）缺少体力活动：是造成超重和肥胖的重要因素。它可增加高血压患者发生心血管病的危险。

（6）心理因素：长期情绪紧张、压力过大、容易冲动等不良心理因素，也是导致血压升高的重要因素之一。

**知识链接**

**肥胖病的诊断**

1. 以 BMI 估测全身肥胖（总体脂增多）：BMI 测定方法：直立、免冠、脱鞋并仅穿内衣情况下测体重及身高。BMI = 体重（kg）/［身高（m）]$^2$。中华医学会糖尿病学分会建议目前暂用中国肥胖问题工作组建议的 BMI 24 为超重及肥胖的诊断分割点。

2. 以腰围（WC）估测腹部或向心性肥胖（腰部体脂增多）：近年来用腰围诊断腹部肥胖，男性 85 cm 及女性 80 cm 为向心性肥胖的诊断分割点。腰围测定时需要两足分开（距离 25 ~30 cm）并直立。测量部位在骨性胸廓最下缘与髂嵴最上缘的中点水平面。

### （三）高血压的诊断与评估

**1. 高血压的诊断** 首次测量发现血压增高的患者，还应在未服用抗高血压药物的情况下在不同的时点多次测量血压。非同日 3 次测量血压，收缩压≥140 mmHg（18.7 kPa）和（或）舒张压≥90 mmHg（12 kPa），可诊断为高血压。此外，患者既往有高血压病史，现正在服用抗高血压药，血压测量虽低于 140/90 mmHg，也应该诊断为高血压。收缩压≥140 mmHg 和舒张压≥90 mmHg 可诊断为收缩期和舒张期（双期）高血压；收缩压≥140 mmHg 而舒张压 <90 mmHg，可诊断为单纯收缩期高血压；收缩压 <140 mmHg 而舒张压≥90 mmHg，可诊断为单纯舒张期高血压。同时，还应进行相关辅助检查，排除继发性高血压，才能确诊为原发性高血压。确诊后按血压增高水平分为 1、2、3 级（表 8 -1）。

表 8－1 高血压分级

| 类别 | 收缩压（mmHg） | 舒张压（mmHg） |
| --- | --- | --- |
| 1 级高血压（轻度） | 140～159 | 90～99 |
| 2 级高血压（中度） | 160～179 | 100～109 |
| 3 级高血压（重度） | ≥180 | ≥110 |

2. **按患者的心血管危险水平分层** 从指导治疗和判断预后的角度，主张对高血压患者做心血管危险水平分层。按血压分级和影响预后的因素（包括危险因素、靶器官损伤及并存临床情况）的合并作用，将高血压患者的心血管危险水平分为低危、中危、高危、很高危 4 层，分别表示 10 年内将发生心脑血管病事件的概率为＜15%、15%～20%、20%～30%、＞30%。

（1）影响预后的因素：影响高血压患者预后的因素包括心血管的危险因素、靶器官损害以及并存临床情况。心血管的危险因素包括年龄≥55 岁、吸烟、血脂异常、早发心血管病家族史、肥胖、缺乏体力活动；靶器官损害包括左心室肥厚、颈动脉内膜增厚或斑块、肾功能受损；并存的临床情况包括脑血管病、心脏病、肾脏病、周围血管病、视网膜病变、糖尿病，对初诊患者可通过全面询问病史、体格检查及各项辅助检查，找出影响预后的因素。

（2）心血管危险水平分层：根据患者血压水平、现存的危险因素、靶器官损害、并存的临床情况进行危险分层。低危：1 级高血压，不伴有其他危险因素。中危：2 级高血压，不伴有其他危险因素；或 1～2 级高血压同时有 1～2 个危险因素。高危：3 级高血压，不伴有其他危险因素；或 1～2 级高血压同时有 3 种或更多危险因素，或兼患糖尿病或靶器官损伤。很高危：3 级高血压伴有至少 1 种危险因素或靶器官损害；任何级别高血压并存任何一项临床情况（表 8－2）。

表 8－2 高血压患者心血管危险水平分层

| 其他危险因素和病史 | 高血压分级 | | |
| --- | --- | --- | --- |
| | 1 级 | 2 级 | 3 级 |
| 无其他危险因素 | 低危 | 中危 | 高危 |
| 1～2 个危险因素 | 中危 | 中危 | 很高危 |
| ≥3 个危险因素 | 高危 | 高危 | 很高危 |
| 靶器官损害 | 高危 | 高危 | 很高危 |
| 并存临床情况 | 很高危 | 很高危 | 很高危 |

（3）排除继发性高血压：常见继发性高血压有肾脏病、肾动脉狭窄、原发性醛固酮增多症、嗜铬细胞瘤、皮质醇增多症、大动脉疾病、睡眠呼吸暂停综合征、药物引起的高血压等。以下几种情况应警惕继发性高血压的可能，应及时转上级医院进一步检查确诊：发病年龄＜30 岁；重度高血压（高血压 3 级以上）；血压升高伴肢体肌无力或麻痹，常呈周期性发作，或伴自发性低血钾；夜尿增多，血尿、泡沫尿或有肾脏疾

病史；阵发性高血压，发作时伴头痛、心悸、皮肤苍白或多汗等；下肢血压明显低于上肢，双侧上肢血压相差20 mmHg以上，股动脉等搏动减弱或不能触及；夜间睡眠时打鼾并出现呼吸暂停；长期口服避孕药；降压效果差，不易控制等。

案例分析

本例患者血压150/100 mmHg，为1级高血压，根据已有资料目前无高血压的危险因素，故心血管危险水平属于低危。

### （四）高血压患者的社区管理

根据《国家基本公共卫生服务规范（2011年版）》的要求，高血压患者的社区管理内容如下。

1. **高血压筛查**　要求对辖区内35岁及以上常住居民，每年在其第一次到乡镇卫生院、村卫生室、社区卫生服务中心（站）就诊时为其测量血压。对第一次发现收缩压≥140 mmHg和（或）舒张压≥90 mmHg的居民在去除可能引起的血压升高的因素后预约其复查，非同日3次血压高于正常，可初步诊断为高血压。如有必要，建议转诊到上级医院确诊，2周内随访转诊结果，对已确诊的原发性高血压患者纳入高血压患者健康管理。对可疑继发性高血压患者，及时转诊。建议高危人群每半年至少测量1次血压，并接受医护人员的生活方式指导。

2. **高血压患者随访**　对原发性高血压患者，每年要提供至少4次面对面的随访。随访内容包括：①测量血压并评估是否存在危急情况，如出现收缩压≥180 mmHg和（或）舒张压≥110 mmHg；意识改变、剧烈头痛或头晕、恶心、呕吐、视力模糊、眼痛、心悸、胸闷、喘憋不能平卧及处于妊娠期或哺乳期同时血压高于正常等危急情况之一，或存在不能处理的其他疾病时，须在处理后紧急转诊。对于紧急转诊者，乡镇卫生院、村卫生室、社区卫生服务中心（站）应在2周内主动随访转诊情况。②若不需紧急转诊，询问上次随访到此次随访期间的症状。③测量体重、心率，计算体重指数（BMI）。④询问患者疾病情况和生活方式，包括心脑血管疾病、糖尿病、吸烟、饮酒、运动、摄盐等情况。⑤了解高血压患者服药情况。

3. **分类干预**　对血压控制满意（收缩压<140 mmHg且舒张压<90 mmHg）、无药物不良反应、无新发并发症或原有并发症无加重的患者，预约进行下一次随访时间。对第一次出现血压控制不满意，即收缩压≥140 mmHg和（或）舒张压≥90 mmHg，或出现药物不良反应的患者，结合其服药依从性，必要时增加现用药物剂量、更换或增加不同类的降压药物，2周内随访。对连续两次出现血压控制不满意或药物不良反应难以控制，以及出现新的并发症或原有并发症加重的患者，建议其转诊到上级医院，2周内主动随访转诊情况。对所有的患者进行有针对性的健康教育，与患者一起制定生活方式改进目标并在下一次随访时评估进展，指导患者出现哪些异常时应立即就诊。

4. **健康体检**　对原发性高血压患者，每年进行1次较全面的健康检查，可与随访相结合。内容包括体温、脉搏、呼吸、血压、身高、体重、腰围、皮肤、浅表淋巴结、心脏、肺部、腹部等常规体格检查，并对口腔、视力、听力和运动功能等进行粗测判断。

案例分析

为对本例患者进行规范的高血压患者管理，还应补充采集的资料有：

1. 询问家族史，家庭成员有无高血压、心脑血管疾病、糖尿病等病史。

2. 询问患者疾病情况，有无心脑血管疾病、糖尿病等。

3. 询问生活方式，如运动、摄盐、饮食等情况。

4. 完善相关辅助检查，如身高、体重、腰围、血糖、血脂、肝肾功能、眼底检查等。

### （五）高血压的健康教育

1. **正常人群** 什么是高血压；高血压的危害；高血压是不良生活方式疾病，是可以预防的；哪些人易患高血压；什么样的生活方式是健康生活方式；定期检测血压的意义；注意自己的血压，每年测一次血压。

2. **高血压的高危人群** 什么是高血压，哪些人是高血压的高危人群，什么是高血压的心血管危险因素，高血压伴心血管危险因素的危害，如何纠正不良生活方式或习惯，如何减少心血管疾病的危险因素，要特别关注自己的血压，至少6个月监测一次血压，鼓励家庭自测血压。

3. **已确诊的高血压患者**

（1）生活方式指导：对正常人群、高危人群、处于血压正常高值者以及所有高血压患者，无论是否接受药物治疗，均需针对危险因素进行改变不良行为和生活方式的指导。《中国高血压防治指南》指出，针对高血压发病的3个主要危险因素的预防措施是减重、限酒和低盐。超重者应注意限制热量和脂类的摄入，并增加体育锻炼。有饮酒习惯的高血压患者最好戒酒，特别是超重的高血压患者更应戒酒。高血压患者的食盐摄入量应低于健康人群，建议每日低于5 g。此外，高血压患者生活方式指导的内容还包括合理膳食、平衡心理、预防便秘、提高服药的依从性、规范监测血压等，并持之以恒，以达到预防和控制高血压及其他心血管疾病的危险因素。

（2）药物治疗的指导：药物治疗指导的主要内容包括，①监测服药与血压的关系，指导患者及其家属测量血压，并记录血压与服药的关系。②强调长期药物治疗的重要性，用降压药使血压降至理想水平后，应继续服用维持量，以保持血压相对稳定，对无症状者更应强调。③要求患者必须遵医嘱按时按量服药，如果患者根据自己的感觉来增减药物、忘记服药或试着在下次吃药时补服上次忘记的剂量，都可导致血压波动，如血压长期过高会导致靶器官损害，出现心、脑、肾等重要脏器供血不足，出现头晕，甚至发生休克、急性脑血管病、肾功能不全等。④要求患者不能擅自突然停药，经治疗血压得到满意控制后，可以逐渐减少剂量，甚至可考虑停药；但如果突然停药，可导致血压突然升高，出现停药综合征，冠心病患者突然停用β受体阻滞剂可诱发心绞痛、心肌梗死等。

（3）直立性低血压的预防与处理指导：首先要告诉患者直立性低血压表现为乏力、头晕、心悸、出汗、恶心、呕吐等，在联合用药、服用首剂药物或加量时应特别注意。指导患者预防方法：避免长时间站立，尤其在服药后最初几个小时；改变姿势，特别是从卧位、坐位起立时动作宜缓慢；服药时间可选在平静休息时，服药后继续休息一段时间再下床活动；如在睡前服药，夜间起床排尿时应注意；避免用过热的水洗澡，更不宜大量饮酒。还应指导患者在直立性低血压发生时取头低足高位平卧，可抬高下肢超过头部，屈曲股部肌肉和摇动脚趾，以促进下肢血液回流。

（4）血压监测指导：指导内容主要包括监测频率、血压控制目标、血压测量方法及注意事项。患者在家中应该监测以下几种情况的血压：①上午 6～10 时和下午 4～8 时这两个时间段的血压是一天中最高的，测量这两个时段的血压可以了解血压的高峰。特别是每日清晨睡醒时，此时的血压水平可以反映服用的降压药物的降压作用能否持续到次日凌晨。②服药后药物的降压作用达到高峰时测量。短效制剂一般在服药后 2 h 测量；中效药物一般在服药后的 2～4 h 测量；长效药物一般在服药后 3～6 h 测量。③血压不稳定或更换治疗方案时：此时应连续测 2～4 周，掌握自身血压规律，了解新方案的疗效。

高血压患者的降压目标为：①普通患者血压降至 $<140/90$ mmHg；②年轻患者、糖尿病患者及肾病患者血压降至 $<130/80$ mmHg；③老年人收缩压降至 $<150$ mmHg，如果能耐受，还可以进一步降低。

**知识链接**

**2 型糖尿病管理总目标**

卫计委 2009 年发布的《糖尿病管理模式推广项目实施方案》明确提出了糖尿病管理总目标是“建立具有本地区特色的综合医院、社区卫生服务机构和疾病控制机构合理分工、密切协作的糖尿病管理模式，提高糖尿病防控水平”。

## 二、糖尿病患者社区护理与管理

糖尿病是社区常见病、多发病，糖尿病的防治和管理是社区卫生服务面临的重要任务。2004 年中华医学会糖尿病分会出版了《中国糖尿病防治指南》，标志着我国的糖尿病防治工作全面启动。2006 年中国疾病预防控制中心出版了《社区高血压、糖尿病综合防治管理手册》（试行本），2009 年国家卫生部颁发了《国家基本公共卫生服务规范》，并于 2011 年进行修订，进一步帮助基层医护人员提高社区糖尿病防治水平，指导和规范了糖尿病的社区综合防治与管理。

糖尿病（diabetes mellitus，DM）是由于胰岛素分泌绝对或相对不足而引起的一种代谢紊乱综合征，临床以慢性血糖升高为主要特点，是一种慢性、终身性疾病，如病情控制不佳，可引起酮症酸中毒、高渗性昏迷等急性代谢紊乱，也可导致眼、肾、神经、血管、心脏等器官的慢性损害，重者可致残、致死，给患者及其家属带来巨大的痛苦。

**（一）糖尿病的流行病学特点**

在发达国家，糖尿病已成为继心血管病和肿瘤之后的第三大慢性病。根据国际糖尿病联盟的最新统计数据显示，目前全世界约有1.46亿人患糖尿病，预计到2025年将达到3.8亿人。我国糖尿病的发病率也正以惊人的速度上升。2007年全国糖尿病的患病人数约为4 000万，预计2025年糖尿病患者的总数将接近1亿人，成为世界上糖尿病患者的第二大国，仅次于印度。我国糖尿病的发病特点主要有：城市高于农村；患病率随着年龄增长而升高，女性发病高峰在60岁组，男性发病高峰则在70岁组。但是近些年来糖尿病的发病有年轻化的趋势，中年人糖尿病的发病率增长最为迅速，可能与其不健康的生活方式有关。

新的糖尿病分类法建议将糖尿病分成1型、2型、妊娠期和其他特殊类型糖尿病四大类，其中2型糖尿病约占糖尿病患者总数的90%。1型糖尿病是由于免疫因素导致胰岛P细胞被破坏，胰岛素分泌缺乏，患者必须依赖外源性胰岛素以降低血糖，多见于儿童和青少年。2型糖尿病是由于胰岛素的分泌功能下降和（或）胰岛素抵抗，导致胰岛素分泌相对不足，多见于中老年人。

**（二）糖尿病的危险因素**

目前普遍认为，糖尿病的发生发展主要与下列几方面因素有关。

1. **不可改变的危险因素** 包括遗传因素、年龄、先天的子宫内营养环境不良等。

（1）遗传因素：国内外报道显示糖尿病具有遗传倾向，表现为糖尿病有明显的家族聚集现象。有糖尿病家族史者的患病率显著高于无糖尿病家族史者，其中2型糖尿病的遗传倾向更为明显。

（2）年龄：由于身体各组织器官老化，功能下降，胰岛素分泌不足，加之运动、饮食和健康问题的积累等，糖尿病的发病率随着年龄增长而逐渐增加。

（3）先天的子宫内营养环境不良：子宫内营养不良可导致胎儿体重不足，低体重儿在成年后肥胖，则其发生糖尿病及胰岛素抵抗的比率增高。

2. **可改变的危险因素** 包括不良生活方式、生物源化学因素等。

（1）不良生活方式：不合理饮食，如高热量、高脂肪、高胆固醇、高蛋白、高糖、低纤维食物；长期静坐的生活方式；酗酒；心境不良等。

（2）生物源化学因素：病毒感染，如1型糖尿病与柯萨奇病毒、腮腺炎病毒、风疹病毒、EB病毒等感染有关。有专家指出，持续性病毒感染可引起自身免疫反应，T淋巴细胞亚群的改变与2型糖尿病的自身免疫疾病有关。化学毒物和某些药物可影响糖代谢并引起葡萄糖不耐受，对这类药物敏感者也可导致糖尿病。

**（三）糖尿病的诊断和评估**

1. **糖尿病的诊断标准** 1980年以来国际上通用的是WHO诊断标准，1997年美国糖尿病协会（America Diabetes Association，ADA）提出修改糖尿病诊断标准的建议。

1999年WHO专家委员会公布了协商性报告，1999年10月我国糖尿病学会采纳了新的诊断标准。糖尿病的新的诊断标准为，糖尿病症状加任意时间血浆葡萄糖≥11.1

mmol/L（200 mg/dL），或空腹血浆葡萄糖（FBG）≥7.0 mmol/L（126 mg/dL），或口服葡萄糖耐量试验（OGTT）中 2 h 葡萄糖水平≥11.1 mmol/L（200 mg/dL）。诊断标准中，糖尿病症状指多尿、口渴多饮、多食和体重减轻；空腹是指 8～10 h 无任何热量摄入；血浆葡萄糖推荐采用葡萄糖氧化酶法测定静脉血浆葡萄糖；空腹血浆葡萄糖正常值为 3.9～6 mmol/L（70～108 mg/dL）；任意时间是指一日内任何时间，无论上一次进餐时间及食物摄入量；任意时间血浆葡萄糖水平与口服葡萄糖耐量试验（OGTT）中 2 h 葡萄糖水平相同，均以≥11.1 mmol/L（200 mg/dL）为诊断标准。

2. **常见健康问题**　糖尿病患者的常见健康问题包括糖尿病症状、急性并发症、慢性并发症等。

（1）糖尿病症状：糖尿病患者可无明显症状，仅于健康检查时发现高血糖；也可表现为“三多一少”的典型症状，即多食、口渴多饮、多尿和体重减轻。多尿是由于血糖升高后引起的渗透性利尿；由于经尿丢失的水分较多而导致多饮；由于葡萄糖从尿液中丢失，因而患者容易产生饥饿感，食欲亢进，导致多食；由于体内葡萄糖不能充分利用而自尿中丢失，机体需要消耗蛋白质和脂肪来供能，加之失水，致体重减轻、乏力和消瘦。除“三多一少”的典型症状外，患者还常伴有疲劳、乏力、皮肤瘙痒、容易感染、伤口长时间不愈合、便秘、腹泻等症状。

（2）急性并发症：常见有低血糖、酮症酸中毒等。低血糖多由于进食量过少、药物剂量过大、活动量过多等引起，轻者表现为心慌、大汗、无力、手抖、饥饿感等；严重者可出现意识模糊、嗜睡、抽搐、昏迷甚至死亡；部分患者在多次低血糖症发作后出现无警觉性低血糖症，患者可无先兆直接进入昏迷状态，实验室检测血糖值≤2.8 mmol/L（50 mg/dL）。糖尿病酮症酸中毒是糖尿病的一种严重的急性并发症，1 型糖尿病患者常见，多发生于代谢控制不良、感染、胰岛素治疗中断、严重应激、饮食不当等情况；2 型糖尿病如果代谢控制不好、伴严重应激时亦可发生。糖尿病酮症酸中毒主要表现为糖尿病原有症状加重，患者极度口渴、多饮、多尿、恶心、呕吐、头痛、头晕、烦躁、口唇发绀、血压下降、四肢厥冷等症状，血糖显著升高 >16.7 mmol/L，尿酮体 + ～ + + + +，如不及时控制，病情恶化，重者可出现神志不清、昏迷甚至死亡。

（3）慢性并发症：包括心脑血管病、糖尿病肾病、糖尿病眼病和糖尿病足等。糖尿病患者发生高血压、冠心病、脑卒中等心脑血管系统疾病的概率是非糖尿病人群的 2～3 倍。冠心病和脑血管病是糖尿病患者的主要致死原因。糖尿病肾病是一个逐渐发展的过程，患者早期一般没有症状，尿常规检查正常或只有微量白蛋白，经合理治疗大多可以逆转；但是一旦出现大量蛋白尿、全身水肿、高血压、贫血等症状，提示已进入晚期阶段，此时病情已不可逆转，最后逐渐发展为肾衰竭。糖尿病眼部病变包括：视网膜病变、白内障和青光眼等。糖尿病眼病的发生率高，对视力损害严重，重者可导致失明，据统计糖尿病患者失明的发生率是一般人的 25 倍。糖尿病导致的神经病变以多发性周围神经病变最为常见，可表现为对称性肢端感觉异常，呈袜套状分布，伴麻木、针刺、灼热感，继之出现减弱、肌萎缩和瘫痪。自主神经病变也较常见，可表现为排汗异常、腹泻或便秘、直立性低血压、尿失禁或尿潴留等。下肢血管病变以下肢动脉硬化较常见，血管病变的早期表现为足部皮肤干燥、汗少、肢体发凉、怕冷、下肢疼痛、间歇性跛行，严重供血不足可发生肢端坏疽。糖尿病足是指糖尿病患者在足部神经病变和血管病变的基础上合并感染。糖尿病足发生的原因是足部神经病变使足部的感觉出现异常，从而使足容易发生损伤；血管病变则使足部损伤后不易愈合，继发感染使病情进一步恶化，如不及时治疗，很可能引起足坏死，需要进行截肢术。此外，糖尿病患者还易出现骨质疏松、牙周炎、皮肤感染、甲状腺功能亢进、性功能障碍等问题。

### （四）糖尿病患者的社区管理

根据《国家基本公共卫生服务规范（2015 年版）》的要求，糖尿病患者社区管理包括以下内容。

（1）糖尿病筛查：社区卫生服务机构应对在工作中发现的 2 型糖尿病高危人群进行有针对性的健康教育，建议其每年至少测量 1 次空腹血糖，并且接受医护人员的健康指导。

（2）糖尿病患者随访：对于确诊的 2 型糖尿病患者，社区卫生服务机构每年应提供 4 次免费空腹血糖监测，至少进行 4 次面对面的随访。随访的内容包括：①测量空腹血糖和血压，评估是否存在危急情况，如出现血糖≥16.7 mmol/L 或血糖≤3.9 mmol/L；收缩压≥180 mmHg 和（或）舒张压≥110 mmHg；有意识或行为改变、呼气有烂苹果样气味、心悸、出汗、食欲减退、多饮、多尿、恶心、呕吐、腹痛、深大呼吸、皮肤潮红；持续性心动过速（心率超过 100 次/min）；体温超过 39 ℃或伴有其他的突发异常情况，如视力骤降、妊娠期或哺乳期血糖高于正常等危险情况之一，或者存在不能处理的其他疾病时，须在处理后紧急转诊。对于紧急转诊者，乡镇卫生院、村卫生室、社区卫生服务中心（站）应该在 2 周内主动随访转诊情况。②如果不需要紧急转诊，询问上次随访到此次随访期间的症状。③测量体重，计算体重指数（BMI），检查足背动脉搏动情况。④询问患者疾病情况和生活方式，如心脑血管疾病、吸烟、饮酒、运动、主食摄入情况等。⑤了解患者的服药情况。

（3）分类干预：根据患者的具体情况，对于处在不同健康状况的糖尿病患者给予不同的有针对性的干预措施。①对血糖控制满意（空腹血糖值<7.0 mmol/L）、无药物不良反应、无新发并发症以及原有并发症无加重的患者，预约下一次随访。②对第一次出现空腹血糖控制不满意（空腹血糖值≥7.0 mmol/L）或药物不良反应的患者，结合其服药依从情况给予指导，必要时增加现有药物剂量、更换或增加不同类的降糖药物，2 周内随访。③对于连续两次出现空腹血糖控制不满意或药物不良反应难以控制以及出现新的并发症或原有并发症加重的患者，建议其转诊到上级医院，2 周内应主动随访转诊情况。④对所有患者开展针对性的健康教育，与患者一起制定生活方式改进目标并且在下一次随访时评估进展。告诉患者出现哪些异常时应该立即就诊。

（4）健康体检：对于确诊 2 型糖尿病患者，每年应进行 1 次较全面的健康体检，体检可与随访相结合。内容包括体温、脉搏、呼吸、血压、体重、身高、腰围、皮肤、浅表、淋巴结、心脏、肺部、腹部等常规体格检查，并对口腔、视力、听力和运动功能等进行粗测和判断。

### （五）糖尿病患者的健康指导

**1. 饮食指导** 合理饮食是糖尿病治疗的一项基础措施，无论糖尿病类型、病情轻重，也不论是否使用药物治疗，都必须持之以恒地严格执行饮食控制。糖尿病饮食控制的目的是纠正代谢紊乱，减轻胰岛素负荷，改善整体的健康水平，有利于患者减肥，降低餐后高血糖，防治并发症。糖尿病饮食控制的总原则是：①控制总热量，均衡营养；②定时定量，少量多餐；③饮食清淡，避免高糖、高脂、高盐饮食；④适当增加膳食纤维的摄入；⑤多饮水，限制饮酒，坚决戒烟。

2. **运动指导**　运动治疗是糖尿病治疗的另一基础措施。糖尿病患者运动指导的具体内容有：①运动要保证一定的强度和频率，每周至少运动 3 ~ 5 次，每次运动至少 30 min；尽量选择中等强度的有氧运动，如慢跑、快走、爬楼梯、爬山、骑车、游泳等；老年糖尿病患者可以选择低强度的有氧运动，如慢跑、快走、气功、太极拳、保健操等。②选择合适的运动时间。一般以饭后半小时或 1 h 为宜，不宜在空腹时进行运动。③运动过程要注意安全，选择合适的运动场地、穿合适的服装和鞋子，随身携带易于吸收的含糖食物，如糖块、甜果汁等以防治低血糖症的发生。④有下列情况的患者不宜运动：血糖未得到较好控制（血糖 > 14 mmol/L，尿酮体阳性）或血糖不稳定者；合并严重眼、足、心、肾并发症者，如近期有眼底出血者，尿蛋白在 + + 以上者，足部有破损、心功能不全者，新近发生血栓者。

**知识链接**

**糖尿病患者运动类型**

1. 少坐，尽量避免坐式活动，如长时间看电视、上网等。

2. 按时做娱乐性运动，如快走、园艺、打门球、举重、骑车、打羽毛球等。

3. 养成健康的习惯，如步行而不是坐车去商店、爬楼梯而不使用电梯、在办公室走到同事那里而不使用电话、遛狗等。

3. **药物治疗指导**　糖尿病药物治疗主要包括口服降糖药物和胰岛素治疗。口服降糖药物主要用于 2 型糖尿病患者，或 1 型糖尿病患者由于肥胖等存在胰岛素抵抗的情况。对于口服降糖药物治疗的患者，社区护士应指导患者遵医嘱服药，根据所服药物的特点，掌握正确的服药方法，同时熟悉药物可能引起的常见不良反应，做好应对措施。

4. **自我检测与检查指导**　糖尿病患者应该进行病情的自我检测与定期复查，及时了解血糖控制情况，为药物治疗和非药物治疗的调整提供有利依据；这也有助于早期发现糖尿病的各种急慢性并发症，早期治疗，减少因并发症而导致的严重后果。

5. **足部护理指导**　糖尿病足溃疡和坏疽是糖尿病患者致残、致死的重要原因之一，在日常生活中，糖尿病患者应该重视足部护理，防止足部发生外伤，或发生之后能够及时处理，防止足部感染和病情进一步发展。

（1）应每天检查足部：检查内容主要包括双足有无皮肤破损、裂口、水疱、小伤口、红肿、鸡眼等，尤其要注意足趾之间有无红肿、皮肤温度是否过冷或过热等情况。

（2）应养成每日用温水洗脚的良好习惯：水温不宜太冷或太热，一般应不超过

40 ℃；泡脚时间不宜过长，以 10 ~ 15 min 为宜。洗前用手腕掌侧测试水温，若对温度不太敏感，应该请家人代劳；洗完后用柔软的毛巾擦干，注意擦干两脚趾缝之间的位置；如果足部比较干燥，可涂抹适量的润肤乳，以保持足部皮肤的润滑，防止发生皲裂。

（3）定期修剪趾甲：对于糖尿病患者而言，正确修剪趾甲非常重要，修剪趾甲的方法不当，趾甲过短或过长折断都易伤及甲周组织，引起甲沟炎。正确修剪趾甲的方法是：一般在洗脚以后，用趾甲刀横向直剪，因为洗脚后的趾甲较软，比较容易修剪，同时横向剪不易伤及皮肤；趾甲长度与趾尖同一水平即可，不要太短；此外，对于足部感觉减退的患者，剪的时候一定要确认剪刀的两刃之间是否夹住了皮肤。

（4）选择合适的鞋袜：糖尿病患者鞋袜的选择必须非常注意，如穿着不合脚的鞋袜，不但不能保护足部，反而会引起足部损伤。袜子的选择：最好选择透气性好、吸水性好的纯棉袜子，袜口不能太紧，以免影响血液循环；如果袜子有破损，应尽量换新的袜子。不宜修补后再穿，因为修补的位置不平整，长期摩擦，容易引起足部损伤。

（5）鞋子的选择：应选择透气、合脚的棉质布鞋或真皮皮鞋；不宜穿露出脚趾的凉鞋；不要穿跟过高的鞋或鞋头过尖、过紧的鞋。患者应该尽量选择中午或黄昏去买鞋，因此时双脚会比早上略大，买回来的鞋不致过紧，新鞋开始穿的时候不宜过久，可第一天穿半小时，然后逐渐延长时间。

（6）防冻伤、烫伤、外伤：糖尿病患者由于足部感觉神经病变，足部感觉不敏感，易受到创伤；一旦发生创伤，由于血管病变，破损伤口不易愈合，容易发生感染。因此，糖尿病患者在生活中应注意保护足部，避免发生冻伤、烫伤和一切外伤。冬天应注意足部保暖；但严禁用热水袋、火炉等对足部取暖；每次穿鞋前应检查鞋内有无异物等。

（7）定期专科门诊复查：糖尿病病程 5 年以上的患者，应每年至少 1 次到医院检查足部血管、神经，以早期发现血管、神经的病变，早期治疗。

**6. 低血糖的预防指导** 低血糖是糖尿病治疗过程中常见的急性并发症，尤其是接受胰岛素或长效磺脲类药物治疗的患者、老年患者以及肾功能不全者容易发生低血糖。社区护士应该指导糖尿病患者，加强低血糖的预防，熟悉低血糖的症状，及时发现低血糖并及时处理。低血糖预防的原则包括：①遵医嘱服药，定时定量，不能擅自加大药物剂量，也不能随意调整服药时间，尤其胰岛素注射的患者，胰岛素注射过早、量过大都易引起低血糖；②患者饮食应规律，定时定量，如由于各种原因引起的食欲减退、进食量少或胃肠道疾病引起呕吐、腹泻时，应相应减少药物剂量；③运动应该适时适量，糖尿病患者的运动最好在餐后 1 ~ 2 h 进行，选择强度适宜的运动，避免过量运动；④尽量减少饮酒，尤其是勿空腹饮酒，因乙醇可刺激身体分泌胰岛素，易引起低血糖；⑤平时应随身携带糖果，以备发生低血糖时急用；⑥随身携带糖尿病病情卡，卡上注明姓名、诊断、电话等，一旦患者出现严重低血糖，便于其他人了解病情、紧急施救并通知家人。如患者出现饥饿感、乏力、头晕、心慌、出虚汗、双手颤抖、手足口唇麻木、视力模糊、面色苍白等症状，应高度怀疑是发生低血糖症。有血糖检测条件者，应立即测定血糖以明确诊断；无血糖检测条件时，也应先按低血糖处理。

低血糖紧急处理包括：①清醒的患者，应尽快吃一些含糖高的食物或饮料，如糖果、果汁、蜂蜜、饼干等。②意识不清的患者，先将患者侧卧，并拨打急救电话，尽快送医院抢救，有条件者可先静脉推注50%葡萄糖溶液20～40 mL。但忌给患者喂食或饮水，以免引起窒息。

**7. 糖尿病患者心理调适指导**　糖尿病是一种慢性的终身性疾病，患病之初以及在长期的治疗过程中，患者都可能发生各种心理问题。调查显示，糖尿病患者心理障碍的发生率高达30%～50%。而焦虑、抑郁等消极情绪也会影响血糖的控制。因此，加强糖尿病患者的心理护理，使患者保持良好的心态，积极应对糖尿病，是进行社区糖尿病患者管理的重要内容。糖尿病患者心理调适指导的内容包括：①提供糖尿病的相关知识，使患者能正确认识疾病，糖尿病虽不可治愈，但是并非不可控制，协助患者建立应对糖尿病的信心；②认真倾听患者的叙述并观察患者的心理活动，对患者的不遵医嘱行为不做批评，给患者提供充分的理解与支持，及时肯定患者所取得的进步；③鼓励患者家属支持和积极参与糖尿病控制，使患者感到家人的支持与关心；④教给患者一些心理调适的技巧，包括如何放松情绪、宣泄、音乐疗法等。

## 案例分析

作为社区护士，应对王先生从以下几方面进行高血压患者管理及健康教育指导。

1. 定期随访：每1～2个月1次的面对面随访。随访内容：①测量血压，询问并评估健康状况和血压水平。②测量体重、心率，计算体重指数（BMI）。③询问患者疾病情况和生活方式，包括心脑血管疾病、糖尿病、吸烟、饮酒、运动、摄盐等情况。④了解患者服药情况。

2. 分类干预：如果该例患者血压控制满意（收缩压＜140 mmHg且舒张压＜90 mmHg）、无药物不良反应、无新发并发症，预约进行下一次随访时间。如果血压控制不满意，即收缩压＞140 mmHg和（或）舒张压＞90 mmHg，或出现药物不良反应，结合其服药依从性，必要时增加现用药物剂量、更换或增加不同类的降压药物，2周内随访。如果连续两次出现血压控制不满意或药物不良反应，并难以控制以及出现新的并发症，建议其转诊到上级医院，2周内主动随访转诊情况。

3. 健康体检：要求该患者每年进行1次较全面的健康检查，可与随访相结合。内容包括体温、脉搏、呼吸、血压、身高、体重、腰围、皮肤、浅表淋巴结、心脏、肺部、腹部等常规体格检查，并对口腔、视力、听力、运动功能以及血糖、血脂、肝肾功能等进行检测。

4. 进行有针对性的健康教育，包括生活方式、药物治疗、直立性低血压的预防与处理、血压监测等方面的指导，与患者一起制订生活方式改善计划，并在下一次随访时评估进展，并指导患者出现哪些异常时应立即就诊。

## 重点知识

1. 慢性病：具有下列一种或几种特征即为慢性病，其中包括患病时间是长期的、会成为残疾的、起因于不可恢复的病理状态，根据病情需要进行不同的康复训练，需要长期的医疗指导。

2. 自我护理：是指个体在稳定或变化后的环境中为维持生命，增进健康与幸福，确保自身功能健全和发展而实行的自我照顾和自我健康管理活动。

3. 测量血压应注意“四定”：定体位、部位、定人、定血压计、定时间。

4. 慢性病的主要危险因素：不良生活习惯，自然和社会环境，个人的遗传、生物以及家庭因素，精神心理因素。

5. 居家护理的对象：在家疗养的慢性病患者、出院后病情已稳定但还需继续治疗或康复的患者、重症晚期在家中的患者、残疾人。

6. 慢性病的护理重点：①预防及减少身体残疾的发生；②维持机体或器官的功能；③促使患者保持正常生活及社会活动。

7. 社区高血压病、糖尿病、冠心病、恶性肿瘤患者的居家护理措施。

8. 原发性高血压的社区管理：①建立健康档案；②设计、实施健康教育方案；③高血压患者的随访管理。

9. 冠心病的社区管理：①建立健康档案；②制订并实施干预方案；③健康教育与健康促进；④相关疾病的防治；⑤建立保健合同；⑥效果评价。

10. 糖尿病患者的社区管理：①患者登记；②设计、实施干预方案；③生活重建；④四懂四会；⑤关注并发症；⑥定期随访与复查；⑦效果评价。

## 课后练习

**一、思考题**

1. 慢性病　　2. 自我护理　　3. 居家护理

**二、简答题**

1. 什么叫慢性病？
2. 简述慢性病患者心理特点。
3. 简述慢性病患者服药注意事项。
4. 慢性病给个人、家庭和社会带来了哪些影响？
5. 什么叫居家护理？
6. 评估你的生活环境或生活习惯中的慢性病危险因素。
7. 叙述社区护士在家庭护理中的职责。
8. 作为一名社区卫生服务工作者，你认为应如何在你工作的社区范围内开展对慢性病的健康管理？

### 三、案例分析

王某，男，55岁，近2个月来明显多饮、多尿伴体重下降就诊。身高173 cm，体重53 kg，尿糖＋＋＋＋，空腹血糖12.2 mmol/L。经过1个月规范饮食控制后，复查空腹血糖为10.6 mmol/L，经主管医师诊断为2型糖尿病，治疗方案为饮食控制加磺脲类降糖药，收入居家护理中心进行护理。刘先生无糖尿病家族史，机关部门工作，平日喜甜食、脂肪多的饮食，近日睡眠不规律、烦躁易怒，不爱运动，无烟酒嗜好；家庭关系融洽，经济状况和家庭支持系统良好。

请列出王某目前存在的危险因素，并根据王某身体情况，为他制订一个适宜的社区健康管理计划。

（柳淑芳　高妩技）

# 第九章　社区康复护理

**教学目标**

1. 掌握社区康复、社区康复护理的基本概念，社区康复护理的对象、工作内容，脑血管意外、脊髓损伤、精神障碍患者的社区康复护理措施。

2. 熟悉社区康复护理的常用技术，脑血管意外、脊髓损伤患者常见功能障碍。

3. 了解社区康复护理的环境改造，脑血管意外、脊髓损伤、精神障碍患者的概念。

**案例导入**

**案例：**刘先生，38岁，男，精神分裂症史三年余，现在家中休息，医嘱给予帕罗西汀口服。近1周来，妻子发现患者夜间难以入睡，反复述说有人在议论他，试图迫害他，并拒绝服药，遂向社区卫生服务中心求助。

1. 根据目前已知的信息，社区护士应如何对患者进行睡眠护理？

2. 经过了解，社区护士得知患者妻子由于担心患者长期服药产生不良反应，自行将药量减半。针对本案例，如何对患者及其妻子进行用药指导？

## 第一节　社区康复护理概述

社区康复是社区发展范畴内的一项战略性计划，是帮助残疾人、老年人、慢性病患者预防并发症和畸形的发生，进行日常生活活动能力的训练及提供心理护理，以协助患者重返家庭和社会。2006年第二次全国残疾人抽样调查统计公报（第一号）显示，我国各类残疾人总数为8 296万，占全国总人口数的6.34%。但现有康复机构数量有限、费用较高，而且大部分需要康复训练的患者居住在社区、家庭中，不能得到及时有效的康复服务。因此，社区康复以其方便、可行、灵活多样、社区及家庭主动参与、满足残疾人各种需要、费用低廉等优点成为大多数残疾人参与康复最有效的形式。

## 一、社区康复护理概念

### （一）康复

康复（rehabilitation）是指综合协调地应用各种措施，最大程度地恢复和发展病、伤、残者的身体、心理、社会、职业、娱乐、教育和周围环境相适应方面的潜能。此定义对残疾者本人及其家属的权利给予了充分的尊重，也对全社会的参与提出了更高的要求。

### （二）社区康复

社区康复（community - based rehabilitation，CBR）是指依靠社区人力资源而采取的康复措施，这些人力资源包括残损、残疾、残障的人员本身以及他们的家庭和社会。1994 年，世界卫生组织、联合国教科文组织、国际劳工组织联合发表了一份关于社区康复的意见书，把社区康复工作解释为：社区康复是社区发展范畴内的一项战略性计划，其目的是促进所有残、伤者得到康复，享受均等的机会，成为社会的平等一员。社区康复的实施，要依靠残、伤者自己和他们的家属，所在社区以及相应的卫生、教育、劳动就业和社会服务部门等的共同努力。

结合我国国情及社区康复实践，我国对社区康复的定义是：社区康复是社区建设的重要组成部分，是在政府领导下，相关部门密切配合，社会力量广泛支持，残疾人及其亲友积极参与，采取社会化方式，使广大残疾人得到全面康复服务，以实现机会均等，充分参与社会生活的目标。

### （三）康复护理

康复护理（rehabilitation nursing）是指在总体康复医疗计划下，为了达到全面康复的目标，与其他康复专业人员共同协作，对残疾者、患者慢性病且伴有功能障碍者进行适合康复医学要求的专门的护理和功能训练，预防残疾的发生、发展及继发性残疾，使患者最大程度达到康复并重返社会。

### （四）社区康复护理

社区康复护理（community - based rehabilitation nursing）是将现代整体护理融入社区康复，在康复医师的指导下，在社区层次上，以家庭为单位，以健康为中心，以人的生命为全过程，社区护士依靠社区内各种力量，即残疾者家属、义务工作者和所在社区的卫生教育劳动就业和社会服务等部门的合作，对社区伤残者进行的护理。社区康复护理使出院回家的患者能够在社区继续接受康复治疗，最大程度地恢复病、伤、残者的活动功能、劳动和工作能力、生活自理能力等，以便重新参加家庭和社会生活。

## 二、社区康复护理服务原则、对象与内容

### （一）社区康复护理服务原则

1. **功能训练贯穿全程**　功能训练是康复护理的基本内容。早期、长期功能训练，能有效预防残疾的发生、发展，最大程度地恢复患者机体功能。

2. **注重与实际生活结合**　康复护理训练应注重实用性，训练内容与日常生活活动

相结合，恢复自理能力，实现“自我康复护理”。

3. **注重心理康复** 应注意患者情绪、心理的变化，消除消极情绪，加强心理康复，最大程度使患者适应社会、融入社会。

4. **提倡协作精神** 良好的协作关系是患者得到最大康复疗效的关键。康复护理人员应积极与其他人员进行良好的沟通交流，保持良好的人际关系，促进患者康复。

### （二）社区康复护理服务对象

1. **残疾人** 残疾人是指在生理、心理、精神、解剖结构或功能异常或丧失，部分或全部失去以正常方式从事个人或社会生活能力的人。可分为肢体障碍、听力障碍、语言障碍、智力障碍、多重障碍、精神障碍和其他障碍的人。根据《国际功能、残疾和健康分类》（international classification of impairments disabilities and handicap－2，ICIDH－2），可将残疾分为以下3种。

（1）损伤（impairment）：是指由于各种原因导致身体结构、外形、器官或系统生理功能以及心理功能的损害，造成身体、精神或智力活动受到不同程度的限制，但个体仍能完成日常生活自理，是生物器官水平上的功能障碍。因此，又称结构功能缺损。

（2）活动受限（disability）：是指个人活动能力受限或缺乏，个体不能按正常的方式和范围进行活动，但可借助辅助设施解除活动受限，是个体水平上的功能障碍。因此，又称个体能力障碍。

（3）参与限制（handicap）：是指由于残损或残疾限制或阻碍个体完成正常情况下（按年龄、性别、社会、文化等因素）的社会作用，是社会水平上的功能障碍。因此，残障也称社会能力障碍。

残损、残疾、残障是器官、个体和社会3个不同水平上的功能障碍。它们之间存在着紧密的联系，如果残损得不到合理的治疗，可能发展为残疾甚至残障，而残障也可以通过康复的介入而转化为残疾或残损，三者之间没有绝对界限。

**课堂互动**

如脑血管疾病后患者出现一侧肢体肌力弱，但能行走、生活自理，属于哪种水平残疾？一侧出现偏瘫，只能扶拐杖慢行，上下楼梯、洗澡等有困难者，属于哪种水平残疾？全身瘫痪、卧床不起、个人生活不能自理，并且不能参加社会活动者，属于哪种水平残疾？

2. **老年体弱者** 人经历一个自然衰老的过程，一方面，个体进入老年期后，会出现不同程度的功能减退，如耳目失聪、行动不便等；另一方面，由于疾病，特别是高血压、冠心病、慢性骨关节疾病引起的功能障碍而致残疾。因此，老年人特别是老年残疾人，在生活自理、经济收入、参与家庭和社会活动等方面存在着不同程度的康复需求，通过康复护理措施有利于延缓衰老的过程，提高年老体弱者的生活质量。

3. **慢性病患者** 随着康复医学的发展，康复范围不断扩大，已由原来的促进存在于疾病的发生、发展过程中的康复，扩大到促进智力残疾、精神残疾、感官残疾以及心肺疾病、癌症、慢性疼痛等的康复。这些病往往以慢性病的形式出现各种功能障碍，使原发病病情加重并形成恶性循环。慢性病患者多数时间在社区家庭中生活，需要长期医疗指导及康复训练，社区护士通过康复护理指导慢性病患者进行功能的恢复、防止原发病的恶化和并发症的发生。

### （三）社区康复护理服务内容

社区康复护理主要任务是预防慢性病、促进伤残者康复、纠正不良行为；预防并发症和伤残的发生，最大程度发挥伤残者的自理、自立能力，以及进一步加强伤残者生活应对能力和适应能力。社区护士在社区工作中，依靠社区的力量，与伤残者保持良好的沟通和交流，保证他们在社会和法律上得到帮助。

1. **开展社区康复护理现状调查，预防残疾发生**　社区护士应在社区范围进行调查，了解社区康复资源、康复护理对象数量、分布及康复护理需求，并做好登记，为社区康复计划的制订提供依据。同时要落实各项有关残疾预防的措施，如针对儿童的计划免疫接种，预防脊髓灰质炎等残疾性疾病的发生；开展社区健康教育，如健康生活方式指导、妇女保健及优生优育保健指导，开展环境卫生、营养卫生、精神卫生、安全防护等宣传教育工作。

2. **开展社区康复护理服务**

（1）给患者提供舒适的环境：为康复对象提供良好的康复环境，尤其是老年人、视力残疾者和肢体残疾者，因行动不便而需使用各种助行工具，这就要求为残疾者的居住环境进行无障碍设计，便于康复对象的起居，有利于康复目标的实现。

（2）预防并发症和畸形的发生：通过指导和协助患者进行康复训练，如体位转移技术、良好肢体位置的放置、关节活动能力、呼吸功能及排泄功能训练等技术，以预防压疮、呼吸道和泌尿系统感染、关节畸形及肌肉萎缩等并发症和畸形的发生。

（3）训练患者“自我康复护理”能力：“自我康复护理”是鼓励患者自己参与某种活动，并在其中发挥主动性、创造性，使其更完美、更理想，以达到康复目的的一种方法。在病情允许的条件下，进行日常生活活动能力的训练，内容包括起床、洗脸、梳头、更衣、进食、家务劳动等内容，其训练目的是提高患者的生活自理能力，使患者重新建立生活信心，为早日回归社会创造必要的条件。

（4）心理护理：针对残疾者复杂的心理特点，社区康复护士应以真诚、关心的态度对待患者，通过心理咨询、心理治疗，分析和掌握康复对象的心理动态，对已发生或可能发生的心理障碍和异常行为，进行耐心细致的心理护理，帮助其正视疾病与残疾，树立信心。鼓励康复对象参加各种治疗和活动，摆脱非健康心理的影响。

（5）辅助器材的使用指导、训练指导：训练辅助器具的使用，为功能障碍者的康复提供物质和技术支撑。社区康复护士一方面借助辅助器具对功能障碍者进行护理，另一方面应指导功能障碍者选用合适的支具和如何利用支具进行功能训练。同时注意观察患者的残疾情况以及康复训练过程中残疾程度的变化，与相关人员保持良好的沟通联系，记录并提供各类康复相关信息，做好协调工作，促进康复治疗的实施。

3. **协助社区康复转介服务**　在康复服务的过程中，一些康复技术由上级机构下传；而一些难以在社区解决的问题则应向上级机构转送，这种上下转介系统是社区康复的重要内容。因此，社区护士应掌握社区转介服务的资源与信息，了解康复对象的需求，提供有针对性的转介服务。

## 第二节　社区康复护理常用技术

### 一、社区康复环境改造

残疾人由于行动不便，需借助各种助行工具；因此，理想的康复环境有利于实现康复目标。社区护士应当了解掌握康复环境及设施的要求，重视康复环境的选择和建立，其中，无障碍设施是良好康复环境的最基本要求。如楼梯、扶手、坡道、洗手间、浴室等，应以中华人民共和国《城市道路和建筑物无障碍设计规范》为标准，为乘轮椅者、拄拐杖者和拄盲杖者提供便利又安全的通行空间和使用条件。

1. **家庭环境**　为了方便使用轮椅患者的日常活动，家庭设施的高度均应低于一般常规高度。如各种开关、桌面、房间窗户和窗台的高度均应略低于一般房间的高度；房间、卫生间等房门应当以推拉式为宜，门把手宜采用横执把手；在楼梯、走廊、卫生间、浴室和房间的墙壁上应安装扶手；地面要平坦、防滑且没有高低差，房门取消门槛；门厅要有足够的照明且夜间光照要足，而且门厅、通道、卧室等处应设双控照明开关，以利于关开电灯。

2. **社区环境**　非机动车车行道一般路宽不小于2.5 m；人行道应设置缘石坡道，宽度不小于1.2 m，表面材料宜平整、粗糙，地下管线和井盖与地面接平，人行天桥和人行地道的每个梯段的踏步不应超过18级，梯道段之间应有不小于1.5 m的平台，而且人行天桥和人行地道的两侧应安装扶手，地面要防滑，有触感块材，人行天桥和人行地道的高度均应超过2.2 m；主要商业街和道路交叉口应安装音响交通信号，便于视力残疾者通行；公共厕所应设有残疾人厕位，安装坐便器，厕所内应留有1.5 m×1.5 m轮椅回转面积。

### 二、日常生活活动训练

日常生活活动（activities of daily living，ADL）对每个人都非常重要，对于正常人来讲极为简单与普通；但病、伤、残者由于功能障碍，往往部分甚至全部丧失日常生活能力。因此，日常生活活动能力的训练目的是使残疾者在家庭和社会中，尽量不依赖或少依赖他人而完成各项功能活动。

日常生活活动训练的基本方法为：①评估康复护理对象的肌力，如肌力不足或缺乏协调性时，可先做一些准备训练，如加强手指肌力的训练。②将日常某些活动动作分解成简单的运动方式，从易到难，结合护理，进行床旁训练。③选择适当的方法完成一个动作，并按实际生活情况进行训练，如拿筷子、端碗。④某些情况下，可应用自助具（为残疾人特制的辅助工具、器皿等）做辅助。日常生活活动训练的内容包括以下几个方面。

### （一）进食训练

要根据康复护理对象的功能状态选择适宜的餐具、进餐姿势、进餐动作、咀嚼和吞咽功能等的训练。如坐在床上吃饭，可分解为体位变化、抓握餐具、送食物入口、咀嚼和吞咽动作。

1. **进餐的体位训练** 最简单的动作是从仰卧位变为坐位，根据患者残疾程度不同，选择不同的方法，如训练患者应用健侧手和肘部的力量坐起，或由他人帮助和用辅助设备等坐起。维持坐位平衡训练，做到坐好、坐稳、依靠背支撑坐稳。

2. **抓握餐具训练** 开始可抓握木条或橡皮，继之用匙。丧失抓握能力的患者、协调性差或关节活动范围受限的患者常无法使用普通餐具，应将餐具加以改良。如将特制的碗、碟加以固定，特制横把或长把匙、刀、叉等。

3. **进食动作训练** 先训练手部动作和模仿进食，然后再训练进食动作。训练时帮助患者用健手把食物放在患手中，再由患手将食物放于口中，以训练患、健手功能的转换。

4. **咀嚼和吞咽训练** 吞咽困难者必须先做吞咽动作的训练后再进行进食训练。进食前要先肯定无误咽并能顺利喝水时，才可试行自己进食。先用糊状食物、稀粥等，逐步从流质到半流质再到普食，每次量不宜过多，并尽量放在舌后部，且要稳、慢。

进行饮食训练时必须要创造良好的饮食环境，根据患者的具体情况提供适宜的饮食种类，并保证充足的营养成分和足量水分的摄入。偏盲患者用餐时应将食物放在健侧；对于视觉空间失认、全盲者，应将食物按顺序摆放，并告之患者。

### （二）排泄训练

1. **排尿功能自理训练** 首先进行建立排尿反射的训练；其次是排尿方法的训练；最后还要指导通过对水分的控制与排尿时间的配合来建立排尿的规律。

2. **排便功能自理训练** ①通过手法按摩腹部的方式促进肠蠕动进行排便；②针对患者存在排便功能障碍的性质和原因采取对策，无排便功能者采取手法摘便；③配合使用一些栓剂或灌汤方法。

### （三）清洁训练

包括洗漱动作，即移到洗漱处、开关水龙头、洗脸、刷牙、化妆等；入浴活动，即移至浴室、完成入浴的全过程、移出浴室等。根据患者残疾情况，尽量训练患者自己洗漱、洗浴。

1. **洗脸、洗手、刷牙** ①脸盆放在患者前方中间，指导其用健手洗脸、洗手。洗健手时，将脸盆固定住，患手贴在脸盆边放置，擦过香皂后健手及前臂在患手上搓洗。拧毛巾时可以将毛巾绕在水龙头上或将毛巾绕在患侧前臂上，再用健手将其拧干。②牙膏盖可以借助身体将物体固定的方法，再用健手将盖旋开。③剪指甲时，可以将指甲剪固定在一木板上，木板再固定在桌上，一端突出桌沿，指甲剪把处系上小绳并穿过木板，绳端系上一小环。一手伸入环中用力一拉即可剪去伸入指甲剪刀口内的指甲。

2. **洗浴** ①沐浴：患者坐于椅子或轮椅上，先开冷水管，再开热水管调节水温。洗澡时可用健手持毛巾擦洗或用长柄的海绵刷擦后背。②盆浴：患者坐在浴盆外椅子上（最好是木制椅子，高度与浴盆边缘相平），先用健手把患腿置于盆内后，再用健手握住盆沿，健腿撑起身体前倾，患者移至盆内椅子上，再把健腿放于盆内。另一种方法是患者先将臀部移向浴盆内横板上，再将健腿放入盆内，最后帮助患腿入盆内。

### （四）更衣训练

衣物穿脱动作的训练，必须在坐位平衡的条件下进行；在衣物选择上，应选用大小、松紧、厚薄适宜和易吸汗又便于穿脱的衣、裤、鞋、袜。大部分患者在日常生活活动中，穿脱衣服可用单手完成。如偏瘫患者穿前开襟上衣时先穿患肢；脱衣时，先脱健肢，这样容易完成穿脱衣动作；穿套头上衣时患手穿好袖子拉到肘以上，再穿健手侧的袖子，最后套头，脱时先将衣身脱至胸部以上，再用健手将衣服拉住，在背部从头部脱出，脱出健手，最后脱患手；截瘫患者若能取平稳坐位，可自行穿、脱上衣，穿裤子时，可先取坐位，先将患腿伸入裤腿中，再穿健腿，再取卧位，抬高臀部，将裤子提上、穿好。如患者活动范围受限，穿脱普通衣服困难，应设计特制衣服，如宽大的、前面开合式衣服。穿脱袜子和鞋，患者可取坐位，双手交叉将患侧腿抬起置于健侧腿上，用健手为患足穿袜子或鞋，将患侧下肢放回原地，全脚掌着地，重心转移至患侧。如患者手指协调性差，不能系、解衣带或纽扣时，可使用摁扣儿、拉链、搭扣等，以方便患者使用。

## 三、体位及体位转换

基本的体位有：仰卧位、侧卧位、俯卧位、坐位和立位。体位变换主要包括翻身、移动（纵、横移动）、体位转换（卧位—坐位—立位）、手支撑位等。其目的是防止压疮和肢体挛缩，保持关节良好的功能位置。

### （一）体位

1. **仰卧位** 双足紧蹬足底板，踝背屈90°，以防足下垂；足跟悬空放在足底板与垫子之间的空隙处，足后跟悬空状态，足趾朝上，以防压疮。在臀部外侧置小枕，以防髋外旋畸形。两膝及两髋关节置于伸位，以防髋及膝关节屈曲性挛缩，并为站立、步行打下基础。肩关节外展90°左右，肘伸直或屈，腕伸直，掌心向上，手指与指关节及掌关节处部分屈曲，拇指外展，手指间关节处略屈曲（图9－1）。

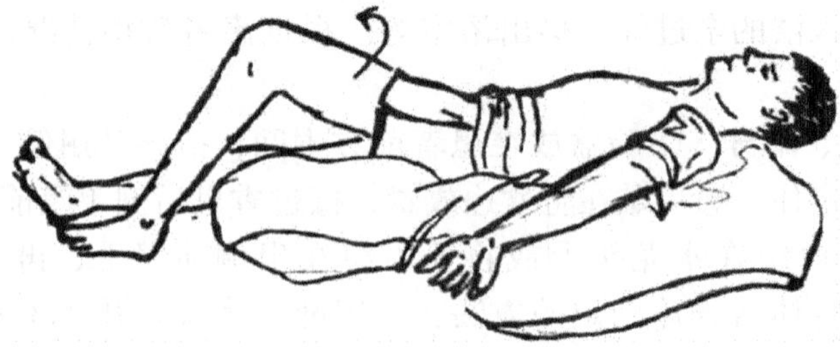

**图9－1 仰卧位**

2. **侧卧位** 偏瘫患者不宜长时间仰卧位，以健侧卧位最适宜；截瘫和四肢瘫患者宜两侧轮流侧卧。

（1）健侧卧位：健肢在下，患肢在上，头部垫枕。患侧上肢下垫枕，使患肩前伸，前臂悬前，腕、指伸展置于枕上。患侧髋、膝关节置于另一枕上，同时注意足不能悬空。健侧上肢可放在任何舒适位置，下肢平放在床上（图9－2）。

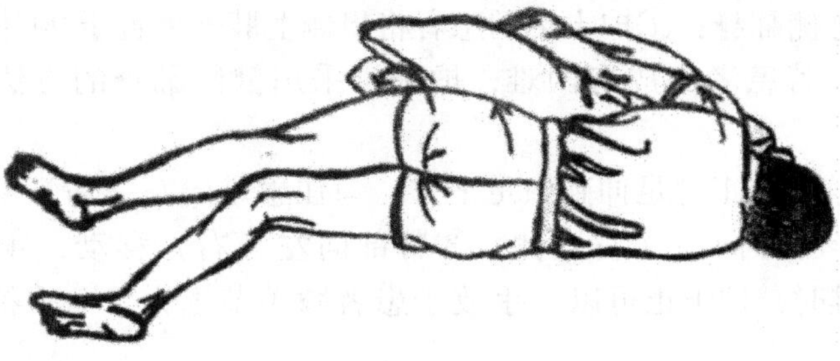

图9－2 健侧卧位

（2）患侧卧位：患肢在下，健肢在上，头部垫枕，躯干稍向后旋转，后背用枕头稳固支撑。患侧上肢前伸，前臂外旋，肘关节自然呈背屈位，手指张开，掌心向上。患髋伸展，膝轻度屈曲。健侧上肢置于身上，健腿屈曲置于枕上（图9－3）。

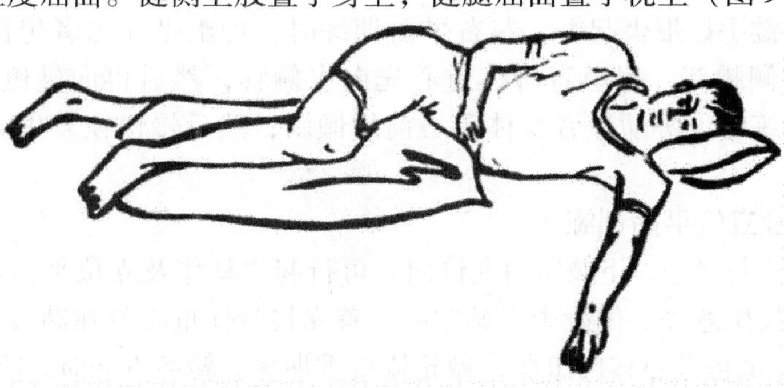

图9－3 患侧卧位

3. **俯卧位** 如患者心、肺及骨骼情况允许，可采用俯卧位，可使髋关节充分伸展，并可缓解身体后部骨隆突处受压组织部位的压力。患侧俯卧，头偏向一侧，两臂屈曲置于头的两侧；胸部、髋部及踝部各垫一软枕。

**（二）体位转换**

1. **床上翻身** 主要包括主动翻身训练和被动翻身训练两种方式。主动翻身训练是最基本的翻身训练方法之一，常用的方法主要有伸肘摆动翻身和向健侧翻身两种；被动翻身训练又可分为被动向健侧翻身和被动向患侧翻身两种。

（1）伸肘摆动翻身法：①双手十指交叉，患手拇指压在健手拇指上方（即Bobath式握手）；②在健侧上肢的帮助下，双上肢伸肘，肩关节前屈，上举；③足踩在床面上，屈膝；④健侧上肢带动偏瘫侧上肢摆向健侧，再反向摆向患侧，利用摆动惯性向患侧翻身。向健侧翻则摆动方向相反。

（2）向健侧翻身：①屈肘，健手前臂托住病肘；②健腿插入患腿下方；③旋转身体，同时以健腿搬动患腿、健肘搬动患肘翻向健侧。

（3）被动向健侧翻身：先旋转上半部躯干，再旋转下半部躯干。①护士一手置于患者颈部下方，一手置于患侧肩胛骨周围，将患者头部及上半部躯干转为侧卧位；②一手置于患侧骨盆将其转向前方，另一手置于患侧膝关节后方，将患侧下肢旋转并摆放于自然半屈位。

（4）被动向患侧翻身：①护士帮助患者将患侧上肢外展置于90°体位。②患者自行将身体转向患侧。若患者完成有困难，护士可采用健侧翻身的方法，帮助患者完成动作。

2. **床上横向移动** ①健足伸到患足下方，勾住患足向左（右）移动；②健足和肩支起臀部，将下半身移向左（右）侧；③臀部向左（右）移动；④头向左（右）移动。患者完成困难时，护士也可以一手放于患者膝关节上方，一手抬起患者臀部，帮助其向一侧移动。

### （三）坐位及坐位平衡训练

长期卧床患者坐起时，有倾倒现象。为保持躯体平衡，可先用靠背架支撑或端坐在靠背椅上。坐稳后，可左右、前后轻推，训练其平衡力。偏瘫患者可将患手放置腹部，患腿放置健腿之上，并移至床旁，健手抓住床栏坐起，将双腿移至床沿下。也可在床上系带，用健手拉带坐起等。左右平衡训练时，护士坐在患者患侧，一手置于腋下，一手置于健侧腰部，嘱患者身体重心先向患侧移，然后再向健侧移，反复进行；进行前后平衡训练时，协助患者身体重心前后倾斜，然后慢慢恢复中立位，反复进行练习。

### （四）立位及立位平衡训练

当患者能够自行坐稳，下肢肌力允许时，可行起立动作及立位平衡训练。起立后要注意扶持，以防发生意外。偏瘫患者站立时，首先将身体重心放在健肢上，两脚分开约30 cm，站稳后再试将重心移向患肢，做轮流负重训练。转换方向时，将患侧下肢抬起，以健侧下肢为轴，向外或向内旋转，然后将两腿放好。立位平衡训练时，双足分开一足宽，双腿垂直站立；双肩垂直于双髋上，双髋在双踝之前；髋、膝伸展，躯干直立；双肩水平位，头中立位。站立时，不仅应练习平静站立，还应早期练习使身体向前后、左右摆动，上半身向左右转动。可依次协助患者进行扶站、平行杠内站立、独立站立以及单足交替站立。训练时要注意安全，尤其是高龄或体弱者，要进行辅助，防止摔倒、骨折等事故发生。可给予单拐或双拐辅助器辅助。

### （五）移动训练

患者因某种功能障碍，不能很好完成移动动作，需借助手杖、轮椅等完成，严重者需靠他人帮助。移动训练是帮助患者学会移动时所做的各种动作，独立完成日常生活活动。

1. **立位移动训练** 当患者能平稳站立时，应进行行走训练。起立动作与行走动作几乎同时开始。

2. **扶持行走训练** 患者需要扶持时，扶持者应在患侧扶持，也可在患者腰间系带子，便于扶持，同时以免限制患者双腿活动。

3. **独立行走训练** 先将两脚保持立位平衡状态。行走时，一脚迈出，身体倾斜，重心转移至对侧下肢，两脚交替迈出，整个身体前进。训练时，可利用平衡杠，这是患者练习站立和行走的主要工具。患者可以练习健肢与患肢交换支持体重，矫正步态，改善行走姿势。

4. **拐杖行走训练** 拐杖训练是用于使用假肢或瘫痪患者恢复行走能力的重要锻炼方

法。拐杖长度应按患者的身高及上肢长度而定，帮助患者选择合适的拐杖（图9－4）。

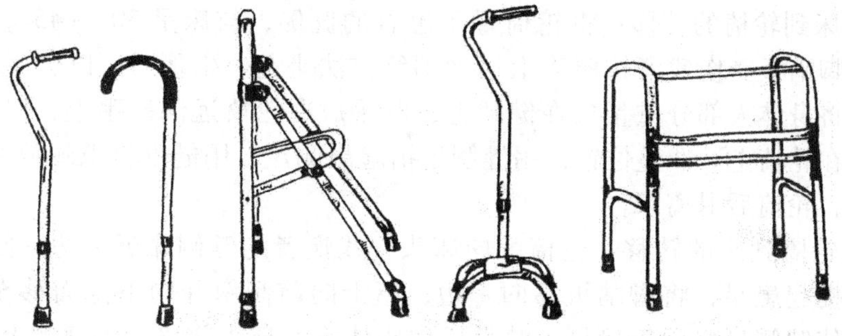

**图9－4　行走训练各种拐杖**

双拐行走训练步骤为：①首先在卧位锻炼两上臂肌力、肩部肌力，锻炼腰背部和腹部肌力，然后练习起坐和坐位平衡，完成后可以训练架拐站立。②将两拐杖置于足趾前外侧，15～20 cm。屈肘20°～30°，双肩下沉，将上肢的肌力落在拐杖的横把上。背靠墙站立，将重心移至一侧拐杖或墙壁，提起另一侧拐杖，再提起双侧拐杖。③两拐杖置于两腿前方，向前行走时，提起双拐置于更前方，将身体重心置于双拐上，用腰部力量摆动向前。

单拐行走训练步骤为：健侧臂持杖行走时，拐杖与患侧下肢同时向前，继之健侧下肢和另一臂摆动向前。或将健侧臂前移，然后移病腿，再移健腿，反之也可，可由患者自行选择。

### （六）上下楼梯训练

能够熟练地在平地上行走后，可试着在坡道上行走。①扶栏上下楼梯训练。上楼时，偏瘫患者健手扶栏，先将患肢仰向前方，用健足踏上一级，然后将患肢踏上与健肢并行。下楼时，患者健手扶栏，患足先下一级，然后健足再下与患足并行。②拐杖上下楼梯训练。上楼时，先将手杖立在上一级台阶上，蹬上，然后患肢跟上与健肢并行。下楼时，先将手杖立在下一级台阶上，健肢先下，然后患肢。

### （七）轮椅训练

轮椅为残疾人使用最广泛的辅助性支具，轮椅的使用应视患者的具体情况而定，患者应按个体具体情况配置和使用轮椅。轮椅应具有坚固、轻便耐用和容易收纳、搬动，以及便于操纵和控制的特点。

#### 1. 轮椅要求

（1）座位宽度：是两臂或两侧股骨大转子之间的最大距离加上5 cm。

（2）座位深度：是后臀部至小腿腓肠肌后缘之间的水平距离减去5～7 cm。座位太深，会压迫胸窝部，影响血液循环；座位太浅，身体重心太集中，局部受压太重，重心太靠前，轮椅平衡难以掌握。

（3）座位高度：为足跟至腘窝的距离加上5 cm。放置脚踏板时，板面距地面至少5 cm。

（4）靠背高度：现代轮椅的背高要求尽可能低，为座面至腋窝的距离减去10 cm，但颈椎高位损伤者，应选用高靠背，距离为座面至肩部的距离。

2. 训练方法

（1）从床到轮椅的转移：将轮椅置于患者的健侧，与床呈 30°～45°，闸住车刹，向两侧旋开脚踏板。伤残者按照床上运动训练方法坐起。坐稳后，以健手抓住床挡并支撑身体，将身体大部分重量放在健腿上，健手放在轮椅远侧扶手上，以健腿为轴心旋转身体坐在轮椅上。调整位置，用健侧足抬起患侧足，用健手将患腿放在脚踏板上，松开轮椅刹，轮椅后退离床。

（2）从轮椅到床的转移：轮椅朝向床头，残疾者的健侧靠近床边，闸好轮椅刹，患者用健手提起患足，将脚踏板移向一边，躯干向前倾斜并向下撑而移至轮椅前缘，双足下垂，使健侧足略后于患足。健手抓住床扶手，身体前移，用健侧上、下肢支持体重而站立，转身坐到床边，推开轮椅，将双足收回床上。

（3）轮椅与厕所便器间的转移：便器一般高于地面 50 cm。坐便器的两侧必须安装扶手。先将轮椅靠近厕座，关好轮椅刹，足离开脚踏板并将脚踏板旋开，解开裤子，用健手扶轮椅扶手站起，然后握住墙壁上的扶手，转身坐在坐便器上。训练时注意，使用方法应由患者自己选择，尽量发挥患者的功能，反复练习，循序渐进，多练习肢体的柔韧性和力量；注意保护，以防意外。

## 第三节　社区常见病伤残患者的康复护理

### 一、脑血管意外患者的社区康复护理

脑血管意外（cerebral vascular accident，CVA）又称脑卒中，是由于各种原因造成急性脑血管循环障碍导致大脑半球或脑干局灶型神经功能缺损的一组疾病的总称。根据病因和临床表现的不同，可分为出血性脑血管意外和缺血性脑血管意外两类。

脑血管意外以其发病率高、致残率高、死亡率高及复发率高的“四高”特点成为当前严重威胁人类健康的一类重要疾病。我国 2010 年卫生统计显示，脑血管意外已成为继恶性肿瘤、心脏病之后导致我国城市居民死亡的第三大原因。因此，开展社区脑血管意外康复护理对改善患者的功能障碍、提高患者的自理能力、促使其最大程度地回归社会具有重要意义。

#### （一）常见功能障碍

由于病变性质、部位、大小等不同，脑血管意外所导致的障碍及严重程度也有所区别。脑血管意外引起的障碍具有多样性和复杂性的特征，其中偏瘫和失语是最常见的功能障碍。

**1. 运动功能障碍**　是最常见的功能障碍之一，大多数患者表现为病灶对侧上、下肢体的瘫痪，即偏瘫，是致残的重要原因。其功能恢复一般经过软瘫期、痉挛期、相对恢复期和后遗症期。

**2. 言语功能障碍**　40%～50% 的脑血管意外患者会发生言语功能障碍，包括失语症、构音障碍和言语失语症。

**3. 共济障碍**　是四肢协调动作和行走时的身体平衡发生障碍，又称共济失调。表

现出坐、立位不稳，步行困难。

4. **感觉功能障碍**　约 65% 的脑血管意外患者有不同程度的感觉功能障碍，主要有痛觉、温度觉、触觉、本体觉和图形觉的减退或消失。

5. **认知功能障碍**　是指患者对事物的感觉、知觉、记忆、注意、识别、理解和智能等出现障碍。约有 35% 的脑血管意外患者会发生认知功能障碍，主要表现为定向力、注意力、计算力、处理问题能力等水平下降。认知功能障碍损害的程度不仅对脑血管意外患者预后有明显的影响，而且还影响患者的康复训练过程。

6. **日常生活活动能力障碍**　脑血管意外患者由于运动功能、感觉功能、认知功能等多种功能障碍并存，导致日常活动能力下降或丧失。表现为患者不能独立完成个人日常生活活动，如洗漱、进食、穿衣、如厕、洗澡、家务劳动等。

7. **心理障碍**　脑血管意外患者由于脑组织受损，常导致情绪障碍、行为障碍、躯体化不适主诉增多、社会适应不良和日常生活无规律等心理问题。

8. **其他**　可因面神经功能障碍而出现额纹消失、口角歪斜及鼻唇沟变迁等表情肌运动障碍，可影响发音和饮食；还可能出现大小便功能障碍和自主神经功能障碍。

### （二）社区康复护理措施

脑血管意外患者回归社区后，绝大多数患者存在不同程度的后遗症，如偏瘫、痉挛畸形、共济失调、肌力减退、姿势异常等，严重影响了患者的日常生活，给家庭、社会带来了负担。社区康复护理的目的是根据脑血管意外患者的障碍情况，充分利用社区资源，积极采取一些康复护理措施，预防残疾的发生，帮助和加快受损功能的恢复，减轻残疾的程度，训练患者适应周围环境，增强患者的活动能力和参与社会的能力，最大程度地提高生活质量。

1. **软瘫期的康复护理**　软瘫期是指发病 1 ~ 3 周（脑出血 2 ~ 3 周，脑梗死 1 周左右），患者意识清楚或有轻度意识障碍，生命体征平稳，但患肢肌力、肌张力低下，腱反射减弱或消失。在不影响临床抢救、不造成患者病情恶化的前提下，应及时介入康复护理措施，以预防并发症以及继发性残疾的发生。

（1）良肢位：又称为抗痉挛体位。脑血管意外数日内，肢体的瘫痪为迟缓性瘫痪，之后随着肌张力的恢复很快出现痉挛性瘫痪，表现为上肢屈肌痉挛，下肢伸肌痉挛。良肢位是为防止或对抗痉挛模式的出现，保护肩关节以及早期诱发分离运动而设计的一种治疗性体位。主要有健侧卧位、患侧卧位及仰卧位。

（2）被动运动：若患者病情稳定、生命体征平稳，在发病后 3 ~ 4 d，虽无主动肌力收缩，无法完成主动运动，但仍应由护士对其患肢所有的关节做全范围关节被动运动，以防关节挛缩。每日 2 ~ 3 次，运动时注意用力适中、动作轻柔、有节奏，活动顺序由肢体的近端到远端，活动幅度可由小逐渐至全范围缓慢进行，直至主动运动恢复。

（3）按摩：对患肢进行按摩可促进血液、淋巴回流，防止和减轻水肿，同时也是一种运动 - 感觉刺激，有利于运动功能恢复。按摩要轻柔、缓慢、有节律地进行，不使用强刺激性手法。对肌张力高的肌群用安抚性质的按摩使其放松，对肌张力低的肌群则予按摩和揉捏。

（4）主动运动：对于能完成主动运动的患者，应尽早指导其进行主动活动。此期所有主动训练都应在床上进行，要循序渐进，幅度从小到大，每次活动范围应在达到最大可能范围后再稍用力超出，以轻度疼痛作为终止信号，然后稍做停顿，再还原。

1）翻身训练：指导患者学会两侧翻身，以免长期固定于一种姿势，出现压疮、肺部感染等并发症。

2）桥式运动：在床上进行翻身训练时，必须加强患侧伸髋屈膝肌的练习，可有效避免患者以后行走时出现偏瘫步态。方法：①患者呈仰卧位上肢放于体侧。②双下肢屈髋屈膝。③足平踏于床面，伸髋，使臀部抬离床面，维持该姿势并酌情持续5～10 s。若髋外旋外展无法支持时，护士可帮助其将患膝稳定。进一步训练可让患者将健足抬离床面，单用患侧负重进行上述运动（图9－5）。

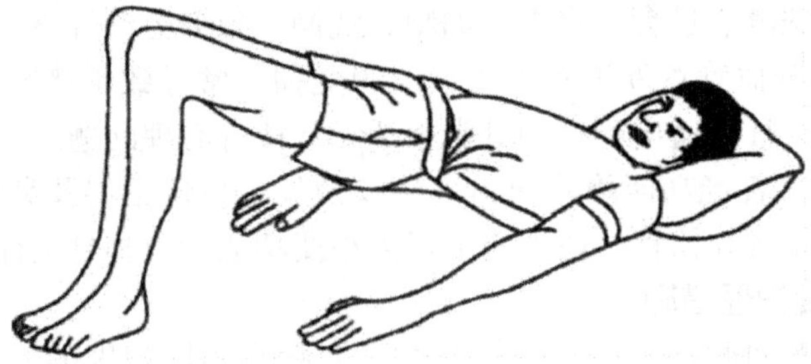

**图9－5　桥式运动**

2. **痉挛期的康复护理**　在软瘫期2～3周，肢体开始出现痉挛并逐渐加重且常持续3个月左右。此期的康复护理目标是通过抗痉挛姿势的摆放来预防痉挛模式和控制异常的运动模式，促进分离运动恢复，加强偏瘫侧肢体的主动活动，并与日常生活活动相结合。

（1）抗痉挛训练：大部分患者患侧上肢以屈肌痉挛占优势，下肢以伸肌痉挛占优势。①针对上肢可采用卧位抗痉挛训练：采用Bobath式握手上举上肢，使患侧肩胛骨向前，患肘伸直；②针对下肢可采用仰卧位双腿屈曲，Bobath式握手抱住双膝，将头抬起，前后摆动使下肢更屈曲。此外桥式运动也有利于抵制下肢伸肌痉挛。

（2）患肢的功能训练：①被动活动肩胛带和肩关节：患者仰卧，以Bobath式握手用健手带动患手上举，伸直和加压患臂；②下肢控制能力训练：髋、膝屈曲训练，踝背屈训练及下肢内收、外展控制训练。

（3）坐位及平衡训练：

1）坐位耐力训练：详见本章第二节。

2）从卧位到床边坐起训练：①患者先移至床边；②用健腿将患腿移于床边外，患膝自然屈曲；③头向上抬，躯干向患侧旋转，健手横过身体；④在患侧用手推床，把自己推至坐位，同时摆动患腿下床。必要时护士可一手放在患者健侧肩部，另一手放于其臀部帮其坐起，注意不能拉患肩。

（4）立位及立位平衡训练：详见本章第二节。

3. **恢复期**　康复护理此期一般是指发病后4～6个月。此期肢体肌肉痉挛基本消失，分离运动平衡，协调性良好，但速度较慢。因此，此期的康复护理目标是进一步进行选择性主动运动和运动速度的恢复，掌握日常生活活动技能，提高生活质量。

（1）上肢和手功能训练：进一步加大痉挛阶段中各种训练的难度，抑制共同运动，提高运动速度，促进手的精细动作。可通过作业性功能训练，如绘画、编织等训练手的协调能力；通过打字、拧螺丝等训练手的精细动作。

（2）下肢功能训练：抑制痉挛，促进下肢运动的协调性，进一步增加下肢的负重能力，提高步行效率。

（3）ADL 训练：详见本章第二节。

4. **后遗症期**　康复护理脑损害导致的功能障碍，受损的功能在相当长的时间内不会有明显的改善，此时进入后遗症期，一般在发病后 1 ~ 2 年。主要表现为偏瘫侧上肢运动控制能力差和手功能障碍、失语、构音障碍、运动姿势异常等。此期康复护理目标为指导患者继续训练和利用残余功能，使用健侧肢体代偿部分患侧肢体的能力，同时指导家属尽可能改善患者周围环境，以实现最大程度的生活自理。包括：①继续维持各功能的训练，防止异常肌张力和挛缩的进一步加重；②进行各种代偿性功能训练，包括矫形器、轮椅等的应用，以补偿患肢功能；③对家庭环境进行必要的改造，如台阶改成斜坡，浴室、走廊加扶手等。

5. **其他康复护理**

（1）饮食营养护理：由于患者常有血压、血脂、血糖过高的现象，因此在饮食指导过程中，应注意控制总能量摄入，保持理想体重；严格控制脂肪、胆固醇等的摄入量；保证充足的维生素和膳食纤维摄入；增加植物蛋白的摄入，少食甜食；做到低盐饮食，少饮酒；多摄入谷类、水果、蔬菜、菌类食物等。

（2）心理支持：脑血管意外患者常出现抑郁、焦虑、恐惧和悲观情绪，社区康复护士在实施康复护理措施时，应注意观察患者的心理活动，给予患者正确的心理疏导，帮助他们建立起与疾病斗争的信心。

## 二、脊髓损伤患者的社区康复护理

### （一）概述

脊髓损伤（spinal cord injury，SCI）是由于各种不同致病因素引起的脊髓结构和功能的损害，导致损伤水平以下运动、感觉和自主神经功能障碍。

脊髓损伤按病因可分为两类。一类为非外伤性脊髓损伤，包括先天性病因及获得性病因。先天性病因，如脊柱裂、脊柱侧弯等；获得性病因，如感染、肿瘤等。另一类为外伤性脊髓损伤，如车祸、高处坠落、意外损伤等。随着医学科学的进步，康复护理不仅在急性期及早介入，更成为患者恢复期的主要医疗手段。

### （二）常见功能障碍

脊髓损伤部位及损伤程度的不同，可导致不同的功能障碍。

1. **运动功能障碍**　主要表现为肌力、肌张力和反射的改变。①肌力改变：主要表现为脊髓损伤平面以下肌力减退或消失，造成自主运动功能障碍。通常把涉及双下肢部分或全部躯干的损伤称为截瘫（paraplegia），涉及四肢、躯干部分或全部的损伤称为四肢瘫（quadriplegia）。②肌张力改变：主要表现为脊髓损伤平面以下肌张力的增高或降低，影响运动功能。③反射功能改变：主要表现为脊髓损伤平面以下反射消失、减弱或亢进，出现病理反射。

2. **括约肌功能障碍** 主要表现为膀胱括约肌和肛门括约肌功能障碍，出现尿潴留、尿失禁、便秘或大便失禁。

3. **感觉功能障碍** 感觉功能障碍主要表现为脊髓损伤平面以下感觉（痛温觉、触压觉及本体觉）的减弱、消失或感觉异常。感觉障碍呈不完全性丧失，病变范围和部位差异明显称为不完全性损伤；损伤平面以上可有痛觉过敏，损伤平面以下感觉完全丧失，包括肛门周围的黏膜感觉也丧失，称为完全性损伤。

4. **自主神经功能障碍** 表现为排汗功能和血管运动功能障碍，出现高热、心动过缓、直立性低血压、皮肤脱屑及水肿、角化过度等。

5. **并发症** 泌尿系统感染、异位骨化、深静脉血栓、关节痉挛、压疮及疼痛等。

### （三）社区康复护理措施

脊髓损伤患者一旦生命体征稳定、神经损害稳定或压迫症状缓解、呼吸平稳后，即可进入恢复期。社区康复护理的介入主要是在这个时期进行。此期康复护理目的是让患者适应新的生活，提高患者的生活自理能力，最大程度地恢复独立生活能力，提高生活质量，回归社会。

1. **急性期康复护理** 急性期指患者伤后住院期间、临床抢救告一段落，生命体征和病情基本平稳，脊柱稳定的一段时间，此时即可在医院开始康复训练。主要以床边训练为主，目的是及时处理并发症，预防肌肉萎缩、骨质疏松等失用综合征的发生，为以后的康复治疗提供条件。①良肢位训练：患者卧床时应保持肢体处于功能位置；②关节被动运动：对患肢进行关节被动运动训练，每天 1 ~ 2 次，每次每个关节在各轴向活动 15 ~ 20 次，防止关节挛缩和畸形的发生；③体位变换：一般每 2 h 翻身 1 次，以防止压疮发生；④呼吸及排痰训练：对脊髓损伤、呼吸肌麻痹的患者应协助并指导其进行腹式呼吸运动及咳嗽、咳痰，并进行体位排痰训练，预防肺部感染，促进呼吸功能；⑤排泄处理：脊髓损伤后 1 ~ 2 周多采用留置导尿，定期开放尿管，训练患者排尿动作并记录出入量。便秘可用润滑剂、缓泻剂与灌肠等方法处理。

2. **恢复期康复护理** 社区护士应配合治疗师，指导患者独立完成功能训练。

（1）功能训练的护理：根据脊髓损伤患者损伤及恢复水平的不同，可逐步开展功能训练。应协助患者排空大小便，若有尿管应妥善固定，护士应解释、讲解、演示并协助患者完成训练；训练后，应及时评价，如发现患者有不适，应及时与医生联系，调整训练计划。①肌力训练：脊髓损伤患者为使用轮椅、拐杖等辅助器具，要进行上肢支持力量训练、肱二头肌和肱三头肌训练及握力训练。②转移训练：训练患者床上横向或纵向转移、床与轮椅间转移。③站立训练：在经过早期坐位训练且无直立性低血压等不良反应后，可进行站立训练。要注意保持脊柱的稳定性，可佩戴腰围进行站立训练。④步行训练：在完成上述训练后，可借助平行杠进行训练。先在平行杠内站立，然后可进行行走训练。平衡后可移至杠外训练，用双拐代替平行杠。

（2）ADL 训练的护理：指导和协助患者进行床上活动、进餐、洗漱、更衣、排泄等日常生活活动。

3. **义肢、矫形器和辅助器具使用的护理**　社区护士在治疗师指导下，应熟悉或掌握其性能、使用方法和注意事项，监督和保护患者完成特定动作，发现问题及时处理和纠正。

4. **并发症的护理**

（1）下肢深静脉血栓：发生率为40%～100%，但有肢体局部温度升高等典型表现的只占15%左右，为预防下肢深静脉血栓的发生，应指导患者：①每天进行下肢被动运动，如以踝关节为中心，做足的上下运动，上下不超过30°。若血栓已形成则应禁止剧烈活动，以防止血栓脱落引起肺栓塞而猝死。②起床活动时，应使用弹力绷带或穿弹力袜，适度压迫浅静脉，促进血液回流。③经常测量肢体周径，观察有无肿胀及皮肤温度升高。

（2）异位骨化：指在软组织中形成骨组织，发生率为16%～58%。好发于髋、膝、肩、肘关节及脊柱。一般于伤后1～4个月后发生于损伤水平以下，常有局部炎症反应和全身低热。护理时应注意在关节被动运动时，不宜过度用力、过度屈伸和按压。

## 三、精神障碍患者的社区康复护理

精神障碍（mental disorder）又称精神疾病，是指在各种因素的作用下（包括各种生物学因素、社会心理因素等）造成大脑功能失调，而出现感知、思维、情感、行为、意志以及智力等精神运动方面的异常，需要用医学方法进行治疗的一类疾病。随着社会竞争不断加剧，劳动力的重新组合，人口和家庭结构的变化等因素，致使精神卫生问题日益突出。

精神障碍者的社区康复是精神医学的重要组成部分，它是以社区为单位，研究精神疾病的预防、治疗、康复以及社会适应的统筹安排和管理。通过组织管理，有效实施精神卫生保健工作，管理社会上散在的精神障碍者，延缓疾病的复发，从而促进与维护社会秩序。

### （一）概述

1. **精神分裂症（schizophrenia）**　是一种病因不明的常见精神病，以思维、情感、行为的分裂，整个精神活动与周围环境分裂（不协调）为主要特征的一类最常见的重性精神疾病。在我国城市患病率为7.11‰，农村为4.26‰，且复发率高。一般无智能障碍和意识障碍，病程可迁延数年，缓慢持续进展，导致社会适应能力下降甚至精神衰退。若能早期发现、早期给予充分合理的治疗，多数患者可取得不同程度的疗效。因此，开展社区康复护理对精神分裂症患者的康复有重要意义。

2. **临床表现**　精神分裂症的临床分型有偏执型、青春型、单纯型、紧张型和其他类型。不同阶段、不同类型疾病间的临床表现差异较大，按其精神特点可分为特征性症状和阴性症状。特征性症状包括思维障碍、情感障碍、意志行为障碍及内向性；除以上特征症状外，部分精神分类患者还可以出现情感倒错、意向倒错等瓦解症状和情感迟钝、意志减退等阴性症状。

**知识链接**

**精神卫生领域的“去机构化”管理**

去机构化（deinstitutionalization）管理是欧美等国家于20世纪60年代提倡和推广的精神障碍者治疗和管理体系，指逐步关闭大规模封闭管理式的精神病医院，将慢性精神病患者转移至社区，在正常环境中疗养，帮助他们早日回归社会。美国、英国、意大利等欧美国家在20世纪60年代至90年代关闭了绝大多数大型精神病医院，大量精神障碍患者回到社区。虽有多数患者获得全面康复，但由于多数家庭和社区所需要的耗资巨大，看护和管理难以跟上，患者虽不在传统的大型公立精神病院长期住院，却在不同的社区康复机构之间不断流转，得不到必要的治疗，病情复发后肇事肇祸、流浪街头，并未真正回归社会。

因此，“去机构化”不应仅着重于关闭机构，还应聚焦于服务的灵活和多元、积极的个人成长、在自由中提升生活素质及拓展开放，具有弹性和非结构式的全人全程照顾。真正反省传统“机构化”处理中的冷漠、单调、去人格化、角色剥夺等不人性的服务模式，才是“去机构化”的本质。

**（二）康复护理管理**

1. **社区护理管理** 做好精神障碍者的治疗和康复工作，仅依靠医院或机构化管理是远远不够的，应建立以社区为依托的社区精神卫生管理保健体系，定期对精神障碍者进行随访，掌握患者的康复状况，及早发现精神障碍者的早期征象，积极采取治疗措施，促进早日康复。当前，社区组织管理方法为市级、区县级和基层三级管理制，包括市精神卫生保健所（中心）、区县精神卫生保健所、基层街道医院或乡镇卫生院设置的精神科。随着社会机构的不断健全，社区卫生服务人员将依靠社会有关方面的力量，对精神障碍者实现开展药物治疗、生活技能训练、社会适应能力训练、职业技能训练、心理护理和健康教育相结合的综合治疗，并在服务设施及生活条件上为精神分裂症患者提供必要的支持，促进患者康复，适应社会环境。

2. **家庭护理管理** 家庭护理管理是精神障碍患者社区康复护理的主要形式，是在社区护士的指导下，由家属完成家庭治疗与护理。患者可享受到家庭的温暖，参加力所能及的家务劳动或手工艺活动等，还可接触社会和现实生活，从而改善精神状态，避免长期住院与社会隔绝而引起精神衰退。社区护士应定期随访，掌握患者情况，引起家属对患者防治疾病的重视，可收到巩固治疗、预防复发的效果。

**（三）社区康复护理措施**

1. **基础护理** 对患者进行全面的评估，协助患者做好生活基础护理。

（1）饮食护理：注意维持营养均衡。对于不愿意进食的患者，应根据不同的原因，诱导其进食；而对于暴食、抢食的患者，应安排其单独进食并控制食量。

（2）排泄护理：患者因疾病可能发生排尿或排便障碍，应指导家属经常观察患者的排泄情况，如有异常，应及时寻找原因并进行处理。

（3）睡眠护理：为患者创造良好的睡眠环境，房间布置简单，光线柔和，温度适宜，床铺整洁、舒适；制定适宜的作息时间；睡前忌服兴奋性饮料（浓茶、酒），尽量避免参加容易引起兴奋的谈话或活动；有失眠现象发生时，应寻找原因，并及时给予安慰和帮助。

2. **安全护理**　患者受疾病的影响会产生幻觉、妄想等，可能出现伤害自己或他人的行为。因此应特别注意创造一个安全的社区、家庭环境。尽量减少外界环境的刺激，避免让患者单独留在家中，避免让其接触危险物品。病情严重时，建议并协助亲属将患者送医院治疗。

3. **用药的护理**　与家属合作做好患者的用药管理。对患者家属进行健康教育，使其了解药物不良反应，通过家庭访视，了解患者服药情况、治疗效果，及时给予合理化建议。如患者拒绝服药，指导家属应耐心劝说，药物由家属保管，口服药应由专人监督检查，确保患者把药服下，必要时检查患者口腔（舌下或牙缝），以防患者藏药。

4. **社会功能康复训练**　营造良好的社区氛围，理解、接纳和支持患者，鼓励患者多与他人交往，适当参加社会活动，防止社会功能的退化，促进患者早日回归社会。

5. **心理支持**　与患者及其家属建立良好的护患关系，通过电话随访、家庭访视等方式，根据家庭成员的文化程度及心理状态进行有针对性的心理疏导，使家庭成员适应角色转变，建立正确的应对方式。

### 案例分析

作为社区护士，应对刘先生进行如下睡眠护理及用药指导。

1. 睡眠护理：为刘先生布置一个简单、光线柔和、温度适宜的房间；鼓励刘先生早睡早起；下午6时后不要喝浓茶和酒；同时努力寻找失眠原因，给刘先生提供心理上的安慰和关怀。

2. 用药指导：首先说明医生用药剂量是根据患者病情决定的，让患者妻子明白，帮助患者按时按量地服药对疾病的重要性，与其合作做好患者的用药管理。同时对其进行健康教育，使其了解药物不良反应。刘先生出现拒绝服药的现象，要指导患者家属应耐心劝说其服药，确保患者把药服下，必要时检查患者口腔（舌下或牙缝），以防患者藏药。社区护士应加强家庭访视，了解患者服药情况、治疗效果，及时给予合理化建议。

### 重点知识

1. 社区康复：是社区建设的重要组成部分，是在政府领导下，相关部门密切配合，社会力量广泛支持，残疾人及其亲友积极参与，采取社会化方式，使广大残疾人得到全面康复服务，以实现机会均等充分参与社会生活的目标。

2. 社区康复护理：是将现代整体护理融入社区康复，在康复医师的指导下，在社区层次上，以家庭为单位，以健康为中心，以人的生命为全过程，社区护士依靠社区内各种力量，即残疾者家属、义务工作者和所在社区的卫生教育劳动就业和社会服务等部门的合作，对社区伤残者进行的护理。

3. 社区康复护理服务对象：残疾人、老年体弱者、慢性病患者。

4. 社区康复护理服务内容：开展社区康复护理现状调查，预防残疾发生；开展社区康复护理服务；协助社区康复转介服务。

5. 脑血管意外患者的社区康复护理措施：①软瘫期的康复护理；②痉挛期的康复护理；③恢复期康复护理；④后遗症期康复护理；⑤其他康复护理。

6. 脊髓损伤患者的社区康复护理措施：①急性期康复护理；②恢复期康复护理；③并发症的护理。

7. 精神障碍患者的社区康复护理措施：①基础护理；②安全护理；③用药的护理；④社会功能康复训练；⑤心理支持。

## 课后练习

### 一、思考题

1. 社区康复　　2. 社区康复护理

### 二、简答题

1. 社区康复护理的对象是什么？
2. 社区康复护理的内容有哪些？
3. 精神障碍患者的社区康复护理措施有哪些？
4. 脑血管意外患者的社区康复护理措施有哪些？
5. 简述脊髓损伤患者的常见功能障碍。
6. 简述社区康复护理的日常生活活动训练。

### 三、案例分析

王某，男，45 岁，因工地施工时不慎从高处坠落造成 $T_{11}$ ~ $T_{12}$ 椎骨骨折，脊髓挫裂伤，损伤平面以下运动及感觉功能丧失，大小便失禁。经住院治疗 2 个月后，现病情好转，回到家庭中进行后续康复治疗。社区护士上门进行家庭访视，患者双下肢肌力 0 级，双下肢肌肉略萎缩，感觉平面为髋关节以下 7 cm，小便失禁，大便 3 ~ 4 d 1 次，食欲、睡眠、精神尚可。

1. 社区护士应该如何对患者二便进行管理？
2. 护士可以通过哪些康复训练措施对患者进行肌力训练？

（秦　艺　胡红霞）

# 第十章 社区传染病的预防与管理

**教学目标**

1. 掌握传染病的概念、分类与报告内容，流行病学的定义与内涵，社区常见传染病的护理内容。

2. 熟悉传染病的流行过程及影响因素，疾病流行强度、地区分布和时间分布的概念，流行病学在社区护理中的功能。

3. 了解传染病对患者、患者家庭和社会的影响，流行病学中常用的研究方法。

**案例导入**

**案例：**张某，男，32岁。既往有吸毒史，因不规则发热、腹泻、进行性体重下降2个月，发现颈部、腋窝多处淋巴结肿大半个月到综合医院就诊。血常规：WBC $3.0\times10^9/L$，中性粒细胞0.91，淋巴细胞0.09，血小板计数$270\times10^9/L$，血红蛋白80 g/L，胸片提示左上肺斑片状影，血清HIV抗体阳性，诊断为艾滋病。经医院治疗后，现已出院返回家中疗养。

1. 对该患者进行家庭访视时需重点评估哪些内容？
2. 对该患者的家庭成员的健康教育有哪些？

## 第一节 传染病概述

随着社会进步和医学科学的迅速发展，我国传染病的控制和预防取得了辉煌成就。传染病的总发病率、死亡率均显著下降，一些曾经严重危害我国人民生命和健康的传染病被基本控制甚至消灭。然而，由于我国现代化进程造成的生态失衡以及不良生活方式的影响，新发传染性疾病不断出现，如传染性非典型肺炎及甲型H1N1流感的肆虐等给传染病的防治工作不断带来新的挑战。同时不少过去基本被控制的传染性疾病又卷土重来，如结核病、性病、血吸虫病近年来发病患者数不断增加。传染病仍是我国危害人民健康的最大因素之一，因此，我国的城乡社区卫生保健必须始终把传染病的防治放在重要位置，而社区护理更应重点做好社区传染病患者的管理与护理。

**知识链接**

2013年，全国（不含港澳台）共报告甲类传染病发病53例，死亡1人，发病率比2012年下降30.36%，死亡率与2012年持平。乙类传染病除传染性非典型肺炎、脊髓灰质炎和白喉无发病、死亡报告外，其他共报告发病3 057 410例，死亡16 300人，发病率和死亡率分别较2012年下降5.43%和3.00%。报告发病数居前五位的病种依次为病毒性肝炎、肺结核、梅毒、细菌性和阿米巴性痢疾、淋病，报告死亡数居前五位的病种依次为艾滋病、肺结核、狂犬病、病毒性肝炎和流行性出血热。

同期，丙类传染病共报告发病3 358 955例，死亡291人，报告发病率为248.07/10万，死亡率为0.02/10万，分别较2012年下降10.50%和51.25%。报告发病数居前五位的病种依次为手足口病、其他感染性腹泻病、流行性腮腺炎、流行性感冒和急性出血性结膜炎，报告死亡数居前三位的为手足口病、其他感染性腹泻病和流行性感冒。

## 一、传染病概念

传染病（communicable diseases）是由病原微生物感染人体后所产生的具有传染性、在一定条件下可造成流行的疾病。常见的病原体有细菌、病毒、衣原体、立克次体、支原体、螺旋体、朊粒或真菌及其他致病微生物。

传染病的基本特征如下。①有病原体：每种传染病都由其特定的病原体引起；②有传染性：这是传染病与其他感染性疾病的主要区别，传染性意味着病原体能通过某种途径感染他人；③有流行病学特征：传染病的流行过程中受自然和社会因素的影响，会表现出各种流行病学特征，如流行性、季节性、地方性和外来性；④感染后有免疫力：免疫功能正常的人经感染某种病原体后均会产生对该病原体及其产物（如毒素）的特异性免疫。感染后免疫力的持续时间在不同传染病中有很大差异。

## 二、传染病的流行过程与影响因素

传染病的流行过程是指病原体从传染源排出，经过一定传播途径侵入易感者形成新的感染，并不断发生、发展的过程。

### （一）传染病传播流行的环节

传染病传播流行必须具备3个环节，即传染源、传播途径和易感人群。

1. **传染源** 是指体内有病原体生存、繁殖并能将其排出体外的人或动物。传染源包括以下4个方面。

（1）患者：是人群中最重要的传染源，不同病期的患者其传染强度可有不同，一般情况下，以发病早期的传染性最大。慢性感染患者可长期排出病原体，可成为长期传染源。

（2）隐性感染者：在某些传染病中，如流行性脑脊髓膜炎、脊髓灰质炎等，隐性感染者症状轻或无症状，且人数多，活动范围广，难以发现和管理，所以是极重要的传染源。

（3）病原携带者：由于缺乏症状，容易被忽视，不经病原学检查很难发现，而且有的排菌时间很长，因而也是重要的传染源。病原携带者一般分为潜伏期携带者、恢复前携带者和健康携带者。

（4）感染动物：人对部分动物的传染病有易感性，故感染了这些传染病的动物也可以成为传染源，其中以啮齿动物最为常见，其次是家畜、家禽。

未被发现的传染病患者或隐性感染者和病原携带者，他们多数生活在社区，这些传染源的发现和管理在社区护理中尤其重要。

2. **传播途径**　是指病原体离开传染源到达另一个易感者的途径。同一种传染病可以有多种传播途径。主要有以下几种。

（1）空气传播：包括飞沫、飞沫核和尘埃传播，是呼吸系统传染病的主要传播途径。流感、猩红热、百日咳、流脑、麻疹等病通过此方式传播。

经空气传播的传染病的流行特征为：①传播范围广，发病率高；②冬春季节高发；③儿童和老年人多见；④在未经免疫预防的人群中，发病可呈现周期性升高；⑤居住拥挤和人口密度大的地区高发。

（2）水的传播：许多肠道传染病及某些人畜共患病和寄生虫病均可经水传播，包括经饮用水传播和经疫水传播。

经饮用水传播的传染病流行强度取决于病原体在水中的存活时间、水源被污染的程度和频率、被污染水源的性质和供水范围、饮用水管理水平及居民的卫生习惯等。其流行特征为：①病例分布与供水范围一致，有饮用同一水源水的历史；②在水源经常受到污染处病例终年不断，发病呈地方性；③除哺乳婴儿外，发病无年龄、性别、职业差别；④停止使用污染的水源或采取消毒、净化措施后，暴发或流行即可平息。

经疫水传播的传染病流行强度取决于接触疫水的人群数量及人体与疫水接触的面积、次数和时间等。经接触传播的疾病，病原体主要是通过皮肤黏膜侵入体内。这种传染病的流行病学特征为：①患者有接触疫水史，如抢险救灾、收割水稻等；②呈现地方性或季节性特点，多见于水网地区、雨季和收获季节；③大量易感人群进入流行区，可呈暴发或流行；④对疫水采取措施或加强个人防护可控制疾病发生。

（3）食物的传播：许多肠道传染病、某些寄生虫病及个别呼吸系统传染病经食物传播。作为传播媒介的食物种类很多，大体可分为两类：一类是食物本身存在病原体，如感染绦虫的牛肉、猪肉等，人类食用未充分加热消毒的上述食品，即可受到感染；另一类是食物被污染，食品在生产、加工、运输、储存及销售等各个环节均可能被患者，病原携带者及鼠类、蝇类的排泄物等污染，引起传染病的发生和流行。其流行特征为：①患者有进食同一食物史，不食者不发病；②一次大量污染可致暴发；③患者一般潜伏期较短，临床症状较重；④当停供污染食物后，暴发即可很快平息。

（4）接触传播：经直接或间接接触病原体而引起的传播。直接接触传播如皮肤炭疽、狂犬病、性病等，间接接触传播常见于肠道传染病和一些病原体在外界抵抗力强的呼吸系统传染病，如白喉、结核病等。

（5）虫媒传播：是指以节肢动物为传播媒介而致的感染，包括机械性传播和生物性传播。如蚊子传播疟疾、乙型脑炎，跳蚤传播鼠疫等。其流行特征为：①地区性，病例分布与节肢动物分布一致；②季节性，发病率升高与节肢动物活动季节一致；③有明显的职业特点，如森林脑炎多见于伐木工等野外作业人员；④发病有年龄差别，老疫区发病者多集中在儿童，新迁入疫区的易感者不分老幼均易发病；⑤一般无人直接致人感染的情况。

（6）血液、体液传播：是指经输血、血液制品或被血液、体液污染的医疗器械等所引起的传播，如乙型病毒性肝炎、艾滋病等。

（7）垂直传播：是指病原体通过母体传染给子代的过程。包括经胎盘、分娩时和上行性传播。

另外，也可通过土壤（被污染）、医源性等途径传播。

3. **人群易感性** 是指人群作为一个整体对传染病的易感程度。对某种传染病病原体缺乏特异性免疫力的人称为易感者。人群对某种传染病易感性的高低明显影响传染病的发生和传播。如果易感人群在总人口中所占比例大，则人群易感性高，一旦有传染源进入，则发病患者数就多，甚至引起流行；如果易感人群在总人口中所占比例小，则人群易感性低，即使有传染源进入，传染病也不易发生或发病患者数少。在普遍推行人工主动免疫的情况下，可把某种传染病的易感者水平始终保持很低，从而阻止其流行周期性的发生。有些传染病还有可能通过全民长期坚持接种疫苗而被消灭，如天花、脊髓灰质炎和麻疹等。因此，社区护理中的预防接种工作十分重要。

### （二）传染病流行过程的影响因素

传染源、传播途径、易感人群 3 个环节同时存在，为传染病的发生及流行提供了可能的条件，但传染病是否发生流行，也受自然环节和社会环境等因素的影响和制约。

1. **自然环境因素** 包括人们生活环境中的气候、地理、土壤、动植物等，它们对传染病流行过程的影响十分复杂。

自然环境因素对传染源的影响，如某种类型的地形、地貌适合某些种类的动物传染源生存，因而构成某些动物的自然疫源地；地理、气候等因素造成自然疫源性疾病的地方性与季节性；对于人作为传染源的传染病，季节可以通过影响人的活动从而影响许多疾病的流行特征，如疟疾、痢疾等。

自然环境因素对传播途径的影响，以经虫媒传播的传染病受自然环境因素的影响最为明显。气温影响环境中病原体的存活，如冰中的伤寒杆菌甚至可以越冬。雨量可影响病原体的传播，如洪水泛滥之后易引起肠道传染病、钩端螺旋体病等的流行。干旱时，经蚊传播的传染病减少。

自然环境因素对易感者的影响，如气候因素对肺炎、上呼吸道感染等疾病的影响。

因此，许多传染病都呈现严格的地区和季节分布，一些自然疫源性疾病及虫媒传染病又与生态条件关系密切。

2. **社会环境因素** 包括社会制度及人类的一切活动，如生产活动、生活条件、医疗卫生状况、文化水平等，对传染病流行过程有决定性的影响。如我国施行计划免疫已使许多传染病的发病率明显下降或接近被消灭，而因抗生素的滥用使很多细菌的耐药性大大提高，对传染病的预防和管理构成严重威胁。

## 三、传染病分类

按照《中华人民共和国传染病防治法》规定，将法定传染病分为甲、乙、丙三类。

1. **甲类** 包括鼠疫和霍乱 2 种。

2. **乙类** 包括传染性非典型肺炎、艾滋病、病毒性肝炎、脊髓灰质炎、人感染高致病性禽流感、麻疹、流行性出血热、狂犬病、流行性乙型脑炎、登革热、炭疽、细菌性和阿米巴性痢疾、肺结核、伤寒和副伤寒、流行性脑脊髓膜炎、百日咳、白喉、新生儿破伤风、猩红热、布鲁杆菌病、淋病、梅毒、钩端螺旋体病、血吸虫病、疟疾、人感染猪链球菌病，2009 年增加了甲型 H1N1 流感。

3. **丙类** 包括流行性感冒、流行性腮腺炎、风疹、急性出血性结膜炎、麻风病、流行性和地方性斑疹伤寒、黑热病、棘球蚴病、丝虫病，除霍乱、痢疾、伤寒和副伤寒以外的感染性腹泻病，2008 年又增加了手足口病。

《中华人民共和国传染病防治法》规定，可根据情况增加或减少甲类传染病病种，并予以公布；也可增加或减少乙类和丙类传染病，并予以公布。

## 四、传染病影响

传染病不仅影响到人民的身体健康和生命安全，还影响到社会经济的发展，特别是以重大传染病疫情为主的突发公共卫生事件，还极易造成恐慌，引起社会动荡，影响社会生活的方方面面。

### （一）对患者的影响

传染病严重危害人民的身体健康。据 WHO 最新报道，世界上每时每刻都有 140 万人因感染传染病而处在医疗监护状态，每天因传染病而死亡的儿童数量达 4 384 人。所以，社区护士应做好传染病患者的家庭访视，指导其进行积极正规的治疗和护理，并做好传染病的管理，防止疾病传染给更多的人，危害居民的身体健康。

由于许多传染病的病程长，病情反复发作，患者易产生抑郁、恐惧等心理，同时因传染病具有传染性，患者往往惧怕疾病传染给他人，或受到他人的歧视、疏远等，这些都造成患者普遍有不同程度的情绪障碍。尽管《中华人民共和国传染病防治法》明确规定：任何单位和个人不得歧视传染病患者、病原携带者和疑似传染病患者。然而现实中仍然存在针对这类群体的就业歧视，从而影响到该人群的身心健康发展。因此，对传染病患者这一特殊人群的心理干预不容忽视，社区护士应针对其心理问题产生的原因及影响因素加以干预，以提高其生活质量。

### （二）对家庭的影响

传染病作为一种极大的应激源，不仅给患者同时也给家属造成很大的心理刺激。作为家属，除了担心患者的病情及家庭经济负担等以外，还要担心自己以及子女等其他家庭成员被传染，心理负担较重。因此，社区护士在对患者进行照顾和管理的同时，应该关注其家庭成员的身心健康，不仅要对其做好健康教育，避免被传染疾病，同时要做好心理疏导，改善其应对方式，减少心理问题。

### （三）对社会的影响

传染病不仅影响着个体的生命健康，其传播和扩散还给社会经济发展带来巨大负面影响。如我国是世界上22个结核病高负担国家之一，结核病患者数量居世界第二位。根据2000年全国结核病流行病学调查肺结核的总体医疗费用结果显示，每年用于肺结核的医疗费用为3 612亿元，肺结核导致的经济损失约占当年我国卫生费用的0.16%。

此外，动物传染病暴发所带来的代价也是极为高昂。如2013年3月H7N9流感疫情发生后，造成消费恐慌、从业恐惧，禽产品销售严重受挫，2013年上半年养殖场（户）直接经济损失超过600亿元。

传染病的暴发与流行除了造成社会经济损失，还能动摇公众对政府应急能力的信心，影响某一区域的稳定，影响国家的社会秩序。如艾滋病患者因周围人和社会环境的歧视，不能参加集体活动，很少有人愿意同他们一起工作、娱乐。因为怕被歧视，部分艾滋病感染者千方百计隐瞒病情，从而增加了传播的危险性。传染病患者往往产生被社会、被生活抛弃的感觉，甚至有患者萌生报复社会、仇视社会的念头，有的患者无奈地自杀，有的患者把压抑于内心的仇恨爆发，肆意传播病毒，造成社会恐慌，影响人们心理的安全感，引发社会的不稳定。

因此，应对传染病的流行或暴发不仅仅是卫生问题，也是一个经济问题，更是国家和世界的安全问题。提高全民对传染病的认识是预防传染病流行的最好办法，社区护士应做好传染病的相关健康教育。

# 第二节　流行病学在社区传染病中的应用

流行病学（epidemiology）是人类在与多种疾病，特别是传染病作斗争的实践中逐渐形成和发展起来的。流行病学是人类探索疾病病因、开展疾病防治、改善人群健康、制定公共卫生政策与策略的重要工具。它既是一门实用、独立学科，又被作为方法学而广泛应用于许多医学领域之中，对现代医学的发展正在发挥着积极有效的作用。

## 一、流行病学定义与相关概念

### （一）流行病学定义

我国流行病学界在多年实践的基础上，提炼出来的比较公认的流行病学定义为：流行病学是研究疾病和健康状态在人群中的分布及其影响因素，借以制定和评价预防、控制和消灭疾病及促进健康的策略与措施的科学。

上述定义的基本内涵有4点：①流行病学研究的对象是人群，是研究所关注的具有某种特征的人群，而不是某一个体；②流行病学研究的内容不仅包括疾病，还包括伤害、健康状态及其他相关的卫生事件；③流行病学研究的起点是疾病和健康状态的分布，研究的重点是疾病和健康状态的影响因素；④流行病学研究的最终目的是为预防、控制和消灭疾病以及促进健康提供科学的决策依据。

### （二）研究疾病分布常用指标

疾病的分布是指某病在不同地区、不同人群及不同时间的发病、死亡及患病水平等。不同的疾病会表现出不同的分布特征，但其人群现象是有规律的，这种规律往往与该病的病因、宿主及环境密切相关，并能影响疾病的发生概率。因此，正确描述疾病的分布有助于政府确定卫生服务的工作重点，为合理制定疾病防治、保健策略和措施提供科学依据。

1. **发病率**（incidence rate）　是指一定时期内、特定人群中某病新病例出现的频率。其计算公式如下：

$$发病率=\frac{一定时期内某人群中发生某病的新病例数}{同期暴露人口数}\times k$$

式中，$k=100\%$、1 000‰、10 000/万或 100 000/10 万。

发病率的分子是一定时间内某病的新发病例数。如果在观察时期内一个人多次发病，则应分别计为新发病例数；发病率分母中的暴露人口是指在观察时期和观察范围内可能发生该病的人群。计算发病率时可根据研究的病种及研究问题的特点来选择时间、单位，一般多以年为单位。在实际工作中发病率的分母多用该地区该时间内的平均人口。

发病率可以用来反映疾病对人群健康的影响，通过对比不同特征人群的某病发病率可以进行病因学的探讨和防治措施的评价。

2. **罹患率**（attack rate）　与发病率一样是测量新发病例频率的指标。其计算公式如下：

$$罹患率=\frac{观察期间某病新病例数}{同期暴露人口数}\times k$$

式中，$k=100\%$、1 000‰。

罹患率与发病率相同之处是分子均为新发病例数。不同之处是罹患率一般多用于衡量小范围、短时间的发病频率，以月、周、日或一个流行期为时间单位。罹患率的优点是可以根据暴露程度精确地测量发病概率，多用于描述食物中毒、职业中毒及传染病的暴发流行。

3. **患病率**（prevalence rate）　亦称现患病率或流行率，是指在特定时间内，一定人群中某病新旧病例数所占的比例。

$$患病率=\frac{特定时间内某人群中某病新旧病例数}{同期观察人口数}\times k$$

式中，$k=100\%$、1 000‰、10 000/万或 100 000/10 万。

患病率与发病率的区别：①患病率的分子为特定时间内所调查人群中某病新旧病例的总和，而发病率的分子则为一定时期内暴露于人群中某病的新发病例数；②患病率是由横断面调查获得的疾病频率，是衡量疾病的存在或流行情况的静态指标，而发病率是由发病报告或队列研究获得的疾病频率，是衡量疾病发生情况的动态指标。

患病率对于病程短的疾病价值不大，而对于病程长的一些慢性病的流行状况能提供有价值的信息，可反映某地区人群对某疾病的疾病负担程度。可依据患病率来合理地规划卫生设施、人力物力等卫生资源，研究疾病流行因素及检测慢性病的控制效果等。

4. **感染率**（infection rate） 是指在受检查的人群中某病现有的感染人数所占的比例，通常用百分率表示。

$$感染率=\frac{受检中阳性人数}{受检人数}\times 100\%$$

感染率的性质与患病率相似。患病率的分子是指病例，而感染率的分子是指感染者。某些传染病感染后不一定发病，可以通过病原学、血清学及皮肤试验等检测方法获知是否感染。感染率用途广泛，特别是在具有较多隐性感染的传染病和寄生虫病等的调查中，常用它研究疾病的感染状况和防治工作的效果，估计某病的流行态势，也可为制定防治措施提供依据。

5. **续发率**（secondary attack rate，SAR） 也称家庭二代发病率，指在一定观察期内某种传染病在家庭易感接触者中二代病例出现的百分率。家庭中第一例病例称为“原发病例”，不计算在续发率的分子和分母中。自原发病例出现后，在该病最短潜伏期至最长潜伏期之间发生的病例称为续发病例，即二代病例。

$$续发率=\frac{家庭中易感接触者的二代病例数}{家庭中易感接触者总数}\times 100\%$$

计算续发率时要掌握的资料有：①原发病例的发病时间；②接触者中易感者人数；③观察期内发生的二代病例数。

续发率常用于家庭、集体单位或幼儿园等发生传染病时的流行病学调查。可分析比较不同传染病传染力的大小、流行因素及评价防疫措施等。

6. **死亡率**（mortality rate） 是指某人群在一定期间内死于所有原因的人数在该人群中所占的比例。死亡率是测量人群死亡危险最常用的指标，其分子为死亡人数，分母为该人群年平均人口数。常以年为单位。

$$死亡率=\frac{某人群某年总死亡人数}{该人群同年平均人口数}\times k$$

式中，$k=100\%$、1 000‰、10 000/万或100 000/10万。

死于所有原因的死亡率是一种未经过调整的概率，也称粗死亡率。死亡率也可按不同特征分别计算死亡专率。比较不同地区死亡率时因人口构成不同，需要先对死亡率进行标化。

死亡率既可反映一个地区不同时期人群的健康状况和卫生保健工作的水平，也可为该地区卫生保健工作的需求和规划提供科学依据。

7. **病死率**（fatality rate） 表示一定期间内，患某病的全部患者中因该病而死亡的比例。

$$病死率=\frac{一定期间内某病死亡人数}{同期患某病的人数}\times 100\%$$

病死率通常用于病程短的急性病，如各种急性传染病等，以衡量疾病对人生命威胁的程度。病死率受疾病严重程度和医疗水平的影响，同时也与能否被早期诊断、诊疗水平及病原体的毒力有关。因此，用病死率作为评价不同医院医疗水平的指标时，应注意不同医院入院患者病情的严重程度及医院的医疗设备条件等因素对此指标的影响。

8. **生存率**（survival rate）　是指某种疾病的人（或接受某种治疗措施的患者）经 $n$ 年的随访，到随访结束时仍存活的病例数占观察病例总数的比例。

$$n\text{年生存率}=\frac{\text{随访满}\ n\ \text{年尚存活的病例数}}{\text{开始随访的病例数}}\times 100\%$$

生存率常用于评价某些慢性病，如癌症、心血管病等的远期疗效。应用该指标时，应确定随访开始日期和截止日期。开始日期一般为确诊日期、出院日期或手术日期，截止时间通常可为 1 年、3 年、5 年或 10 年，即可计算 1 年、3 年、5 年或 10 年的生存率。

### （三）描述疾病流行强度的常用术语

疾病的流行强度是指在一定时期内，某地区某人群中某病发病率的变化及病例间的联系程度。描述疾病流行强度的常用术语包括散发、流行和暴发。

1. **散发**（sporadic）　是指某病在某地区人群中呈历年的一般发病率水平，病例在人群中散在发生或零星出现，病例之间无明显联系。

形成散发的原因：①某地在当地常年流行，居民有一定的免疫力或疫苗接种维持着人群的一定免疫力；②以隐性感染为主的传染病；③传播机制难以实现的传染病；④潜伏期长的传染病。

2. **流行**（epidemic）　指某地区、某病在某时间的发病率显著超过历年该病的散发发病率水平。流行与散发是相对的概念，用于同一地区某病历年发病率之间的比较。如 2003 年 SARS 的流行，几个月的时间就波及 32 个国家和地区。

3. **暴发**（outbreak）　是指在一个局部地区或集体单位的人群中，短时间内突然出现许多临床症状相似的患者。暴发往往是通过共同的传播途径感染或由共同的传染源引起，如托幼机构的麻疹暴发等。

### （四）描述疾病地区分布的常用术语

研究疾病的地区分布特点，有助于探讨疾病的病因及流行因素，并为制定疾病的防治对策与措施提供依据。

1. **地方性**　疾病的地方性是指由于自然环境和社会环境的影响，一些传染病常在某一地区呈现发病率增高或只在某地区存在的现象。疾病的地方性可依其特点不同分为以下几种。

（1）自然地方性：因自然条件的影响而使一些人类传染病的分布局限于一定地区，这种现象称为自然地方性。主要是指一些传染病如血吸虫病、疟疾等因传播媒介受自然环境影响只在一定地区生存，而使该病分布呈地方性，这类疾病被称为自然地方性疾病。

（2）统计地方性：由于生活习惯、卫生条件或宗教信仰等社会因素的不同，导致一些疾病的发病率在某些地区长期显著地高于其他地区，这种情况与该地区的自然条件无关，称为统计地方性。如一些文化及卫生设施水平低或存在特殊风俗习惯的地区，伤寒、霍乱等会经常流行。

（3）自然疫源性：是指某些传染病可在某一地区长期存在，如地方性斑疹伤寒及鼠疫等。这些疾病能长期存在是由于在这些地区存在本病的动物传染源、传播媒介及病原体生存传播的自然条件，致使病原体在野生动物间传播，并在自然界生存、繁衍后代。

2. **外来性或输入性** 是指某病在本国或本地区以往未曾有过，或者以前虽有，但确认已被消灭，目前的病例是从国外或外地传入的，这类疾病称为外来性疾病或输入性疾病。

### （五）描述疾病时间分布的常用术语

无论是传染病还是慢性病，其流行均有随时间推移而不断变化的特点，其中有的表现为由散发到流行，也有的是由流行到散发，甚至被消灭，如天花。分析疾病的时间变化规律，可以了解疾病的流行动态，有助于验证可能的致病因素与疾病的关系，为制定疾病控制措施提供依据。疾病时间分布的变化主要有短期波动、季节性、周期性和长期趋势四种形式。

1. **短期波动** 又称暴发或时点流行，是指在一个集体或固定人群中，短时间内某病发病数突然增多的现象。

疾病的暴发常因许多人接触同一致病因素而引起。由于不同疾病其潜伏期存在差别，表现为发病可有先后之分，先发病者为短潜伏期患者，后发病者为长潜伏期患者，大多数病例发生日期往往在该病的最短和最长潜伏期之间。流行的高峰相当于该病的平均潜伏期，因此，可以从发病高峰推算暴露日期，从而找出短期波动的原因。

2. **季节性** 是指疾病在一定季节内发病频率升高的现象。不同的疾病可表现出不同的季节分布特点，主要有严格的季节性、季节性升高或无季节性 3 种情况。影响疾病季节性分布的因素十分复杂，往往与各种气象因素、媒介昆虫等因素有关，同时也受风俗习惯、卫生条件及生活水平等因素影响。对疾病季节性分布的研究，不但可以使我们认识疾病流行的特征，而且可以引导我们研究其发病的因素，从而采取有效的预防措施。

3. **周期性** 是指疾病依规律性的时间间隔发生流行。在无有效疫苗使用之前，大多数呼吸道传染病均可表现出周期性流行的特点。如在未实施麻疹疫苗接种前，在大中城市几乎每隔一年就要发生一次麻疹流行。甲型流感每隔 3 ~4 年有一次小流行，每隔 10 ~15 年出现一次世界性大流行。疾病周期性的形成，主要与人口稠密的城市中易感者的积累及病原体的变异有关，但预防接种策略的广泛实施可改变某些传染病的周期性特点。

4. **长期趋势** 又称长期变异，是指在一个相当长的时间内（通常为几年、十几年或几十年），疾病的发病率、死亡率、临床表现、病原体种类及宿主等随着人类生活条件的改变、医疗技术的进步及自然条件的变化而发生显著变化。

### （六）描述疾病人群分布的常用术语

疾病的发病率常随人群的不同特征如年龄、性别、职业、种族及婚姻状况等不同而有差异。其中年龄因素与疾病发生的关系最为密切，如麻疹、水痘的年龄分布特点以儿童发病率为高。研究疾病在不同人群中的分布特征，可以帮助人们确定高危人群、探索病因及流行因素。

## 二、流行病学常用的研究方法

根据是否由研究者控制研究的条件，或者说是否有人为的干预，流行病学研究方法可以分为两大类，即观察性研究和实验性研究。

### （一）观察性研究

流行病学是在人群中进行研究，由于伦理和资源的限制，研究者不能或不能全部掌握或控制研究对象的暴露或其他条件，大多数情况下只能进行观察性研究。观察法是流行病学研究的基本方法，根据研究开始时是否设置比较组，可将观察性研究进一步分为描述性研究（主要包括横断面研究和生态学研究）和分析性研究（主要包括队列研究和病例对照研究等）。

#### 1. 描述性研究

（1）横断面研究（cross－sectional study）：又称现况调查，是指按照事先设计的要求，在某一人群中应用普查或抽样调查等方法收集特定时间内某种疾病或健康状况及有关变量的资料，以描述当时疾病或健康状况的分布及与疾病有关的因素。所使用的主要指标是患病率。横断面研究的优点是结合专题设计的调查资料丰富，可以描述疾病和健康状态在某一时点上的流行病学分布特点，包括人群间分布和地点分布。缺点是无法判断因果的先后顺序，因为所调查的疾病或健康状况与某些特征或因素是同时存在的。因此，该类研究不能得出有关疾病和暴露因果关系的结论，只能进行相关性分析，为病因研究提供线索。横断面研究主要包括普查和抽样调查。

1）普查：是指为了了解某人群健康状况或某疾病的患病率，或制定某生物学检验标准，在特定时间内对特定范围内（某一地区或具有某种特征）人群中每一成员所做的调查或检查。普查的优点是确定调查对象比较简单，能发现人群中的全部患者，早发现、早诊断疾病。其缺点是工作量大，调查内容有限，不适用于患病率很低和现场诊断技术比较复杂的疾病。如社区对35岁以上已婚妇女开展阴道涂片检查，以期早期发现子宫颈癌。

2）抽样调查：是指在特定时点、特定范围内的某人群总体中，按照一定的方法抽取一部分有代表性的个体组成样本进行调查分析，以此推论该人群总体某种疾病的患病率及某些特征的一种调查。抽样必须遵循随机化和样本大小适当的原则。与普查相比，抽样调查具有节省人力、物力和时间，以及由于调查范围小而使调查精度较高的优点，在实际工作中应用广泛，但其设计、实施与资料分析均比普查复杂，不适用于变异较大的资料和需要普查普治的情况。

（2）生态学研究（ecological study）：是以群体为基本单位收集和分析资料，在群体的水平上描述不同人群中某因素的暴露状况与某种疾病的频率，研究某种因素与某种疾病之间的关系。疾病测量的指标可以是发病率、死亡率等。生态学研究能对病因未明疾病的病因学研究提供病因线索，产生病因假设，其主要缺点是由于得到的资料是群体的平均水平，以及同时存在的混杂因素等原因，会造成研究结果与真实情况不符，从而产生生态学谬误。生态学研究方法包括以下两种。

1）生态比较研究：是观察不同人群或地区某种疾病或健康状况的分布，然后根据同一时间内，不同人群或地区某种疾病或健康状况的分布差异，探索环境因素与疾病的关系，提出病因假设。如描述胃癌在全国各地区的分布，得到沿海地区的胃癌死亡率较其他地区高，从而提出沿海地区环境中如饮食结构等可能是胃癌的危险因素之一。

2）生态趋势研究：是连续观察评价暴露水平的变化和一个群体中某种疾病或健康状况频率变化的关系，了解其变化趋势，通过比较暴露水平变化前后疾病或健康状况频率变化的情况，判断暴露与某种疾病或健康状况的联系。

**2. 分析性研究**

（1）队列研究（cohort study）：也称为前瞻性研究或纵向研究，是将某一特定人群按是否暴露于某可疑因素或暴露程度分为不同的亚组，追踪观察两组或多组成员结局（如疾病）发生的情况，比较各组之间结局发生率的差异，从而判定该因素与该结局之间有无因果关联及关联程度的一种观察性研究方法。

队列研究主要用于检验病因假设。使用这种方法可以直接观察到人群暴露于可疑病因因素后疾病的变化规律及其结局，通过比较暴露和非暴露人群发病率和死亡率的差别来确定危险因素与疾病的关系。如对基线特征相似的人群按照不同的吸烟量分为几组，追踪观察1年、5年、10年后该人群的肿瘤、呼吸道疾病等的发病率或死亡率的差异大小。

队列研究是从因到果的研究，由于原因发生在前，结果发生在后，故检验病因假说的能力较强；通过随访，不但可以了解疾病的自然史，还可获得一因多果的结局。另外，也可以用于疾病预防和控制规划的实施。缺点是长期随访会造成人力及物力的巨大浪费，病例释放率较高，因此不适于发病率很低的疾病研究。

（2）病例对照研究（case - control study）：又称回顾性研究，是按照有无所研究的疾病或某种卫生事件，将研究对象分为病例组和对照组，分别追溯其既往（发病或出现某种卫生事件前）所研究因素的暴露情况，并进行比较，以推测疾病与因素之间有无关联及关联强度大小的一种观察性研究。这是一种回顾性的、由果及因的研究方法，是在疾病发生之后去追溯假定的病因因素的方法。

优点：①适用于罕见的、潜伏期长的疾病研究，有时往往是罕见病因研究的唯一选择。也适于研究一些新出现的或原因不明的疾病，能广泛地探索其影响因素，有助于迅速进行公共卫生干预。②与队列研究相比，病例对照研究需要的样本量较小，因此，相对更节省人力、物力、经费和时间，并且较易于组织实施。

局限性：①不适用于研究人群中暴露比例很低的因素，因为需要的样本量大。②难以确定暴露与疾病的时间先后顺序，一般无法直接推导因果关联的结论。

**（二）实验性研究**

实验性研究（experimental study）又称干预实验（intervention trial），是指研究者根据研究目的，按照预先确定的研究方案将研究对象随机分配到试验组和对照组，对试验组人为地施加或减少某种因素，然后追踪观察该因素的作用结果，比较和分析两组或多组人群的结局，从而判断干预措施的效果。

实验性研究的特点为：①属于前瞻性研究，实验性研究必须是干预在前，效应在后。②严格的实验性研究应采用随机方法把研究对象分配到试验组或对照组，以控制研究中的偏倚和混杂。如果条件受限不能采用随机分组方法，应该保证试验组和对照组的基本特征均衡可比。③具有均衡可比的对照组，实验性研究中的对象均来自同一总体的样本人群，其基本特征、自然暴露因素和预后因素应相似，这点与观察性研究不同。④有人为施加的干预措施，这是与观察性研究的一个根本的不同点。干预措施可以是治疗某病的药物、干预的方法措施及预防某种疾病的疫苗等。

根据研究目的和研究对象的特点，实验性研究可以分为临床试验、现场试验和社区干预试验3种。

1. **临床试验**（clinical trial） 是以已确诊患有某病的患者作为研究对象，以临床治疗措施（药物或治疗方案）为研究内容，通过观察和比较试验组和对照组的临床疗效和安全性，从而对临床各种治疗措施的效果进行科学评价。临床试验应当遵循对照、随机化和盲法原则。

2. **现场试验**（field trial） 也称人群预防试验，是以自然人群作为研究对象，接受处理或某种预防措施的基本单位是个人，而不是亚人群。现场试验的主要研究对象为未患病的健康人或高危人群中的个体，多为预防性试验。如新型流感疫苗预防流感及人群免疫效果的现场试验。

3. **社区干预试验**（community intervention trial） 又称社区试验（community trial）是以社区人群整体作为干预单位的实验研究，常用于某些不便于落实到个体的干预措施效果评价。例如，检验食盐加碘预防地方性甲状腺肿的效果，干预措施是施加于整个人群，而不是分布给予每一个体。

另外，当实际工作中不能满足随机分配的原则时进行的实验研究称为类实验研究（quasi - experiment），常用于研究对象数量较大、范围较广、不便于对研究对象随机分组的情况。

实验性研究因其采用随机化分组方式，两组间除干预措施外，其他基本特征相似，具有较高的可比性，减少了混杂偏倚，但整个实验设计和实施条件要求高、控制严、难度较大，在实际工作中有时难以做到。

## 三、流行病学方法在社区传染病预防与管理中的应用

### （一）明确社区传染病的诊断

在社区护理中要做好传染病的预防与管理，首先应有明确的疾病诊断。流行病学资料在传染病的诊断中占重要地位。①传染病的地区分布：有些传染病局限在一定的地区范围，如黑热病、血吸虫病；有些传染病可由一些特定的动物为传染源和传播媒介，在一定条件下才传给人或家畜。②传染病的时间分布：不少传染病的发生有较强的季节性和周期性，如流行性乙型脑炎好发于夏、秋季。③传染病的人群分布：许多传染病的发生与年龄、性别、职业有密切关系，如百日咳和猩红热多发于1～5岁儿童，林业工人易被蚊虫叮咬而感染虫媒传播传染病（如森林脑炎）。明确的疾病诊断能够更有效地实行社区传染病的预防和管理。减少传染病对社区居民的身心伤害，防止

传染病的暴发与流行，减少社会的经济损失，维护社会的稳定。

#### （二）探讨社区传染病的病因及影响流行的因素

疾病病因是流行病学最主要的研究内容。许多传染病的病因至今不完全明了，流行病学可以探讨疾病的病因以及影响其流行的因素，从而制定预防或控制这些传染病的策略和措施。有时，真正的病因尚未完全被阐明，而诸多危险因素已被发掘出来，据此防治传染病仍可达到很好的效果。如霍乱的直接病因是霍乱弧菌，可以通过污染的水或不洁食物传播，适合于霍乱弧菌生长繁殖的水和食物是造成霍乱传播的危险因素，因此，注重饮水消毒和食品卫生可以有效地预防霍乱。

了解导致传染病流行的原因和规律，是社区控制传染病流行的重要措施。传染病流行原因的研究主要是对疾病在人群、时间和空间上的分布状况进行描述，在描述时可按疾病流行分布的特征进行分组，并用统计图表和疾病频率分布指标进行描述。

#### （三）评价防治（干预）措施的效果

在社区传染病预防与管理中，流行病学应用于评价防治措施的效果，主要是用社区干预研究方法。社区干预研究一般分为两种类型：一种为现场试验，一种为社区干预试验。现场试验研究对象是未患所研究疾病的个体，一般在高危人群中进行，如对社区易感人群的预防接种和药物效果等措施的评价。常用的评价指标有保护率、抗体阳性率、效果指数等。

## 第三节　社区传染病的预防与管理

20 世纪 50 年代以来，传染病对人类生存和健康的威胁日益减轻，疾病的防治重点由传染病逐渐向慢性非传染性疾病过渡和转移。然而，近年来，全球传染病流行、暴发不断，一些被认为早已得到控制的传染病卷土重来，同时又新发现了数十种传染病。因此，传染病的预防与管理依然是世界各国卫生工作的重点之一。作为社区护士，应掌握法定传染病的种类、报告程序，承担起社区中传染病预防和管理的职责，采取综合措施，依据传染病的特征，针对不同环节实施管理。

### 一、传染病防治原则

传染病的防治必须坚持预防为主、防治结合、分类管理的方针。贯彻三级预防的原则，针对传染病流行的 3 个环节，抓住各种传染病的流行过程特点，采用以主导措施为重点的综合性预防措施，控制和管理传染源、切断传播途径、保护易感人群，迅速而有效地控制或消灭传染病，降低传染病的发病率、死亡率（并发症）和致残率。

#### （一）管理传染源

早期发现传染源才能及时进行管理，这对感染者个体及未感染的群体均很重要。传染病报告制度是早期发现、控制传染病的重要措施。

根据《中华人民共和国传染病防治法》以及《突发公共卫生事件与传染病疫情监

测信息报告管理办法》的规定，甲类传染病属于强制管理传染病，对甲类传染病和乙类传染病中传染性非典型肺炎、肺炭疽、脊髓灰质炎和人感染高致病性禽流感，城镇要求发现后 2 h 内、农村应在 6 h 内，通过传染病疫情监测信息系统进行上报；对其他乙类传染病，城镇要求发现后 6 h 内、农村应在 12 h 内网络直报。对丙类传染病和其他传染病，应当在 24 h 内上报。

对传染病的接触者，应分别按具体情况采取检疫措施，密切观察，并适当做药物预防或预防接种。

应尽可能地在人群中检出病原携带者，进行治疗、教育、调整工作岗位和随访观察。特别是对食品制作供销人员、炊事员、保育员等，应做定期带菌检查，及时发现，及时治疗及调换工作。

对动物传染源，如属有经济价值的家禽、家畜，应尽可能加以治疗，必要时宰杀后加以消毒处理；如属无经济价值的野生动物则予以捕杀。

### （二）切断传播途径

切断传播途径是以消灭被污染的环境中的病原体及传递病原体的生物媒介为目的的措施。可据传染病的不同传播途径，采取不同措施。尤其是消化道传染病，虫媒传染病和寄生虫病，切断传播途径通常是起主导作用的预防措施。其主要措施包括隔离和消毒。

1. **隔离**　隔离是指将患者或病原携带者妥善地安排在指定的隔离单位，暂时与人群隔离，积极进行治疗、护理，并对具有传染性的分泌物、排泄物、用具等进行必要的消毒处理，防止病原体向外扩散的医疗措施。隔离的种类有以下几种。

（1）严密隔离：对传染性强、病死率高的传染病，如霍乱、鼠疫等，应住单人房，严密隔离。

（2）呼吸道隔离：对由患者的飞沫和鼻咽分泌物经呼吸道传播的疾病，如传染性非典型肺炎、肺结核等，应做呼吸道隔离。

（3）消化道隔离：对由患者的排泄物直接或间接污染食物、食具而传播的传染病，如伤寒、菌痢等，最好能在一个病房中只收治一个病种；否则，应特别注意加强床边隔离。

（4）血液－体液隔离：对于直接或间接接触感染的血液及体液而发生的传染病，如乙型肝炎、艾滋病等，在一个病房中只住由同种病原体感染的患者。

（5）接触隔离：对病原体经体表或感染部位排出，他人直接或间接与破损皮肤或黏膜接触感染引起的疾病，如破伤风、炭疽等，应做接触隔离。

（6）昆虫隔离：对以昆虫作为媒介传播的传染病，如乙脑、丝虫病等，应做昆虫隔离。病室应有纱窗、纱门，做到防蚊、防蝇、防螨、防虱和防蚤等。

（7）保护性隔离：对抵抗力特别低的易感者，如长期大量应用免疫抑制剂者、早产婴儿等，应做保护性隔离。

2. **消毒**　消毒是切断传播途径的重要措施。狭义的消毒是指消灭污染环境的病原体，广义的消毒则还包括消灭传播媒介在内。消灭病原体和媒介节肢动物的措施可分以下两类。

（1）预防性消毒：此措施是指怀疑曾有传染源存在并认为环境中有被污染的病原

体存在，或在环境中有传递病原体的媒介节肢动物存在时，所施行的消毒与杀虫措施。

（2）疫源地消毒：

1）随时消毒：指有传染源存在时，随时对其分泌物、排泄物以及其他被污染的物品进行消毒，也包括对可能作为传播媒介的节肢动物进行杀灭。

2）终末消毒：是指在传染源从疫源地移走后，在疫源地内进行的最后一次彻底的消毒杀虫，以杀灭尚遗留在疫源地内传播媒介上的病原体（或传播媒介）。

常用物理消毒法、化学消毒法和生物消毒法 3 种消毒方法。

### （三）保护易感人群

易感者在传染病发生后能否被感染患病，取决于对病原体防御能力的大小。保护易感人群可以提高人体对传染病的抵抗力和免疫力，从而降低传染病的发病率。保护易感人群应采取以下措施。

1. **增强非特异性免疫力** 主要措施包括：采用相应的健康教育，增强人群的卫生知识；改善社区居民的生活及居住条件；养成良好的卫生习惯；合理的营养；运动锻炼；良好的人际关系及愉快的心情等。

2. **增强特异性免疫力** 特异性免疫力通过隐性感染、患传染病后或人工免疫（预防接种）而获得。预防接种是预防和消灭传染病的一个重要措施，可分为人工自动免疫（其制剂有活疫苗、类毒素等）、人工被动免疫（其制剂有免疫血清、免疫球蛋白）和被动自动免疫（如预防白喉时接种白喉抗毒素和白喉类毒素）。预防接种的实施为计划免疫的发展奠定了实践和理论基础。

3. **药物预防** 对某些尚无特异性免疫方法或免疫效果不理想的传染病，在流行期间可给患者周围的易感者口服预防药物，这对于降低发病率和控制流行有一定作用。如口服磺胺药预防流行性脑脊髓膜炎，口服乙胺嘧啶预防疟疾等。

## 二、社区传染病管理与护理

社区是预防传染病的最基层单位，在社区中，传染病的预防及控制首先要依靠当地政府，充分发动群众，有计划、有措施、因地因时制宜密切结合当地的实际，针对传染病流行过程中的 3 个基本环节采取措施；其次是加强传染病的防治管理。传染病具有传染性、流行性的特点，对传染病的管理应贯彻流行病学及管理学的原则。根据护理程序对传染病的管理可分为 5 个步骤。

### （一）评估

根据社区所在地区传染病历史资料和近期疫情动态，评估本社区传染病的发生、发展、目前流行情况及可利用的资源等。评估的内容有：

（1）调查、搜集有关社区人口组成（包括人口数、年龄、性别、分组等）、人口健康状况（包括人口死亡率、疾病谱、死亡谱等），以及家庭及单位的分布情况，作为估计传染病发生流行的基本底数。

（2）搜集整理历年本社区传染病发生的种类及发生、发展的基本情况如历年来本社区传染病的发病率、病死率、计划免疫率等，以及带菌（毒）者或迁延不愈慢性传染患者情况。

（3）了解本社区有关传染病传播途径的因素，如水源、居住条件、居民卫生习惯，以及虫媒、鼠类、牲畜的传染媒介情况和血行传染性传播等危险因素。

（4）了解本社区内的行政组织、社会团体等与卫生保健有关的机构及领导关系，特别是社区内的医院、诊所的数目、规模、医疗设备等，以便于争取各方面的支持，协助落实传染病防治管理方面的要求，使传染病防治得以顺利进行。

### （二）确定管理问题

根据收集到的资料，确定本社区防治传染病的管理问题，重点考虑以下问题：

（1）本社区以何种传染病为防治重点。

（2）社区环境中传播途径的问题，如水源有无污染，污水及垃圾的无害化处理等。

（3）传染病多发的密集人群，如托幼、学校单位的卫生设施、健康教育情况。

（4）居民的不良生活方式、卫生习惯，卫生知识的知、信、行等情况。

（5）本社区的疫情动态，如传染病患者、带菌（毒）者或慢性传染病患者的种类及数量。

（6）计划免疫中的问题，如疫菌性能、预防接种有无漏种等。

### （三）设定目标与制订防治计划

（1）完成上级卫生防疫部门交给的任务。例如：计划免疫接种计划；传染病家访计划，落实对传染病的三级预防（病因预防、临床前预防、预防疾病恶化或转为慢性迁延不愈）及教会患者及其家属预防传染的护理技术；传染病预防的宣传教育计划（可根据季节、地域环境、重点对象等确定内容）等。

（2）以预防为主要目标有计划地完成经常性的防疫措施，采取传染病发生前的经常性防疫措施与发生后的防治措施相结合的办法，达到控制和消灭传染病的目的。

（3）根据社区的特点，设定重点防治目标，如整治居住小区的环境卫生，开展灭蟑螂、灭蚊、灭蝇等活动，外来人口重点人群的防病调查、卫生宣教等。

### （四）保证计划实施的策略

（1）加强本社区防疫护理人员数量配备及质量的提高，以达到传染病防治管理的要求。

（2）对新发现传染病或先进防治措施，应及时进行学习，组织参观、实习，以提高社区护士掌握传染病新知识、新技术的水平。

（3）除社区护理人员互相协作完成计划外，在传染病流行时，需要发动其他医疗卫生人员（包括个体）以及居委会成员、居民积极分子参加防治。特别要求传染病患者及其家属、街坊邻居认真切实执行防治计划。

（4）传染病防治工作中自始至终都要进行健康教育，以演讲、挂图、板报、电影等多种形式在社区的相关机构进行传染病防治的知识宣教。尤其要使患者、带菌（毒）者及其家属掌握防治方法并认真执行，做到知、信、行、改。

（5）做好阶段性的监督、检查及小结。

（6）认真填写有关表格，完整记录防治工作过程。

### （五）评价

进行年终总结或季节性流行总结。按流行病学原则计算本社区传染病的发病率、死亡率、引入率、计划免疫率等，以及年龄、性别、外来人口的患病率，分析、掌握本地区传染病的发生、发展和流行规律。检查对传染病防治计划的制订及实施策略的成绩，总结优缺点，提出今后改进提高的意见及措施，做出书面总结。

## 三、社区常见传染病的预防与管理

### （一）病毒性肝炎

病毒性肝炎（viral hepatitis）是由多种肝炎病毒引起的、以肝脏损害为主的全身性传染病。具有传染性强、传播途径复杂、流行面广、发病率高等特点。临床主要表现为疲乏、食欲减退、厌油、肝功能异常，部分患者可有黄疸及发热。

病毒性肝炎分为甲型、乙型、丙型、丁型及戊型5种。从流行病学及预防方面又可分为两大类：一类包括甲型与戊型，主要经粪—口传染，可引起暴发流行，一般不转为慢性；另一类包括乙型、丙型与丁型，主要经血液传播，无季节性，多为散发，常易转为慢性。

**知识链接**

病毒性肝炎是危害我国人民健康的常见传染病，其中乙型病毒性肝炎（简称乙肝）感染率高、病程复杂、预后较差、难以治愈，是我国疾病负担最重的疾病之一。据估算，我国有乙肝病毒携带者9 300万人，其中2 000万人为慢性乙肝患者。2010年世界卫生组织指定每年的7月28日为“世界肝炎日”。我国通过实施“预防为主”的乙肝疫苗免疫策略，目前，新生儿的乙肝疫苗接种率达到95%以上。据最新调查数据估算，1992—2009年，全国预防了9 200万人免受乙肝病毒的感染，其中预防慢性乙肝病毒感染2 400万人，减少肝硬化、肝癌等引起的死亡430万人。世界卫生组织和全球疫苗免疫联盟表示，中国采取的将乙肝疫苗纳入国家免疫规划这一成功的乙肝控制策略，可以为其他发展中国家树立一个典范，是21世纪公共卫生领域的重大成就。

#### 1. 家庭访视管理

（1）访视要求：所在社区发现传染病后，社区护士应于24 h内进行初访，初访后1周做第一次复访；自患者发病后42 d，做第二次复访。初次家庭访视要了解患者病毒性肝炎的传染源、患者目前的健康状况、是否有其他并发症。评估患者皮肤、巩膜、黏膜颜色，观察其粪便、尿液颜色，了解黄疸程度。及时填写好疫情报告卡和记录文件，存入健康档案。复访时重点了解患者病情进展或康复情况。对于慢性肝炎患者，应每年报一次疫情报告卡片，社区护士应每年至少访视1～2次。

（2）指导做好家庭隔离和消毒：

1）甲、戊型肝炎：患者自发病之日起隔离3周，应按消化道传染病的有关环节做到饮食用具分开并单独洗刷消毒；进餐时实行分餐制；患者饭前、便后用流动水洗手，注意保护自来水龙头（包括厕所水箱柄），患者的手不要直接拧自来水龙头或按厕所水箱柄，要垫纸使用。

患者的食具、毛巾、衣服、床单等要单独使用，可以用0.3%～0.5%优氯净或1%～5%含氯消毒剂浸泡15 min再用清水冲净药液。其他已被污染了的用具可用上述药液擦拭消毒。

患者的呕吐物、排泄物要用漂白粉或5%优氯净（或其他含氯消毒剂）混合后静置2 h再倾倒。消毒剂的用量为呕吐物、排泄物的1倍。

患者住院后或在家痊愈后，要做一次全面消毒。除患者接触过的一切用品消毒外，还要用0.3%～0.5%优氯净喷雾擦拭室内地面、墙壁，做一次终末消毒。

2）乙、丙、丁型肝炎：因为病程较长，一般3个月左右，有的还可能转为慢性肝炎或病毒携带者，其隔离期要据情况而定，一般要持续到肝功能正常、抗原消失后方可解除。因为是经血液传染，要做到患者的牙刷、剃须刀、指甲刀、修脚刀专用，或患者用后消毒。

（3）指导患者疗养：

1）休息：急性肝炎早期患者应卧床休息，肝功能基本正常后，可适当增加活动，如散步、做广播操、打太极拳等，以不感觉疲劳为宜。已婚的患者要控制性生活，育龄妇女最好不要怀孕，以利肝脏恢复。一般来说，急性肝炎应全休3个月，半年内不宜参加体力劳动，定期门诊复查1～2年。慢性患者应适当休息，采取动静结合疗养措施。慢性重度患者以静养为主，慢性轻度患者可适当从事力所能及的轻型工作。症状消失，肝功能正常3个月以上者，可恢复原工作，但仍需随访1～2年。

2）饮食：患者应进食高蛋白、高糖类、高维生素、低脂肪、易消化的清淡食物；慢性肝炎有肝硬化倾向时应保证蛋白质摄入；有糖尿病倾向及肥胖患者，不宜高糖高热量饮食，防止诱发糖尿病及脂肪肝；腹胀时减少产气食品（如牛奶、豆制品）的摄入；各型肝炎患者要绝对禁止饮酒。

3）用药指导：遵照医嘱按时服药，忌滥用药物，以免增加肝脏负担，不利于疾病恢复。督促患者到正规医疗机构复诊。及时了解患者的心理状态，发现由于疾病引发的心理问题，认真倾听并解答。

（4）家庭成员的健康管理：

1）对曾经与患者有密切接触的家庭成员，应督促其到正规医疗机构进行检查，以确定是否感染或患病。如果是病毒携带者，应指导其做好自我保健，正确对待疾病。帮助其树立正确的认识，坚持工作，可通过锻炼身体等方式提高机体免疫力，避免重复感染，并禁烟酒。一旦发现疾病的症状，及时就医。

2）指导家庭成员正确实施隔离，尤其注意餐具的消毒，物品应1人1份，避免交叉感染，养成良好的卫生习惯。如果皮肤破损，与患者接触时应戴手套。

**课堂互动**

作为一名即将参加工作的护士，你应如何预防肝炎？

**2. 社区预防性护理措施**

（1）管理传染源：做好疫情报告及各类患者的隔离消毒工作。特殊行业（饮食、托幼、水源管理等）人员应定期体检，发现患者立即隔离治疗，对与患者接触者进行6周医学观察。献血员每次献血前应进行体检，HBsAg（乙型肝炎表面抗原）或抗-HCV（丙型肝炎抗体）阳性者不得献血。

（2）切断传播途径：对于甲、戊型肝炎，应让社区人群了解疾病传播途径，防止"病从口入"，提倡熟食，养成餐具消毒、分餐制、饭前便后洗手等卫生习惯。做好三管一灭（饮水、食物、粪便的卫生管理及消灭苍蝇）。防止饮用水被污染，必要时对水源进行消毒，做好环境卫生及粪便无害化处理。对于乙、丙、丁型肝炎，重点在于防止通过血液及体液的传染，各种医疗及预防注射要保证一人一针一管，医疗器械及用具实行"一人一用一消毒"，提倡使用一次性医疗用品，严格血污染品的消毒处理。加强血制品的管理，做好血制品 HBsAg 和抗-HCV 检测，阳性者不得出售和使用。牙刷、剃须刀等个人用品要专用。加强母婴传播的阻断工作。

（3）保护易感人群，被动免疫：甲型肝炎流行期间，易感人群都应注射甲型肝炎减毒活疫苗。乙型肝炎的易感人群，可采用乙型肝炎疫苗、乙型肝炎免疫球蛋白（HBIg），新生儿在出生后24 h内都应立即接种乙型肝炎疫苗。被动免疫：甲型肝炎患者的接触者可在接触感染后7～10 d接种人血清蛋白，以防止发病，阻断甲型肝炎传播；新生儿在接种乙型肝炎疫苗的同时，可联合使用高滴度抗 HBV IgG 注射，提高保护率；HBsAg 阳性孕妇在怀孕后3个月注射可对母婴传播起到预防作用。

**3. 社区内集体单位发现病毒性肝炎患者的处理**

（1）隔离：①一般单位中发现病毒性肝炎患者，必须住院或回家疗养。在家疗养者其隔离要求按上文执行。②特殊行业的患者或可疑患者要离开单位隔离治疗。自发病之日起至少隔离40 d，必须待症状消失、肝功能恢复正常后，方可恢复不接触食品、食具或幼儿的工作，如改做管理、后勤、门卫等工作。并观察半年，每隔3个月做一次肝功能检查，连续3次均为正常者，方可恢复工作。③慢性肝炎患者一律调离直接接触入口食品、食具及婴幼儿的工作。④HBsAg 携带者，无症状，体征、各项肝功能检查正常，除不能献血外，可正常工作和学习。但 HBsAg 和 HBcAg（乙型肝炎核心抗原）同时阳性者，不宜做直接接触入口食品及婴幼儿工作。

（2）消毒：凡患者曾接触到的物品、用具（包括门把手、电话机、桌椅等），可根据材料采用浸泡法、喷雾法或擦拭法消毒。一般用0.3%～0.5%优氯净或其他含氯消毒剂消毒。

### （二）细菌性痢疾

细菌性痢疾（bacillary dysentery）简称菌痢，是由痢疾杆菌引起的急性肠道传染病。

主要临床表现为腹痛、腹泻、排黏液脓血样便及里急后重，可伴有发热及全身毒血症状，严重者可出现感染性休克和（或）中毒性脑病。

细菌性痢疾的传染源是患者和带菌者，急性菌痢早期传染性强，部分慢性菌痢可持续或间歇排菌数年，在流行病学上有较大意义。菌痢主要通过消化道传播，人群普遍易感，儿童及青壮年多见，终年散发，夏、秋季可引起流行。病后免疫力短暂，易重复感染或复发。

**课堂互动**

你觉得夏季如何预防痢疾？

**1. 家庭访视管理**

（1）访视要求：所在社区发现传染病后，社区护士应于24 h内进行初访。在初访后3 d复访。患者发病已超过7 d者，对患者只做初访，不做复访。病程2个月以上的慢性痢疾患者，除一般护理指导外，应动员患者到医院积极治疗。访视时评估患者临床症状，及时写好疫情报告卡和记录文件，存入健康档案。

（2）指导做好家庭隔离和消毒：

1）隔离措施：按消化道传染病隔离，隔离期为临床症状消失，大便培养连续2～3次阴性或粪便正常后1周。患者的食具、用具要单独使用，要有专用便盆。防止水龙头污染（见甲型肝炎隔离部分）。

2）消毒措施：食具、用具消毒同甲型肝炎。注意手的消毒，患者和护理患者的家属必须做到饭前用流动水、肥皂洗手，处理完患者大便后，必须用消毒水（如0.2%优氯净等）泡手2 min，然后用流动水将药液冲洗干净。认真做到粪便消毒：痢疾患者的大便要排在便盆内，粪便可用100 mL水加入漂白粉20 g的消毒液消毒。被患者粪便污染了的卫生纸要烧掉，污染了的布、内裤要用0.3%～0.5%优氯净浸泡15 min后再洗净。

（3）指导患者疗养：

1）休息：有高热、严重腹泻、软弱无力者应卧床休息。

2）饮食：急性期以少渣、易消化的流质或半流质饮食为宜，忌油腻，不宜饮牛奶，以减少腹胀，补充足量维生素，鼓励多饮水，病情好转后给普食。

3）皮肤护理：保持肛门周围皮肤清洁，便后用软卫生纸轻擦后用温水清洗，肛门周围涂上凡士林油膏或抗生素类油膏。

4）按时服药：要坚持按医嘱服药7～10 d。

（4）家庭成员的健康管理：注意家庭饮食卫生，不吃剩饭菜。冰箱内储放的直接入口食品，经卫生处理后才能进食。加工凉拌菜时，要把双手清洗干净，用专门的熟食案板和刀具。盛放凉拌菜和色拉等的容器要专用，注意养成良好的卫生习惯。

**2. 社区预防性护理措施**

（1）管理传染源：隔离、治疗患者，消毒患者粪便最为重要，从事饮食、托幼的工作人员应定期做大便培养，发现慢性带菌者，应积极治疗并暂时调换工种。接触者医学观察7 d。

（2）切断传播途径：做好社区宣教，养成良好的个人卫生习惯，注意饮食、饮水卫生，必要时消毒水源。做好“三管一灭”，搞好环境卫生及粪便无害化处理。饮食行业工作人员在工作前必须洗手，严格执行食品卫生管理法及有关制度。

（3）保护易感人群：在疾病流行期间，易感者口服痢疾减毒活疫苗，如“依链”株菌苗，保护率可达85% ~100%，免疫期维持6~12个月。

**3. 集体单位中的患者处理**

（1）单位中发现菌痢患者，要住院或在家隔离治疗。待患者离开后，要进行一次全面彻底的消毒（同甲型肝炎的要求）。

（2）凡从事主食、副食、水源工作及托幼保教工作的人员，发病后要离开单位隔离治疗，待症状消失、大便镜检阴性，停药后大便培养连续2~3次阴性，由卫生防疫部门开具“痊愈证明”方可恢复工作。

（3）以上人员确诊为慢性痢疾及带菌者，应立即调离原工作岗位，不接触直接入口的食品、餐具或从事婴幼儿工作。经治疗症状消失，由卫生防疫部门做粪便培养连续3次（每次间隔1周）均为阴性，开具“痊愈证明”方可恢复工作。

### （三）结核病

结核病（tuberculosis）是由结核分枝杆菌引起的一种慢性感染性疾病，以肺结核最常见，临床多呈慢性过程，表现为长期低热、咳痰、咯血等。除肺外尚可侵袭浆膜腔、淋巴结、泌尿生殖系统、肠道、肝脏、骨关节和皮肤等多种脏器和组织。

结核病的传染源主要是排菌的患者和动物（主要是牛），多由患者咯出的痰或打喷嚏、说笑中喷出的飞沫传给接触者。传播途径以空气传播为主，其他途径如饮用带菌的牛奶经消化道感染、患病孕妇母婴传播及经皮肤伤口感染均少见。普遍易感，婴幼儿、青春后期及老年人发病率较高。社会经济发展水平低下的人群因居住拥挤、营养不良等原因发病率较高。免疫抑制状态（如器官抑制、艾滋病）的患者尤其好发结核病。

**课堂互动**

1995年年底世界卫生组织将每年3月24日作为世界防治结核病日，是为了纪念1882年德国微生物学家罗伯特·科霍向一群德国柏林医生发表他对结核病病原菌的发现。2014年世界防治结核病日的口号是“关怀三百万弱势患者”。每年有900万新发结核病患者，其中1/3患者被卫生系统“遗漏”。在300万被遗漏的患者中，许多人生活在世界上最贫穷和最脆弱的社区，或来自边缘化人群，如流离失所者、囚犯、少数民族和吸毒者等。我国的宣传主题是“你我共同参与，依法防控结核”。我国建立了“政府领导，多部门合作，全社会参与”的工作机制，不断加大防治经费投入，完善防治模式，积极应对耐多药肺结核、流动人口肺结核等挑战，全国肺结核发病率呈现持续下降趋势，成功避免了3 200余万健康人感染结核菌，实现了我国政府承诺的阶段性防控目标。

**1. 家庭访视管理**

（1）访视要求：社区护士一旦发现结核病患者或疑似患者，要登记管理、及时上报，并将患者转送至结核病定点医疗机构进行规范检查和系统治疗。如无须住院治疗，转诊到社区卫生服务机构管理的患者，应由辖区的社区卫生服务机构的医护人员在 3 d 内对患者进行初次访视，一般初次药物治疗期间，每月访视一次；再次治疗的患者，每 3 个月访视一次；慢性开放性患者，每 6 个月复访一次。

访视期间，社区护士应调查疾病来源，依据结核病的传播特点判断患者的感染途径，为有效控制传染源提供依据。评估患者目前疾病的发展阶段，以选取合适的管理方式进行社区管理。认真填写社区结核病病例管理相关表格和文件，并存入健康档案，汇总后定期上报给上一级卫生主管部门。

（2）指导做好家庭隔离和消毒：

1）隔离措施：患者咳嗽、打喷嚏时，不要朝向其他人，应用双层纸巾遮住口鼻；不随地吐痰；不大声喧哗，以免细菌扩散；有条件的患者在家中应单独住一室，或用布帘隔开分床睡眠，必须同睡一床时要分头躺卧；患者的餐具和卧具应单独使用。

2）消毒措施：患者应将痰液吐于纸中，与擦拭分泌物的纸一同焚烧处理；餐具用后可煮沸消毒，卧具可在阳光下暴晒；房间要经常通风换气，保持室内空气清新。

在重症患者住院后或患者迁出、死亡离开住家后，应用含氯消毒剂喷雾消毒，用消毒剂擦拭门窗、家具。有条件的也可用紫外线灯照射消毒。

（3）指导患者疗养：

1）休息：结核病患者在疾病处于进展期、病灶处于高度活动状态、有严重的中毒症状或咯血时应卧床休息。当毒血症状消失，病灶好转可适当活动，但应保证有充足的睡眠，做到动静结合。病灶趋于稳定后，经一定时间室外活动，无不良反应者，可在护理人员指导下进行适当的体育锻炼，如散步、打太极拳、做保健操等。在一段时间康复疗养后，若病情持续稳定、代偿功能较好者，可回单位参加轻度劳动强度的工作。

2）饮食：结核病是一种慢性消耗性疾病，患者多较虚弱，应加强营养，多进食高蛋白的食物及富含维生素的蔬菜和水果。食物尽量注意色、香、味，给患者安排一个舒适的进食环境，增进患者的食欲，以保证其足够的营养。

3）指导和监督患者合理的用药：对于疾病进展期的患者，要督促其早期、规律、全程、适量和联合用药，对其治疗过程进行全面督导和管理。让患者及其家属了解药物的不良反应及观察不良反应的要点。

4）密切观察病情变化：如有大量咯血，胸痛、呼吸困难且伴大汗淋漓、血压下降等症状立即送医院救治。

（4）家庭成员的健康管理：家庭内未接触过结核分枝杆菌的新生儿、儿童等应接种卡介苗；告知家庭中与患者密切接触的成员应定期到结核病防治机构进行相关检查，督促家庭成员养成良好的卫生习惯。

**2. 社区预防性护理措施**

（1）建立健全社区预防体系。

（2）对易感人群进行卡介苗接种，对象为社区中的婴幼儿及学龄期儿童。

（3）团体卫生宣教以演讲、挂图、电影、幻灯等方式，在社区的相关机构，如学校、居民大会等进行有关结核病的发病原因、病原体、传播途径、临床表现、检查及治疗方法、治疗原则、预防方法等方面的健康教育，使社区居民养成良好的卫生习惯，预防结核病的发生。

**3. 接触者的检测及预防**

（1）家庭成员的检测及预防：家庭成员都应定期接受检查。15 岁以下儿童可做结核菌素试验，强阳性者需服用抗结核药物预防。3 岁以下幼儿服异烟肼半年，学龄儿童服异烟肼、利福平（或利福喷汀）3 个月，15 岁以上少年及成人可接受 X 线透视或胸片检查，以利早期发现患者。

（2）学校中如有结核患者，至少在患者所在的班或全年级对全体学生做结核菌素试验，对强阳性者也要投药预防。

### （四）艾滋病

艾滋病全称为“获得性免疫缺陷综合征（acquired immuno deficiency syndrome，AIDS）”是由人类免疫缺陷病毒（human immunodeficiency virus，HIV）引起的，以侵犯辅助性 T 淋巴细胞为主，造成细胞免疫功能缺损为基本特征的全身性传染病。艾滋病的临床特征是长期不规则发热、淋巴结肿大、反复严重的机会性感染、某些罕见的肿瘤和免疫缺陷的实验室检查证据。我国将艾滋病分为急性期、无症状期和艾滋病期。该病具有传播迅速、发病缓慢、病死率高的特点。

艾滋病的传染源是 HIV 感染者和艾滋病患者。目前公认的传播途径主要是性接触、血液传播和母婴传播。人群普遍易感，15～49 岁发病者占 80%，高危人群为男同性恋、静脉药物依赖者、性乱者、血友病、多次接受输血或血制品者。社区护士工作在社区基层，在艾滋病的预防护理，控制艾滋病的流行方面具有重要作用。

**知识链接**

世界艾滋病日：第一个艾滋病病例是在 1981 年 12 月 1 日被诊断出来的，1988 年世界卫生大会在关于艾滋病预防计划的高峰会议上第一次提出了艾滋病日的概念，世界卫生组织便将每年的这一天定为世界艾滋病日。世界艾滋病日的标志是红绸带，表示对艾滋病患者及与他们共同生活者的关怀与接纳，并团结一致对抗艾滋病。

艾滋病零歧视日：联合国艾滋病规划署确定自 2014 年起，将每年的 3 月 1 日定为世界“艾滋病零歧视日”。首次世界“艾滋病零歧视日”的主题图案为蝴蝶，象征着蜕变、重生、美丽和自由，也代表每个人对艾滋病患者的关爱与祝福。

据国家卫生计生委公布的数字显示：截至 2013 年 9 月 30 日，全国共报告现存活艾滋病病毒感染者和艾滋病患者约 43.4 万例，其中经性传播比例为 89.9%。我国艾滋病抗病毒治疗覆盖面进一步扩大，各地共设立艾滋病抗病毒治疗机构 3 413 个，已覆盖 31 个省份 2 286 个县（区市）。

**1. 家庭访视管理** 确诊的患者需住院治疗，HIV 感染者或艾滋病早期的患者应给予访视管理。

（1）访视要求：所在社区发现传染病后，社区护士应于 24 h 内进行初访。一般初访后每个月复访一次。

访视期间，社区护士应调查疾病来源，依据艾滋病的传播特点判断患者感染的途径，为有效控制传染源提供依据。评估患者目前疾病的发展阶段，在社区营造友善、理解、健康的生活环境，鼓励他们采取积极的生活态度，改变高危行为，积极配合治疗，以延长生命并提高生活质量。认真填写社区艾滋病病例管理相关表格和文件，并存入健康档案，同时做好保密工作，不得泄露患者信息。

**案例分析**

根据患者张某的现有资料，社区护士对其家庭访视的评估内容主要有以下几点。

1. 评估患者感染艾滋的途径：患者被诊断为艾滋病，并有吸毒史，因此要详细询问其吸毒方式，是否有输血和献血史，性生活史等，确定其感染途径。

2. 评估患者的目前疾病发展阶段：根据患者的现有病史，HIV 相关症状为不规则发热、腹泻、进行性体重下降 2 个月，颈部、腋窝多处淋巴结肿大。胸片提示左上肺斑片状影表明出现了呼吸系统的感染。这些表明患者处于艾滋病临床分期中的艾滋病期。社区护士应进一步评估患者是否出现神经精神症状及其他系统的感染及肿瘤。

3. 评估患者的心理状况：鼓励患者主动说出其心里的真正想法，并通过观察患者的行为及询问其他家庭成员，做到真正了解患者是否出现情绪低落的表现或绝望感甚至轻生的念头等心理问题。

（2）指导做好家庭隔离和消毒：

1）隔离措施：采取血液体液隔离措施。患者生活用具（牙刷、剃须刀等）应单独使用，不能献血；接触患者血液、体液污染物品时应戴手套，或使用其他方法避免直接接触，如使用镊子、毛巾、纱布、纸张等。处理污物、利器时应防止皮肤刺伤，处理污物后一定要洗手；正确使用安全套可减少感染艾滋病的危险；女性患者行经期间防止经血溅污室内设施，预防疾病传播；患者用过的卫生纸、纸巾、处理伤口的敷料或被血液污染的废物料应收放在塑料袋内，尽快焚烧。已感染 HIV 病毒育龄妇女最好不生育，以免通过妊娠、分娩和哺乳将病毒传染给婴儿。

2）消毒措施：被患者血液、体液、排泄物污染的一切物品应随时严密消毒，常用 0.2% 次氯酸钠溶液。

（3）指导患者疗养：

1）休息：提供良好的休息环境，保证充足的休息和睡眠，鼓励动静结合，适当进行一些力所能及的活动。无症状患者可从事适度工作，避免劳累。

2）饮食：为患者提供高热量、高蛋白、高维生素、富有营养的食物，使之保持良好营养状态，增强机体抗病能力。避免服用毒品、吸烟、过量饮酒。

3）防止感染：感染 HIV 后很长一段时间无症状，因此要尽量为患者提供正常生活，注意卫生条件和口腔卫生及皮肤的护理，防止患者继发感染。对患者的一般性感染应予以积极治疗，以免产生严重并发症。

4）心理护理：由于艾滋病尚无特效疗法，患者在了解自己的病情后，常出现情绪低落等多种心理问题。同时，有的患者因害怕将疾病传染给家人或害怕遭到家人遗弃而产生犯罪感、绝望感甚至轻生的念头，对患者来讲最有效的治疗措施是让其回归正常生活（学习、工作、娱乐及与他人交往），并使其得到家人和社会的支持。患者家属也常因害怕被传染而恐惧、焦虑，应使家庭成员明白与艾滋病患者及病毒感染者的日常生活和工作接触不会感染艾滋病，如握手、拥抱、共同进餐、共用工具和办公用品等都无感染的危险。

5）定期医院复查：嘱患者严格按照医嘱进行治疗，密切观察病情变化，一旦病情变化及时就诊。

家庭成员的健康管理：向家庭成员介绍艾滋病相关知识，尤其是传播途径及隔离措施，消除家庭成员的恐惧，不得歧视和孤立艾滋病患者。将患者病情如实告知家庭成员，并建议可能感染者尽早做血液检查，特别是其性伴侣，指导其与患者进行正常安全的交往，对怀疑感染 HIV 的家人，建议其及时到专业医疗机构确认病情。

**案例分析**

对患者张某的家庭成员的健康教育有以下几点。

1. 向其家庭成员介绍艾滋病的相关知识，尤其是传播途径及隔离措施。艾滋病的主要传播途径是性接触；血液传播和母婴传播。接触患者血液、体液污染物品时应戴手套，或使用其他方法避免直接接触，正确使用安全套可减少感染艾滋病的危险；患者用过的卫生纸、纸巾、处理伤口的敷料或被血液污染的废物料应收放在塑料袋内，尽快焚烧。

2. 告知其家庭成员与艾滋病患者及病毒感染者的日常生活和工作接触不会被感染艾滋病，如握手、拥抱、共同进餐、共用工具和办公用品等都无感染的危险，消除家庭成员的恐惧，在生活中不要歧视和孤立患者。要从各方面支持患者，使其回归正常生活，减少患者的心理问题。

3. 将患者病情如实告知家庭成员，并建议可能感染者尽早做血液检查，特别是其性伴侣，指导其与患者进行正常安全的交往，对怀疑感染 HIV 的家人，建议其及时到专业医疗机构确认病情。

**2. 社区预防性护理措施**

（1）管理传染源：及时发现和合理管理 HIV 感染者。对新发现患者及 HIV 感染者应依法报告疫情。患者应隔离治疗，HIV 感染者每半年左右到指定医院检查健康状况。禁止感染者献血、献精液、献器官。对患者的血液、排泄物及分泌物进行彻底消毒。加强高危人群的监测，发现并管理同性恋、双性恋和静脉吸毒者，建议其采取安全行为，以限制感染传播。对有高危行为的人建议其主动进行血液检查。

（2）切断传播途径：

1）开展性道德教育，树立健康积极的恋爱、婚姻、家庭观念。正确使用质量合格的安全套保护双方。

2）倡导社区居民拒绝毒品，珍爱生命。吸毒者不要共用注射器，不要与注射毒品的人性交。

3）加强血液和血制品的检验工作，提倡无偿献血，不到非正规采血单位献血，尽量避免不必要的输血或使用血液制品。其他凡侵入人体的治疗、美容等器械均要严格消毒，做到“一人一用一消毒”。凡接触 HIV 感染者的医用物品，如注射器、输液器等，须按规定经消毒处理后放置在有医疗废物标志的容器内，由医院统一处理。外出旅游最好自带牙刷、剃须刀、指甲刀等。

4）为减少母婴传播，已感染的育龄妇女应避免妊娠、哺乳。

（3）保护易感人群：对密切接触者给予具体医学指导，加强个人防护。密切接触者或怀疑接触艾滋病者要做病毒感染检查，定期（3 个月、6 个月及 1 年）进行血液检测。医疗机构应建立完善的制度与有效的隔离消毒措施，以保障医护人员的安全。

**3. 艾滋病的社区宣教**

（1）社区护士要积极参与预防艾滋病的宣传教育活动，让每一个社区公民都懂得艾滋病知识，知道艾滋病流行过程及艾滋病的危害，避免危险行为，加强自我保护，使群众自觉预防艾滋病，达到知、信、行、改的目的。

（2）通过疫情报告渠道，掌握本社区艾滋病患者和感染者，在有患者或感染者的社区内营造一个友善、理解、健康的生活环境，鼓励他们采取积极的生活态度，改变高危行为，配合治疗以利于延长生命，提高生活质量。

（3）关心艾滋病病毒感染者及其家人，应替患者做好保密工作，应理解艾滋病病毒感染者的痛苦，认识到他们也是疾病的受害者，应得到人道主义的同情与帮助。而且艾滋病病毒感染者的参与和合作是艾滋病预防和控制的一个重要组成部分。不要歧视他们，对他们的歧视不仅不利于预防和控制艾滋病，还会使之成为社会不安定因素。

（4）要对艾滋病患者和感染者负责，要为他们的身心健康着想，对他们的个人资料保密。教育感染者外出时应请假并讲明去向。定点看病，如去其他医院就诊，应表明身份。

其他传染病如梅毒、淋病等，也应加强社区护理与管理，避免疾病的传播与流行。

### （五）人禽流感

人禽流感是由甲型流感病毒某些感染禽类亚型中的一些毒株引起的急性呼吸道传染病。其中 H5N1 亚型引起的高致病性禽流感，病情严重，可出现毒血症、感染性休克、多脏器功能衰竭以及瑞氏综合征等并发症而致人死亡。

人禽流感的主要传染源是患禽流感或携带禽流感病毒的鸡、鸭、鹅等家禽。其他禽类、野禽或猪也有可能成为传染源。本病主要通过呼吸道传播，也可通过密切接触感染的禽类及其分泌物、排泄物，病毒污染的水等被传染。目前尚缺乏人与人之间传播的确切证据。

1. **家庭访视管理**

（1）访视要求：所在社区发现传染病后，社区护士应于24 h内进行初访。由于人禽流感传染源主要是患禽流感或携带禽流感病毒的鸡、鸭、鹅等家禽，特别要了解患者与禽类的接触史，比如接触禽类及其分泌物、排泄物和受病毒污染的水等。评估患者患病症状，如鼻塞、流涕、头痛、肌肉酸痛等，以及病情进展情况，是否迅速。如果患者病情发展迅速，应建议其住院治疗，发现疫情后应立即上报，填写好疫情报告卡和记录卡，存入健康档案。

（2）指导做好家庭隔离和消毒：

1）隔离措施：对疑似病例、临床诊断病例和确诊病例均应进行隔离治疗。由于人禽流感主要通过呼吸道传播，因此要注意空气流通，每天定期开窗换气。

2）消毒措施：如果发现禽流感疫情必须立即销毁家中饲养的受感染家禽，防止疫情扩大。患者使用过的玩具、食具和衣物等生活用品，应煮沸消毒或在日光下暴晒2 h以上消毒。由于禽流感病毒在低温下存活时间较长，因此不食用未熟的肉类，特别是禽类食物，不饮用生水，注意饮食卫生，勤洗手。食用禽类食物时尽量高温烹饪，使禽流感病毒因高温而灭活。

（3）指导患者疗养：

1）休息：嘱患者多休息，必要时卧床，发热患者注意保暖。

2）饮食：多饮水，给予易消化、营养丰富的食物，可以是流质或半流质的面条、粥等，多食用新鲜水果，补充体力。进食后以温开水或温盐水漱口，注意保持口鼻清洁，促进健康恢复。

（4）家庭成员的健康管理：加强对家庭成员的检测，是否还有接触过受感染禽类的其他人发病，特别是从事饲养、捕杀、屠宰和销售禽类的人员。接触患者时必须要戴口罩、手套，接触后要洗手。

2. **社区预防性护理措施**

（1）管理传染源：发现患者立即隔离，禁止擅自离开隔离点，无关人员不得无理由进入隔离场所；保护隔离区周围环境，加强对患者的用物、用具及排泄物的消毒处理，切断传染源。加强禽类疾病的监测，一旦发现禽流感疫情，立即封锁疫区，将高致病性禽流感疫点周围半径3 km范围划为疫区，捕杀疫区内的全部家禽，并对疫区5 km范围内的易感禽类进行强制性疫苗紧急免疫接种。此外，应加强对密切接触禽类人员的检疫。

（2）切断传播途径：发生禽流感疫情后，彻底消毒禽类养殖场、市售禽类摊档以及屠宰场，销毁或深埋死禽及禽类废弃物；彻底消毒患者的医疗用品及诊室；医护人员做好个人防护。检测患者标本和禽流感病毒分离严格按照生物安全标准进行。保持病室内空气清新流通；做好手卫生，杜绝院内感染。

（3）保护易感人群：接种H5N1疫苗，对密切接触者还可试用抗流感病毒药物或按中医药辨证施治。

### （六）手足口病

手足口病（hand foot and mouth disease，HFMD）是由一组肠道病毒引起的急性传染病。其中以柯萨奇病毒 A 组 16 型和肠道病毒 71 型感染最常见。多发生于 4 岁以下的婴幼儿，以手、足、口腔等部位皮肤黏膜的皮疹、疱疹、溃疡为典型表现，少数患儿可引起心肌炎、肺水肿、无菌性脑脊髓膜炎、脑炎等并发症，个别重症患儿病情发展快，导致死亡。

手足口病的主要传染源包括患者和隐性感染者。主要通过密切接触传播，一年四季均可发病，以夏、秋季节最多。婴幼儿和儿童普遍易感，由于肠道病毒分布广泛、传染性强，多数人在婴幼儿时期已经感染当地流行着的几种肠道病毒，到青少年和成年时期，多数已通过感染获得相应的免疫。

**1. 家庭访视管理**

（1）访视要求所在社区发现传染病后，社区护士应于 24 h 内进行初访。了解患者发病过程，尤其 3 岁以下的患者，有可能短期内发展为危重病例，应密切观察病情变化。发现疫情后应立即上报，填写好疫情报告卡和记录卡，存入健康档案。

（2）指导做好家庭隔离和消毒：

1）隔离措施：患儿应在家中隔离，直到体温正常、皮疹消退及水疱结痂，一般需 2 周。

2）消毒措施：患儿所用物品应彻底消毒，一般用含氯消毒液浸泡及煮沸消毒。不宜蒸煮或浸泡的物品可置于日光下暴晒。患儿粪便需经含氯的消毒剂消毒 2 h 后倾倒。

（3）指导患者疗养：

1）休息：患病期间尽量减少外出，发病 1 周内卧床休息，尤其是不去人口密集的公共场所。在家中休息时，居室要及时通风。

2）饮食：多饮温开水。饮食宜清淡、易消化、含维生素丰富。口腔有糜烂时进流质食物，禁食刺激性食物，每次餐后应用温水漱口。

3）皮肤护理：患儿衣服、被褥保持清洁干燥。剪短患儿指甲，必要时包裹双手，防止抓破皮疹，破溃感染。

（4）家庭成员的健康管理：由于本病患儿多为婴幼儿，在对患儿本人进行指导的同时也要侧重对婴幼儿家长进行健康宣教。作为家长要帮助患儿养成良好的卫生习惯，保持患儿个人卫生清洁，不要让患儿抓破疹子，已经破溃的疹子要避免污染。

**2. 社区预防性护理措施** 搞好儿童个人、家庭和托幼机构的卫生是预防本病感染的关键。在本病流行期间，尽量不带婴幼儿和儿童到人群聚集、空气流通差的公共场所。同时根据儿童生活环境中是否有手足口病发生，以及与手足口病发病患儿接触的密切程度，采取不同的预防措施。

## 重点知识

1. 传染病的基本特征：有病原体、传染性、流行病学特征，感染后有免疫力。

2. 传染病传播流行必须具备 3 个环节：传染源、传播途径和易感人群。

3. 流行病学：是研究疾病和健康状态在人群中的分布及其影响因素，借以制定和评价预防、控制和消灭疾病及促进健康的策略与措施的科学。

4. 发病率：是指一定时期内、特定人群中某病新病例出现的频率。

5. 患病率：是指在特定时间内，一定人群中某病新旧病例数所占的比例。

6. 死亡率：是指某人群在一定期间内死于所有原因的人数在该人群中所占的比例。

7. 病死率：是指一定期间内患某病的全部患者中因该病而死亡的比例。

8. 生存率：是指某种疾病的人（或接受某种治疗措施的患者）经 $n$ 年的随访，到随访结束时仍存活的病例数占观察病例总数的比例。

9. 流行病学研究方法分为两大类：观察性研究和实验性研究。

10. 抽样调查：是指在特定时点、特定范围内的某人群总体中，按照一定的方法抽取一部分有代表性的个体组成样本进行调查分析，以此推论该人群总体某种疾病的患病率及某些特征的一种调查。

11. 根据研究目的和研究对象的特点，实验性研究分为临床试验、现场试验和社区干预试验3种。

12. 社区干预试验：是以社区人群整体作为干预单位的试验研究，常用于某些不便于落实到个体的干预措施效果的评价。

13. 流行病学方法在社区传染病的预防与管理中的主要应用：明确社区传染病的诊断，探讨社区传染病的病因及影响流行的因素，评价防治（干预）措施的效果。

14. 传染病的防治原则：控制和管理传染源、切断传播途径、保护易感人群，迅速而有效地控制或消灭传染病，降低传染病的发病率、死亡率（并发症）和致残率。

15. 根据护理程序对社区传染病的管理可分为5个步骤：评估、确定管理问题、设定目标与制订防治计划、保证计划实施的策略、评价。

16. 病毒性肝炎的预防与管理。

17. 手足口病的预防与管理。

## 课后练习

### 一、思考题

1. 传染病　　2. 传染源　　3. 传播途径

### 二、简答题

1. 什么叫传染病？
2. 传染病有哪些主要的传播途径？
3. 传染病对个人、家庭和社会带来哪些影响？
4. 流行病学方法中主要的研究方法有哪些？
5. 传染病的防治原则有哪些？
6. 社区中常见的传染病有哪些？
7. 为什么说艾滋病是可以预防的？
8. 作为一名社区卫生服务工作者，你认为应如何在工作的社区范围内开展对传染病的预防与管理？

**三、案例分析**

刘先生，男，46 岁，民工，营养不良，表情淡漠，既往病史不详。工友代诉：发热 3 d，食欲减退，记忆力明显减退，举止失常，烦躁不安，有扑翼样震颤。有酗酒史，便秘时常以肥皂条解决排便。查体：T 36.8 ℃，P 100 次/min，BP 153/90 mmHg。

问题：

1. 刘先生是否需要即刻转诊至传染病医院？
2. 社区护士应如何对刘先生进行疾病的管理及护理指导？

（秦　艺　王　晶）

# 第十一章　社区急救与灾害护理

**教学目标**

1. 掌握社区常见急危重症患者现场救护的基本原则、成人心肺复苏技术、社区灾害的概念和类型、灾害护理的定义和特点、灾害管理的概念和类型、现场预检分诊判断依据和意义。

2. 熟悉社区常见急性中毒、常见意外伤害的急救与护理，社区灾害护理与管理流程，灾害重建期健康管理内容，社区灾害修复期的心理支持。

3. 了解社区护士在灾害救护中的角色。

**案例导入**

**案例：** 张敏，女孩，9岁。2008年在“5·12”汶川大地震中失去了父母和17岁的姐姐、15岁的哥哥，她虽然被埋在地下3 d但最终获救，成了一名孤儿。刚开始在灾民安置点进行救护，后来被亲友带离此地。

1. 在灾害现场，对受灾者进行预检分诊，一般需要多长时间完成？在本案例中救护人员进行预检分诊时，张敏被诊断为张力性气胸。对其伤情应该给予什么样的标志？在多长时间内应尽快送往当地医院救治？

2. 女孩后来被其亲友带到了外地，但灾后半年还经常有想呕吐的感觉，当听到其他人谈论灾区的事时非常敏感，总是主动制止谈论。看电视时每当看到灾难的画面时就痛苦难受，尤其看到孩子被埋在废墟的画面，就会非常恐惧，不愿意观看。这个女孩出现了什么心理问题？应该给予什么样的心理干预？

## 第一节　社区常见意外现场急救护理

随着心脑血管疾病发病率的增高，社区中各种慢性疾病的急性发作日益增多，并以急危重症形式表现而危及生命。同时，日常生活中经常会遇到创伤、误吸、食物中毒等各种意外伤害及突发事件。作为社区护士，应掌握急危重症的紧急救护与处理的必要知识和技能，以便能在现场及时、有效地开展救护，从而达到挽救生命、减轻伤残的目的，为医院救治提供必要的保障。

## 一、现场救护基本原则

### （一）院前急救基本概念

院前急救是指对各种遭受危及生命的急症、创伤、中毒、灾难事故等患者进入医院以前的医疗急救，包括现场紧急处理、转运及途中监护。急危重症患者和伤员的及时救治，对挽救患者的生命、确保治疗效果、减少后遗症、减少伤残、促进早日康复至关重要。社区常是院前急救的第一现场，社区急救的成功与否直接影响到危重患者的安危和预后。在社区实施有效的院前急救，可最大程度地缩短患者的无治疗期，使他们在进入医院以前能得到及时的救治。猝死患者抢救的最佳时间是 4 ~ 6 min，严重创伤伤员抢救的黄金时间是 30 min。如果没有院前急救争取到发病初关键的几分钟，院内设备再好、医术再高明也难以起死回生。

### （二）院前急救原则

1. **先复苏后固定**　遇有心搏、呼吸骤停又有骨折的患者，应首先给予心肺复苏术直至心率、呼吸恢复后，再进行固定骨折。

2. **先止血后包扎**　遇有大出血又有创口的患者时，首先立即止血，然后消毒后再进行包扎。

3. **先重伤后轻伤**　同时遇到垂危的和较轻的伤病员时，应优先抢救危重者，后抢救较轻的伤病员。

4. **先救治后运送**　为了赢得抢救时机，应先救治后运送。在运送伤病员到医院的途中，不要停止抢救措施，继续观察病情变化。

5. **急救与呼救并重**　在遇到成批伤病员时，要紧张而镇定地分工合作，急救和呼救可同时进行，以较快地争取到急救外援。

### （三）社区急救管理

（1）社区卫生服务中心设有 1 ~ 2 名经过专业急救知识和技能培训的医务人员，社区卫生服务中心急救站需 2 人以上 24 h 值班。

（2）社区卫生服务中心应设立醒目的紧急救护标志，使社区人群能够了解社区紧急救护的地址及电话，以便发生紧急情况迅速联系。

（3）社区卫生服务中心配置必要的抢救药品和器械，主要药品有呼吸兴奋药、抗休克药、止血药、镇痛药及抗过敏药等，可制成急救箱或急救包以便携带。同时，配置一定器械，如氧气瓶（或氧气袋）、心电图机、复苏垫板、外伤固定器具、搬运器具等，以及各种注射器、输液器和针头等无菌用物。

## 二、现场紧急处理与转运

### （一）评估现场

评估现场的目的是了解威胁生命的情况，确保自身与伤病员的安全。可通过看、听及现场感受等对紧急情况发生的现场进行评估。评估内容包括：

1. **引起各种疾病和损伤的可能原因**　救护人员、伤员或旁观者受到伤害的可能性及其进入现场的安全性。在进行现场救护时，造成意外的原因可能会对参与救护人产生危险，如对触电者现场救护，必须切断电源，然后才能采取救护措施以保障安全。

**2. 救护本人是否需要采用防护用品** 如在现场戴医用手套、眼罩、口罩等个人防护品，阻止病原体进入身体。

**3. 受伤者人数及其病情** 根据伤员的受伤部位、程度、生命体征及出血量的多少等来判断伤情的轻重，一般可分为以下4种。①危重伤：立即急救，迅速送往医院救治。包括窒息，昏迷，休克，大出血，头、颈、胸、腹的严重损伤，脏器伤及大面积烧伤，溺水，触电，中毒等。②重伤：指伤情暂不危及生命，可现场处理后在专人观察下送往医院救治者。③轻伤：指伤情较轻，能行走，或仅有一处骨折或软组织挫伤的伤员。④死亡：指呼吸、心搏停止，各种反射均消失，瞳孔固定、散大者。

**4. 现场可以应用的资源及需要何种支援、可能采取的救护行动** 充分利用可支配的人力、物力协助救护，应用无线电或电话呼救。大中城市急救电话是120，打电话时要注意正确地、简明扼要地报告患者姓名、性别、年龄和发病的时间、地点、主要症状及目前对患者的处理措施、报告人姓名及联系电话。

### （二）现场紧急处理主要措施

现场紧急处理的目的是挽救和维持患者的生命，以对症治疗为主。主要有以下几个方面。

**1. 维持呼吸系统功能** 包括吸氧、清除痰液及分泌物，保持呼吸道通畅，应用呼吸兴奋剂和扩张支气管药物，进行口对口人工呼吸，必要时行气管插管或呼吸机通气。对重度张力性气胸的患者进行穿刺排气。

**2. 维持循环系统功能** 包括高血压急症、心力衰竭、冠心病、急性心肌梗死的处理和各种休克的处理，严重心律失常的药物治疗，心电监测，电除颤和心脏起搏，体外心脏按压术等。

**3. 维持中枢神经系统功能** 包括急性脑血管病的处理、急性脑水肿的降颅压治疗。

**4. 急性中毒的紧急处理** 具体处理措施见相关章节部分。

**5. 颅脑、脊柱以及其他外伤的止血、包扎、固定和搬运** 具体处理措施见相关章节部分。

**6. 止痉、止痛、止吐、止喘、止血等对症处理** 具体处理措施见相关章节。

### （三）现场急救护理配合

为了抢救成功，现场护理人员的积极配合至关重要。尤其要注意下列事项。

**1. 体位的放置** 对于轻症、重症患者，在不影响急救处理的情况下，将其置于平卧位（头偏向一侧）或屈膝侧卧位。这两种体位可以使患者最大限度地放松，且可保持呼吸道通畅，防止发生误吸，具有最大的安全性。放置体位后，要注意保暖。

**2. 开放静脉通路** 抢救时要选用管径大的静脉穿刺针，以保证在短时间内能快速输入液体和药物。另外，应尽量选择留置套管针，并牢固固定，要做到即使患者躁动、体位改变和转运中也不易脱出血管外或刺破血管。静脉穿刺部位一般选用前臂静脉或肘正中静脉，尤其在进行心肺复苏抢救时，选择上肢静脉穿刺效果明显优于下肢静脉。

**3. 口头医嘱的执行** 院前急救的用药中，医生只下口头医嘱，要求护士执行“三清一复核”的用药原则。三清，即听清、问清、看清；一复核，即药物名称、剂量、浓度与医生复核，以防出现用药差错。对药物的空安瓿应暂时保留，以便核对。

**4. 遵循无菌原则**　在院前急救护理工作中，导尿术、伤口无菌敷料覆盖、肌内注射、静脉输液等都属无菌操作范围。无菌技术操作的首要原则是必须在清洁的环境中进行，这在急救现场和家庭中是不易做到的。因此，在实际操作中，护士要注意维护抢救治疗环境，疏散人群，减少人员走动，禁止靠近无菌治疗区谈话。进行无菌操作前，无洗手条件的，须用快速手消毒剂消毒手。而其他的无菌操作原则均应严格遵守。

### （四）转运及途中监护

实施转运的基本条件是不会因搬动及转运而危及患者生命和使病情急剧恶化。

**1. 常用搬运方法及注意事项**

（1）对于轻伤员可采用扶持法、背负法、双人座椅式搬抬法、持抱法等。

（2）搬动重伤员时，动作一定要轻巧、敏捷、协调一致，可采用4人搬抬法，即4个人搬抬伤员，每人将双手平放，分别插入患者的头、胸、臀和下肢下面，使伤员身体保持在同一水平直线上。一人负责其头部稳定，一人负责搬抬胸背部，一人负责腰及骨盆，一人负责下肢搬抬。准备好后，喊“一、二、三”，同时将伤员轻轻搬起，保持脊柱轴线水平稳定，然后平稳地搬运伤员并放在担架上。

（3）遇颈、腰椎伤患者，必须3人以上同时搬运，保持脊柱的轴线水平，切忌一人抱胸一人搬腿的双人搬运，以防受伤的脊柱发生错位继发脊髓伤而导致伤员截瘫。搬运过程避免震动，以免增加伤病员痛苦。

（4）采用担架转运伤病员时，应使用约束带将伤员胸部和下肢与担架固定在一起，以防伤员摔下；为保持担架行进途中的平稳，担架员的步调力求一致、平稳，防止前后、左右摆动及上下颠簸增加痛苦。注意防雨、防暑、防寒，必要时应备有雨布、棉被、热水袋等，以便在冬季保暖防冻，夏季防雨。为防止伤病员及担架员疲劳，在途中应定时休息，并利用休息时间观察伤情，测生命体征，进行其他必要的护理。

**2. 转运及途中监护**　转运伤病员的工具归纳起来有担架、汽车、列车、轮船、飞机等，不论采用何种转运方式，均需注意以下事项。

（1）对有可能发生休克者，开放静脉输液通道，保证途中继续输液。合并外伤大出血、开放性气胸、骨折等患者，应给予止血、固定等初步处理。

（2）在途中随时严密观察病情变化，保护患者行进中的安全，如有异常及时处理。救护人员要充分利用现有的设备对患者实施生命支持与监护，包括注意保持气道通畅、给氧、行气管插管或机械通气、持续心电监测、建立或维持有效的静脉通路等。发现问题立即报告。

（3）从现场到医院的护送过程中，要与接收医院取得联系，让医院有充足的时间做好人力、器材等方面的准备。

（4）第一批运送的应是伤情危重不能延误的患者，先将患者抬上救护车，可边处理边运送；其次按伤情的程度再分批转送，众多轻伤者可由其他车辆运送。

（5）把患者送达接收医院后，护士应向接收医院进行交接工作，向院方详细交代患者现场情况、途中变化、已采取的措施、用药情况（包括药物名称、剂量、数量等情况）。

## 三、心搏骤停急救与护理

心搏骤停是指各种原因所致的心脏射血功能的突然停止，有效泵血功能丧失，血液循环中断，引起全身严重缺血、缺氧。心搏骤停后应争分夺秒地连续进行抢救，尽快恢复有效的血液循环和气体交换，使整个机体生命活动和功能得以恢复。一般认为心搏骤停4～6 min，如积极抢救，患者有可能复活。否则，将发生不可逆的脑损害，即使心跳、呼吸恢复，中枢神经系统也往往丧失正常的功能，因此，及时有效的心肺脑复苏是提高患者生存质量的关键。

### （一）心搏骤停病因

心搏骤停最常见的直接原因是心室颤动，根据原发病因，可分为心源性和非心源性因素两种。

1. **心源性原因** 心源性原因是因心脏本身的病变所致。冠心病是造成成人心搏骤停的最主要病因，约80%心脏性猝死是由冠心病及其并发症引起的，而这些冠心病患者中约75%有急性心肌梗死病史。心肌梗死存活者存在频发性与复杂性室性期前收缩，或心肌梗死后左心室射血分数降低，均可预示有发生心脏性猝死的危险。各种心肌病引起的心脏性猝死占5%～15%，如肥厚梗阻型心肌病、致心律失常型心肌病等。严重缓慢性心律失常和心室停顿是心脏性猝死的另一重要原因。

2. **非心源性原因** 非心源性原因是因其他疾患或因素影响到心脏所致。

（1）各种原因所致呼吸停止如气管异物、溺水、窒息等引起的气道阻塞，各种休克以及脑血管意外、颅脑外伤等，均可导致呼吸停止，引起心肌严重缺氧而发生心搏骤停。

（2）严重的电解质与酸碱平衡失调严重低血钾、高血钾等电解质紊乱及严重酸中毒等，可影响心脏的自律性和心肌的收缩性，最终可引发心搏骤停。

（3）突然意外事件如严重创伤、电击伤等可致心搏骤停。

（4）其他低血容量、各种药物中毒（如抗心律失常药物、洋地黄类药物、钙离子拮抗剂、三环类抗抑郁药物等）或过敏反应、诊断性操作，如血管造影、心导管检查等均有可能造成心搏骤停。

不论是何种原因，最终都直接或间接影响心脏电活动和生理功能，或引起心肌收缩力减弱，心排出量降低；或引起冠状动脉灌注不足；或导致心律失常，成为导致心搏骤停的病理生理学基础。

### （二）心搏骤停临床表现与判断

（1）心搏骤停的临床表现：心搏骤停后，血流运行立即停止，脑血流急剧减少，可引起明显的循环系统和神经系统症状。临床上具体可表现为：①意识丧失，或全身短暂性抽搐。②心音消失、脉搏摸不到、血压测不出。③呼吸断续，呈叹息样或短促痉挛性呼吸，随后呼吸停止。④面色苍白或发绀。⑤瞳孔散大、固定。如果呼吸先停止或严重缺氧，则表现为进行性发绀、意识丧失、心率逐渐减慢，随后心跳停止。

（2）判断心搏骤停时，出现较早而且最可靠的临床征象是意识丧失伴大动脉搏动消失。成人通常是检查颈动脉搏动，亦可触摸股动脉，儿童可检查肱动脉搏动。

**知识链接**

**国际复苏联合会**

国际复苏联合会（International Liaison Committee on Resuscitation，ILCOR）于 1992 年 11 月 22 日成立于英国布莱顿，其具体任务是：①开展心肺脑复苏的国际学术讨论；②对有争议或证据不足的复苏问题开展科学研究；③传授或培训 CPR 理论与技能；④收集、系统回顾和分享复苏领域的信息资源；⑤发表反映国际学术共识性的文献。

### （三）心肺脑复苏

心肺复苏（cardio pulmonary resuscitation，CPR）是针对心搏、呼吸停止所采取的抢救措施，即应用胸外按压或其他方法形成暂时的人工循环并恢复心脏自主搏动和血液循环，用人工呼吸代替自主呼吸并恢复自主呼吸，达到恢复苏醒和挽救生命的目的。脑复苏是心肺功能恢复后，主要针对保护和恢复中枢神经系统功能的治疗，其目的是在心肺复苏的基础上，加强对脑细胞损伤的防治和促进脑功能的恢复，此过程决定患者的生存质量。

为成功挽救心搏骤停患者的生命，需要诸多环节环环相扣，1992 年 10 月，美国心脏协会正式提出“生存链”（chain of survival）概念。根据国际 CPR 与 ECC 指南，成人生存链（adult chain of survival）是指对突然发生心搏骤停的成年患者通过遵循一系列规律有序的步骤所采取的规范有效的救护措施，将这些抢救序列以环链形式连接起来，就构成了一个挽救生命的“生命链”。2015 年美国心脏协会心血管急救成人生存链包括以下 5 个环节：①立即识别心搏骤停并启动急救反应系统（immediate recognition of cardiacarrest and activation of the emergency response system）；②尽早进行心肺复苏，着重于胸外按压（early CPR with anemphasison chest compressions）；③快速除颤（rapid－defibrillation）；④有效的高级生命支持（effective advanced life support）；⑤综合的心搏骤停后治疗（integrated post－cardiac arrest care）。生存链中各个环节必须环环相扣，中断任何一个环节，都可能影响患者的预后。心血管急救成人生存链如图 11－1 所示（摘自《2015 年美国心脏协会心肺复苏与心血管急救指南》摘要）。

**图 11－1　心血管急救成人生存链**

**知识链接**

**心肺复苏与心血管急救指南**

《心肺复苏与心血管急救指南》（简称《CPR 与 ECC 指南》）[*Guidelines for Cardio - pulmonary Resuscitation* (*CPR*) *and Emergency Cardiovascular Care* (*ECC*)] 是基于对复苏文献资料的大量研究，并由多名国际复苏专家和美国心脏协会心血管急救委员会及专业分会进行深入探讨和讨论后编写。按惯例每 5 年修订一次。目前应用的版本为《2015 年美国心脏协会心肺复苏与心血管急救指南》(2015 *AHA Guidelines for CPR and Emergency Cardiovascular Care*)。

1. **基础生命支持**（basic life support，BLS） 又称初期复苏处理或现场 CPR，其主要目标是：①迅速准确判断心、肺功能衰竭或停止。②立即实施现场心肺复苏术，从体外支持患者的通气、氧合和心泵循环功能。③通过 BLS，至少能维持人体重要脏器的基本血氧供应，直至延续到建立高级心血管生命支持或恢复患者自主循环、呼吸活动，或延长机体耐受临床死亡时间。关键步骤包括：立即识别心搏骤停和启动急救反应系统、早期心肺复苏、快速除颤终止室颤。

（1）心肺复苏的基本程序：心肺复苏的基本程序是 C、A、B，分别指胸外按压、开放气道、人工呼吸。首先要判断患者有无反应，有无呼吸和循环体征，如果发现无任何反应，应首先求救急救医疗服务（emergency medical service，EMS）系统，尽快启动 EMS 系统。如果有 2 名急救员，一名立即实施 CPR，另一名快速求救。有条件时，可考虑实施 D，即除颤。如果旁观者未经过 CPR 培训，则应进行单纯胸外按压的 CPR，直至除颤仪到达且可供使用，或急救人员或其他相关施救者已接管患者（图 11 -2）。

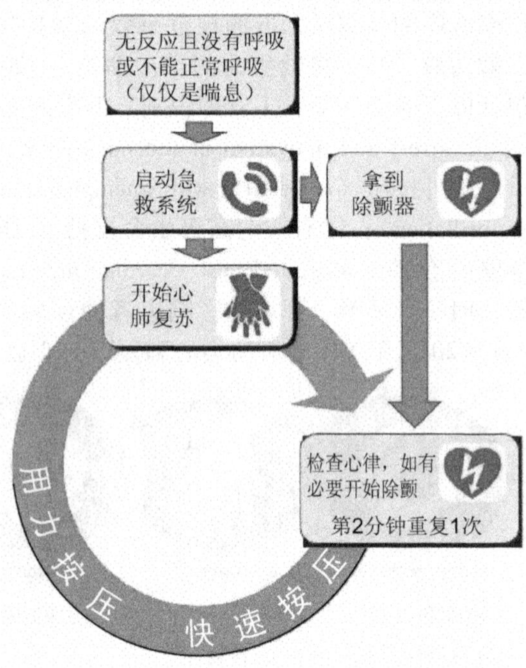


**图 11 -2 成人基础生命支持简化流程**

1）在安全情况下，快速识别和判断心搏骤停。

①判断患者反应：采取轻拍或摇动患者双肩的方法，并大声呼叫："喂，你怎么了？" 判断患者有无反应，同时快速检查有无呼吸，应在 10 s 内完成。②启动急救反应系统：如果患者无反应，应立即呼救启动急救反应系统，在院外拨打"120"，院内应呼叫其他医护人员。并迅速置患者于复苏体位，即仰卧位，头、颈部应与躯

干保持在同一轴面上，将双上肢放置在身体两侧，解开衣服，暴露胸壁。

2）循环支持（circulation，C）：循环支持又称人工循环，是指用人工的方法通过增加胸膜腔内压或直接挤压心脏产生血液流动，旨在为冠状动脉、脑和其他重要器官提供血液灌注。①判断大动脉搏动：非专业人员无须检查大动脉搏动，专业人员应检查动脉有无搏动，时间不超过 10 s。成人检查颈动脉，方法是示指和中指并拢，从患者的气管正中部位向旁滑移 2 ~ 3 cm，在胸锁乳突肌内侧轻触颈动脉搏动。儿童可检查其股动脉，婴儿可检查其脑动脉或股动脉。如果触摸不到动脉搏动，说明心搏已经停止，应立即进行胸外按压。②胸外按压：是对胸骨下段有节律地按压。有效的胸外按压可产生 60 ~ 80 mmHg 的收缩期动脉峰压。通过胸外按压产生的血流能为大脑和心肌输送少量但却至关重要的氧气和营养物质。特别是对倒地至第一次电击的时间超过 4 min 的患者，胸外按压更为重要。

按压时患者应保持平卧位，头部位置尽量低于心脏，使血液容易流向头部。如果患者躺卧在软床上，应将木板放置在患者身下，以保证按压的有效性，但不要为了找木板而延误抢救的时间。为保证按压时力量垂直作用于胸骨，施救者可根据患者所处位置的高低，采取跪式或用脚凳等不同体位进行按压。

按压部位的确定：成人按压部位在胸部正中，胸骨的下半部，两乳头连线之间的胸骨处。婴儿按压部位在两乳头连线之间的胸骨处稍下方。

胸外按压方法：操作者在患者一侧，一只手的掌根部放在胸骨两乳头连线处，另外一只手叠加在其上，两手手指交叉紧紧相扣，手指尽量向上，避免触及胸壁和肋骨，降低按压时发生肋骨骨折的可能性。按压者身体稍前倾，双肩在患者胸骨正上方，双臂绷紧伸直，按压时以肘关节为支点，应用上半身的力量垂直向下用力快速按压。

按压频率每分钟 100 ~ 120 次，胸骨下陷至少 5 cm 但不能超过 6 cm，胸骨按压时间及放松时间基本相等，放松时为保证胸廓充分回弹，双手应离开胸壁。尽量减少胸外按压间断，或尽可能将中断控制在 10 s 以内。按压与通气之比为 30∶2，按压时应高声匀速记数。此要求适用于儿童以外的所有年龄患者的单人心肺复苏。

8 岁以下儿童患者按压深度至少达到胸廓前后径的 1/3，婴儿大约为 4 cm，儿童大约为 5 cm。双人心肺复苏时，儿童和婴儿的按压/通气比例为 15∶2。

快速、足够深的胸外按压有利于使冠状动脉和脑动脉得到灌注。如果按压频率和深度不足、按压间断过久或过于频繁加之过度通气，可减少心排出量和重要器官的血液灌注，降低复苏的成功率。

3）开放气道（airway，A）：常用开放气道方法包括以下几种。①仰头抬颏/颌法：适于没有头部和颈部创伤的患者。方法是将一手小鱼际置于患者前额，使头部后仰，另一手的示指与中指置于下颌角处，抬起下颏（颌），注意手指勿用力压迫下颌部软组织，防止造成气道梗阻（图 11 –3）。②托颌法：此法开放气道具有一定技术难度，需要接受培训。疑似头、颈部创伤者，此法开放气道比较安全。操作者站在患者头部，肘部可支撑在患者躺的平面上，双手分别放置在患者头部两侧，拇指放在下颌处，其余四指握紧下颌角，用力向前、向上托起下颌，如患者紧闭双唇，可用拇指把口唇分开（图 11 –4）。

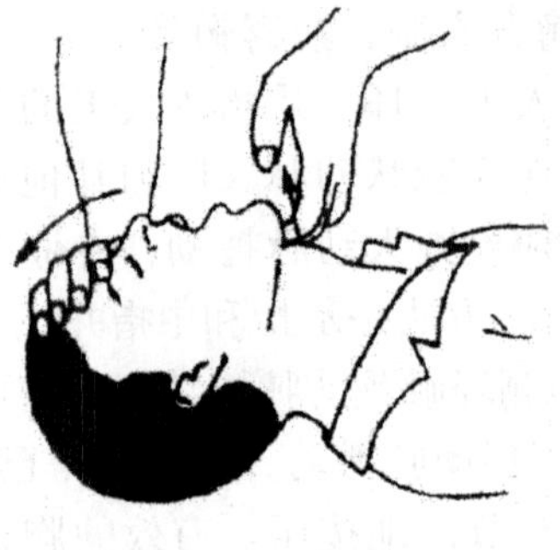

图 11－3　仰头抬颏/颌法

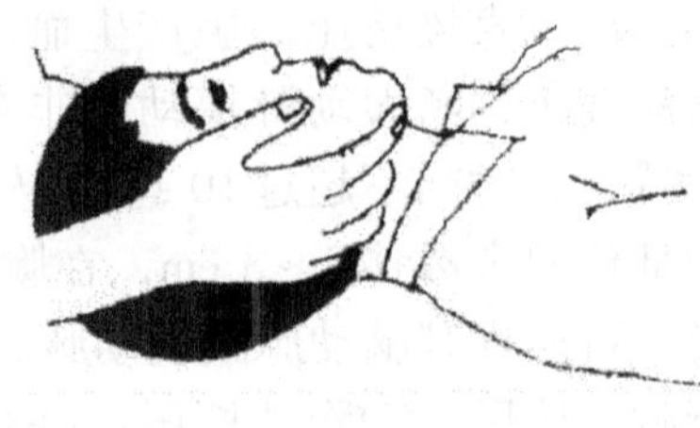

图 11－4　托颌法

4）人工呼吸（breathing，B）：如果患者没有呼吸或不能正常呼吸（或仅仅是叹息），应立即做口对口、口对面罩、球囊—面罩、球囊对高级气道通气等人工呼吸方法。无论采用何种人工呼吸方法，首次人工通气为 2 次，每次通气应在 1 s 以上，使胸廓明显起伏，保证有足够的气体进入肺部。如果患者有自主循环存在，但需要呼吸支持，人工呼吸的频率为 10～12 次/min，即每 5～6 s 给予人工呼吸 1 次，婴儿和儿童 12～20 次/min。①口对口人工呼吸：在保持气道通畅和患者口部张开的位置时进行。施救者用按于前额一手的拇指和示指，捏闭患者的鼻孔。施救者张开口紧贴患者口部，以封闭患者的口周围（婴幼儿可连同鼻一块包住，不能漏气）。通常呼吸下，缓慢吹气 2 次，至患者胸部上抬，不必深呼吸。一次吹气完毕，应立即与患者口部脱离，轻轻抬起头部，眼视患者胸部，同时放松捏闭患者鼻部的手指，使患者能从鼻孔呼出气体。采取口对口人工呼吸时，一定注意应用合适的通气防护装置，既能保证通气效果又能有效保护施救者。目前，市场上有多种商品可供选择。②经口咽通气管或面罩通气：口咽通气管多为“S”形管，有一单独的呼气活瓣。人工通气时，施救者将“S”形通气管放入患者的口咽部，用口含住“S”通气管的外口吹气即可。面罩一般为透明的，可密闭于口腔周围，带有一氧气入口和呼吸进出口、充气垫和呼气活瓣。操作时，让患者头后仰，口张开，将面罩覆盖于整个口部和鼻部并固定好，施救者经面罩吹气至患者胸廓抬起为止，然后将口离开面罩，使患者呼出气通过活瓣活动而排出。此方法不能长时间使用，应尽早行球囊—面罩或气管插管通气。

5）除颤（defibrillation，D）：心搏骤停时，最初发生的心律失常最常见的是心室颤动（室颤）或无脉性室速，终止室颤和无脉性室速最迅速、最有效的方法是除颤。除颤具有时间效应，随着时间的推移，除颤成功的机会随之会迅速下降。2015 年，新指南建议，当可以立即取得体外自动除颤仪时，应尽快使用除颤仪，当不能取得时，应立即开始心肺复苏，并同时让人获取除颤仪，视情况尽快尝试进行除颤。对于院内心搏骤停，有心电监护的患者，从心室颤动到给予电击的时间不应超过 3 min，并且应在等待除颤仪过程中进行心肺复苏。但对非目击的心搏骤停（＞4 min），则应先进行 5 个循环 30∶2（大约 2 min）的 CPR，然后再除颤，其目的是先使心脏获得灌注，从而使除颤更有效。除颤之后应立即给予 5 个循环 30∶2的高质量 CPR（2 min）后再检查脉搏和心率，必要时再进行另一次电击除颤。

（2）心肺复苏效果的判断：

1）瞳孔：复苏有效时，可见瞳孔由散大开始回缩。如瞳孔由小变大、固定，则说明复苏无效。

2）面色及口唇：复苏有效时，可见面色由发绀转为红润。如若变为灰白，则说明复苏无效。

3）颈动脉搏动：按压有效时，每一次按压可以摸到一次搏动，如若停止按压，搏动亦消失，应继续进行心脏按压。如若停止按压后，脉搏仍然跳动，则说明患者心跳已恢复。

4）神志：复苏有效，可见患者有眼球活动，睫毛反射与对光反射出现，甚至手脚开始抽动，肌张力增加。

5）自主呼吸出现：自主呼吸的出现并不意味可以停止人工呼吸，如果自主呼吸微弱，仍应坚持人工辅助呼吸。

（3）注意事项：

1）按压者的更换：有两个复苏者时，每 2 min 改变一下按压和通气的角色，以避免按压者疲劳和胸部按压质量降低。多个复苏者时，可每 2 min 改变一下按压者，换人操作时间应在 5 s 内完成，以减少胸部按压间断的时间。

2）预防胃胀气：正常情况下，少量气体进入食管和胃是无害的，但如果进入胃的气体量过大，则可引起胃胀气。胃胀气严重时，一方面使膈肌抬高，肺扩张障碍，肺容量减少，进而影响肺通气量；另一方面，胃胀气引起的胃扩张可导致呕吐、反流和误吸，造成严重后果。为防止胃胀气的发生，吹气时间要长，气流速度要慢，从而降低最大吸气压。如果患者已发生胃胀气，施救者可用手轻按上腹部，以利于胃内气体的排出，如有反流或呕吐，要将患者头部偏向一侧防止呕吐物误吸。也可放置鼻胃管（nasogastric tube），抽出胃内气体。

（4）心肺复苏的终止：

1）院前心肺复苏的终止：①恢复有效的自主循环。②高级心血管生命支持抢救小组接手。③施救者由于自身筋疲力尽不能继续复苏、处在对自身产生危险的环境中或者继续复苏将置其他人员于危险境地时。④发现提示不可逆性死亡的可靠和有效的标准、确认为明显死亡的标准或符合复苏终止的规则。

复苏终止的规则包括：①非院前急救人员或现场施救者见证的心搏骤停。②经过 3 轮（每轮 5 个 30∶2周期）的心肺复苏没有恢复自主循环。③没有除颤指征。

2）医院内心肺复苏的终止：院内终止复苏的决定由抢救医生下达，做决定时要考虑诸多因素，如心搏骤停时有无目击者、CPR 时间、心搏骤停前状态，以及复苏过程中是否出现过自主循环恢复（return of spontaneous circulation，ROSC）等。

3）临床死亡判断标准：①患者对任何刺激无反应。②无自主呼吸。③无循环特征，无脉搏，血压测不出。④心肺复苏 30 min 后心脏自主循环仍不恢复，心电图为一直线（3 个以上导联）。

**课堂互动**

患者男性，70岁，晨起在公园习惯性活动时，突感心前区剧烈疼痛，大汗，精神极度紧张。

1. 如果你在现场，将如何应对？

2. 如果在救治的过程中，患者突然意识丧失、大动脉搏动消失。此时应采取的最恰当的急救措施是什么？

2. **高级心血管生命支持** 高级心血管生命支持（advanced cardiovascular life support，ACLS）是在基础生命支持的基础上，应用辅助设备及特殊技术，建立和维持更为有效的通气和血液循环，识别及治疗心律失常，建立静脉通路并应用必要的药物治疗，改善并维持心肺功能及治疗原发疾病的一系列救治措施。一般在医疗单位中进行ACLS，如人力足够，往往以复苏团队形式同时进行BLS与ACLS，以取得较高的疗效。

## 四、急性中毒

在日常生活中吸入或吞食有毒的物质，误服有毒的药物、植物或药物服用过量等均可造成中毒。由于有害化学物质进入人体，在效应部位积累到一定的量，产生全身性损害的疾病，称为中毒。引起中毒的化学物质称毒物。中毒可分为急性和慢性，主要由接触毒物的剂量和时间来决定。急性中毒是短时间内接触大量毒物，发病急剧，症状严重，变化迅速，可危及生命；慢性中毒为长时间接触小量毒物所致，起病缓，病程长，多属职业病范畴。本节重点介绍急性中毒。

### （一）概述

1. **中毒的病因**

（1）职业性中毒：在生产中与有毒物质密切接触时，因设备密封不严或个人防护不足，毒物污染皮肤或湿透衣物由皮肤吸收，或以粉尘、蒸汽、气体、烟雾的形式吸入呼吸道所致。

（2）生活性中毒：日常生活由于药物过量、误食、自杀、谋杀、饮用或食入被毒物污染的水源或食品等造成的中毒，大多数毒物是经口食入的。

2. **发病机制** 人体接触毒物后，在体内毒性大小与个体对毒物的敏感性、毒物的毒性、毒物吸收进入体内的方式、量等均有密切关系。毒物种类繁多，可由呼吸道、消化道、皮肤及黏膜侵入人体。毒物被吸收进入血液后，迅速分布于全身的体液及组织，并到达效应部位，通过不同的作用机制造成机体损伤。常见中毒机制如下。

（1）抑制生物酶活性：毒物本身或其代谢产物通过抑制生物酶的活性而产生毒性作用。如有机磷农药抑制胆碱酯酶，氰化物抑制细胞色素氧化酶等。

（2）致机体缺氧：一氧化碳、硫化氢、氰化物等毒物可阻碍氧的吸收、利用或转运，致机体缺氧，尤其脑和心肌对缺氧敏感，易发生损害。

（3）中枢的麻醉性：有机溶剂和吸入性麻醉药有强亲脂性，且可通过血脑屏障，脑组织和细胞膜脂类含量高，毒物进入脑内而抑制脑功能。

（4）组织的腐蚀性：强酸、强碱可吸收组织中的水分，并与蛋白质或脂肪相结合，使细胞变性、坏死。

**3. 急性中毒的救护原则**

（1）有心搏、呼吸骤停者，首先行心肺脑复苏。

（2）简要评估，明确毒物的种类、剂量、进入人体的方式、中毒时间，估计中毒程度。

（3）立即终止接触毒物。

（4）应用催吐或洗胃方法，尽快排出尚未被吸收的毒物，阻止毒物的进一步吸收。

（5）促进已吸收毒物的排出，常用方法包括输液和利尿、吸氧、透析、血液灌流等。

（6）应用特殊解毒剂。

（7）积极支持疗法，纠正体液、酸碱失衡和电解质紊乱等，保护重要脏器。

### （二）有机磷杀虫药中毒

有机磷杀虫药（又称有机磷农药）是我国应用最为普遍的农业杀虫药，具有杀虫效率高，对农作物、果树药害小等优点。本类药属于有机磷酸酯类化合物，稍有挥发性，有蒜味，在酸性环境中较稳定，在碱性条件下易水解而失效。常用药有敌敌畏、敌百虫、乐果、氧乐果、甲基对硫磷等。因敌百虫在碱性溶液中可变为毒性较大的敌敌畏，故禁用碱性溶液洗胃。有机磷杀虫药可通过呼吸道、皮肤黏膜的接触而引起中毒，也可因误服、自服或摄入残留农药的蔬菜、水果等食物经消化道吸收所致。有机磷杀虫药的主要毒性是抑制乙酰胆碱酯酶活性，引起乙酰胆碱蓄积，使胆碱能神经持续冲动，导致先兴奋后衰竭的一系列症状，严重者可发生昏迷、肺水肿、呼吸麻痹、呼吸衰竭甚至死亡。

**1. 临床表现**　有机磷杀虫药急性中毒后全身损害最为突出，其他表现还包括迟发性多发神经病、中间型综合征、局部损害等。急性中毒的全身损害表现为：

（1）毒蕈碱样（M样）症状：为出现最早的一组症状，表现为瞳孔缩小、视力模糊、恶心、呕吐、腹痛、腹泻、多汗、流泪、流涕、流涎、尿频、心跳过慢或过快或心律失常、呼吸困难，严重者出现肺水肿。

（2）烟碱样（N样）症状：主要表现为骨骼肌的兴奋，常首先发生在小肌群，如颜面、眼睑、舌肌颤动，并逐渐发展至四肢和全身横纹肌发生颤动，甚至全身肌肉痉挛性强直，而后发生肌力减退和瘫痪。呼吸肌麻痹引起周围性呼吸衰竭。

（3）中枢神经系统症状：主要表现为头晕、头痛、乏力、烦躁不安、谵妄，严重者出现抽搐、昏迷，可因呼吸衰竭、脑水肿而死亡。

（4）有机磷杀虫药中毒的分级：为了便于观察病情及治疗，将急性中毒分为轻、中、重三级。

1）轻度中毒：头晕、头痛、恶心、呕吐、多汗、流涎、视力模糊、瞳孔缩小，全血胆碱酯酶活力一般在50%～70%。

2）中度中毒：除上述症状外，还出现肌纤维颤动、轻度呼吸困难、大汗、腹痛、腹泻、意识清楚或轻度障碍。全血胆碱酯酶活力降至30%～50%。

3）重度中毒：除上述症状外，发生肺水肿、抽搐、昏迷及呼吸肌麻痹。全血胆碱酯酶活力降至30%以下。

2. **社区急救**

（1）脱离中毒环境：吸入中毒者，应立即撤离中毒环境，呼吸新鲜空气。皮肤接触中毒者，应立即脱去被毒物污染的衣服、鞋帽，用肥皂水清洗污染的皮肤、毛发和指甲，但忌用能促进毒物吸收的热水和酒精擦洗。

（2）促进毒物排出：

1）催吐：适用于神志清楚且合作的口服中毒者，每次饮300～500 mL温水后，用手指或压舌板刺激咽后壁或舌根诱发呕吐，尽量使胃内容物排空，如此反复进行。催吐过程应严防吸入气管导致窒息。

2）洗胃：是迅速清除胃内毒物的有效方法，用2%碳酸氢钠（对敌百虫中毒禁用）、温水或1∶5 000高锰酸钾液（对1605、1059、乐果中毒禁用）洗胃。应尽早进行，服毒后6 h内效果好。每次灌注洗胃液量以200～250 mL为宜，抽吸洗胃液时要控制负压不要过大。灌入及抽吸时应掌握先吸出后灌入、快入快出、出入量基本相等原则，一直洗到使胃液干净无味为止，一般药物中毒总洗胃液量至少2～5 L，甚至可用到6～10 L。拔出胃管时应注意先将胃管尾部管口夹住，防止拔管过程中管内液体反流入气管，导致吸入性肺炎。

3）其他：应用导泻药如硫酸镁。眼部污染可用2%碳酸氢钠或生理盐水冲洗。

（3）应用解毒药物：

1）抗胆碱药：首选阿托品，应用原则是早期、足量、反复给药。阿托品的药理作用是能拮抗乙酰胆碱对副交感神经和中枢神经系统毒蕈碱受体（M受体）的作用，消除或减轻毒蕈碱样症状和中枢神经系统症状，并能兴奋呼吸中枢，对抗呼吸中枢抑制。阿托品对烟碱样症状作用不明显。

阿托品的用量应根据中毒的程度来掌握，直至阿托品化。阿托品化的指征包括瞳孔较前扩大、颜面潮红、口干、皮肤干燥、心率加快、肺部啰音消失。患者出现阿托品化表现后，即可逐渐减少阿托品的用量，延长给药间隔时间，切忌大幅度减量或骤然停药。

用药过程中密切观察患者全身反应和瞳孔大小，并随时调整剂量。若出现瞳孔散大、高热、意识模糊、躁动不安、抽搐、昏迷和尿潴留等阿托品中毒症状，应立即停药。

2）胆碱酯酶复活药：能使被抑制的胆碱酯酶恢复活性，消除或减轻烟碱样症状，对毒蕈样症状作用不明显。常用的药物有氯解磷定和解磷定。氯磷定为首选药物。胆碱酯酶复活药对已老化的胆碱酯酶无复活作用，故中毒超过72 h者无效。用药原则为尽早给药、首次足量、重复应用。一般对轻度中毒可单独给予阿托品或胆碱酯酶复活药，两种药物联合使用适于中度或重度中毒患者，但注意阿托品应适当减量。

（4）对症治疗：

1）维持呼吸循环功能：应严密观察呼吸、血压，若呼吸肌麻痹或呼吸中枢抑制者，可吸氧、气管插管或切开，使用呼吸兴奋剂，进行人工呼吸等。休克时给予输液和血管活性药物，以维持血循环。

2）防治脑水肿、肺水肿：可用脱水剂、利尿剂和糖皮质激素等。

3）补充液体及营养：输液可加速毒物排泄，维持水、电解质、酸碱平衡。

4）防治感染：使用抗生素治疗。

**知识链接**

**毒蕈中毒**

毒蕈又称毒蘑菇。毒蕈中毒常由采食毒性较小但烹调不当的蕈类或误食外观与无毒蕈相似的毒蕈所致。一般人以不随便采摘、食用野蕈为妥。中毒时临床表现为：胃肠类型、神经精神型、溶血型和肝炎型。以后者最为严重，常可导致多系统器官衰竭。中毒时主要救治原则为：清除毒物、应用解毒药、对症支持治疗等。

### （三）一氧化碳中毒

一氧化碳是煤炭、木炭和可燃气（液）体在燃烧不完全时产生的一种无色、无味气体。一氧化碳中毒俗称煤气中毒，多发生在冬季。一氧化碳中毒主要引起组织缺氧。人体吸入一氧化碳后，与血液中血红蛋白结合形成碳氧血红蛋白（COHb），使血红蛋白失去携氧能力。另外，一氧化碳可抑制细胞色素氧化酶，造成体内严重缺氧而中毒。短期吸入高浓度一氧化碳可致呼吸停止而死亡。

**1. 临床表现**

（1）急性一氧化碳中毒表现：分为轻、中、重 3 度，症状严重程度与血液中 COHb 含量密切相关。正常人血液中 COHb 含量为 5%～10%。

1）轻度中毒：血液中 COHb 浓度一般可高于 10%～20%，患者可出现剧烈头痛、头晕、口唇黏膜呈樱桃红色、四肢无力、胸闷、心悸、恶心、呕吐、嗜睡或意识模糊等。此时如能及时脱离中毒环境，吸入新鲜空气，症状可较快消失。

2）中度中毒：血液中 COHb 浓度可高达 30%～40%，除上述症状加重外，常出现呼吸困难、意识丧失、昏迷（多为浅昏迷），患者面色潮红、口唇呈樱桃红色、脉快、多汗。如能及时脱离中毒环境，经积极抢救，常于数小时后清醒，一般无明显的并发症。

3）重度中毒：血液中的 COHb 浓度可高于 50%，患者出现深昏迷、呼吸浅而快，面色苍白、四肢湿冷、大小便失禁、血压下降，可呈去大脑皮质状态，即可睁眼、无意识、不语不动、肌张力增强，最后可因脑水肿、呼吸循环衰竭而死亡。昏迷时间超过 48 h 者，迟发性脑病发生率较高。

（2）迟发性脑病（神经精神后发症）：急性一氧化碳中毒患者在清醒后，经过 2～60 d 的“假愈期”，可出现精神意识障碍、锥体外系神经障碍、锥体系神经损害或大脑皮质局灶性功能障碍、脑神经及周围神经损害等临床表现。

**2. 社区急救**

（1）脱离中毒环境：立即将患者移至通风良好、空气清新地带，解开衣扣，保持呼吸道通畅，防止呕吐物吸入造成窒息。注意保暖。

（2）给氧：使用面罩或气管插管，给予100%纯氧气吸入，连续吸氧至症状完全消失。中、重度患者转送到有高压氧舱的医院。

（3）预防脑水肿：氢化可的松200～400 mg或地塞米松10～30 mg加在250 mL 20%甘露醇或25%山梨醇中静脉滴入，于20 min内滴完。

（4）改善脑组织代谢：细胞色素C、辅酶A、三磷腺苷、大量维生素C和B族维生素。

（5）冬眠疗法：昏迷伴有抽搐、发热患者可施行人工冬眠，以头部冰帽给予降温为主，使体温保持在34 ℃左右，同时防止并发症发生。

（6）对呼吸、心搏停止的患者应立即实施心肺脑复苏。

### （四）急性镇静催眠药中毒

急性镇静催眠药中毒是指一次性或短时间内服用大剂量具有镇静、催眠作用的药物引起，包括延脑中枢在内的全身性麻醉或抑制状态，严重者可导致死亡。镇静催眠药可分为苯二氮䓬类［如地西泮（安定）、利眠通等］、巴比妥类（如苯巴比妥钠、异戊巴比妥、司可巴比妥、硫喷妥钠等）和其他类（如水合氯醛、格鲁米特、甲哇酮等）。目前临床上所见到的急性镇静催眠类药物中毒主要是以苯二氮䓬类药物为主。

**1. 临床表现**

（1）轻者表现为四肢无力、运动失调、嗜睡、意识模糊等。

（2）重者：表现为昏迷、瞳孔缩小（濒临死亡时可扩大）、呼吸浅慢或不规则、脉搏弱或触摸不清、四肢厥冷、血压下降。

**2. 社区急救**

（1）清除毒物：催吐、洗胃，给予活性炭或泻剂。

（2）维持生命功能：保持呼吸道通畅，吸氧，必要时气管插管；补充血容量，维持血压；纠正心律失常。

（3）特效治疗：如为苯二氮䓬类镇静催眠药中毒，则用氟马西尼拮抗剂每次0.2 mg稀释后缓慢静注，可重复使用。

（4）对症治疗：保暖；加速排泄，强力利尿，碱化尿液，防治急性肾衰竭。

（5）必要时可采用血液透析和血液灌流。

### （五）急性酒精中毒

急性酒精中毒俗称醉酒，是指一次大量饮酒后导致中枢神经系统抑制，表现为中枢神经先兴奋后抑制的一种暂时性的神经、精神障碍，甚至麻痹而致死。

**1. 临床表现** 急性酒精中毒呼气及呕吐物均有酒精味，血尿中可测到乙醇，若血中酒精浓度大于400 mg/dL，预后不良。大多数成年人酒精致死量为5～8 g/kg。临床表现可大致分为兴奋期、共济失调期和昏睡期，但各期之间界限不明显。

（1）兴奋期：眼部充血，面色潮红或苍白，眩晕；自控力丧失，有欣快感，说话滔滔不绝，哭笑无常。

（2）共济失调期：动作不协调，步态蹒跚，语无伦次，精神错乱。

（3）昏睡期：瞳孔散大，呼吸减慢，甚至大小便失禁、抽搐、昏迷，呼吸衰竭死亡。

**2. 社区急救**

（1）轻度中毒：卧床休息，注意保暖，喝浓茶或咖啡，自行康复。

（2）中、重度中毒抢救：

1）催吐、洗胃：应迅速催吐，用0.5%活性炭或1%碳酸氢钠洗胃，并导泻。

2）促进氧化：50%葡萄糖100 mL加普通胰岛素12～16 U静脉滴注，同时肌内注射维生素$B_1$、维生素$B_6$、烟酸。

3）纳洛酮的应用：纳洛酮是阿片受体特异性拮抗剂，对麻醉性镇痛药中毒有特异性拮抗作用，对酒精中毒、急性呼吸抑制也有良好治疗作用。①兴奋期、共济失调期者，5%葡萄糖液20～40 mL加纳洛酮0.4～0.8 mg静脉滴注。②昏睡期：静脉滴注纳洛酮0.8～1.2 mg，必要时在1 h后重复静脉滴注0.4～0.8 mg，促进患者及早清醒。

4）补液、利尿及对症治疗：过度兴奋者给予地西泮（安定）5～10 mg，肌内注射镇静。呕吐者清洁口腔，保持呼吸道通畅，平卧，头偏一侧，预防窒息。

5）观察生命体征：如呼吸、心搏停止，立即实施心肺脑复苏。

### （六）鼠药中毒

目前对鼠类有极强杀灭效果的灭鼠药，对人、畜毒性很强。常用灭鼠药可按其毒性作用速度分为两大类：一类是速效剂，其特点是毒性强，起效快，多见于食入后短时间内引起人、畜急性中毒。常见的药物有磷化钙、磷化锌、氟乙酰胺、氟乙酸钠、毒鼠强、安妥等。另一类是缓效剂，其特点是起效缓慢，症状出现前有一段潜伏时间，易误诊为内科其他疾病。常见的药物有敌鼠钠盐、杀鼠灵等。

**1. 速效药中毒**　毒鼠强是一类有机氮化合物，化学名为四亚甲基二砜四胺，在环境和生物体内代谢缓慢，不易降解。毒鼠强化学性质稳定，为白色粉末，无臭、无味。主要通过消化道被人体吸收。在体内经酰胺酶的作用，形成氟乙酸，干扰三羧酸循环的正常代谢，引起中枢神经系统兴奋性增高。大多数人由于误服、自服或食入被毒鼠强毒死的畜、禽肉而中毒。人的口服致死量为0.1～0.2 mg/kg。

（1）临床表现：急性中毒潜伏期一般为10～60 min，多数中毒患者在进食30 min左右发病。主要症状是头痛、头晕、乏力、胸闷、心悸、恶心、呕吐、腹痛、烦躁不安，可伴有抽搐等。严重时意识丧失、昏迷，并伴有剧烈抽搐和强直性惊厥。

（2）社区急救：

1）促进毒物清除：立即催吐，采取洗胃、导泻等措施。

2）对症治疗：可用半胱氨酸、辅酶A、细胞色素C等静脉滴注。抽搐时将用多层纱布包裹的压舌板从一侧口角放入，以防止舌部损伤。频繁抽搐可用苯巴比妥类药物。心衰时禁用洋地黄。

3）毒鼠强中毒目前尚无特效解毒剂。

4）急送医院抢救。

**2. 缓效药中毒**　敌鼠钠盐亦称敌鼠钠或双苯杀鼠酮钠，为淡黄色固体粉末，无臭，易溶于水，也可溶于乙醇。它干扰肝脏对维生素K的利用，影响凝血致活酶和凝血酶原的合成，使出血、凝血时间延长，并有直接损害毛细血管的作用。人误服、自服或食入被毒死的禽、畜肉而发生急性中毒。

（1）临床表现：一般中毒后 3 ~ 10 d 出现乏力、食欲减退、腹痛、腹泻、呕吐。继之出现鼻出血、牙龈出血、皮肤紫癜、尿血、便血、咯血等，严重者发生休克。患者出现贫血，出血、凝血时间延长，血小板减少等。

（2）社区急救：

1）多数患者在接触毒物 3 d 后来就诊，故不需洗胃、导泻。

2）对症治疗给以足量维生素 C 和短期适量的糖皮质激素，贫血严重者可输新鲜血。

3）应用特效解毒剂维生素 $K_1$ 100 ~ 200 mg 加入 10% 葡萄糖液 500 mL 静脉滴注，出血停止后改为 20 ~ 30 mg 肌内注射，每日 3 次，待凝血时间恢复后，再应用 3 ~ 7 d。

**知识链接**

**"摇头丸"中毒**

"摇头丸"是一种具有致幻作用的苯丙胺类兴奋剂，单次剂量使用即可产生"急性强化效应"而致成瘾。轻度中毒：表现为兴奋、好动多语、呼吸加快但神志清楚；中度中毒：表现为发热伴神志恍惚、精神紧张、头痛、胸痛、不能运动；重度中毒：表现为发热伴神志不清或昏迷、抽搐、瞳孔散大、牙关紧闭、衰竭状态。致死的原因主要有：高热综合征、DIC、急性肾衰竭、呼吸衰竭、肝功能衰竭、休克、心室颤动。中毒时主要救治原则为：保持呼吸道通畅和给氧、清除毒物、促进毒物排泄、镇静、改善心肌缺血、对症支持治疗及必要时血液净化治疗等。

## 五、意外伤害

### （一）概述

在日常生活及工作中，人们可能因一时不慎受到皮肉的伤害，如擦伤、割伤、刺伤等，也可因某些突发事件如车祸等造成组织器官在解剖上的破坏和生理功能的紊乱。如果对人体意外伤害处理不当或延误时机都会造成生命危险。

**1. 常见意外损伤种类**

（1）按解剖和组织器官划分：分为颅脑损伤、胸部损伤、腹部损伤、泌尿系统损伤、骨关节损伤、手部损伤、多发伤和复合伤。

（2）按皮肤的完整性划分：分为闭合性损伤和开放性损伤。

（3）按受损伤的原因划分：分为机械性损伤、温度性损伤、毒虫蜇伤、虫兽咬伤、异物梗死等。

**2. 一般损伤处理原则**

（1）止血：对大量出血的患者，应立即止血，以免失血过多而致休克或死亡。对大出血进行止血处理的同时与救援医疗服务系统联系。

（2）包扎：为保护伤口、防止感染，应用洁净的水冲净创面，并用干净的软布或毛巾等盖住伤口，并包扎。如切伤或刺伤，创面规则，可挤出少量的血液，以排出伤口中的灰尘或细菌，再行包扎。

（3）固定：骨、关节损伤时必须采取固定措施，以使其制动，避免骨折断端错位或刺伤周围组织、血管和神经。较严重的软组织损伤也宜将其局部固定，保护受伤肢体，减轻疼痛，便于转运。简单地处理后，要将患者送至医院清创缝合，注射破伤风抗毒素等。头、胸、腹等部位受伤时，还应检查有无内脏器官损伤或发生内出血等。

**（二）电击伤**

电流或电能量（静电）作用于人体引起局部损伤、全身性损伤分别称为电灼伤和电击伤。电对人体伤害严重程度取决于电流强度、电压、交流电或直流电、频率、接触时间及电流在体内的经路等因素。电击伤电流通过心脏引起严重的心律失常——心室纤颤，导致心搏骤停，并使呼吸中枢抑制、麻痹，呼吸停止。电灼伤轻者出现水疱，组织破坏；重者出现血液凝固、血管栓塞、肌肉和心肌断裂及血管破裂等，肌间隙大量渗出、肿胀，筋膜内压增高影响循环，使肢体远端缺血缺氧，造成肌肉不可逆性坏死。

**1. 临床表现**

（1）全身表现：

1）轻者：心悸、惊吓、发麻、四肢软弱、头晕、乏力或短暂的记忆障碍等。心电图示心律失常及ST段改变。

2）重者：出现强直性肌肉收缩、昏迷、心室纤颤等。低压电流造成心搏骤停，若不及时抢救，可立即死亡。高压电流主要伤害呼吸中枢，呼吸麻痹是主要的死因。

（2）局部表现：局部烧伤。低压电流所致伤口小，呈焦黄，较干燥。高压电流所致伤口面积大，伤口深，重者可伤及肌肉、肌腱、血管、神经和骨骼。

（3）并发症：肢体瘫痪，继发出血、感染、急性肾衰等。

**2. 急救处理**

（1）脱离电源：迅速切断电源，关闭电闸，或用木棒、竹竿等绝缘物使患者迅速脱离电源。切勿直接触及带电的人和物，同时做好保护工作以免摔伤。

（2）心肺复苏：心搏、呼吸骤停者，立即进行心脏除颤、心肺复苏。

（3）判断伤情：简要了解病史、快速检查。应在最短时间内完成，亦可边检查边处理。发现危及生命的因素，及时对症处理。

（4）保护创面预防感染：用无菌或清洁敷料覆盖、包扎，并应用抗生素。

（5）维持血循环：静脉补液以维持血压，应用5%碳酸氢钠溶液纠正酸中毒。

**（三）溺水**

溺水是人体淹溺于水后，呼吸道堵塞而引起窒息、缺氧、血流动力学及血液生化改变的一系列病理变化。人体溺水后，先屏气和挣扎，很快由于被迫吸入的水刺激引起反射性喉痉挛而窒息；继之喉松弛，大量水进入气管、肺或食管、胃内。如未及时抢救出水，可因窒息缺氧，呼吸、心搏骤停而死亡。

**1. 临床表现**

（1）昏迷，发绀，双眼充血，口鼻充满泡沫或有污泥、藻类，肢体厥冷。

（2）呼吸困难、快而不规则、微弱或呼吸停止。

（3）心音不规则、减弱或心搏停止。

（4）胃内充满积水者，上腹部膨胀。

（5）可出现脑水肿、急性呼吸窘迫综合征、急性肾衰竭及肺部感染等。

**2. 急救处理**

（1）保持呼吸道通畅：患者救出水面后，立即清除口、鼻腔内污泥异物，将舌头拉出，保持呼吸道通畅。令溺水者头低位拍打背部，使进入呼吸道和肺中的水流出（注意时间不要长）；或抱住患者的两腿，腹部放在救护者肩部，奔跑而使其积水倒出。注意倒水动作要快，时间不宜过长，切不可因倒水影响其他抢救措施而延误抢救时机。

（2）心肺复苏：如呼吸停止，立即进行口对口人工呼吸；如摸不到大动脉搏动，立即进行心外按压。有条件时，尽早给予气管内插管和吸氧。

（3）建立输液通路：纠正酸中毒，维持水、电解质平衡。

（4）迅速转送，进一步抢救防止急性肾功能衰竭和弥漫性血管内凝血，防止继发感染等。

**（四）烧伤**

烧伤是热力、电能、化学物质（如强酸、强碱）及放射线或有害气体及烟雾等作用于人体引起的损伤。烧伤急救是使患者尽快脱离现场或迅速消除致伤因素，并及时予以适当处理，尽可能减轻损伤程度，为进一步治疗创造有利条件。

**1. 临床表现** 烧伤严重程度主要取决于烧伤面积和深度。轻者损伤皮肤，出现肿胀、水疱、疼痛。重者皮肤烧焦，甚至血管、神经、肌腱等同时受损，可因剧烈疼痛和皮肤渗出等因素导致休克、感染而危及生命。

烧伤程度：可分为Ⅰ度、Ⅱ度和Ⅲ度。Ⅱ度烧伤又分为浅Ⅱ度和深Ⅱ度。

（1）Ⅰ度烧伤：局部皮肤呈红斑，表面干燥，无水疱，有红、肿、痛、热、感觉过敏。

（2）浅Ⅱ度烧伤：局部皮肤有水泡，剧痛、感觉过敏，水疱皮剥脱后，可见创面均匀发红，水肿明显。

（3）深Ⅱ度烧伤：局部皮肤感觉迟钝，有或无水疱，基底苍白，间有红色斑点，创面潮湿。

（4）Ⅲ度烧伤：局部疼痛消失，皮肤无弹性、干燥，无水疱，呈皮革状、蜡状、焦黄或炭化，严重时可伤及肌肉、神经、血管、骨骼和内脏。烧伤严重性估计见表 11－1。

**表 11－1 烧伤严重性估计**

| 严重程度 | 烧伤总面积（%） | Ⅲ度面积（%） | 并发症 |
|---|---|---|---|
| 轻度烧伤 | ≤9 | 0 | 无 |
| 中度烧伤 | 10～29 | ≤9 | 无 |
| 重度烧伤 | 30～49 | 10～19 | 休克、呼吸道烧伤、较重的复合伤 |
| 特重烧伤 | ≥50 | ≥20 | 有严重并发症 |

**2. 急救处理**

（1）去除伤因，脱离环境：

1）火焰烧伤和热液烫伤：尽快离开火源，脱去着火的衣服或卧倒慢慢滚动灭火。也可用毯子、大衣、被子等覆盖着火处或用水浇，跳入水池灭火。切勿奔跑、呼叫或用手扑打以免助长燃烧并引起头面、呼吸道及上肢烧伤。脱离致热源后，立即用冷水或冰水浸泡伤处，降低表面温度，以减轻疼痛和损伤程度。

2）化学物质烧伤：迅速清除残留化学物质。被少量强酸、强碱烧伤，立即用纸巾、毛巾等蘸吸，并用大量流动清水冲洗烧伤局部。大量强酸、强碱烧伤，立即脱去被污染、浸渍的衣服，并用大量流动清水冲洗烧伤局部，冲洗时间应在 20 min 以上，以达到除去残留物或稀释的目的。反复冲洗后用无菌敷料或清洁布单覆盖包扎，以保护创面，防止污染。

（2）保持呼吸道通畅：清除口、鼻腔分泌物和异物，注意有无呼吸道烧伤。呼吸困难者，尽快去除原因、给氧。必要时气管切开或环甲膜处穿刺通气。

（3）补充液体：口服烧伤饮料（每 100 mL 中含氯化钠 0.3 g、碳酸氢钠 0.15 g、苯巴比妥钠 0.03 g）或含盐饮料。切忌喝白开水以免水中毒。应尽早静脉输液。

（4）对症治疗：对剧烈疼痛患者给予镇静剂，必要时用吗啡止痛。但有呼吸功能障碍、合并颅脑损伤者及婴儿应禁用吗啡类止痛剂。注射抗生素药物和破伤风抗毒素，防止感染。

**（五）外伤与骨折**

外伤与骨折的救护应遵循保存生命第一、恢复功能第二、顾全解剖完整性第三的原则。具体措施包括：

1. **脱离危险环境**　迅速使患者安全地脱离危险环境，免受致伤因子的继续伤害（如搬去压在患者身上的塌方）。

2. **判断伤情**　在最短的时间内初步检查生命体征，以及头、颈、胸、腹、脊柱、骨盆和四肢伤情。呼吸、心搏骤停者，立即进行心肺复苏。现场有多个患者时，应组织人力协作，不可忽视“沉默”患者。

3. 保持呼吸道通畅。

4. **有效止血**　根据具体情况选用止血方法。常用压迫止血的方法，然后加压包扎并抬高患肢以控制出血，避免滥用止血带。

5. **包扎、固定**　包扎、固定可保护创面、压迫止血、固定骨折。包扎伤口时应用无菌敷料覆盖创面；若条件有限，可用清洁布单、毛巾等覆盖创面，外用绷带或布条包扎固定。创面中外露的骨折端、内脏，原则上不应在现场还纳，以免污染物带入伤口深部。

6. 有休克倾向者，应积极给予抗休克。

# 第二节 社区灾害护理

## 一、灾害概述

### （一）相关概念

1. **灾害（disaster）** 不同学者对于灾害有不同观点，但都认为灾害必须具有以下特点：①突发性和破坏性；②其规模和强度超出受影响社区的自救能力或承受能力。联合国“国际减灾十年”专家组认为：“灾害是一种超出受影响社区现有资源承受能力的人类生态环境的破坏。”WHO指出，任何能引起设施破坏、经济严重损失、人员伤亡、人的健康状况及社会卫生条件恶化的事件，其破坏力超过了所发生地区所能承受的能力而不得不向该地区以外的地区求援时，可称之为灾害。

2. **社区灾害** 是指在社区发生的、危及人们生命安全或导致人员伤亡的突发性灾难性事件，由各种自然灾害或人为因素造成，通常无法预测。

3. **灾害医学（disaster medicine）** 是研究在各种自然灾害和人为事故所造成的灾害性操作条件下实施的紧急疾病防治和卫生保健的一门科学。

4. **灾害护理（disaster nursing）** 目前，护理界对灾害护理尚无统一定义。日本灾害护理学会将灾害护理定义为：“系统、灵活地应用护理独特的知识和技能，同时与其他专业领域开展合作，为减轻灾害对人类的生命、健康所构成的危害而开展的活动。”灾害护理的宗旨：提高突发事件及灾害情况下社区居民的应变能力，有效地减少灾害对生命和健康的影响。

### （二）社区灾害的分类

根据灾害发生的原因、发展速度、发生地区、反应规模以及所提供的健康服务方法与时限不同进行分类。

1. **按灾害发生原因分类** 分为自然灾害与人为灾害两类，这是最常见的分类方法。

（1）自然灾害：是指以自然变异为主因的灾害，如飓风、地震、洪水、森林火灾、干旱、饥荒、火山喷发等。自然发生的传染病流行也属于自然灾害。

（2）人为灾害：是指人为影响为主因的灾害，又称技术性灾害，如交通事故、毒害物质泄漏、瓦斯爆炸、主要能源耗竭、政治战争、恐怖活动、食物或药物中毒等，其中以交通事故最为常见。

自然灾害与人为灾害并不是截然分开的，如近年来增加的沙尘暴，与环境遭到严重破坏密切相关。又如洪水、山体滑坡、泥石流等，既是天灾，却也与森林砍伐、生态环境破坏和社会不稳定等相关。此外，人为灾害也是危害公共安全和健康的重要问题。

2. **根据灾害发生速度分类** 按照灾害发生的速度、所提供的健康服务方法和时限的不同进行分类。

（1）非常紧急型：一般多见于人为因素所致的灾害，需要现场尽快实施紧急有效的救护、及时准确的现场管理、伤员的分类和转运等。

（2）紧急型：一般多见于自然因素所致的灾害，如地震灾害、地质灾害、气象灾害，需要在灾害发生的4～5 d对伤员采取紧急救护和现场处理。

（3）长期型：一般多见于洪水灾害、恶性传染病的传播、旱灾等，需在灾情发生的2～3个月或更长时间内，对伤员及灾民进行持续的救护与管理。

**3. 按灾害发生地区的特点分类**

（1）地方型：因所在地区偏僻造成通信、交通等问题，常常给救灾工作带来不便，会直接影响对伤病员的救护与健康的维护。

（2）城市型：各种建筑与产业设施、居住人口密集可造成大量人员伤亡。灾害发生时可使水、电、煤气等供给中断，导致当地医院救助工作困难重重。

**4. 按灾害反应规模分类**

（1）一级灾害：是指灾害发生地区的内部资源能够自然恢复原状的灾害。

（2）二级灾害：是指灾害规模比较大，需要邻近地区帮助才能恢复的灾害。

（3）三级灾害：是指需要国家之间进行大规模救助的灾害。

### （三）灾害分级

根据灾害造成的死亡人数和经济损失，灾害分为A级、B级、C级、D级、E级（表11－2），此外灾害对人们的心理、社会等方面也带来巨大影响。

**表11－2　灾害等级评估**

| 等级 | 评估标准 |
|---|---|
| A级（巨型灾害） | 死亡人数超过1万或者经济损失大于1亿元 |
| B级（大型灾害） | 死亡人数在1 000～10 000或者经济损失在1 000万～1亿元 |
| C级（中型灾害） | 死亡人数在100～1 000或者经济损失在100万～1 000万元 |
| D级（小型灾害） | 死亡人数在10～100或者经济损失在10万～100万元 |
| E级（微型灾害） | 死亡人数小于10或者经济损失小于10万元 |

**知识链接**

随着灾害在世界范围内逐渐呈现大规模、长期化的趋势，美国的灾害护理在“9·11”恐怖事件之后得到了迅速的发展，在灾害护理教育方面诞生了“大规模灾害教育的国际护理联盟（international nursing coalition for mass casualty education，INCMCE）”，针对大规模的灾害，开始探讨“应当如何应对以及灾害应对方法的必要性”。

## 二、社区灾害的应对护理与管理

应对阶段主要是指灾害发生后48 h以内的阶段。社区护士作为救护人员参与灾害救护，应及时评估社区灾情，以确定灾害的性质和范围、受灾人群的基本情况、存在的安全隐患等，以便快速做好全面准备。

### （一）伤病员的预检分诊

预检分诊（pre－examination of triage），也称检伤分类或类选，是指评估伤员身体状况的紧急与严重程度，以及当必须同时处理多位伤员时的优先顺序。包括伤病员的预检分诊、心理问题的预检分诊两部分内容。其目的是以有限的人力资源在最短的时间内尽可能多地救护伤病员。承担预检分诊工作的救护人员需佩戴进行预检分诊的标志（如身穿马甲、戴臂套等）。

**1. 预检分诊原则** 要求在 1 min 内完成对一个患者的现场预检分诊，并最大限度地为患者实施急救措施，包括对病情较轻、可以行走的患者进行预检分诊及实施急救。参与救护的社区护士通过预检分诊，区分所有伤员的轻重缓急、先后救护次序。做好记录并指挥担架员运送伤病员进入临时指定的救护室或医院病区。

**2. 预检分诊常用方法**

（1）RPM 初步预检分诊：RPM 分别代表的是：R（respiration）呼吸，P（perfusion）灌注量，M（mind）精神状态。RPM 初步预检分诊的判断依据如下。

1）R（呼吸）：①无呼吸，给予畅通呼吸道；②仍然无呼吸：等于黑色；③呼吸恢复：等于红色。

2）P（灌注量）：①桡动脉搏动消失或毛细血管充盈时间超过 2 s 是红色；②桡动脉搏动存在或毛细血管充盈时间小于 2 s 应检查精神状态。

3）M（精神状态）：①不能听从简单的指令（无意识）为红色；②能听从简单的指令为黄色或绿色。

（2）START（simple triage and rapid treatment）急救处置：START 分别代表的是简单 S、类选 T、和 A、迅速 R、救护 T。这种分类救护方法比较常见，适用于现场相对较小、短时间内有大量伤病员的救护。主要根据患者的通气状况（ventilation）、循环状况（circulation）及意识状况（mentality）对伤情进行及时、简捷的预检分诊和迅速、有效的救护。START 预检分诊的流程（图 11－5）如下。

1）通气状况：①死亡，不予处理，评估下一位患者；②呼吸次数大于 30 次/min：立即处理（第一优先）；③呼吸次数小于 30 次/min：延迟处理，评估下一项。

2）循环状况：①颜色恢复大于 2 s，立即处理（第一优先）；②颜色恢复小于 2 s，延迟处理，评估下一项。

3）意识状况：①不能听指令者，立即处理（第一优先）；②能听指令者，延迟处理，评估下一位患者。

**3. 预检分诊中的标志颜色** 现场进行初步预检分诊、实施急救措施后或转运患者前，必须再次进行预检分诊。每次进行预检分诊后，需标志不同颜色以区别患者伤情的严重程度。患者的伤情通常采用红、黄、蓝（绿）、黑色分别进行标志。

（1）红色：非常紧急，第一优先处理。患者伤情危重、威胁生命或已处于休克状态，应在 1 h 内迅速送往医院救护。常见于心搏呼吸骤停、上呼吸道梗阻、张力性气胸、大出血等急症。

（2）黄色：紧急，第二优先处理。患者生命体征稳定，但有潜在危险，尚未休克，但伤情严重，应在 4 ~6 h 进行初步紧急救护后优先转运。常见于严重烫伤、头皮撕裂、

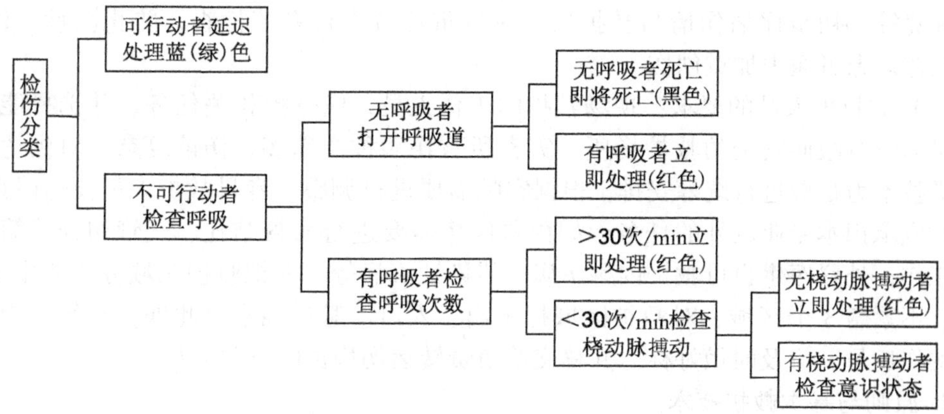


**图 11－5　START 分类的流程**

肩关节错位、肱骨骨折、稳定性的药物中毒等。

（3）蓝（绿）色：不紧急，第三优先处理。患者伤情较轻，不需转运及立即入院救护。常见于单纯的伤口破裂、脚扭伤等。

（4）黑色：已死亡者。常见于心搏呼吸停止、高处坠落致严重创伤、躯干分离和内脏脱出等。

**4. 心理问题的预检分诊**　心理问题的预检分诊是对受灾人员或救灾人员进行的精神创伤的预检分诊方法。被检人员的常见心理问题有以下 5 种情况。

（1）正常反应：表现为不安、恶心、呕吐、寒战，可执行简单的命令。

（2）外伤性抑郁：常保持呆坐的状态，貌似“正常反应”，能参与简单的救助活动。

（3）惊吓：患者丧失判断力，可能引发“群体恐惧心理”，应对其采取相应的隔离措施。

（4）过度反应：患者常表现为讲恐吓性故事、到处乱窜等过分的反应，应尽快将其与现场隔离。

（5）转换反应：可出现听力障碍、视力障碍、癔症性昏迷、麻痹等躯体性症状，应及时给予护理干预。

**案例分析**

在灾害现场，对受灾者进行预检分诊，需在 1 min 内完成。在本案例中张敏被诊断为张力性气胸，其伤情危重，应给予红色标志，在 1 h 内尽快送往当地医院救治。

**（二）伤病员的现场救护**

**1. 基本要求**

（1）快速有序伤病员的现场救护：是指在特定环境中患者的诊断和救护均受限的情况下，在受灾现场为其进行快速有序的检查及实施的救护。要求在 1 min 内完成伤情检查与评估，并给予紧急救护，优先处理危重症患者，如心搏骤停、开放性气胸、出血性休克等。初步评估伤情与救护后，对危重症者进行系统检查，防止漏诊、误诊，避免在搬运患者途中加重创伤。

（2）对救护人员的要求：现场救护的工作人员，应分担相关任务，并选择能容纳伤病员的较宽敞而安全的救护场所。灾害所致伤病种类繁多、伤情复杂，对到达现场的各类技术力量应进行统筹安排，根据实际需要进行调整。专科救护人员要适时调整，必要时应承担本专业以外的任务，如内科医生需要进行血管结扎、气管切开等简单的外科工作；外科医生也可救护内科疾病、传染性疾病等。要把救护领域分为非常紧急、紧急、不紧急 3 个区域，对救护区域标示出、入口，避免混乱。此外，对经过现场救护后的伤病员，应及时做好标志并移交给负责转运伤病员的有关人员。

**2. 原则与基本救护技术**

（1）现场救护原则：基本原则是救命、稳定病情及迅速转运。

（2）基本救护技术：包括心肺脑复苏（CPR）、保证气道通畅、提供有效呼吸、维持循环功能、控制外出血、保护受伤的颈椎、骨折固定等。对危重症及大批群体创伤患者的现场救护，易受人力、物力、时间等客观条件的限制，很难得到确定性诊断与救护。目前，常见的救护措施多按照 VIGCF 救护程序进行程序化处理，及时解除威胁生命的相关因素，稳定伤病员的生命体征，快速安全转运，提高救护率，降低伤病员的死亡率和伤残率。VIGCF 的救护程序如下。

1）V（ventilation，保证呼吸道通畅），是指保证气道通畅，维持正常的通气和充分的氧合作用。严重创伤患者往往伴有呼吸道梗阻以致窒息，必须吸引或用手立即清理口咽分泌物、呕吐物、血凝块、泥土等。向前托起下颌，将舌拉出并将头转向一侧，窒息可很快解除。

2）I（inlusion，维持有效循环），是指输血、输液扩充血容量及功能性细胞外液，以防发生休克和病情恶化。使用动、静脉套管针迅速建立 2～3 条静脉通道，保证输液、输血通畅。及时维持有效循环血量，控制休克，为下一步专科救护赢得时间。

3）G（guardianship，观察伤情变化），是指观察记录伤病员的意识、瞳孔、呼吸、脉搏、血压、尿量、出血量、皮肤温度及伤情变化等，以利于判断伤情、估计出血量和指导救护。头部创伤后躁动不安的患者，提示可能有继发颅内血肿等脑血管病的先兆，应密切观察病情并加强处置。

4）C（control bleeding，控制活动性出血），此为早期急救护理的重要手段。对四肢开放伤以及皮肤撕裂伤等有明显外出血的患者，应迅速控制伤口出血。最有效的紧急止血法是指压法，即压住出血伤口或肢体近心端的主要血管，及时用加厚敷料包扎伤口，简易夹板固定，并将伤部抬高，可显著减轻出血。

5）F（follow，密切配合医生进行诊断性操作），对有紧急手术指征的伤病员，护理人员应尽快做好配血、皮试、血气分析、备皮、留置胃管、尿管等术前准备，对无紧急手术指征的患者也应给予监护或观察。

**（三）伤病员的转运**

伤病员经过现场初步伤情评估、实施救护后，除需要暂时留置观察一些危重伤病员外，应迅速而安全地将其余患者转送到相关医院进行进一步的专科救护。负责救护的人员应向相关医院通知患者转运情况，负责转送的人员要佩戴相应的标志，转运准备完毕后要给相关医院负责救护的部门报告车牌号、转运患者人数、患者的伤情及受伤类型等。在转运过程中，护士主要承担伤员的病情观察、安全保障、生命体征的测量及必要时建立2条静脉通路和转运过程中的预检分诊等工作。负责转运工作的救护人员应将患者负责转运至相关医院。

根据对伤病员初步的预检分诊结果来评估和决定其转运的优先顺序、接收伤病员的医院类型以及转运车辆的种类（表11－3）。

**表11－3　伤病员的转运方法**

| 伤者情况 | 转运工具 | 转运地 |
| --- | --- | --- |
| 死亡者 | 尸袋或冰棺车 | 太平间 |
| 非常紧急者 | 飞机或急救车 | 远距离的或综合医院 |
| 紧急者 | 急救车 | 附近的综合医院 |
| 不紧急者 | 公交车 | 当地医院 |

## 三、社区灾害重建期健康管理

### （一）灾害重建期常见健康问题

在灾害后重建阶段，多数居民可以过上正常的生活，医疗机构也恢复到灾前的正常业务状态。但随着重建期的延长，无论是受灾者，还是救护人员都容易出现生理、心理上的健康问题。

1. **受灾者的健康问题**　在灾害发生之后，许多人经历了亲人的伤亡，或是自身受到了伤害，出现不同程度的情绪反应和身体症状。了解这些反应不仅能够帮助自己摆脱困境外，还能适时鼓励其他的受灾人群，使其表达自己的情绪，避免压抑，缩短身心复原的时间。受灾者情绪反应和身体症状参见表11－4和表11－5。

**表11－4　受灾者情绪反应**

| 情绪反应 | 具体表现 |
| --- | --- |
| 害怕 | 很担心灾难会再发生<br>害怕自己或亲人会受到伤害<br>害怕只剩下自己一个人<br>害怕自己崩溃或无法控制自己 |
| 无助感 | 觉得人们是多么脆弱，不堪一击<br>不知道将来该怎么办，感觉前途渺茫 |
| 悲伤、罪恶感 | 为亲人或其他人的死伤感到很难过、很悲痛<br>觉得没有人可以帮助自己<br>恨自己没有能力救出家人<br>希望死的人是自己而不是亲人<br>因为比别人幸运而感觉罪恶 |

续表

| 情绪反应 | 具体表现 |
| --- | --- |
| 愤怒 | 觉得上天怎么可以对自己这么不公平<br>救灾的动作怎么那么慢<br>别人根本不知道自己的需要 |
| 重复回忆 | 一直想着逝去的亲人，心里觉得很空虚，无法想别的事 |
| 失望 | 不断地期待奇迹出现，却一次一次地失望 |
| 希望 | 期待重建家园，希望更好的生活将会到来 |

**表 11－5　受灾者身体症状**

| | |
| --- | --- |
| 1. 疲倦 | 6. 心跳突然加快 |
| 2. 失眠、做噩梦、心神不宁 | 7. 恶心、呕吐、腹泻 |
| 3. 记忆力减退、注意力不集中 | 8. 肌肉疼痛（包括头、颈、背痛） |
| 4. 晕厥、头晕眼花 | 9. 发抖或抽搐 |
| 5. 喉咙及胸部感觉梗死、呼吸困难 | 10. 子宫痉挛、月经失调 |

2. **救援人员的健康问题**　灾害现场所有人员，包括救护人员，都会经历较大的心理冲击，其经历现场的严峻环境与灾民相同，加之超负荷的任务以及强烈的使命感和责任感，成为“第二受害者”，导致出现种种创伤及后遗症，主要表现在 4 个方面。

（1）生理方面：失眠、做噩梦、发抖、容易疲倦、呼吸困难、窒息感、消化不良等。

（2）认知方面：否认、自责、自怜、不幸感、罪恶感、无能为力感、不信任他人等。

（3）情绪方面：悲观、害怕、恐惧、愤怒、紧张、麻木、焦虑等。

（4）行为方面：逃避、注意力不集中、常想起受灾情形、骂人、喜欢独处、过度依赖他人等。

### （二）灾害重建期居民健康管理

1. **为受灾者提供长期护理**　在重建期，护士要继续关注受灾人群存在的健康问题，为危重患者提供中长期护理，参与住院伤病员的救护护理。尤其对有健康问题但交通不便或生活不能自理的受灾者提供医疗护理上门服务、家庭访视与疾病管理等护理。参与住院伤病员的救护护理。

2. **公共卫生管理**　在重建社区内及时建立防御机动队和救助有效的防疫体系。社区护士应该协助从事卫生防疫工作的人员，早期识别与监控潜在的传染性和感染性疾病暴发事件，重点是对经历暴雨、洪水的地区，尤其是对灾区食品、饮用水、下水道、卫生间和垃圾场等害虫容易繁殖的地方随时进行消毒灭菌，为生活在受灾区域的居民提供安全饮用水。

3. **传染性疾病管理**　社区护士督促灾民注意饮食与居住卫生，尤其要强调饭前便后洗手，一旦发现灾区出现高热或腹泻等可疑传染性疾病的患者，应立即报告相关部门，及时对灾民居住的场所、地面、周围环境、卫生设施采取集中杀菌、杀虫等措施。

4. **预防接种**　对居住在集体场所的灾民和卫生，环境被污染地区的居民和有感染可能性的居民进行相应的疫苗接种，如追加接种流感疫苗、乙脑疫苗、麻疹疫苗、甲肝疫苗等，减少次生灾害的发生。

5. **促进沟通协调**　在救灾过程中，结合实际做好与各方的沟通协调，使救灾工作事半功倍。首先，领导、协调当地和来自其他地方的救灾人群。其次，有效利用应急通信设备，及时向有关部门报告灾情，并记录救灾之中、之后所进行的评估、干预、护理照顾和结果等，以助于灾害后有关政策的制定。另外，由于灾区医疗资源紧缺，需要志愿者和各国救援人员之间的相互支持与合作，社区护士应加强与其救灾部门或人员之间的沟通，在沟通过程中应尊重对方文化、风俗、宗教信仰。

6. **心理支持**　为当地灾民包括政府官员及救灾人员提供社会心理及精神卫生支持，尤其应关注弱势群体。心理支持包括受灾者个体和群体的两个方面。

（1）个体的心理支持主要包括5个阶段的心理支持。

第一阶段：镇静，让服务对象迅速离开受灾现场。

第二阶段：认识危机，让服务对象亲述受灾经历的场景。

第三阶段：理解危机，为受灾者解释在灾害发生时经历的那种情况是正常的。

第四阶段：鼓励适应，救护人员指导受灾者做深呼吸等缓释紧张情绪的方法。

第五阶段：恢复或转诊，受灾者如持续出现异常反应，救护人员应促使其进一步接受专家的诊治。

（2）对弱势群体的心理支持：老人、小儿等弱势人群很难适应灾害后状况，需要社区护理人员的特殊照顾。社区护士应该为其家庭提供日常生活和健康所需的各种支持，尤其是对独居老人提供家政服务和健康管理。儿童对发生灾害的接受能力差，更易受到心理伤害，所以在家或学校可出现行为异常。护士通过接触、谈话、画画等方式，使他们表达感情，有助于他们的心理恢复。

（3）对救护人员的心理支持：从灾害发生后的1～2周实施。将具有相似灾害经历的10名左右的救护人员组成一个小组，为其提供一个可以相互推心置腹地谈论有关灾害方面的经验或情绪的场所，鼓励进行交流、解除压力、调节情绪，达到恢复的目的。讨论按下列顺序组织：①确认事实，鼓励说出发生了什么事；②表达情感，鼓励说出自身的感情变化；③总结经验，从教训中诱导经验；④规划未来，构想新的、美好的未来。

（4）心理支持中的注意事项：①真诚对待服务对象，通过相关评估确定其理解程度，以及自己解决问题的能力；②与受灾者形成信赖与支持关系，理智处理能做和不能做的事情；③既要倾听服务对象讲什么，又要重视其想要表达什么；④注重沟通技巧，注意服务对象的眼神、面部表情等肢体语言，避免使用猜测语气的提问，采用开放式提问，使其能充分阐释自己的痛苦；⑤掌握沟通重点，理解、认同服务对象的感受，肯定其长处与优点；⑥不增强对方的强迫感，不对其沉默表示不安，更不能表现出过分的同情心、诱导对方负面看待现状。

## 案例分析

灾后半年应给予儿童以下几个方面的心理干预。

1. 促进表达：鼓励并倾听其说话，尽量不唠叨孩子，告诉孩子担心甚至害怕都是正常的，在条件允许的情况下鼓励孩子玩游戏，不要强求孩子表现得勇敢或镇静。

2. 多做解释：不要批评那些出现幼稚行为的孩子，这些暂时出现的“长大又变小了的行为”是孩子对突发灾难常见的心理反应。对孩子不理解、不明白的事情要用他们能够理解的语言及方式解释。同时要给予希望，向孩子承诺，灾害会过去，政府会安排大人来帮助我们，帮我们重建家园。

3. 及时发现：要及时发现问题，积极请求精神科医生的帮助，必要时进行救护，避免问题延续。

4. 积极应对：成年人应尽量不要在孩子面前表现出自己的过度恐惧、焦虑等情绪和行为，及时处理自己的压力和调整情绪。成年人稳定的情绪、坚强的信心、积极的生活态度会使孩子产生安全感。

5. 关注儿童：如果儿童因为受灾引起的心理问题持续存在，应该及时到医院精神科或心理门诊就诊。

## 重点知识

1. 院前急救：是指对各种遭受危及生命的急症、创伤、中毒、灾难事故等患者进入医院以前的医疗急救，包括现场紧急处理、转运及途中监护。院前急救原则是先复苏后固定、先止血后包扎、先重伤后轻伤、先救治后运送、急救与呼救并重。

2. 对紧急情况发生现场评估的内容包括：①引起各种疾病和损伤的可能原因，救护人员、伤员或旁观者受到伤害的可能性，以及其进入现场的安全性。②救护者本人是否需要采用防护用品。③受伤者人数及其病情。伤情一般可分为危重伤、重伤、轻伤和死亡。④现场可以应用的资源及需要何种支援、可能采取的救护行动。

3. 现场紧急处理的主要措施：以对症治疗为主，包括维持呼吸、循环、中枢神经系统功能，急性中毒的紧急处理，止血、包扎、固定和搬运以及其他对症处理。现场急救的护理配合要注意体位的放置，优先选择上肢、大静脉开放静脉通路，执行口头医嘱时要求“三清一复核”，遵循无菌原则。对于不同伤情的伤员要采取不同的搬运方法，转运途中要密切监护。

4. 心搏骤停：是指各种原因所致的心脏射血功能的突然停止，有效泵血功能丧失，血液循环中断，引起全身严重缺血、缺氧。心搏骤停后的4～6 min积极抢救，患者有可能复活。心搏骤停最常见的直接原因是心室颤动。判断心搏骤停最可靠的临床表现是意识突然丧失，伴有大动脉搏动的消失。

5. 心肺脑复苏：包括基础生命支持、高级生命支持和持续生命支持。基础生命支持是为了维持主要脏器的最低血供，包括开放气道、人工呼吸、恢复循环。高级生命支持是应用辅助设备和特殊技术建立、维持有效的呼吸和循环，并实施监测，尽快促使心脏搏动、呼吸和脑功能恢复，包括气管内插管、经简易呼吸器或呼吸机供氧，体外非同步直流电除颤，建立和维持静脉通路，迅速补充血容量和给予急救药物。

6. 中毒：是由于有害化学物质进入人体，在效应部位积累到一定的量，产生全身性损害疾病。引起中毒的化学物质称毒物。急性中毒是短时间内接触大量毒物，发病急剧，症状严重，变化迅速，可危及生命。急性中毒的救护原则包括：①必要时先行心肺脑复苏；②简要评估；③终止接触毒物；④应用催吐或洗胃方法；⑤促进已吸收毒物排出；⑥应用特殊解毒剂；⑦积极支持疗法。

7. 有机磷杀虫药：可抑制乙酰胆碱酯酶活性，引起乙酰胆碱蓄积。急性中毒后全身损害最为突出，表现为毒蕈碱样（M 样）症状、烟碱样（N 样）症状和中枢神经系统症状。

社区急救措施包括脱离中毒环境，催吐和（或）洗胃，早期、足量、反复应用抗胆碱药阿托品，尽早使用胆碱酯酶复活药，对症治疗等。

8. 一氧化碳中毒：主要引起组织缺氧，可致呼吸停止而死亡，临床表现严重程度与血液中 COHb 含量密切相关。社区急救的关键是脱离中毒环境、给予 100% 纯氧吸入、预防脑水肿和改善脑组织代谢。

9. 电击伤和溺水：可导致呼吸心搏骤停，应在立即脱离电源和清理呼吸道的同时，尽早进行心肺复苏。烧伤急救是使患者尽快脱离现场或迅速消除致伤因素，并及时予以适当处理，尽可能减轻损伤程度，为进一步治疗创造有利条件。

10. 社区灾害：是指在社区发生的，所有危及人们生命安全或导致人员伤亡的突发灾难性事件，主要是由各种自然灾害或人为因素造成，通常无法预测。

11. 灾害医学：是研究在各种自然灾害和人为事故所造成的灾害性操作条件下实施的紧急疾病防治和卫生保健的一门科学。

12. 灾害护理：是指在灾害的整个过程中，为那些无法解决自身健康问题的服务对象提供医疗护理服务。

13. 常用预检分诊的方法：RPM 初步预检分诊；START 预检分诊。

14. 预检分诊中的标志颜色及意义：①红色，非常紧急，第一优先处置。患者伤情危重，已威胁生命并处于休克状态，应在 1 h 内立即送往医院救护。常见于呼吸心搏骤停、上呼吸道梗阻、张力性气胸、大出血等。②黄色，紧急，第二优先处置。患者生命体征稳定，有潜在危险，尚未休克，但伤情严重，应在被发现后的 4 ~6 h 进行初步紧急救护后优先转运。常见于严重烫伤、头皮撕裂、肱骨骨折、肩关节错位、稳定性的药物中毒等。③蓝（绿）色，不紧急，第三优先处置。患者的伤情比较轻，不需要转运及立即入院救护。常见于单纯的伤口破裂、脚扭伤等。④黑色：已死亡者。常见于心搏呼吸停止、躯干分离、高处坠落致严重创伤及内脏脱出等。

## 课后练习

**一、思考题**

1. 心搏骤停　2. 中毒　3. 灾害护理　4. 社区灾害　5. 灾害医学

**二、简答题**

1. 简述现场急救时现场评估的内容。

2. 简述急性中毒的救护原则。

3. 简述社区灾害的分类有哪些。

4. 如何用 START 方法对伤病员进行检伤分类?

5. 患者，男性，15 岁，在江里游泳时意外溺水，被他人发现后救起。当时患者剧烈咳嗽、呼吸急促，咳出粉红色泡沫痰，全身皮肤发绀，腹部膨隆。

(1) 该患者可能发生什么并发症?

(2) 如何对该患者进行现场救护?

(3) 该患者的护理要点是什么?

(柳淑芳　熊惠丽)

# 参考文献


［1］田玉梅，李自琼．社区护理学．北京：科学技术文献出版社，2014.
［2］秦自荣．社区护理．北京：北京出版社，2010.
［3］秦怀金，陈博文．国家基本公共卫生服务技术规范．北京：人民卫生出版社，2012.
［4］吴争鸣，夏立平，包国祥．国家基本公共卫生服务知识与技能．北京：军事医学科学出版社，2012.
［5］李春玉．社区护理学．2 版．北京：人民卫生出版社，2012.
［6］魏睿宏．社区护理学．北京：中国协和医科大学出版社，2013.
［7］谢日华，张琳琳．社区护理学．北京：北京大学医学出版社，2012.
［8］陈雄新．社区护理学．西安：世界图书出版西安公司，2009.
［9］周卓轸．社区护理技术．武汉：华中科技大学出版社，2012.
［10］周建评，高云．社区护理学．2 版．西安：第四军医大学出版社，2012.
［11］刘彦君．心理问题和心理疾病社区护理与自我管理．北京：人民军医出版社，2009.
［12］陈佩云，周恒忠．社区护理学．2 版．北京：人民军医出版社，2012.
［13］赵敏，郝伟．酒精及药物滥用与成瘾．北京：人民卫生出版社，2012.
［14］李敏．现代营养学与食品安全学．2 版．上海：第二军医大学出版社，2013.
［15］马小琴，蔡恩丽．社区护理学．2 版．长沙：湖南科学技术出版社，2013.
［16］马小琴，王爱红．社区护理学．2 版．北京：中国中医药出版社，2012.
［17］赵环．从“关闭医院”到“社区康复”——美国精神卫生领域“去机构化运动”反思及启示．社会福利，2009（7）：57－58.
［18］沈健，冯磊．社区护理学．北京：人民卫生出版社，2012.
［19］李兰娟，任虹．传染病学．8 版．北京：人民卫生出版社，2013.
［20］沈洪兵，齐秀英．流行病学．8 版．北京：人民卫生出版社，2013.
［21］朴镇恩．实用心肺脑复苏术．北京：人民军医出版社，2012.
［22］赵美玉，王金道．灾害护理学．郑州：郑州大学出版社，2013.
［23］李子明，黄惟清．社区护理学．北京：北京大学医学出版社，2008.
［24］张波，桂莉．急危重症护理学．北京：人民卫生出版社，2012.

# 参考文献

[illegible]